U0839751

高校新闻学国家教材
建设重点研究基地　主编

新闻传播学教材建设百人谈

100 SPEECH MANUSCRIPTS ON
THE CONSTRUCTION OF
JOURNALISM AND COMMUNICATION
TEXTBOOKS

东方出版中心

图书在版编目（CIP）数据

新闻传播学教材建设百人谈 / 高校新闻学国家教材建设重点研究基地主编 . — 上海：东方出版中心，2023.4

ISBN 978-7-5473-2179-9

Ⅰ. ①新… Ⅱ. ①高… Ⅲ. ①新闻学 - 传播学 - 教材建设 - 研究 Ⅳ. ①G210

中国国家版本馆 CIP 数据核字（2023）第 057226 号

新闻传播学教材建设百人谈

主　　编　高校新闻学国家教材建设重点研究基地
责任编辑　朱荣所　王　婷
封面设计　钟　颖

出版发行　东方出版中心有限公司
地　　址　上海市仙霞路 345 号
邮政编码　200336
电　　话　021-62417400
印 刷 者　上海丽佳制版印刷有限公司

开　　本　710mm×1000mm 1/16
印　　张　30.25
字　　数　332 千字
版　　次　2023 年 4 月第 1 版
印　　次　2023 年 4 月第 1 次印刷
定　　价　128.00 元

打造培根铸魂、启智增慧的新闻学精品教材

——写在《新闻传播学教材建设百人谈》出版之际

历时三个月、200多小时，100多位来自学界、业界、出版界和新闻管理部门的专家学者参与了新闻传播学教材建设研讨会。在教育部教材局指导下，在教育部高等学校新闻传播学类本科专业教学指导委员会和高校新闻学国家教材建设重点研究基地共同主持下，调研工作完成了。本书是100位专家学者及业界同仁的发言摘编。

调研工作以线上研讨方式进行，目的是以便捷的方式获得尽可能多的信息，为推进新时代中国新闻传播学教材编写工作做前期准备。我们认为，调研是教材建设规划和建设的前提；只有充分地调研，才能摸清情况、理清思路、找准定位、明确重点，保证教材建设工作合理安排、科学规划、有序推进。

三个多月的调研，成果远远超出了我们的预期。我们感到，处在“百年变局”的历史潮流中，新闻教育界老中青三代人都敏锐地感受到党的新闻工作在党和国家事业发展中，承担着日益重要的任务。新闻教育也必须审视和调整自己的历史方位，而作为“国家事权”和教育

之本的教材建设,应该也必须有所作为。我们还感到,聚众志方能成事业。一方面,承前启后,从多年以来新闻教学的经验中汲取营养;另一方面,继往开来,把学界、业界最新的研究成果整理、发掘、提炼、升华出来,为新时代教材注入新鲜血液。

参与调研的学界、业界和其他方面的专家,研究方向不同,专业特长不同,大家回顾了我国新闻传播学教材建设的历程,研判了当前教材建设存在的紧迫问题,在许多重要问题上形成共识,并提供了多方面建设性方案。

大家认为,新中国成立以来,特别是改革开放以来,作为国家教育部门承担的一项重要任务,新闻学教材建设的基本原则和建设方针是明确的,经过多年努力,积累了丰富经验,取得了丰硕成果。较之早期新闻学教材,无论是学科体系,还是数量规模,今天的教材都有了长足的发展。具有鲜明中国特色的中国新闻学教育、教材体系已有了坚实基础。另一方面,时代发生了深刻变化,新闻学教育面临着越来越多的新情况、新问题,传播方式、报道形态、媒体格局发生改变,新闻教育也必然随之而变。这必然要反映到教材建设这项基础工作上来。

我们认识到,应加快知识更新的步伐。如前所说,传播方式、报道形态、媒体格局的改变,决定了新闻教育必须果断实现全面转型。我们虽然意识到任务紧迫,也在加快推进这方面工作,但总的来说,反应的速度和工作的力度依然跟不上快速发展的形势。学生们普遍反映,部分教材存在老和旧的问题,如新闻报道除了具有宣传鼓动主体功能之外,应如何发挥其信息服务、社会治理的作用;传播方式除了单向度输出之外,应如何适应群众广泛参与、网民广泛互动的形势;面对媒体的发展,应如何在教材中体现并适应全程、全息、全员、全效的媒体生态。这些都是当下教材建设的关键所在。

我们认识到,应理顺教材体系的内在逻辑。面对新闻事业的快速发展和新技术革命浪潮,我们常常会有些迷茫、混沌之感。源与流,因与果,纲与目,主与次,言人人殊,莫衷一是。因此,教学工作中,交叉、重复、随意的情况多有发生。学生们反映,有些内容多次讲,多位老师讲,有些关键性新知识又不够“解渴”,有些教材对同一知识点往往有着完全不同的诠释。虽然大学教育不可能、不必要整齐划一,但教学工作的自身规律,要求我们应该在系统性、规范性和准确性上做得更好。

我们认识到,新闻学教育与新闻实践密不可分,努力提高学生的应用能力是一项重要任务。本次调研我们邀请了一些新闻媒体的领导和业界专业人士发表意见。他们普遍反映,新闻学教育与新闻工作实践脱节的现象依然比较突出,迫切需要加大新闻学教材中新闻实务的比例,同时也要吸收更多的业内老师参与教材建设工作。新闻学教育当然不是简单的技术培训,而应当注重学生综合素质的提高;同时,加强理论与实践的结合,注重实际工作能力的提高,无疑是必须高度重视的方面。

参加调研工作的老师从宏观层面和具体工作方面,勾画了新闻传播学教材的整体轮廓,并提出了建设的方针、原则、路径和方法。概括起来有这样几点:

一、指导思想。强调应以十八大以来习总书记关于教育工作的一系列重要讲话和全国教育大会的精神为指导,以国家教材建设规划纲要为遵循,坚持问题导向、规划先行、全面统筹,突出重点,分步实施。强调教材编写的规范性、前沿性、原创性和适用性,高起点、高标准地推进教材建设工作。

二、重点领域。要更加明确新闻教材的意识形态属性,特别是要充分体现习近平新时代中国特色社会主义思想,体现“三进”要求。按照科学的学科分类,解决好多年存在的系统性、规范性不强的问题。特别是要提供服务国家战略急需的且在教学实践中紧缺的教材,如媒体融合与转型、国际传播能力建设等教材。适应结构化、模块化要求,研发新形态教材。

三、编写要求。应遵循新闻教学的规律和人才培养的特殊要求,把坚持正确的政治方向和价值导向,与教材的知识性、学理性、专业性结合起来;把立足本土经验与借鉴外来成果结合起来;把基础理论教育与新闻教育实践结合起来。

四、工作机制。强调集思广益、群策群力，发挥各院校特长，打破圈层壁垒，增强合作协同，发挥各院校特长，突出专家领衔作用。同时，规范资质管理，严格试教试用，严格选用管理，健全教材更新和调整机制，建立科学的评价和督查机制。做到“有上有下，有进有出”的动态管理。

五、有机结合。加强教育主管部门对教材建设的领导，有计划、有步骤、有组织地推进，把整体规划、规范管理与发挥各院校以及老师们的主动性结合起来，把广泛推介使用和自主选用的需求结合起来，激发广大师生参与教材建设的积极性，激活教材建设的创新活力。

本书即将付梓之际，党的二十大刚刚闭幕。基地全体同事更深刻地认识到，习总书记在二十大报告中提出的“以中国式现代化全面推进中华民族伟大复兴”，显示出令人鼓舞的光明前景。站在这样的高度，我们清醒地意识到，探索新闻事业“中国式现代化发展”，也应该是时代赋予我们的重大课题。从这个意义上说，实现习总书记强调的“用心打造培根铸魂、启智增慧的精品教材”是一项光荣且艰巨的任务。我们应该为之奉献绵薄之力。我们感谢所有老师为此付出的心血，也相信调研工作所取得的成果一定会为新闻传播学教材建设提供多方面助力。复旦大学高校新闻学国家教材建设重点研究基地，愿与各位同仁共同付出坚持不懈的努力。

本书编写组

2022 年 11 月

目　录

陈昌凤简介

陈昌凤，清华大学新闻与传播学院教授、博士生导师、常务副院长。国家“万人计划”领军人才，中宣部文化名家暨“四个一批”人才。兼任教育部新闻传播教育指导委员会副主任委员，中国记协常务理事，国务院学位办新闻传播学科组成员。2014 年至 2019 年担任中国新闻史学会会长。主持国家社科重大、重点等国家级、省部级课题多项。曾获北京市哲学社会科学优秀成果奖，所编写的教材被评为北京高等教育精品教材等。著有《智能传播：理论、应用与治理》《算法人文主义：公众智能价值观与科技向善》《媒体融合：策略与案例》《中国新闻传播史：媒介社会学的视角》《中美新闻教育：传承与流变》《美国传媒规制系统》等 10 余部著作，发表论文和专业文章 200 余篇。主要研究领域：新闻传播历史、媒介伦理、媒体技术变迁。

中国新闻学教材建设不论是从学科发展，还是从教育发展的意义上说，都具有极端重要性。

中国新闻学教材既要体现出中国特色，同时又要体现出基础性、体系性、前沿性。就基础性方面而言，现在的基础性已经跟我们传统上理解的史论基础不一致了。现在新闻学科有了更多的基础性的、技能性的以及技术性的内容。从体系性来看，中国新闻学教材建设要处理好体系建设与零星式建设的矛盾。一方面，确实要分轻重缓急，建设新的、亟需的教材；另一方面，也要往一个序列上去做，不断更新与创新，以形成体系化的教材。以新闻学为例，数字化时代的新闻理论、观念判断等如何吸纳进当前教材知识体系，成为值得深入思考的问题。在前沿性方面，在当前媒体融合或全媒体时代，核心业务与理论内容主要在于数字新闻方向。教材除了要把握住意识形态、价值观导向外，还要从技术背景出发，更多地强调数字化。数字新闻学并不全然是西方的舶来品，中国数字新闻学实践跟西方大相径庭，媒体融合亦是如此。因此，不论是业务也好，还是理念的提升也好，有许多独到的本土化的知识内容值得去提炼。而且不要犯“老化”“玄化”和“固化”的错误，不要等到知识成熟了、老化了才写进教材，使得教材内容“出版即落后”。所以，“中国新闻学”不是笼统的，也不是一个纯粹的意识形态概念，而是真正既有价值观和立场的概念，又有中国实践以及中国发展特色的概念。

同时，在中国新闻学教材建设方式的选择上，需要遵循三个重要原则。首先，新闻传播学的高速发展要求我们具有跨学科编写思维，我们需要考量是否以及如何做传播学教材的问题。当前，传播学已经发生了巨大变化，特别是向计算化发展，整个学科的架构思维发生了翻天覆地的变化。因此，教材真正进入了多人、多学科一起合编的时代，必须具有前沿的眼光、跨学科的视角。其次，教材的编写需要将内容做扎实。就目前教材出版状况来看，出版社十分欢迎且迫切需要出版教材，但目前市面上新出版的教材质量普遍偏低，甚至部分教材的理论和案例存在谬误，因此，教材除了要做好价值观的教育，更重要的是把教材的内容做好，兼顾基础性、前沿性、系统性，把中国新闻学教材做出特色与影响，做出可供教师和学生直接使用的高质量教材。再次，中国新闻学教材需要具有可持续性，教材建设要有权威性、引领性，能够把真正的知识和价值融合在一起，可在较长时间内使用，且便于知识更新，由此形成的优秀教材才能引领整个学科，对学科建设及未来的课程建设带来积极影响。

陈建云简介

陈建云，生于1967年8月，河南省南召县人。2003年7月毕业于复旦大学新闻学院，获得文学（新闻学专业）博士学位，后留校任教，主要从事新闻传播史论、新闻传播法规与职业伦理的教学与研究工作。现任复旦大学新闻学院教授、博士生导师、副院长，兼任中国新闻史学会副会长、中国新闻史学会新闻传播教育史研究委员会副会长、复旦大学望道研究院副院长等职。出版有《中国当代新闻传播法制史论》《大变局中的民间报人与报刊》《向左走 向右走：一九四九年前后民间报人的出路抉择》《舆论监督与司法公正》《论史衡法》等著作。

习近平总书记在全国教育大会等会议上反复强调,培养什么人、怎样培养人、为谁培养人是教育的根本问题。努力培养能担当民族复兴大任的时代新人、培养德智体美劳全面发展的社会主义建设者和接班人,是教育的根本任务。具体到新时代我国的新闻传播教育,就是要把价值塑造、知识传授和能力培养融为一体,努力培养能够坚持正确的政治方向、舆论导向、新闻志向、工作取向,政治坚定、引领时代、业务精湛、作风优良的新闻舆论工作者。教材是知识传播的主要载体,体现着一个国家、民族的价值观念体系,是教师教学、学生学习的基本工具,直接关系着人才培养的质量。复旦大学新闻学院高校新闻学国家教材建设重点研究基地规划建设中国新闻学教材体系,对于新时代我国的新闻传播人才培养的重要性与意义自不待言。

首先,本人认为,建设中国新闻学教材要处理好三组关系,这是教材编写的形而上,即理念或原则层面的问题。(1)特性与共性的关系。扎根中国大地办新闻传播教育,为我们党和国家培养新闻传播人才,当然要凸显中国特性、中国特色。把中国丰富的新闻传播实践,用中国话语,凝练出中国的新闻传播理论体系,这是编写中国新闻学教材的题中应有之义。同时,与新闻传播业具有共性一样,全世界新闻传播教育有共同的规律规范,新闻传播学教材有共同的知识谱系与学理框架。因此,编写中国新闻学教材,既要凸显中国特性,也要体现新闻传播教育共性,吸纳世界各国优秀新闻传播教材的知识话语,融通中外,文明互鉴。立足中国,面向世界,这是建设世界一流大学、一流新闻传播学科的应然和必然。(2)传承与创新的关系。任何一门学科的知识体系,无不在传承中丰厚,在创新中发展,新闻传播学科概莫能外。编写中国新闻学教材,既要传承我们长期以来积累、形成的知识体系,更要创新理论、创新话语,对因信息传播技术勃兴而引发的舆论生态、媒体格局、传播方式的深刻变化,进行学理关照与凝练,使之成为新闻传播教材知识体系的增量和看点。（3）理论与实践的关系。新闻传播学专业的实践性、应用性非常强，这是该专业与其他人文社科专业的不同之处。新闻传播学专业的学生，通过教材和教师课堂讲解，既要掌握新闻传播学的理论知识，又要学会新闻传播业务技能，还要了解新闻传播业界一线的实际情况。有鉴于此，中国新闻学的一门课程，可以考虑编写两部教材：一部偏重于理论体系建构与学理阐释，一部偏重于典型案例介绍与分析。两部教材相辅相成，统合培养学生的新闻传播理论素养与实践能力。

其次，中国新闻学教材的体系问题。中国新闻学教材肯定不是一部或数部教材，而是一系列教材组成的一个完整、自洽的教材体系。编写教材的初衷，主要是为了满足教师教学、学生学习的实际需求。因此，教材书目应该和具体课程相对应，这样便于教师和学生选用。结合我国新闻传播学科知识体系、课程设置，以及国家战略、行业发展需要，本人建议，中国新闻学教材体系可以由核心教材、专业教材和主题教材三类教材组成。（1）核心教材。所谓核心教材，就是对应新闻传播学核心课程的教材。本人负责复旦大学新闻学院的教学工作，平时也经常研究兄弟院系课程设置的情况，我发现全国新闻传播院系有一个共同特点：新闻学、传播学、广播电视学、广告学专业，基本上都开设马克思主义新闻思想、新闻学概论、传播学概论、新媒体概论、中国新闻传播史、新闻采访与写作、新闻传播法规与伦理、广播电视新闻学、广告学概论等课程。这类课程有 10 门左右，我们称之为“核心课程”或“平台课程”，因其解决的是新闻传播学一级学科基础知识、核心知识的传授与学习问题。与这些核心课程相对应的教材，应是中国新闻学教材体系的基础与骨干。这个问题实际上也涉及对中国新闻学内涵的理解。本人认为，中国新闻学是一个广义的概念，它不但包括狭义的新闻学，也包括传播学、广播电视学等。（2）专业教材。专业教材就是新闻传播学一级学科下设的新闻学专业、传播学专业等专业的必修课程的教材，例如《新闻编辑与评论》《深度报道》《人际传播学》《组织传播学》等。（3）专题教材。为适应国家战略、行业发展需要而设置新课程,聚焦这些新问题、新课程而编写的教材称为“专题教材”。就新闻传播领域来说,加强国际传播能力建设是当今的国家战略,全媒体不断发展、媒体深度融合乃行业大势所趋,国内已经有高校新设了国际新闻与传播专业,也普遍开设媒体融合、数据挖掘、信息可视化等相关课程。这些专业及课程,都需要高质量的教材与之配套。中国新闻学教材体系的三个组成部分——核心教材、专业教材和专题教材,可以齐头并进建设,也可以有选择、有重点地推进。像国际新闻传播、新媒体传播等专题类教材,目前数量较少且质量参差不齐,更没有形成体系,就可以率先组织编写力量重点推进。

最后,中国新闻学教材编写的实施问题。编写中国新闻学教材,可以采用委托与招标相结合的方式。上述核心教材、专业教材,目前可以说相对成熟,不少曾被列入“十一五”“十二五”国家级规划教材,接受了教与学的检验,不过新知识、新问题、新实践体现不足。这类教材建议采用委托的方式,委托其编写者按照中国新闻学教材的要求进行修订、完善、补充,将其纳入中国新闻学教材体系。关于国际新闻传播、新媒体传播等专题教材,建议采用招标的方式,通过公开招标,确定能够胜任该部教材编写的团队,确保按期保质完成编写任务。委托与招标并举,3 至 5 年即可蔚为大观,形成中国新闻学教材的基本体系。

总之,本人认为,中国新闻学教材建设,首先在理念上要处理好特性与共性、传承与发展、理论与实践这三组关系。核心教材、专业教材、专题教材,共同组成中国新闻学教材的体系架构;三类教材可以齐头并进,也可以先推重点。编写则采用委托与招标相结合的方式。秉此理念,循此路径,假以时日,必见成效。

陈 龙 简 介

陈龙，1995 年毕业于南京大学，获博士学位，后从事博士后研究。现为苏州大学传媒学院执行院长、教育部长江学者特聘教授、博士生导师。“传播与社会治理研究”江苏省社科创新团队负责人，“东吴智库”传媒研究方向学术带头人，姑苏宣传文化领军人才，江苏省“333 工程”中青年带头人，《媒介文化研究》辑刊主编。出版专著 17 种，发表论文 100 余篇。主编、编著教材多部，其中《新闻作品评析概论》被评为 2005 年江苏省精品教材，入选国家“十一五”规划教材；《动画剧本写作基础》入选国家“十二五”规划教材；《大众传播学》入选国家“十三五”规划教材。主持国家社科项目 5 项（其中重大项目、重点项目各 1 项）、教育部和江苏省重点项目 6 项。获江苏省社科优秀成果一等奖 2 项、二等奖 2 项，教育部社科优秀成果二等奖 1 项，其他成果奖多项。

一、中国新闻学教材普遍存在的问题

1. 新闻传播学教材的知识内容滞后于新闻传播业界的现实需要。知识的老化、平庸化比较突出，无法让学生产生认同感。但凡学生要死记硬背的，都不能算是鲜活的知识。本人主编过 9 种教材，其中“十一五”“十二五”国家级规划教材 2 种。这两年，我的体会是教材的老化越来越快，有些内容放在今天已经完全过时了。比如，1997 年出版的《大众传播学导论》已经修订 4 次了，但以后已经没办法再修订了，这是现实决定的，基于大众传播现实而撰写的教材，是没法指导数字化情境下的现实的。

2. 严重的庸俗政治学倾向。反对两种典型倾向：一是受极“左”思潮影响，在教材编写中唯恐落后于政治形势，刻意寻求政治保险，在教材中体现为喊口号、空洞说教、不接地气。极左化的表述比比皆是。二是食洋不化，照搬西方思潮、西方理论，造成水土不服。

3. 与国际接轨的新闻学知识体系创新不足。教材创新不足如何指导新闻实践创新？当前融媒体实践、网络平台实践、内容生产方式的实践都需要及时总结、提炼，而部分教材对中国特色的把握其实并不具有中国特色，因为它不是在中国实践中产生的。

二、新时代教材编写原则

1. 回应国家战略和现实关切，体现党和国家意志，明确高校教材建设管理方向。积极回应现实问题，探索新闻传播教育与时俱进的发展之路，探索新闻传播教材引领新闻生产潮流。目前，我国高等教育领域综合改革进展明显、成效明显。那么，教材建设也要体现综改成果，体现先进性。

2. 体现中国特色。习近平总书记在全国教育大会上指出，要坚持党对教育事业的全面领导，这是中国特色。何为中国特色新闻传播学？中国特色新闻传播学基于中国共产党领导下的新闻实践，体现人民性，体现中国式传媒体制，并在此基础上不断提炼、总结。

3. 吸收技术变革的新成果。修修补补已不能满足需要。注重知识更新，当前 5G、AI 等在传播领域的广泛应用，带来了传播模式的变革。数字算法技术的广泛应用，在新闻生产方面已成为常态。

4. 参与学科建设，将教材建设纳入学科建设，反映学科建设成果。共享优质教材，寻找提升高校教学水平的突破口。随着中国特色社会主义进入新时代，高等教育具有基础性、先导性，教材也应成为教学实践成果的反映。

5. 反对庸俗政治学。当前，国家比较重视课程思政，强调用积极的思想内容引导学生，指导他们形成良好的价值观、世界观。这是完全正确的。但是，如果一味强调政治导向，唱高调、喊口号，忽视专业知识的基本规律，就容易造成庸俗化的教材知识表述或平庸化的话语传播。这不适应 21 世纪的需要，也不能作为中国特色新闻学的标志。

6. 按照新文科建设的需要，要体现学科交叉，合理吸收理工科专业教师参与新教材的撰写。

陈培爱简介

陈培爱，教授、博士生导师。曾任厦门大学人文学院副院长兼新闻传播系系主任，兼任教育部新闻学学科教学指导委员会委员、中国新闻史学会副会长、中国广告协会学术委员会主任、中国广告教育研究会会长、福建省传播学会会长。主要研究领域：广告学理论、广告史、广告策划、广告文案、广告文化、品牌与广告、广告教育等。

1983年参与国内首个高校广告学专业的建立，并首任广告学教研室主任。主持并完成30多项国家级、省部级和各类社科研究课题，其中包括4项国家社科基金课题（1项重点课题），是我国广告教育的开拓者与先行者之一。著有《广告学原理与方法》《广告学概论》《广告策划》《中外广告史》《广告文案创作》《广告传播学》等20多部著作以及200多篇相关论文。多次荣获全国及省部级奖项。

国家教材建设是一个非常重要的严肃的任务，对于培养高质量新闻传播人才具有重要作用。在教材编写之前，要首先确定编哪些教材、什么教材拿出来编、什么教材不需要编、这些教材的内容是什么、由谁来编，其中有个轻重缓急的问题。

首先要明确，中国新闻学教材不仅仅是新闻学教材，还应该是新闻传播学学科体系的整体教材。新闻传播学是国家一级学科，下设广告学、新闻学、传播学、广播电视学、编辑出版学、网络与新媒体、国际新闻与传播、数字出版、时尚传播、会展等10个专业。因此，要充分考虑多专业的不同特点，力求在中国新闻传播学总体学科架构下分门别类地完成各专业的教材建设任务。

当前国家级教材的编写有三个重要的背景，这三个背景涉及编写的具体内容与原则。第一个是新文科建设的背景。它要求促进多学科交叉与深度融合，推动传统文科的更新升级，强调新闻传播要有一种跨学科的思维模式。第二个是大数据与智能技术快速发展的背景。这个背景是什么？是要求以互联网作为底层架构，结构性地改变课程体系和教材体系。举例而言，媒体融合进行了多年，但很多地方的媒体融合是传统媒体基本不变，加上新技术的媒体融合。而另一种媒体融合是彻底打破传统媒体思维，采用互联网思维和底层架构，在此基础上进行媒体融合。那么，重新编写国家级教材，是否也得以互联网作为底层思维，来重新架构我们的整个课程体系与课程模式？第三个很重要的背景就是国家提出的“双一流”建设，一流建设是瞄准世界一流的高质量的课程与教材目标。

鉴于这三个背景，新闻传播学教材目前存在三个重要的问题。

第一，导向问题，就是在传统文科的教材建设当中还缺乏一种价值观。我们之前参与编写的《广告学概论》，在第一稿的时候，很多专家就提出没有体现马克思主义新闻观以及马克思主义的理论原理对于广告学方面的指导作用。说实在的,好像也挺难找到马克思主义关于广告的一些具体论述。根据这个意见,后来经过多方努力,我们总算在重要原理方面找到了一些相关论述,就把这个内容加了进去。

第二,现有的教材比较脱离实际。广告学作为应用型学科,很多理论研究可能大大落后于广告实务的发展。2021 年 12 月 11 日上午,在厦门举行的中国国际广告节上,我与广告业界的一些同志交流,他们在互联网、大数据分析以及智能广告的运用方面,都远远走在高校广告教育的前面。因此,理论界如何来引导业界的发展,理论研究是引领还是跟随或总结业界的经验,是必须明确的界线。

第三,现有教材部分知识已经老化。教材必须在使用过程中不断完善。新一代的学生,思维非常活跃,教材是不是能够跟得上社会的发展,这是需要思考的问题。

根据上面所讲,我们在国家教材建设中要把握四个方面的关系:

第一个是顶天与立地的关系。顶天就是要把握上面的政策、指导思想,这是顶层方面的设计。另外,需要掌握具体使用者,即师生对教材应用方面的实际需求。

第二个是体系与教材的关系。传播学科有自己的科学体系,不同专业也有不同专业的构成体系。这个体系跟教材的关系如何,是不是要根据学科体系的架构来确定要编出哪类教材,这里面的关系要搞清楚。

第三个就是重构与修订。有一种意见认为,我们已经有许多使用多年的经典教材,在此基础上进行补充、修订即可。另一种意见则认为,从当前大数据与人工智能的发展情况来看,是否需要以互联网为基础重构教材体系,是一个比较棘手的问题。

第四个要考虑的是中国特色和世界一流的关系。是中国特色教材的一流,还是国际化教材的一流?这两个关系是矛盾的,还是重叠的,或者说是可以相互融合的？新一套教材要建立在什么基础上面是需要考虑的。

为了推进整套教材下一步的编写进度，我在这里提出几个举措：

第一，根据教材建设的要求，目前规划时间是5年——2022年到2027年，因此，时间比较紧迫、任务比较繁重。前期充分的思考和研讨是必要的，但如果仅停留于此，可能有些任务不一定能够按时完成。所以必须是先建设后完善，边建设边完善，在后期使用过程中不断提升。

第二，要根据不同专业的情况探索教材形态的多样化，兼容并蓄，协同合作，特别是在应用型学科方面。以广告学科为例，可能要有主体的理论教材、应用型教材、实战教材、案例型教材和辅助型教材，这些方面可能需要做一个通盘考虑。

第三，根据编写专家的具体情况，可采取指定专家的形式，特别是要在985院校和"双一流"建设的高校当中来选择，注重吸收有这方面特长的教师参与编写，也可采取招标形式。

第四，不同专业的教材要分轻重缓急，稳步推进。如时尚传播是传播学下的一个专业，在所有10个二级学科里面，这个专业是比较新的。根据目前了解的情况，教材是不成体系的，比较欠缺。

第五，多年来，高校在新闻传播学方面有非常多的经典教材，还有很多马克思主义理论研究和建设工程（以下简称"马工程"）教材。我们已经有"十五""十一五""十二五"规划教材，这些教材大部分是比较成熟的。高等教育出版社也有许多较成熟的新闻传播类教材。这些教材跟我们现在的国家级教材编写的关系如何处理？是重新在这里面筛选修订，以利快速推进，还是有其他一些办法来进行筛选，这个也要考虑。建议在此基础上再制定一个修订的基本准则，把这些教材纳入国家级教材编写的进程。

以广告学科为例，中国广告教育经过近40年的发展，广告专业的教材建设已经取得了丰硕的成果，出现了多套广告学教材。根据2021年的统计，全国已有610所左右的高校有广告教育的专业点，其中本科大概280

所,专科更多,有330所左右。广告学科学生的培养以应用型为主,所以在教材建设方面也要统筹考虑。在广告学教材建设方面,有三个方面的内容需要注意:一是主干方面的课程以理论为主;二是实务性的课程以技术和媒介结合为主;三是新媒体方面,注重网络数字与智能化在广告方面的运用。可以把这三个部分作为基本架构来编写广告学科的第一批教材。当然,除了第一批之外,今后第二批、第三批还可以考虑其他方面。

建议要更大范围地调动有条件的高校参与教材建设的积极性,弘扬责任、担当、共建共享原则,以高度的政治责任感与历史使命感,以时不我待、只争朝夕的精神投入教材建设工作。强化统筹协调,抓好重点任务推进,落实各项举措,信心满满地推动高校教材高质量建设,为实现新闻传播战略性人才培养做出新的更大贡献。

程丽红简介

程丽红，历史学博士，二级教授、博士生导师，教育部新世纪优秀人才。现任辽宁大学新闻与传播学院院长，兼任教育部新闻传播学类专业教学指导委员会委员、中国新闻史学会常务理事、中国新闻史学会新闻教育史研究委员会副会长、中国新闻史学会地方新闻史研究委员会副会长等。在清代新闻传播史及媒介文化等领域有深入研究，代表作有《清代报人研究》《清末宣讲与演说研究》，在《学术月刊》《复旦学报》等发表学术论文 70 余篇，《新华文摘》全文转载 5 篇，《中国社会科学文摘》《人大报刊复印资料》转载多篇。主持国家社科基金重大项目 1 项、国家社科基金项目 2 项。获吉林省社会科学优秀成果奖一等奖 2 项、二等奖 1 项，吉林省首届社会科学基金项目优秀成果奖一等奖 1 项，辽宁省哲学社会科学优秀成果奖二等奖 3 项。

新闻学教材建设的确应该提上议事日程，但教材的编写比较复杂，是个系统工程，它所牵涉的问题太多，需围绕中国新闻学教材建设的必要性、方式、步骤和具体书单展开讨论。

目前，新闻传播学教材体系是有缺陷的。与其他的传统优势学科相比，新闻传播学的教育体系当中缺少一个必要的链环。新闻传播学学生，一进校门学什么，第一年让他们怎么去宏观地、整体地、系统地了解这个学科，现在的课程体系中没有这样的课程，也没有相应的教材。这样的课程在文学、史学里是有的，主要是关于史料和文献的学问。从研究者的角度来讲，它可以称作史料学。对整个教学体系来说，叫文献学更恰当。文献学、史料学，是一个学科的本源。就像史学、文学，本科教学都是从文献开始学起的，如果把新闻传播学科的课程体系比作一座雕像，这个文献学基础课其实就应该是底座。没有这个底座，学科就不可能站得稳、立得牢，也就没有根，容易就事论事，就现象写现象。因此，如果学生没有接触过入门的学问，他读了一年之后，仍然不知道这个学科是什么。每一个老师讲给学生的都仅限于他自己那个领域的知识，从宏观上整体理解经典文献是什么等，还得需要文献学的课程来完成。任何一个学科都可划分成业务、理论、历史这三大领域，如果没有最初的入门之学、门径之学，这三大领域容易各行其是，尤其是流于“术”的追求，没法体现学科的大道。相对稳定的文献学基础是教育体系科学化的关键和根本，也是新闻教育不可或缺的一环。当然，复旦大学目前进行的中国新闻学教材建构也许不能立刻弥补这个短板，因为它不是一蹴而就的事，它需要多代学人共同努力，不断推敲，从业务、理论和史学三个不同的方向着力，共同建构经典文献，创建文献学。也就是说，我们这个学科有史以来所产生的具有里程碑意义的原典是什么？这里面当然包括多个方面，不仅仅有从学术研究角度所讲的史学史的那些内容，还有从本科教育和研究生教育角度来讲的新闻作品。理论原典、史学史著，需要经过时间的沉淀和多代人的共同努力，最后精选出来，不求多，但要求精，是能够涵盖这个学科基本精髓的经典文献集锦。

具体步骤是，不同时期不同的学者从不同的角度编辑经典文献，随着时间的推移、历史的变迁，大浪淘沙，最后整个学界普遍认可的经典文献就会被淘出来，本科教学据此开设经典文献导读课程，作为入门的基础课程。这些经典文献可作为本专业学生的必读书。学界有一些比较知名的学者，如陈力丹老师等给学生开的书单广为流传，但它不仅仅是新闻传播学科的，还涉及人文社科多个学科。书目都不错，都很有水平，但一个学科的经典文献肯定不是几个学者，或者几个名家就能敲定的，因为每个人都会受到研究领域的限制，再博学的人对于超出自身所擅长的领域的文献判断也会产生偏差。所以，一个学科教育体系中，文献学的建构不是一时的，需要一个长期过程，需要多代人分别从史学、理论、业务不同的领域有意识地不断努力，打破藩篱，共同来完成经典文献选萃的工作，只有多数学者共同认可的东西才能叫作经典。

文献学也不仅仅是一本教材、一门课，它应该是个课程群，经典文献导读只是它的第一步。大学一年级学生首先应该学经典文献导读课程。之后还应该有一门课程，就是文献学，介绍本学科经典文献的历史，也就是说，经典文献产生的背景、价值、影响，揭示文献及其意义生成和运演的规律与特点，探索它在整个学科发展过程中与社会变迁之间的互动关系。这一方面帮助学生在阅读经典、理解经典的过程中去认识新闻传播学科；另一方面，帮助学生学会如何利用文献，这也是文献学应该教给学生的。以上是关于本科生史论课程的规划。研究生教育当然还需要一门课程，那就是史料学概论。史料学概论是对史料的学理研究，属于理论性质的教材，史料之所以成为学，主要在于它的搜集、整理、考释都有其方法、有其道，并不仅仅是业务经验的总结。这门课程主要是介绍、发现、辨别、分析史料的方法论,除相关概念的阐释外,还要通过宏观考察新闻传播史史料的史源、形态、类型、特点、价值、利用等,来探索、搜集、鉴别和运用史料的一般规律和方法。这是研究生阶段的必修课,但目前新闻传播学的教育体系当中相当缺乏,应该在整个教材体系的建构过程当中一点一点地补足。如果不补足这一块,可能很难实现该学科的科学化。

关于新闻学教材建设的必要性。随着新媒体技术的发展,新闻业态发生了变化,新闻传播教育要紧跟时代的步伐。新闻学专业从诞生起就和产业有着密不可分的关系,报业的诞生促进了对新闻业务培训的需要。刚才绍根也谈到了徐宝璜,都是业界有了人才需求,才开始进行培训,由培训上升到高等教育,才有新闻教育的出现。报业的成熟和广播电视的发展又使得新闻教育走向成熟。20 世纪初期,世界的新闻学专业是建立在传统媒体,即以报纸、广播电视为主体的大众传媒之上的。从 21 世纪开始,社会背景发生了根本性的变化,变成了以网络媒体为主体,包括大众传播、人际传播和组织传播在内的全媒体产业背景。背景变了,高等教育一定要随着时代的变迁发生变化。

关于教材建设的方式和步骤。它是一个系统工程,它肯定不是一本教材,也不是一类教材,而是整个新闻学专业教育体系当中的所有教材,就是那三大块:史学、业务和理论。目前,新闻传播学学科内这三个领域之间的界限太清晰了,我们不由自主地就划得很清。新闻史学界的学者不了解研究新闻业务的学者,新闻理论界的学者不认识新闻史学界的,甚至是小有名气的,隔着研究领域,都互不相识。理论界、史学界和业务界各做各的。其实,一个学科这几块应该是融通的,现在不断强调融合,连学科内部这三大领域都不能融通,怎么去和别的学科融合?这是一个问题。其实它们三者是相辅相成的,新闻业务肯定要经过历史的总结,不运用历史的、宏观的、系统的方法去研究业务,就只能囿于一种经验的总结,经验的总结不可能太深刻。另外就是理论,它也要有历史做基础,理论反过来又要指导新闻业务,在研究历史的时候,也需要有理论工具,所以说这三者是相辅相成的。

怎么建构教材呢?首先,应该厘清概念。之前有中国特色社会主义新闻学二级学会,理论学界的学者们对这个问题也做了一些思考,但是教材建设概念体系、话语体系的建构是非常必要的,需要为教材建设确定一个逻辑起点。理论的建构应该是前提和基础,确定基本概念,尤其是要确定意识形态属性,它不是那么容易的,这样才能够为新闻业务、新闻历史的研究提供指引和分析工具。当前面临的问题,不只是媒介技术变化所引发的环境的巨变,而且是世界格局发生变化了。新闻学姓什么、为什么,这个是本质问题,所以教材建设首先应该对这些概念、话语等进行清晰的界定。如果界定不清晰,仍然会陷入本体的迷失。现在倡导融合,新文科文理的融合、文文的融合。“中国新闻学”的本体是什么,它的专业属性是什么,它的意识形态属性是什么,都亟待厘清。

其次是中国新闻学体系的构建。学科构成的依据是什么?中国新闻学和西方新闻学、传统新闻学,尤其是马克思主义新闻学,究竟是什么关系?它和之前的马新观教材又怎样区分?由它延展而来的理论范式是决定媒介史教材的结构和内容取向的,因为“一切历史都是当代史”,中国新闻学对应的是中国特色的媒介史。整个体系的确立非常重要,大致像宣传体系和教化传播体系这样一种构成。在这个体系之下,再完成史论和业务两大块的建设,然后再按照步骤完成每一门教材的建设。

最后,关于中国新闻学教材建设推荐名单。有关传统的新闻学概论、传播学概论,还有中外新闻史课程,我们在教学中也不断思考怎么迎合时代的变化、新媒体的变迁,如何重新确定好培养方案。新闻学概论中有关新闻规律的媒介背景,从报纸、广播电视媒介变成了全媒介,所以应叫整合新闻学。传播学概论增加网络传播和媒介学方面的内容。新闻史就要以媒介史为框架,形成一个全媒体新闻史的体系建构。另外,需要增加数据新闻、算法等课程;再有就是新闻采访与写作,和传统有所不同的是,应该叫全媒体新闻采访、全媒体新闻写作;还包括媒介素养,媒介素养是非常重要的一门课程,因为它不仅仅是高等院校新闻类教育必须涵盖的内容,其他领域的社会大众也特别需要媒介素养教育,所以说在新的教材体系当中,有关媒介素养的教材必不可少。

程曼丽简介

程曼丽，北京大学国家战略传播研究院院长，北京大学新闻学研究会执行会长，北京大学新闻与传播学院教授、博士生导师，中国新闻史学会名誉会长，教育部长江学者特岗教授，国家社科基金重大课题首席专家。主要研究领域为新闻传播史、国际传播、国家战略传播，出版了《〈蜜蜂华报〉研究》《海外华文传媒研究》《对外传播及其效果研究》《国际传播学教程》《外国新闻传播史导论》《从国际传播到国家战略传播》等著作、教材，发表学术论文 200 余篇。2003 年起参与国家各部委，地方各级政府、党委新闻发言人的培训，参与对主流媒体驻外记者、"走出去"企业负责人、孔院院长及教师的培训。2019 年起受委托对"一带一路"沿线国家中资企业负责人及员工进行舆情应对方面的培训。

中国新闻学教材建设不仅是教材建设本身的问题,更是如何以马克思主义引领中国新闻传播教育的重大理论和实践问题。

一、中国新闻学教材建设应以马克思主义为指导

中国共产党从诞生之日起,就把马克思列宁主义确立为自己的指导思想,并根据中国的具体实际和时代条件的变化,将其与中国革命、建设和改革的任务紧密结合起来。党章明确规定:“党的各级组织的报刊和其他宣传工具,必须宣传党的路线、方针、政策和决议。”由此可见,新闻舆论工作具有鲜明的意识形态属性,是党的全局工作的重要组成部分。

关于党的新闻舆论工作的性质与要求,在马克思主义新闻理论教学与研究中均有充分的体现。但是问题在于,目前我国的新闻传播理论体系尚未形成一个具有内在逻辑关联的整体架构,呈现出的仍为相互排斥的二元叙事——或是马克思主义新闻理论,或是西方新闻传播理论,思想引领、价值导向较为模糊。解决这个问题的关键,是基础性的认知问题,这个问题得不到解决,建立中国新闻学或具有中国特色的新闻传播理论体系就是一句空谈。

令人感到欣慰的是,2020年以来的这场新冠疫情,尤其是疫情中美国“大选+疫情”的特殊境况,让人们拨开观念政治的迷雾,认清了西方现实政治的面孔以及媒体与权力关系的本质特征。中国知识界,包括新闻学界开始出现反思性的话语,希望从中国特色社会主义建设的实践与经验中寻求解决当今问题的思想武器。这种话语转向并非无意识的选择,而是基于国际环境、国家战略的变化,因应时代发展要求作出的反应,具有某种历史必然性。这也是我们进行中国新闻学教材建设的思想基础。

二、中国新闻学教材建设应突出中国特色

之所以提出这个问题，是因为从整体上来看，我们的新闻传播学教材尚缺乏鲜明的中国特色（或具有杂糅性特征）。当然，这与我们自身发展的阶段性有关。对于中国来说，新闻学、传播学均为舶来品，由西方国家，尤其是美国引入，而美国则是世界上新闻传播业最为发达的国家。因此，新闻传播学学科建设启动的最初一段时间，我们在学科目录编制、专业分类以及课程设置等方面向西方国家学习、与之接轨具有某种必然性。学科上的学习、借鉴，一方面使得中国的新闻传播学走上快速发展的轨道，相关教材、论著大量涌现；另一方面，作为“应用型文科”的新闻传播学也一直面临着如何与中国新闻实践接轨的拷问。究其原因，中西方政治制度与意识形态的差异是不可忽视的因素。例如，美国的新闻传播理论与实践是在“三权分立”的政治制度以及两党制政党制度的基础上形成的，媒体被视为对“三权”具有制衡作用的“第四种权力”，新闻记者亦被誉为“无冕之王”；人民代表大会制度是我国的根本政治制度，党和政府主办的新闻媒体是党和政府的宣传阵地。这就注定了包括美国在内的西方新闻传播理论无法适应中国新闻实践的需要。

当前的中国已经进入全新的发展阶段。改革开放 40 多年来，我们不但实现了自我超越，也超越了长期以来占据国际社会主体地位的西方思想体系和发展模式，今天再用西方理论解释中国实践已经不合时宜，况且一些西方国家在发展过程中也出现了难以解决的问题和难以克服的弊端。这客观上要求中国学者（包括新闻传播学者）进行创新探索，建立一套与新时代发展相适应的话语体系、理论体系、学科体系。我认为，在中国新闻学教材建设的过程中，对于中华文化传统、中国实践经验的认同以及在此基础上建立的理论自信是非常重要的。这是我们进行中国新闻学教材建设的坚实基础和丰厚资源。

三、中国新闻学教材建设应强化价值引领

新闻传播学科不仅担负着专业人才培养的责任,同时还是国家意识形态的有机组成部分,负有弘扬中国精神、凝聚中国力量、践行中国道路、传播中华文化的使命。以此观之,新闻传播学除了具有社会科学的一般学科共性外,还具有国家信息载体以及中国声音放大器的特性,这一特性决定了新闻传播人才的培养需要强化价值引领。

强化价值引领,首先就要立足国情,了解中国是什么性质的国家,和西方国家有什么不同,中国面对的"真问题"是什么,并引导学生从中国社会的历史与实践过程中发现问题、提出问题、分析并解决问题,培养他们的国情观念、政策眼光和大局意识;同时还要针对他们头脑中存在的一些模糊认识,尤其是对西方学说的迷思和膜拜进行释疑与纠偏。

长期以来,我们的一些专业课程在介绍西方新闻传播理论及实践时,往往侧重于具体现象、场景、故事的描摹以及不同学术流派的辨析、考据,使学生在获取信息、接受知识的同时得不到理念、观念上的引导,以致形成了较为模糊甚至反向的认知与判断。当他们有朝一日进入中国的新闻实践场域,以既有的知识底色面对中国社会的现状与问题时,就会出现思想震荡,产生种种不适,其中的一部分还有可能走向反面。说到底,这已经不是技术操作层面上的水土不服,而是意识形态上的背离了。这显然不符合新闻传播教育的初衷。

四、中国新闻学教材建设应重视理论渊源

中国新闻学,或者更宽泛地说,中国特色社会主义思想体系在形成、发展的过程中,主要有三方面的理论来源。

首先是马克思主义理论,这是我们的行动指南和理论基础。但是因为各种原因,在很长一段时间里,马克思主义新闻理论的研究比较薄弱,

即便近年来有关马克思主义新闻观的研究成果数量激增,渐成气象,但是马克思主义新闻理论对于当前中国新闻实践的指导意义方面的研究仍显不足。

此外,马克思主义新闻观课程的设置是必要的。然而同样值得注意的是,第一,马克思主义新闻观是马克思主义世界观、价值观和方法论在新闻传播领域的集中体现,因此,“马新观”课程与新闻传播学其他课程的关系应当进一步梳理清楚;第二,在进行“马新观”教学时,不仅要讲微观层面(专业层面)的理论、原则,也应当将作为科学思想体系的马克思主义理论、方法整体传授给学生,使“马新观”的意义和价值大于一门课程。

其次是中国历史及国情理论,即马克思主义中国化的实践总结或马克思主义与中国实践相结合的理论结晶。这一部分内容继承了马克思主义的理论精髓,传承了中华民族优秀的思想文化根脉以及中国共产党人一以贯之的思想主张,在此基础上形成了一系列新的理论概括和战略安排,包括毛泽东思想、邓小平理论等一直到习近平新时代中国特色社会主义思想。这些都是具有中国特色的原创性的思想、理论成果。中国的新闻学也是在实践中不断发展的,呈现了马克思主义中国化不同阶段的特征。

最后是人类优秀的思想理论成果,包括近代以来的西方理论。中国特色社会主义理论体系是中国共产党人在改革开放和社会主义现代化建设过程中,在全面继承马克思列宁主义、毛泽东思想,同时吸纳先发国家理论成果和实践经验的基础上创立、发展起来的,既具有历史文化主体性,又具有开放性。对于中国新闻学教材建设而言,开放性思维同样重要。事实上,早在20世纪末期,我国学界就大量引进西方国家以及发展中国家相关学者的理论著述,国内研究者因此开阔了眼界,推出了一批兼具本土特色和国际视野的研究成果。当然,我们学习和吸收西方理论,包括西方新闻传播理论的目的是在博采众长的基础上进行中国新闻学理论体系的构建，并使之具有鲜明的时代特征和普遍意义。

总之，中国新闻学是在马克思主义理论框架下，在不断进行中国化的实践探索，吸收人类先进的思想、理论成果的基础上发展起来的，应当具有开放性与包容性的特征。

戴元光简介

戴元光，1977 年毕业于兰州大学中文系，先后在复旦大学新闻系、美国夏威夷大学新闻系学习，美国东西方中心（EWC）访问学者。主持过 3 项国际合作研究项目、1 项国家社科重点项目、3 项国家社科一般项目、16 项省部级项目。出版著作（编著）18 部，发表论文（译文）70 余篇。历任兰州大学西北文化研究中心副主任、上海大学影视学院副院长、上海政法学院文学与传媒学院院长、上海纪录片学院理事长，兼任中国传播学会会长、中国商业史学会副会长、全国新闻与传播学专业学位研究生教育指导委员会委员、上海市重点学科带头人。获国家高校人文社科奖、国家普通高校优秀教材奖、省市优秀图书奖、省市社科奖、教学成果奖、育才奖 14 项，被评为甘肃省优秀园丁、上海市高等教育教学名师。

对于当前新闻教材的编写工作，我谈谈自己的体会，因为这次我参加了“马工程”教材的编写，写了近11年，十年磨一剑，算是完成了任务。据了解，外界反响还比较好，我们团队也是尽最大的努力了。我从事新闻教育工作37年，也写过几本教材，比较早的是《传播学原理与应用》（1988，兰州大学出版社），后来写了《传播学通论》（2000，上海交通大学出版社）、《传播学研究理论与方法》（2004，复旦大学出版社）。现在我谈几点看法。

第一，编写教材是培养教师的好方法。当老师就是教学生的，要教学生，首先得当学生。当学生首先要看书，看书先看教材，这是基本的训练。一本好的教材，基本包含了这一领域的基础知识。然后，要延伸阅读，更深入地学习这一领域的知识，阅读大量书籍。编写教材是全面了解自己所涉及领域知识的最好路径。现在不少学校不重视教材建设，只关注学术论文，对教师进行考核只要求学术论文。教材影响学生整个学习阶段，而论文只影响当时。当然论文也很重要，大多数论文是前沿性的，是富想象力的，对学科发展而言也很重要，但对整个学科不了解，怎么研究？特别是教材反映的是整个学科的系统知识，是经过检验的较为稳定的知识范畴。但教材也要推出新版，吸收最新的知识或发现。我在夏威夷大学学习时用的传播学教材已经改版20多次了，而我选修的哲学课还在用40年前的教材。我国也有不少经典教材，经典教材不能放弃。一位老师要编一本教材，得看本领域几乎全部的教材，然后看研究性著作和论文，还要看相关学科的材料。高校要提高编写教材的地位。

第二，编写教材要与时俱进。这里有几个问题。首先是科技发展迅速，直接影响学科。从大众时代到电子时代，再到智能时代，新闻传播学科发生了很大的变化，培养人才的传统方法面临挑战。我们有很多教材已不适应当代人才培养的要求,传统教材的知识点已不够用,知识体系需要更新。同时,学科界限越来越模糊,新闻传播学科需要建设一批新教材。其次是我们今后培养什么人才。过去我们培养的人才主要面向主流媒体和政府,就是就业型人才,现在学生的就业取向发生了很大的变化,媒体也不再是一家独大,不再是垄断行业,因此,人才培养模式也要发生变化,创业型人才是社会最需要的。再次就是智能时代,媒体的普及、新媒体的发展使我们每个人都成为一个传播者,过去传播新闻的方式在今天发生了很大的变化,所以教材的编写要适应当前的市场变化,要适应学生就业方向的变化。

现代科技发展日新月异,对传媒的冲击很大,新闻传播教材中技术性的含量要求越来越高,传统教材要改进。有一个问题是,现在编写的很多教材,特别是文科教材缺少知识背景介绍,或者交代不清楚,我们的教材走向国际也是非常困难的。例如,我们编写的“马工程”教材有些艰深,本科生,甚至有些硕士生、博士生反映他们读不太懂,只有一部分人看得懂。所以教材的适应性需要研究,要组织编写导读和文献读本。

第三,教材编写要多元化,还应引进一些国外教材。首先是国内教材要多元。除了国家统一编写的教材外,应鼓励各学校自编一些教材。现在国家统编的教材主要是公共课和专业基础课教材,还有一些专业课教材可以由有条件的学校自编,特别是有特色的教材,如财经新闻、体育新闻、融媒体、法治新闻、微电影、短视频和仿真技术等。国家统编教材有国家财力帮助,地方性的特色教材要有国家帮助。现在出版书收费惊人,教授写书要赔钱,发现真理没能力传播。马克思讲过大众传播对人的异化,精神劳动者养不活自己,出版商发财。社会主义国家不应如此。

不要排斥国外教材。国内有些教材达不到国外教材的水平。科学是没有国界的,因为科学是世界的,是人类共同的精神财富,包含全世界人的精神劳动。科学也是有国界的,每个精神劳动者都是有各自国家背景的——历史的、民族的和文化价值的背景。科学有无国界还在于谁掌握科学,为谁服务。我们要有选择地引进一些能为我所用的教材,吸收和学习国外的知识以满足自己发展的需要。

邓绍根简介

邓绍根，中国人民大学新闻学院教授、博士生导师，中国人民大学马克思主义新闻观研究中心主任，中国新闻史学会秘书长，“马工程”教材《中国新闻传播史》课题组专家，国家社科基金重大项目“新中国70年新闻传播史”首席专家，《新闻春秋》执行主编；学术论文荣获广东省哲学人文社会科学优秀成果论文类一等奖；著作《中国新闻学的筚路蓝缕：北京大学新闻学研究会》获得第七届吴玉章人文社会科学青年奖；参与的教改项目“马克思主义新闻观指导下新闻人才培养‘六结合’模式的创建与实践”获得2018年国家级教学成果奖二等奖，参与撰写的研究著述获得教育部第八届高等学校科学研究优秀成果奖（人文社会科学）二、三等奖。

今日,我非常荣幸受邀参加由教育部教材局主办、复旦大学高校新闻学国家教材建设重点研究基地承办的中国新闻学教材建设研讨会(第三场)线上会议。我就围绕中国新闻学教材建设的可行性、建设方式与步骤,以及教材建设推荐名单等议题做以下发言,不当之处敬请专家学者批评指正。

第一,坚守历史传统,继承和发扬中国新闻学教材建设的优秀经验。

中国新闻学教材建设具有久远的历史,是与中国新闻传播教育和研究同步开展的。1918 年 10 月 14 日,北京大学蔡元培校长、徐宝璜教授和邵飘萍先生,创立北京大学新闻学研究会。它是中国第一个系统讲授新闻课程并集体研究新闻学的新闻学术团体。在当年暑假筹备成立北京大学新闻学研究会时,徐宝璜已经启动了《新闻学大意》的编撰工作,并于同年 9 月、10 月、11 月分三次连载于《东方杂志》。徐宝璜在给北京大学新闻学研究会会员正式授课后,每次将讲义进行修改并刊载于《北京大学日刊》;在历经三次修改后,《新闻学》于 1919 年 12 月正式出版。有人称赞《新闻学》是国人自撰的第一本新闻学著作,也有人称之为"首次出版的新闻学教材"。确实,从其功用来说,徐宝璜所著的《新闻学》就是中国新闻学的第一本教材;只是当时新闻学处于筚路蓝缕之际,徐宝璜撰写的这本教材也成为中国新闻学的第一本奠基之作。徐宝璜在编撰中国新闻学的第一本教材的过程中,积累了宝贵的经验,其中,首要的就是世界眼光。《新闻学》列的参考书目中,有 31 种参考书籍,以美国书籍居多,占 23 种,英国 7 种,中文仅 1 种;而在 72 篇参考论文中,68 篇为英文论文,4 篇为中文论文;在 68 篇英文论文中,又以美国论文居多,有 58 篇,10 篇为英国论文。徐宝璜因为具有世界眼光,通过借鉴中外书籍,将世界新闻学知识和理论引入中国,创造性地建构了中国新闻学知识体系,奠定了中国新闻学的学术基础。

近期获得全国教材建设奖唯一一等奖的新闻传播类教材《中国新闻传播史》,也有许多值得借鉴的经验。该教材成功的主要原因就是名家大师写教材。从21世纪初编纂完成并出版,到如今第三版付梓,20年的出版历程背后是教材主编方汉奇先生半个多世纪教学、研究的汗水与精华。目前,该教材是中国新闻传播史教材领域的开山扛鼎之作,亦被国内诸多高校的新闻院系所采用。还有一个重要原因就是人大和复旦强强合作,组建了一支老中青相结合的专家编撰队伍。该教材第一版的编写团队成员还包含丁淦林、黄瑚、薛飞三位作者,丁淦林和黄瑚均为复旦大学新闻学院的资深教授,薛飞当时为中国人民大学新闻史方向在读博士生,后任《人民日报》国际部编辑。第二版于2009年6月出版,作者团队在第一版四位编写者的基础上新增中国人民大学新闻学院教师王润泽、赵永华、赵云泽及时任《人民日报》总编室主任编辑的杨雪梅。整个编纂队伍集中了学界、业界的精尖力量;同时,在编纂过程中充分参考和借鉴已出版的同类教材。这种"集众智"组建强有力编撰专家团队的宝贵经验也被"马工程"重点教材继承下来并发扬光大。笔者参与的"马工程"重点教材《中国新闻传播史》,就是由吴廷俊(华中科技大学新闻与信息传播学院教授)、哈艳秋(中国传媒大学新闻学院教授)、芮必峰(安徽大学新闻传播学院教授)、王润泽(中国人民大学新闻学院教授)、邓绍根(中国人民大学新闻学院教授)、艾红红(中国传媒大学新闻学院教授)、蒋含平(安徽大学新闻传播学院教授)、徐新平(湖南师范大学新闻与传播学院教授)、陈建云(复旦大学新闻学院教授)、张振亭(南昌大学新闻与传播学院教授)、阳海洪(湖南工业大学文学与新闻传播学院教授)、裴晓军(陕西师范大学新闻与传播学院教授)等国内新闻院校知名教授组成的专家团队历经12年编撰完成的。因此,目前中国新闻学教材建设,要坚守教材建设为教学服务的历史传统,继承和发扬名家大师领衔、集体编撰的优秀经验。

第二，创新发展思路，用“新道路、新形态”理念推动中国新闻学教材体系建设。

目前，要加强中国新闻学教材建设，新闻学界应扎根中国大地，回应中国问题，创新中国新闻学学科体系、学术体系和话语体系，用中国理论解读中国实践，在教材体系中彰显“四个自信”，建设包含“中国经验、中国案例、中国模式”，体现“中国特色、中国智慧、中国气派”，具有完全“中国知识产权”的培根铸魂、启智增慧的中国新闻学系列教材。

新闻学界要将中国新闻学教材建设作为立德树人的基础工程，把立德树人作为新闻学教材建设的出发点和落脚点，充分把握新闻学教材建设的政治性、时代性、科学性和适用性，注重中国新闻学学科建设、教材建设、教学建设协同发展。

新闻学界要将中国新闻学教材建设作为价值引领的基础工程，把“道路问题”作为中国新闻学教材建设的根本问题，注重新闻学教材建设知识逻辑、历史逻辑、价值逻辑相统一，在新闻教材建设中不仅注重知识体系的建构和阐释，更加注重把党的创新理论作为新闻学教材建设的源头活水，作为贯穿教材建设工作的灵魂主线。

新闻学界要将中国新闻学教材建设作为建设“独树一帜”人文社会科学的基础工程，在推动原创性、标识性中国新闻理论创新的基础上，注重向新闻学教材体系的转化。

新闻学界要将中国新闻学教材建设作为教师发展的基础工程，充分发挥新闻学教师教材建设的主力军作用，坚持大师名师写教材，将中国新闻学教材建设作为教师绩效评价体系的核心内容，建立完善的教材规划和奖励体系，完善教材成果与科研成果换算机制。

新闻学界要将中国新闻学教材建设作为造就时代新人的基础工程，用“新道路、新形态”理念指导新时代中国新闻学教材体系建设，把人才培养的现代化作为服务中国式现代化的首要任务，把人类文明新形态作为中华文明教育的核心内容，把教材建设作为造就德、智、体、美、劳全面发展的时代新人的基本保障。

第三，中国新闻学教材建设要有读者（对象）意识，区别对待受众。

徐宝璜在《新闻学》序言中写道："开会后，余继续研究，加以会员之质疑问难，时有心得，遂将原稿加以修正。"这也是《新闻学》这部民国经典能够到现在不断再版、长盛不衰的一个重要原因，即《新闻学》是新闻教育中教学相长的产物。在编撰过程中，徐宝璜心中有受众，有读者意识，接受并采纳了听课者的意见。我们现在在教材建设过程中，大多没有读者（对象）意识，都是老师自己写，或者接受主管部门的考核，或者满足上级的要求，学生只能被动接受，使得许多教材出版后没有市场，不受学生欢迎。另外，教材使用者除了学生还有授课教师，他们也是教材建设的重要的参与者。我们现在在教材建设中，也应该重视他们的意见，毕竟他们在教学一线，学生使用教材的情况和他们教学的反馈意见也至关重要。因此，建议增强读者意识，在中国新闻学教材建设过程中，适时邀请一线教师和学生召开座谈会，或者采用其他调查研究的方法征询教师和学生意见，丰富教材建设的设计理念和结构内容。

同时，还要区别对待使用教材的受众，如本科生、研究生。目前新闻学教材偏重本科生层次，而可用的研究生教材却少之又少。应在继续加强新闻学本科生教材建设的基础上，加大研究生教材建设的力度。现在随着研究生的扩招，新闻传播学研究生的规模不断扩大，但相应的教材建设却非常落后。另外，本科生层面，也应该加强与课程配套的新闻学教材的建设，如媒介素养、新闻传播学基础、马克思主义新闻观、中外新闻传播史、比较新闻学等课程的教材建设。

丁柏铨简介

丁柏铨，中共党员，1947年4月16日出生，江苏无锡人。1993年12月晋升为教授（现为二级教授），同年享受国务院政府特殊津贴，2001年被增列为博士生导师。1992年11月至2003年4月任南京大学新闻传播学系系主任。现为“马工程”重点教材《新闻采访与写作》课题组首席专家，国家社科规划重大项目“十八大以来中国共产党新闻舆论观研究”课题组首席专家，中国新闻史学会学术咨询顾问委员会顾问，中国社会科学杂志社外审专家，中国科学技术大学等八所高校兼职教授、特聘教授或讲座教授。发表学术论文430余篇，多篇论文被《新华文摘》全文转载。主持全国哲学社会科学基金重大项目1项、重点项目3项。多次获教育部、江苏省人文社会科学优秀成果奖。主持的教学成果《抓好实践教学环节，培养高素质新闻人才》获校级特等奖、省级一等奖、国家级二等奖。

关于中国新闻学教材建设,我想就几个问题讲讲看法。

第一个问题:教材建设的方法与步骤。关于方法,我想到的是:“集思广益、头脑风暴、实行‘众筹’、吸纳众智”。我们可以把基础建设的空间搞得更大一点,在全国范围内做一点征求意见和征求选题的工作。不妨通过微信公众号、官方微博,以基地的名义公布教材建设的规划、设想(包括对于中国新闻学教材建设的系统性的构想),在全国范围内广泛征求意见、征集选题,引领高层次的教材建设。这是方法。

步骤是:

1. 广泛听取一线教师的意见,听取业界人士的卓见,了解需要什么样的教材。

2. 基地对已经出版的教材进行梳理并且就以下问题做出比较精准的判断。(1)有哪些教材应有而未有? 这是发现空缺。(2)有哪些教材有待提质? 这是进行提升。现有的基础不要轻易丢弃。

3. 对教材作者进行评价、评判,确定可以委以重任的教材主编和相关作者。

4. 征集教材选题。可考虑在全国范围内进行选题征集工作。

5. 基地进行论证和遴选。在以上各项程序的基础上,由基地进行论证和遴选,以确定拟编写的教材清单。

6. 慎重确定教材的主编。主编确定后,由主编组织编写的班底。建议采用两种方式确定主编:一种是招投标制,在全国范围内接受投标,然后在此基础上通过一定的程序进行遴选;另一种是委托制,由基地经过一定程序确定教材的主编人选。一些合适的教材主编不一定参与投标,可先由基地的专门委员会通过充分的讨论,然后确定主编人选。

7. 实行主编责任制。要给主编很大的权限,既然信任他们,经过认真考察和审慎考虑,认定他们具有主编教材的能力,能够胜任导向正确的高层次教材的编写工作,那就要给予他们充分的信任。由他们对教材的导向负责,对教材的质量负责,对教材编写的各个环节负责。不然的话,很可能出现一本教材编十年、八年的情况。如果是那样的话,工作效率就不可能太高。因此,我觉得应该由主编对所编的教材负全责。这一点非常重要。当然,委托主编编写教材,对主编的人选要看得很准,要很审慎地做决定。这是第一个问题。

第二个问题:处理好几组关系。

1. 处理好拟编教材与中国新闻学学科之间的关系。我想关系应该是这样的:推荐的拟编教材在新闻学的范围之内,是新闻学系列教材的组成部分,有其重要性、必要性和可行性。

2. 处理好拟编教材与各个新闻传播学院所开的核心课程的关系。要顾及各个新闻传播学院已经开设的新闻学核心课程,首先满足核心课程的教材需要,为多数新闻传播学院的核心课程提供高质量的教材。

3. 处理好拟编教材与“马工程”已有教材之间的关系。“马工程”的教材都是经过反复打磨的,是集中了多人智慧而形成的成果,达到了比较高的水准。我觉得这部分教材是值得我们珍惜的。基地所要编的教材,应该是“马工程”教材目前尚未涵盖的,或者是需要延伸和拓展的。“马工程”教材若干年以后又会修订,我们不必搞重复建设。我觉得应该避免编写那些和“马工程”教材同名的教材。

第三个问题:推荐教材。

我琢磨了一下,以下一些教材是不是可以列入推荐名单?

第一,《马克思主义新闻观》。在教材编写中,这是基础的基础。各所高校的新闻传播学院都要开设该课程,而且这是重要的核心课程。很有必要由基地推出一本可供全国高校新闻传播学院广泛使用的《马克思主义新闻观》教材。与此配套的是《马克思主义新闻论著原典选读》。要提供原典,不仅通过教材来向学生传授马克思主义新闻观的有关理论、观点和知识，而且还要引导学生读原典，知道什么样的观点来自什么地方，原来是怎么说的，是在什么背景下提出这些观点的，等等。我觉得这些都很重要。

第二，《媒体融合理论与实践》。媒体融合风生水起，而且已经成为国家战略。我们急需一本水平比较高的、能够从理论上阐述得很透彻的媒体融合的教材。同时，它又是顾及业界的媒体融合实践的。我觉得这本教材是急需的。

第三，《国际传播理论与方法》。国际传播是我国新闻传播工作中的一块短板，和中国世界第二大经济体的现实很不匹配，而且我们在传播理念、内容、方式方面存在许多问题。现状亟待改变。与此相适应，《国际传播理论与方法》教材编写应是重中之重。

第四，《新闻法制和新闻伦理》。在实践中，这一块的内容愈益重要，但是在全国还缺一本这方面的可供统一使用的、大家都比较认可的教材。

第五，《中外新闻学比较》。现在讲中国新闻学的老师，就外国新闻学讲得不多；讲外国新闻学的老师，就中国新闻学讲得不多。能不能提供这么一本教材，可以同时兼顾中西的新闻学，用来进行比较，以利吸收西方新闻学的精华、精髓，同时也不过分迷信西方新闻学的某些理论观点？我觉得我们的学生需要通过这样一本教材来辨析西方新闻学当中的比较好的东西和不太好的东西。

第六，《中国共产党新闻舆论思想史》。作为有百年历史的大党，中国共产党新闻舆论方面的思想理论很丰富，实践经验也很丰富，亟待加以系统梳理，特别要探讨其中的规律。

第七，《新闻舆论学》。如果光是舆论学，好像并不在新闻学的范畴之内，但是现在大量的舆论是新闻舆论，而且新闻舆论在社会舆论中有着极其重要的位置。如果有一本新闻舆论学方面的教材讲讲舆论现象、舆论运作、舆论规律、新闻舆论，并探讨如何将新闻和舆论结合起来促使舆论工作更好地开展，并取得更大的成效，应该说还是很有意义的。

丁俊杰简介

丁俊杰，中国传媒大学教授、博士生导师，中国传媒大学亚洲传媒研究中心主任，中国传媒大学学术委员会副主任，曾任中国传媒大学副校长。主要社会兼职：中国广告协会第三届、第四届学术委员会主任，《国际广告》主编，中国商务广告协会副会长，中国广告协会副会长，中国广播电视学会第四届理事会特邀理事，中国高等教育学会广告教育专业委员会理事长。著作有《现代广告通论（第二版）》（中国传媒大学出版社，2007 年版），译著有《当代广告学》（人民邮电出版社，2005 年版）、《广告学导论——现代广告运作原理与实务》（中南大学出版社，2003 年版）。主要教学成果：2016 年主讲的广告学概论获得“国家精品资源共享课”称号；2008 年，所著《现代广告通论》获评北京市精品教材；2004 年主讲的广告学概论被评为国家级精品课程。

我国基本上是一个教材教育国家,如果不把这个问题搞清楚,那么在教材编写和推广的过程当中,可能都会遇到障碍。我国教育跟国外教育最大的不同,就是我国是一个教材教育的国家。国家层面有规定、制度和相关机构,如教材建设是国家事权;再如,国家层面设有教材委员会。这都意味着我国是教材教育。教育主管部门有专门机构,比如教育部有教材局,教材局主导下还建立了像我们新闻传播学在复旦大学这样的重点教材基地。各个大学也有系列的关于教材的明文规定。所以,大学教师习惯用教材,学生的专业知识也主要来源于教材,这个现状是由中国国情决定的。在编写教材之前,一定要意识到这一点,这是我国教育跟国外教育在教材教育层面的不同。所以从理论上讲,课程体系和教材内容在一定程度上直接决定了学生的知识结构,也可以说,这样的逻辑就直接导致了教材决定了学生的质量,这个是我国跟欧美教育的差异。欧美大学大多没有完整的教材体系,也少有政府和大学指定的教材。以德国为例,德国学生几乎没有一本完整的教材,所有的知识都来自教授课堂讲授的内容,以及学生根据老师的布置,或者主动参与,从大量文献当中获取的。所以由于我国大学教育的教材地位与作用跟西方不同,教材对于中国大学的意义和西方是不一样的。在这样一个前提下,我们来理解中国大学教材建设的意义才会有比较准确的认识。中国大学教材的意义非常清晰,教材是体现课程理念、教学内容、教学要求的依据;教材是教学的蓝本;教材是教师传播知识、学生获取知识的载体。教材在教学过程中起着引导教学方向、保证教学质量的作用。教材建设在大学构建教育体系过程当中具有基础性、全局性地位。以中国传媒大学广告学院为例,我们在办学过程中形成了许多共识,其中之一就是:教材建设是广告学院建设的基础性工程之一。

关于中国新闻学教材的内涵和意义,我觉得复旦大学高校新闻学国家教材建设重点研究基地对这个问题的解读会更准确、更科学、更全面。“中国新闻学”是一个完整的概念,这里我抽出“中国”和“学”来谈谈我对这个问题的理解。第一,从“学”的角度,那就必须遵循教材规律来研究编写教材。从“中国”的角度,教材建设是国家事权,要把党的各种创新理论成果吸纳进来,要把社会主义事业建设的最新成就吸纳进来。但是教材编写绝对不能泛政治化,同时不能降低它的学术、学科和知识水准。这是当前最头痛的问题,所以要按教材的规律来编写,这是一定要把握的内涵。“中国”与“学”有机联系、有效平衡,是重要内涵。第二,教材建设必须跟学科体系、专业体系、课程体系、培养体系密切联系。在所有的这些联系当中,努力把教材体系有效地、最大可能地转化成教学体系,给使用教材的教师和院校留出科学的组装空间,这是解决问题的关键。要做到这一点,必须充分尊重“学”的规律和要求。第三,“中国”要求我们的教材必须有担当意识;“学”的题中之义就是要求教材的使命是育人。教材建设绝不是市场导向,现在许多教材的意义与价值首先看“量”。我无意否定量,好的教材就应该有大的发行量。但“量”容易成为市场导向。从“中国”和“学”的角度,比市场导向更重要的是专业水准,是学科价值,是担当意识,是使命责任。第四,牢牢把握新时代这个关键点。新时代是编写中国新闻学教材必须考虑的问题,必须细化、具体化。第五,要坚持学术类教材和常识类教材并举。过去往往把学术性和教材的通识、入门、常识等要求对立起来,尤其是广告学科,它前沿性的东西变化太多,所以学术性教材和入门教材要并举,融合在一起才是一套好教材。第六,要对系列教材有科学全面的认识。系列教材才能应对教材编写过程中自主权过大(不是否定自主性)的现象。这样才可以称为“中国”的。第七,可以有品牌效应,形成权威。没有权威,何来“中国”?第八,对应教学体系最好的方式就是系列教材,不同的学校不一定用全系列教材,但是有这个系列教材就可以组装。第九,只有系列才能“长期”,只有系列教材才能坚持长期主义。还有就是避免拼盘式的教材编写方式。

关于教材的建设方式与步骤。第一,首先要对专业教材进行详细调研。首先要调研学生,要调查使用过教材的学生,现在在校的学生,还有未来的学生,没有调研就没有发言权,教材是调研出来的,教材不是学术专著,它的使用对象广泛。既然有对象,就有一个调研问题,否则就会出现偏向的情况。写得很差的传播类的、新媒体类的教材,在二本、三本院校中比比皆是,这些学校为什么不用"985"或"211"院校编的教材?因为使用不了,层次太高。我们不能只给"985"院校的学生编写教材,我们要站在国家的角度为整个新闻教育服务,而不是只为本校或者你熟悉的"圈子"服务。要调研使用者的水平、使用者的习惯,这是必须要做的工作。第二,要详细解读国家对相关专业课程的要求和导向。第三,要充分了解教材对应课程安排的课时时段、教学计划、教学大纲。过去编教材就是基于课程立场,根本不管这门课各所学校安排在哪个学期、安排了多少课时、教学计划是什么、教学大纲是什么。如果不去研究这些,编出来的教材怎么能符合需求呢?使用起来怎么会方便呢?各所学校都要了解清楚,编写起来才有清晰的对象感。第四,要充分了解各所学校的内容级别、课程的相互衔接状况。第五,邀请业内和相关高校负责的专家召开小规模的专业学科的课程研讨会,了解当下的培养现状、存在的问题以及解决的方法,在这个基础上探讨教材编写的思路和设想。

具体到教材编写的方式,要建立多元的教材编写团队。第一方面,主力军肯定是长期在教学第一线的、专业造诣深的教师,但是广告学作为应用学科,应该吸纳行业内专业机构、科研院所、广告企业的高水平人员参加,为教材建设理论和实践的深度结合奠定基础。第二方面,要有立体化教材建设的思路和想法。所谓的立体化教材是指,教材要跟相关的数据库配套,教材需要再版,数据库需要维护,打通课程的教学资源、学习资源、数据资源、拓展资源,所以建议教材建设一定要有立体教材的概念。第三方面,要准确判断当下教材的现状,比方说理论观念滞后的问题、知识陈旧的问题、结构陈旧的问题、体系陈旧的问题、教材当中粗制滥造的问题。市场竞争激烈,自主自编教材空间巨大,出版社也在组织,文化公司也在组织,相关院系和大学也在组织,这样的状况我们要了解。经过了这几个环节之后,最后才能开始教材编写工作。对于教材编写工作,我的建议是定位要准确,编写的思路要清晰,编写的框架要合理,编写的模式要可操作,内容分工要明确,时间进度要科学,不要赶工期。不按教材编写规律,一年出了这个,两年出了那个,不问专业背景和课程内容就去强行规定一个时间进度表,那不科学,这是关于“怎么做”的一个大概想法。

最后,关于推荐名单,广告学专业成熟的教材有几套,第一个模块是原理和概论,急需解决的是数字广告学概论、计算广告学概论、智能广告学概论、数字营销概论,这几本书是用新广告概论来统领还是分写,可以具体研究。第二个模块是史论和方法,包括互联网广告史、广告经典理论,可以把经典理论放在史论和方法模块,广告经典理论可以作为一本教材。还有新媒体与公共关系学、数字广告方法论、大数据和消费者洞察。第三个模块是表达模块,包括计算视觉设计、融媒体品牌叙事、商业交互设计、融媒体视听创意和制作。第四个是广告管理模块,包括数字广告经营与管理、数字广告的效果评估、数字广告的监管、数字品牌与运营管理、数字广告的伦理和法规。

董广安简介

董广安，郑州大学二级教授，国家社科基金项目评审专家，河南省文史馆馆员。曾任郑州大学新闻与传播学院院长、教育部新闻学科教学指导委员会（第二届、第三届）委员、郑州大学穆青研究中心主任、郑州大学传媒发展研究中心主任、中国新闻史学会常务理事、中国新闻史学会应用新闻传播学研究委员会副会长。河南省教学名师、河南省十佳师德标兵和五一劳动奖章获得者。从事新闻传播教育40余年，先后讲授基础写作、新闻采访、新闻写作、中外新闻名篇赏析、媒介批评、穆青新闻思想与新闻实践研究等课程。主要研究方向为新闻传播实务，在都市报、晚报研究领域和穆青研究方面有较大影响力；先后主持多项国家级和省部级课题。其中，主持的国家社科基金重点项目“穆青精神的现实影响及其传承研究”的结项鉴定为优秀；参与国家社科基金重大项目“十八大以来中国共产党新闻舆论观研究”，为子课题负责人，研究待结项。

教材建设与高等教育教学质量、人才培养和学科体系建设有着高度关联性。有关教材建设的重要性、必要性、紧迫性、时代性,前面几场会议,专家都做了非常精辟的发言。我仅对这项工程浩大、责任重大、使命光荣且极具挑战性的新闻学教材编写工作谈一点感受,提一点自己不成熟的意见。

新闻学科快速发展的40年中,教材建设经历了几个阶段:20世纪80年代初,教材极度缺乏,老师以自编讲义的方式,勉强满足教学需要;80年代中期,开始重视教材编写,苦于出版难,郑州大学新闻系1984年出版了一套内部刊号的新闻学骨干课教材,涉及史论、业务,在当时国内新闻专业内产生很大影响;1986年初,多所院校自发联合,在天津师大召开了新闻学教材编写会议,但因种种原因,拖了近十年,有的难产,有的流产了。从90年代开始,复旦大学出版社、中国人民大学出版社、北京广播学院等开始重视新闻传播教材的出版,有合作的,有独立的,呈现出百花齐放、欣欣向荣的局面。后来,上述几家出版社开始有意识地策划系列重点教材,出版了一批高质量的、大家普遍认可的骨干课程教材,基本满足了全国新闻院校的教材需求,并且稳定了相当一段时间。21世纪初,地方院校纷纷开设新闻专业,为了适应地方院校人才培养的需要,郑州大学出版社委托郑州大学新闻专业联合全国30多所新闻院校成立了一个协作组织,出版了21世纪新闻传播系列教材,比较受欢迎。这些年,随着媒介形态的巨大变化,课程体系、专业设置不断调整,融媒时代所需要的教材越来越急需。虽然国家层面“马工程”教材层次很高,但由于多种因素,周期太长,等到面世,有的内容已明显滞后。再加上老师们为了自身的需要,如评职称、挣业绩、计算工作量,也需要出版教材,所以那段时间各自为政的现象很突出,教材市场比较混乱,给钱就能出书,随意粗糙,陈旧老化,滞后脱节。后来教育部又出台了新规定,高校老师不能强求学生购买教材,不能推销老师自己的教材,加上很多学校对出版教材没有了政策支持,甚至于出版教材不再计入工作量、不再计入业绩,极大地挫伤了教师出版高水平教材的积极性。新闻传播学科教材建设一度处于一种尴尬的局面:种类繁多,可选性不强,急需的新媒体课程体系中的高水平教材更是一本难求。

这次难得的机遇来了。教育部将中国新闻学国家教材建设重点研究基地落脚复旦大学,足以证明教育部已经将教材建设提上非常重要的议事日程。相信复旦大学能够不负时代,不负重任,组织编写出适应新时代大文科背景下所需要的中国新闻学教材。

好事做好,其实挺难的。提几点建议,供参考。

1. 统一思想,提高认识。决策层的思想认识导向,直接影响着教材编写与教材出版的质量、水平。

2. 深入调查研究,做好顶层设计。复旦大学牵头,广泛征集意见和建议,这个任务也很艰巨、很关键。

3. 尽快成立教材编写专家委员会。分科、分类、分层确定好几大门类的负责人,物色好主编,至关重要;选好编写队伍是成功的关键,否则质量参差不齐,时间一拖再拖,最后主编统稿非常麻烦。一本教材,拖上几年,黄花菜都凉了,内容肯定滞后了。

4. 不同类别,区别对待。比如史论类教材,选聘国内著名学者担纲,突出系统性、权威性;主讲老师参与,突出广泛性、适用性。应用性、实践性强的课程,特别是网媒类前沿性、操作性极强的课程,要以有实际操作经验的一线中青年教师为主,很多老师可能就是副教授,但很多学校的教授往往上不了这类课程。另外,研究型为主的高校与教学型为主的院校,不能一概而论,应分类、分层指导,区别对待。

5. 重视经典案例教材的编写,应当同样纳入教材编写规划。现在学生阅读的经典佳作太有限。新闻学教学还是需要手可触摸、便于携带、方便反复研读的精品佳作、精彩案例。

6. 相应的政策规定要跟上。比如，正确评价教材的价值，回归它的本位，才能调动教材编写的积极性，保证高水平教材的出版。主修课教材，还是应该要求学生必备，教辅材料可自主选择。否则，花这么大精力编写出来的教材难以发挥它应有的作用。实践性强的教材要几年一修订，尽可能与现实媒介发展保持同步。

董天策简介

董天策，重庆大学新闻学院院长、教授、博士生导师，曾先后在电子科技大学、四川大学、暨南大学任教。先后入选广东省南粤优秀教师、教育部新世纪优秀人才、新闻出版总署全国新闻出版行业领军人才、重庆市学术技术带头人。主要从事新闻传播理论、网络与新媒体、媒介文化与媒介批评等领域的研究与教学工作，先后主持教育部重大课题攻关项目、国家社科基金项目等各种课题 10 多项，发表论文 280 多篇，出版《传播学导论》《中国报业的产业化运作》《网络新闻传播学》《问题与学理：新闻传播论稿》《消费时代与中国传媒文化的嬗变》《学理三棱镜：媒介批评文集》等论著、教材 10 余部，获教育部人文社科成果奖 3 项、广东省社科成果奖 2 项、重庆市社科成果奖 2 项。

非常荣幸受邀参加中国新闻学教材建设线上研讨会。首先感谢复旦大学高校新闻学国家教材建设重点研究基地组织的这个会议，让我有机会谈谈个人关于中国新闻学教材建设的一些粗浅想法。

一、中国新闻学教材建设的定位

中国新闻学教材建设，首先要明确教材建设的定位：一方面是"中国的"新闻学，理所当然要体现中国特色；另一方面是中国的"新闻学"，不能忽视新闻学术的内在品格。中国新闻学是新闻传播的基本理论与中国实际相结合的学科体系、学术体系、话语体系。这样的学科、学术与话语的体系，是在马克思主义指导下，以现代中国新闻传播实践为基础，融通马克思主义的资源、中华优秀传统文化的资源、国外新闻传播学的资源进行理论总结才逐渐形成的。信息技术与传播科技的迅猛发展极大地改变了人类新闻传播的格局与方式，中国新闻学在进行理论总结的同时，尤其需要学术创新。一句话，中国新闻学要始终坚持理论总结与学术创新的内在统一，在这种内在统一中建设中国新闻学的学科体系、学术体系、话语体系。

作为"中国特色新闻学"的简要表述，中国新闻学教材建设必须处理好中国特色与学术规律两者之间的关系，使其成为有机的统一体，特别是不能因为强调彰显中国特色就淡化甚至忽略学术规律。最近几年，在马克思主义新闻观或者中国特色新闻学的研究中，隐约出现了一种新的偏向。由于新闻传播与民主政治的内在联系，新闻学肯定是要讲政治的，要为政治服务的，但是只要承认新闻学是一个学科体系，就不能不讲科学性，不能不讲学术性，不能不讲新闻传播规律。进入 21 世纪以来，党和国家领导人高度重视新闻传播规律。胡锦涛同志多次强调要尊重新闻传播规律，习近平总书记也一再强调要遵循新闻传播规律。新闻传播规律就是一个科学性、学术性问题。中国新闻学历经百年发展,科学性问题是不是已经完全解决了呢? 我看不能说已完全解决了,可能是部分解决了,或者是解决了不少。在有些问题上,一些认识还在左右摇摆,而且反反复复,这是需要注意的。面对互联网、大数据、人工智能所引领的新闻传播变革,许多新态势、新问题需要加以全新的科学认识。因此,在中国新闻学教材建设中,中国特色与学术理性不可偏废,更不能非此即彼,要寻求中国特色与学术理性相统一的历史逻辑、实践逻辑和理论逻辑。否则,教材建设的学科根基就不牢固,教材的科学性、权威性、指导性、长期性就会受到削弱。

二、中国新闻学教材建设的内涵

按照传统的思维,说起新闻学教材建设,人们头脑中想到的往往就是编撰新闻学教科书、编写新闻学专业教材。这是一种狭义的理解。《中国大百科全书》教育卷对“教材”有两种解释:其一,根据一定学科的任务,编选和组织具有一定范围和深度的知识和技能的体系,一般以教科书的物化形式反映;其二,教师指导学生学习的一切学习材料,包括教科书、讲义、讲授提纲、参考书刊以及教学辅助材料,主体部分是教科书、讲义和讲授提纲。在当今互联网传播或新媒体传播的技术环境下,互联网、新媒体建构了一种全新的信息传播与文化生态,教与学的两个主体都可以充分利用互联网传播或者新媒体传播的技术优势与传播形态,形成线上与线下互动教学的全新局面。因此,后一种理解更具有现实的合理性与理论的指导性。这样一来,中国新闻学教材建设的内涵就丰富多样,不只是编撰教科书这一个维度了。

学界已深刻认识到,新闻教育要切实培养创新型专业人才,教学就必须以学生为主体、为中心,就必须创新教学模式。譬如,要大力组织翻转课堂,进行研讨式教学、探索式教学,这就需要给学生提供或准备有关学习研讨的材料。从青年学生日益沉浸在互联网空间的现实出发,建设网络教学资源应当是最为便捷有力的途径。举例来说,方汉奇先生主编的《中国新闻传播史》已经发行至第三版，2021年荣获首届全国优秀教材一等奖，堪称经典教材。在教科书已经相当成熟的情况下，要让学生积极、主动甚至创造性地学好中国新闻史，就要组织翻转课堂，进行研讨式教学，就要为学生提供大量鲜活的中国新闻史材料，就要搜集整理中国新闻史的一手材料来建设数字化的、网络化的教学资源。所以，在新的社会历史条件下，教材建设不仅是教科书建设，相当重要而且相当实用的一个东西，就是网络教学资源的建设。新闻传播学是新文科建设的主战场，中国新闻学教材建设不仅要建设好新闻学的教科书，而且可以建设好新闻教学的网络教学资源，大胆探索教材建设的全新模式。

三、中国新闻学教材建设的方式、步骤

当前正处在信息技术、网络技术、传播技术极大改变传媒业格局，甚至颠覆性重组传媒业格局的历史进程中，新的传播形态、新的传播方式不断创生，新闻传播学科正在寻求改变甚至重构来应对这种变化。在这样的历史当口，如何建设好中国新闻学教材的确是一个历史性考验。与中小学教材传授公认的知识不同，传授前沿性、探索性、创新性的知识是大学教材的基本特点，甚至是内在品格。中国新闻学教材建设必须面对传媒业历史性巨变的现实，必须面对新闻传播学正在寻求变新的现实，大胆探索新的学科方向与学科领域。与此同时，又不能操之过急，在对传媒业新变现实尚未弄清楚或实践经验不足的情况下就贸然行事。守正创新是大学教材编撰应当坚守的正道。守正，就是坚守正道，按规律办事。创新，即改变旧的、创造新的，形成新的认识和实践成果。因此，教材应当是在充分评估已有基础和条件的情况下，分期分批建设，逐步推进，稳扎稳打，切忌一哄而上。一本好的教材必须建立在深入的、扎实的科学研究的基础之上，建立在取得了某种科学性突破的基础之上。尤其是国家层面的建设工程，稳扎稳打可能比较好一点，让教材的质量得到充分保障。

首先要推进史论方面的教材建设。中国新闻学在学科基础,即史论方面的积淀比较深厚,又具有鲜明的中国特色。马克思主义新闻观或是马克思主义新闻理论就很有中国特色。西方新闻教育不讲这门课,即使讲也是选修,很小众,而在中国,这是一门引领性的、基础性的课程。在老一辈学人,包括童兵教授、郑保卫教授、陈力丹教授等,当然还有大批中青年学人的共同努力下,马克思主义新闻观或者马克思主义新闻理论已经有了很好的学术基础,理应建设好这门课程的教材。中国新闻传播史的学科基础或许更加扎实,外国新闻传播史或者全球新闻传播史的学科基础可能相对弱一点,但它们都是基础性课程。中国新闻传播史是讲本土新闻发展的进程,可以很好地总结它的经验,吸取它的教训,发现中国新闻规律,体现中国话语,彰显中国特色。外国新闻传播史也可以按照马克思主义新闻观的立场加以权衡,加以分析,加以取舍,从而编撰出具有中国气派的大学教材。

其次是业务性课程或者说实务性课程的教材建设。业务也好,实务也罢,都必须与实际相结合才能落到实处,才具有生存空间与发展潜能。因此,业务性课程无疑具有鲜明的中国特色。新闻传播的采写编评、广播电视的节目策划与制作、新闻摄影摄像及其编辑、当前正在兴起的视频拍摄与制作、融媒体产品策划与制作,这一类业务性课程总是紧跟社会现实与技术发展,已经具有很好的基础,是培养新闻传播专业人才不可或缺的课程,自然也是教材建设应当着力推进的。

再次,新闻学术史方面的教材比较缺乏,可考虑稳步推进。教材建设不仅要考虑本科人才培养的需要,还要考虑研究生教育的需要。现在新闻传播专业的研究生,尤其是专业学位研究生培养,规模越来越大,重要性日益突出,新闻学术史方面的教材对于研究生培养的重要性自不待言,也有相当的基础,是可以而且应当加以推进的。譬如中国新闻学说史、西方传播理论评析的教材建设应当提上日程。中国新闻学说史是站在当今时代的高度去回顾、去总结,而且是从中国立场去梳理,能很好地体现新闻学的中国特色,也能彰显中国新闻学的历史底蕴。传播理论，迄今为止，主要是西方的，但是我们可以按照马克思主义新闻观的理论与方法加以评价分析，从而帮助新闻传播学子更好地掌握、正确对待西方传播理论。

最后，随着网络、新媒体技术的发展变革，以及推进国际传播等国家战略的实施，新闻传播出现了不少新领域、新问题，亟须建设一批新的中国新闻学教材，像融合新闻/融合报道、数据新闻可视化、舆情监测与分析、新闻事实核查、传媒创新与创业、国际传播/国际传播学、国际传播案例等，肯定需要我们大力开拓，抓紧建设。当然，要成熟一本建设一本，保障国家层面的教材建设的质量。

段鹏简介

段鹏，现任中国传媒大学党委常委、副校长，媒体融合与传播国家重点实验室常务副主任，科技部“111 引智计划”智能融媒体学科创新引智基地主任，国家语言文字推广基地主任，教授、博士生导师，享受国务院政府特殊津贴；国家有突出贡献中青年专家、“百千万人才工程”国家级人选、国家中长期科技发展规划融媒体科学首席科学家、国家新闻出版行业领军人才；兼任中华新闻工作者协会特邀理事、中宣部特聘国际传播专家、北京大学等 10 余所国内外知名高校兼职教授或特邀研究员、Scopus 国际期刊 *Tech Art* 编委、CSSCI 期刊《中国电视》特邀执行主编、ESCI 英文期刊《全球媒体与中国》（*Global Media and China*）联合执行主编。累计主持国家社科基金重大项目等各类重要科研项目 30 余项，在《新华文摘》（全文转载）、《人民日报》（理论版）、《亚洲传播学刊》（*Asian Journal of Communication*）等重要平台发表学术论文 130 余篇。

教材的建设工作一直以来都是我们高等院校建设的基本工作，也是衡量学科建设质量、高校办学水平的重要标志。从新闻传播学学科大视角出发，我们国家的新闻学国家教材建设在研究基地建设方面已经初具规模，硬件设施、资金拨付等基础性平台问题近年来也都得到了良好的发展。平台建设只是教材建设的基础性工作，更重要的问题则是如何融汇多方智力资源，打造扎根中国大地、涵纳中国气派、代表中国体系的系统性教材。我个人认为，可以从资源时效性、思想科学性、理论前沿性三大方面入手。

第一，资源时效性。我们国家的新闻传播学并不缺少优秀的成熟教材，但应该认识到，任何一门学科的知识总会随着社会变迁而不断向前发展。新闻学在 20 世纪初走进我们中国学术研究的视野，在当时的语境下，新闻学所关注的媒介为报刊、广播、电视。随着现代技术的更新迭代，以互联网为代表的新媒介技术在 20 世纪末、21 世纪初进入我们的研究范围，也由此带来了学科研究的新技术转向。然而，新世纪伊始，传播媒介数字化与智能化的迭代速度之快是业界和学界都始料未及的。伴随着大数据、人工智能、物联网、云技术等新技术的蓬勃发展，现有的传媒形态和格局呈现出智能化发展趋势。业界智能化趋势迅速深化的同时，高校教学资源出现了教材内容老旧、固化的问题，亟待对教学资源进行化繁为简、不断更新、改革创新的工作。尤其是教材中涉及的具体案例，应当具有时效性，由此才能在学生理论认知与学生实际经验间架起桥梁。

另外，教材建设不仅要在内容上做到紧跟时代，也应从文本方式上把握时代。中国新闻学系列教材的教学对象集中于 90 后的“数字原住民”群体，数字化早已成为这一学生群体熟知的生存方式和特征。较之于纸质书籍，网络化教材更能激发他们的求知欲和表达欲。我们也应当酌情考虑教材的网络化版本建设，注意到学生较强的数字化交流能力，把握网络平台中成员的交流欲望，以激发学生兴趣引领教材教学。

第二，思想科学性。事实上，新闻学的发展及当前新闻业取得的巨大成就，依赖于不同学科间的交叉融合，然而当前我国新闻学教材对于新闻学的探讨大多停留在技术原理讲解和发展历程描述上，仅在单一的学科视角下引领学生，由此造成学生培养未能适应交叉学科素养体系要求和学生在智媒环境下思想科学性较薄弱等弊端。相较于大众传播时代，当前的媒介技术环境更为复杂，也意味着人与“媒介物”的互动更加深入。大多数学生仅从工具理性视角看待媒介技术，尚未从价值理性角度深入思考新技术语境下“人”与“物”之间的关系，因此我们更应将“课程思政”融入教材建设体系，强化新时代语境下新闻学教材的科学性，与时俱进地提升高等教育教材文本内容的思想高度，注重理想信念教育的高度与价值。

2021 年 11 月 8 日至 11 日，中国共产党第十九届中央委员会第六次全体会议在北京举行，习近平总书记作了重要讲话，全会审议通过的《中共中央关于党的百年奋斗重大成就和历史经验的决议》作为一份特别的“百年总结”释放了无比重要和丰厚的时代信息。当今世界正处于百年未有之大变局，中华民族正处于伟大复兴的关键时期。我们也应当聚焦高校教材建设工作，基于大局，立德树人、协同育人，推动十九届六中全会精神融入新闻学教材，实现课程思政，使新闻学学子实事求是地把握客观形势，实实在在地理解两个大局，做到全局在胸，从而成为新传播技术语境下具备过硬政治素养、掌握新知识和新方法的新闻传播人才。理想信念教育作为高校教育的灵魂和核心是摆在我国高校面前的庄严而紧迫的时代使命，因此我们在进行教材建设工作的同时，应当与时俱进地将新时代优秀精神思想恰当引入，使课程思政与专业知识形成教学合力，提高新闻学教材更新迭代的速度，使学生从全新优秀思想成果中汲取精神营养，提高理想信念教育的实效，真正让马克思新闻观在我国新闻实践中抓铁有痕、踏石留印。

第三，理论前沿性。近年来，受海外新闻传播学教育模式的影响，我国高校逐渐加大对技能培育的重视程度，提升教学中的实践比例，然而也一定程度上出现了实践与理论“两层皮”的浅层结合弊端，未能实现理论基础与实践能力均过硬的培育目标。因此，我们在未来的中国新闻学教材建设中，需时刻牢记以理论作为教材建设的底层架构，结构性地去引领教学体系中的实践训练。一方面使学生适应全新传播语境下的新闻采、编、写和传播工作，具备较高的智能媒体媒介素养；另一方面更要注重基础性理论知识的传授，培养坚持“守正创新”且具备良好新闻传播学理论知识素养的新闻传播人才。如何实现这一目标？首先，我建议由名家来领衔、由全国专家共同撰写教材，这也是学习“马工程”教材建设的方法，比如说《新闻理论》《马克思主义新闻观》等教材可以请德高望重的老专家领衔。同时，我们也可以挑选各高校已较为成熟的且理论基础扎实的教材，整套并入中国新闻学教材体系。

除此之外，传统教材文本大多将知识以线性结构形式传递给学生，但认知心理学的研究表明，人类在认知事物时往往会有概念迁移现象出现，线性结构的知识框架并不能契合学生在认知中的思维活动轨迹。由于不同知识点之间存在一定联系，学生在学习过程中对知识的架构实际上更趋向于网状结构形式。因此，对于教材结构的设计也应紧密贴合学生网状认知结构，灵活设置“拓展阅读”“知识迁移”“思维导图”等板块。并且，为保证教材中理论知识的前沿性，我们也应在教材的编写工作中转化科研成果，重构课程资源包，将当前我国新闻学的优秀研究成果作为理论知识引入教材文本，以此保证理论的时效性与前沿性。

另外也应当注重教材的“走出去”问题。论源流，美国是全球范围内最早开始新闻学教育的国家，尽管中国新闻学教育开端并不算晚，但很大程度上也一直受美式新闻教育模式影响，如第一代新闻教育家蔡元培、徐宝璜等人都受到了美国新闻教育思想的影响。然而我国作为世界第二大经济体，建设具有中国特色的新闻学学科体系在全球范围内是具有极大学术研究意义的，因此我们在建设中国新闻学中文教材的同时，也应该同步进行教材的外译工作。比如我本人就曾基于课程编写《智能媒体传播》教材，也进行了外译实践，在 Springer 平台出版了英文教材 *Communication of Smart Media*，收获了国外新闻传播学界的较好反响。

总的来说，我国新闻学研究在百年发展历程后迈向新传播环境下的历史阶段，建设扎根本土且具有中国文脉气派的特色新闻学是中国新闻传播学界的共识与任务。面对新技术语境下的全球性新闻业危机，高等院校作为新闻传播学理论重镇有责任也有义务迎难而上、久久为功，立足中国本土实践特色，坚定马克思新闻主义科学信念，开阔新闻学研究的视野与想象，打造具有中国特色和普遍意义的学科体系，建设中国新闻学精品教材，全力铺就中国新闻学发展之路。

范以锦简介

范以锦，高级记者、教授、博士生导师。1995年任《南方日报》总编辑。2002年任南方日报报业集团南方日报社社长。2005年更名南方报业传媒集团后，继续任社长，并任集团管委会主任、集团公司董事长。2006年年底受聘为暨南大学新闻与传播学院院长，2020年改任名誉院长。曾任中国记协副主席、广东省记协主席、中国新闻史学会传媒经济与管理研究会副会长。

2012年，获广东省首届新闻终身荣誉奖。2017年，获第五届范敬宜新闻教育良师奖。发表300余篇论文，出版专著5本、作品集1本、口述史1本，主编《数字化时代的传媒产业》等书4本，组织策划出版《准记者培训教材》和《南方报业采编精英演讲录》。专著《南方报业战略》获广东省哲学社会科学优秀成果奖二等奖。2007年起，与其他老师一起牵头创办暨大“准记者南方训练营”，为贯通新闻教育与新闻实践提供了范本。该课程被教育部认定为国家级一流本科课程。

关于教材改革，我们要听听这几年进入媒体工作的毕业生的看法。他们在业界一线工作，了解媒体前沿的情况，而且毕业不久，可以联想所学的知识有哪些是很有用的、哪些是有缺陷的。他们能从媒体和媒体人的现状出发，提出新闻学教材建设需要注意什么问题。

我们新闻学现有的优势是什么、缺什么、需要补什么，要好好研究一下。哪些该变、哪些不能变，我总的感觉是不能"大破大立"。我们新闻学的教材主要是用人大和复旦等学校知名学者写的教材，传统优势很明显，总体来说是不错的。要做好加法，减法也要做。减法当然可以取消某一教材，但多数教材还是好的，删繁就简也是做减法。有些学生一听就明白、容易解决的问题，可以简化一点，腾出时间、空间填补新的知识。

经长期教学和新闻实践证明是正确的传统优势不能变。现在年轻人接触新媒体最多，本身又都是自媒体人。然而，网络上写作不规范、违背新闻的基本原则、不遵循新闻规律的问题比较突出。所以，新闻的基本规矩，包括新闻的真实性原则、新闻文本的基本要求、各种体裁的写作方法、新闻的敏锐、新闻伦理道德等课程都不能取消。一些根据新的时代潮流增设的写作课程，也要讲好新闻规矩，比如非虚构写作课程。文学界对报告文学、纪实文学、非虚构写作的一些细节能不能添枝加叶的问题，一直有争议，有赞成的，有反对的。与文学领域不同，新闻领域对此没有商量的余地，虽然可以借用文学的细节描写等手法，但新闻领域的非虚构写作就是要坚持绝对真实，决不能添加"创作"的成分，不能拔高，不能夸张、渲染。新闻领域的非虚构写作就是完全真实的新闻作品。所以，不管新闻文本有怎样的变化和创新，新闻的基本规范和采写方法等优良的传统是不能变的。还有，媒体业界经常讲"以内容建设为根本"，我们的新闻学就是要培养学生做内容的能力，这是不能变的。如果我们新闻学培养出来的学生生产新闻内容的能力差，就不能说我们的新闻学教育是成功的。

但是，在全媒体和智能化时代，以及在传统媒体碰到困境的背景下，我们的新闻学教育在学生的培养方面也是要与时俱进的。

我们先看一看业界在内容生产环节有哪些变化。

第一个变化：先采访后写稿，然后再发布新闻，转变为边采访边发布，以适应移动优先的原则。有的媒体还提出全面往视频化方向转型，也就是说，除了图文呈现，还尽量要有视频，甚至要进行现场直播。

第二个变化：从提供新闻作品转变为做内容产品。内容产品，包括智能技术支撑下的融媒体产品。

第三个变化：不仅要懂得做内容，还要学会做传播，要预判传播效果。要重视新媒体的流量，流量就是影响力。

第四个变化：不仅懂得做新闻内容，还要与泛内容服务相结合，会做服务性的泛内容产品。与服务相结合，才能达到更佳的传播效果。

比如，荣获“共和国勋章”的钟南山院士回到广州后，记者就等在机场采访，传统的做法就是拍拍照，请他讲几句话，然后就把稿发出去了，影响不是很大。钟南山院士出机场后，前往广州医科大学，没有安排记者随同采访。但是，《南方日报》记者李秀婷想办法挤上了安排给领导和钟南山院士坐的专车。天都黑了，广州医科大学的学生们聚集在校园，大家都打开手机上的闪光灯迎接钟院士。李秀婷尽力挤到前排，打开手机就拍。学生们夹道欢迎的“追星”情景和钟院士分享的“走红毯”领奖的趣事，以及钟院士平民化的语言、不加修饰的个性魅力，尽收镜头之中。拍下来的镜头很快传到后台，并与后台团队共同打磨出融媒产品。这一独家视频很快引爆全网，“南方+”客户端内点击量超 20 万人次，微博播放量超 1240 万人次，微博话题阅读数 3.5 亿人次，当天登上微博热搜第一、微信热点第一。与过去的新闻人才相比，这种新闻人才肯定有了非常大的变化。

所以，我们新闻学培养出来的人才，不仅要有媒介素养，还要有产品经理人的意识。

那么,我们的教材做加法要做什么,就是要增加相应的教材、书单,强化未来新闻人以新的视角做新闻内容产品和服务性的内容产品的能力,要有做内容产品的意识,还要培养他们连接用户的能力。

做加法,内容要更加丰富一点,尽量拓宽学生们的知识面并提升他们的创意水平。前沿的理论与实践总结要增加到课程中去。强调学生能力要与现实对接,但并非简单的对接。既要培养他们解决当下问题的能力,又要强调具有宽阔视野的发展后劲。比方说,2021 年被称为“元宇宙元年”,这对新闻业会带来什么样的影响?虽然这是一个很科幻的概念,但这个概念与游戏、VR、AR 等的关联度极高,似乎游戏、VR、AR 等都是在元宇宙的范围内。游戏、VR、AR 和元宇宙概念所涉及的新闻传播的相关问题和探索都应该让学生了解。是否进入教材,还要稳妥一点,但推荐参考书或开讲座是需要的。

方卿简介

方卿，武汉大学信息管理学院教授、博士生导师，人文社会科学研究院院长，新闻出版署“语义出版与知识服务重点实验室”主任，《出版科学》主编。兼任中国社会科学情报学会副理事长、高等学校出版专业本科教学指导委员会副主任、全国出版专业硕士研究生教学指导委员会委员、国家社科基金管理学科组评审专家等职。入选中宣部、中组部、教育部、人力资源和社会保障部、原新闻出版广电总局、湖北省人民政府等多项高层次人才计划。长期从事科学信息交流、学术出版、数字出版、出版营销管理的教学与研究工作。主持国家科技支撑计划、国家社科基金和国家自然科学基金等科研项目 30 多项，出版著作和教材 20 多部（含参编），发表学术论文 200 多篇。获中国出版政府奖、中华优秀出版物奖、湖北出版政府奖、湖北省社会科学优秀成果奖、湖北省高等学校教学成果奖、宝钢优秀教师奖等奖励多项。

2021年12月10日,国务院学位委员会正式发布《博士、硕士学位授予和人才培养学科专业目录》。出版学,虽然没有进入学术学位行列,但“出版”作为一个专业学位,以0553的编号进入了学科专业目录,并且获得专业博士学位授权资格。在这样一个背景下,召开出版学教材建设研讨会很有意义。

第一,教材是重要的,但实际上我们长期以来对教材建设的重视程度是不够的。对教材重视不够带来了很多问题,比如我们国家台湾地区、香港地区的很多乱象,都是与教材出版直接相关的。台湾民进党总说年轻人是“天然独”。实际上他们并非“天然独”,而是民进党肆意修改教材造成的。一段时期以来,香港地区出现的一些思想混乱、国家和民族认同问题,也是与教材出版直接相关的。

近年来,国家对高等教育的重视程度比较高,但对教材的重视却仍然显得不够。我们的教材大致包括这样几种:一是统编教材,或称规划教材。这类教材在所有的学科专业,包括新闻学、出版学专业当中所占的比例非常小。二是自编教材。自编教材由各学校组织教师编写、出版,主要供本校选用。这类教材占绝大多数。三是自编讲义。这类教材甚至都没有正式出版,就在课堂上直接使用。不仅如此,在20世纪末到21世纪初,在社会科学领域中还出现了崇尚外文原版教材的现象。一些国际化程度相对高的知名高校或学科专业,往往鼓励教师积极采用国外出版的原版教材。也就是说,在过往的高等教育发展过程中,我们对教材的重视程度不够,甚至到了放任的地步。

十八大以来,尤其是2016年哲学社会科学工作座谈会召开以来,国家对教材的重视程度有了很大的提升。个人认为,这是高等教育改革发展过程中抓得最正确的一件事情。教材出了问题,教学、人才培养必然会出问题。2017年,国家教材委员会成立了,近期第一届国家教材奖也已尘埃落定。从这个意义上讲,我们现在开始重视教材建设,时间虽然晚了点,但显得更加难能可贵。当今中国正在走向世界舞台中央,在这个过程当中,我们要有中国理论,要解决中国问题。西方理论解决不了我们的问题。我们在高等教育中崇尚西学、崇尚西方理论的做法应该修正。这也体现了中国新闻学教材建设线上研讨会召开的重要性。

第二,如何落实好教材建设这一国家事权?我认为,教材建设包括以下几个环节:一是规划,二是编写,三是审定,四是出版,五是选用。加强教材建设也应该从这几个环节着手。

一是做好教材建设规划。新中国的出版学高等教育历史不长,大致从1983年、1984年开始。出版学专业教材建设起步晚、起点低、基础差。近40年来,出版学教材建设没有系统的规划。出版学科仅有少量的规划教材,但这些规划教材也存在一定的质量问题。武汉大学出版社、辽宁教育出版社、陕西经济出版社、苏州大学出版社等,陆续出版了一些出版学专业教材,但这些教材本身并不系统,缺乏严格的论证。以今天的标准来衡量,教材本身存在着质量问题,而且它的更新、学校的采用等情况都非常不理想。

复旦大学高校新闻学国家教材建设重点研究基地,在新闻学学科教材建设中,适时将出版学纳入其中是一个很好的做法。可以联合中宣部出版局、编辑出版学教学指导委员会、出版学专业学位教学指导委员会和一些重点高校出版学专业,就出版学专业教材建设进行专题研究,制订一个中长期教材建设规划。有了这样一个规划,相关高校才不会自行其是、各自为政。这是落实出版学科教材建设“国家事权”的第一步。个人认为,在这一点上,复旦大学高校新闻学国家教材建设重点研究基地是可以有所作为的。

二是抓好教材编写环节。高校一旦设置了某个专业,就要围绕其课程体系选择教材。包括出版学在内的一些学科专业,规划教材严重不足,主要靠自编教材来维持日常教学活动。由于自编教材没有规划教材影响大,其他高校往往很难选择这类自编教材。所以,包括出版学专业在内的一些小的专业往往以自编教材为主,只有不得已时才不情不愿地去使用其他高校的自编教材。

欧美等西方国家的情形与我们不同,他们虽然没有规划教材这个概念,但是他们往往可以达成一种有序的状态。无论大小学科专业,往往是谁的教材质量好、影响大,大家就倾向于选择这种教材,而不是以自编为主。如美国高校经济学专业,其概论性课程在20世纪后半期主要采用的是萨缪尔森的《经济学》。1998年,曼昆的《经济学原理》出版后,才有部分高校选用它。至今虽然形成了两者分庭抗礼的格局,但没有出现其他版本的经济学概论教材。再如,美国营销学专业大多数选用的是菲利普·科特勒的《营销管理》,而我们国家数百所高校设置有营销学专业,营销学的概论课程教材也就有数百种之多,虽然有规划教材,但大多数高校选用的几乎都是自编教材,而不是规划教材。

教材编写是一项极其严谨的工作,对编写者有着极高的要求。而我们的高校更强调学术专著的重要性,忽视教材的编写。有影响的教师主要写专著,青年学者却主要编写教材。因此,在系统规划的基础上,选择本学科专业最有影响力的学者编写教材,是教材建设的关键所在。

三是做好教材审定工作。当前,高等教育出版社的教材做得不错,所以这次的国家教材奖当中百分之三十多都是由高等教育出版社出版的。但是我们国家有500多家出版社,其中有100多家高校出版社,还有很多地方出版社,都已参与到高等学校教材的出版过程当中来。高等学校教材的出版似乎没有什么资质要求,现在有一些高校选择的教材就是由非高校出版社出版的。他们在教材审稿、编校等方面的力量明显不足,这是影响教材质量的重要原因。

对出版学专业而言,教材的审定尤为重要。一是学科的意识形态属性强,不经过严格的审定会带来一定的意识形态风险。二是学科的实操性强,很多专业课教师压根就没有经过出版实践的历练，编写出来的东西可能与出版实践脱节，甚至出现常识性错误。因此，没有一个负责任的审定委员会把关，要出版一套像样的出版学教材是难以想象的。出版学教材审定委员会，应该由出版管理机关、出版企业和高校出版学专业的代表组成。代表的广泛性是确保审定质量的关键要素。

四是出版环节。前面三个环节做得好，出版就容易多了。个人认为，教材出版环节的关键是出版社的专业化。提高教材出版的集中度既有利于整合出版的编审校资源，也有利于营销推广和提供高质量的专业化服务。在我国高校中，中国人民大学、复旦大学、中国传媒大学的新闻学专业很强，这些高校的出版社就应该更多地关注新闻学教材的出版，而不是使得新闻学专业的教材散见于不同的出版单位。哪些高校出版学专业强，相关高校就应该为出版学专业教材出版多做贡献。目前的出版学专业教材，尚未形成集中度高的出版单位。希望在未来几年，能够有出版社脱颖而出，扛起这面大旗。

五是教材的选用环节。教材规划得再好、编得再好，选择使用的权利实际上仍在高校，在高校的相关专业，在相关专业的系主任、教研系主任或是任课教师。目前有 100 多所高校开设了出版学专业，其中本科有 60 来所学校，博硕士研究生尤其是专硕大约有 30 几家。各高校教材的选用制度、程序、标准各异，五花八门，乱象丛生。少量的出版学规划教材，甚至不被大多数高校选用。在这一点上，出版单位的影响相对有限，但本科和研究生两个教学指导委员会，应该有所作为。出版学教材的出版单位应该加强与这两个委员会的合作。

简言之，只有抓好以上五个环节，落实出版学专业教材建设“国家事权”才有希望。

高钢简介

高钢，中国人民大学新闻学院教授、博士生导师。本科就读于北京大学中文系新闻专业，研究生就读于中国人民大学新闻系。从事新闻工作近 30 年，采写了大量反映中国社会发展进程的深度报道。

2003 年到中国人民大学新闻学院任教。历任新闻学院副院长、院长、常务副院长。曾任教育部高等学校新闻学学科教学指导委员会副主任委员、中国高等教育学会新闻学与传播学专业委员会理事长、中华全国新闻工作者协会第七届理事会常务理事。

主要研究领域为新闻报道采写技术和网络信息传播。主持过国家社会科学研究基金特别委托项目、教育部人文社科基金重大项目和“985 工程”校级重大攻关项目等重大课题。

中国新闻教育经过几十年的发展,到今天终于提出要建设新闻学国家教材体系这样一个工程,并且建立了这样一个研究基地,我觉得这是一个有历史意义的标志,说明中国新闻教育开始走向更高阶段的规范和成熟。

我认真看了会议通知,也作了一些思考,中国新闻学国家教材体系的建设关系到中国专业新闻人才的培养,关系到教材引导的课程体系改革,关系到中国新闻学教育的不断规范、不断完善、不断优化。这项工作的重要意义就不用多讲了。

我觉得,要建设中国新闻学国家教材体系,可能需要处理好几个关系:

第一是要处理好面向未来创新与承接历史传统的关系。中国新闻学教材体系的建设是一个有历史传承逻辑的动态建设工程,几代学界前辈和今天学界的同仁已经做了很多富有奠基意义和创新价值的工作。然而,面对未来的发展,我们还有太多的未知、困惑和疑难,我们需要用科学的思维和方法解析各种新的问题,应对各种新的挑战。一边兼收并蓄地传承历史的精华,一边永不懈怠地探索与创新,处理好这个关系我觉得是重要的。

第二是要处理好坚持中国立场与尊重专业规律的关系。新闻学国家教材是要给学生提供科学的思维和方法论的,随着改革开放推动的社会进步和互联网传播技术的普及,今天的学生生存在一个多元化的世界里,互联网已经把整个人类的多元化状态呈现在他们面前。因此,我觉得国家新闻学教材在坚持中国立场的同时,更要尊重新闻传播的专业规律,要具有科学精神,坚守科学思维,使用科学方法,形成科学说服力。科学思维和科学方法是接近真理的前提,也是中国立场能否获得牢固根基的关键。

第三是要处理好注重中国特色与吸纳多元智慧的关系。中国新闻学国家教材肯定要坚持中国立场和中国特色,这首先不是政治立场的选择,而是客观现实的要求。因为在中国这样一个国度,整个历史文化的演进过程,甚至整个社会的发展进程都呈现出它自己独特的运行态势、运行特点和运行规律。在新闻传播领域也是如此,中国新闻传播是有中国特色的新闻传播,这是需要专门的理论进行分析、进行解读的。但是作为教材,需要开阔学生的视野,让他们了解整个人类在新闻传播实践领域和学术研究领域的探索成果,了解全人类在新闻学领域的多元智慧创造,吸纳在不同历史环境、社会环境、文化环境中形成的新闻传播领域的经典认知成果。只有这样,中国的新闻学国家教材体系才能呈现出对多元文化理解和包容的胸怀和境界,才能站在人类智慧的巨大基座上,汇聚自己强大的智慧能量。

第四是要处理好归纳经验与吸取教训的关系。教材肯定要给学生提供积极的引导,要讲述已有的成就,要提供成功的经验。但是为了能够让学生对新闻专业的社会属性、社会功能、社会责任具有更深刻的理性认知,为了让学生在各种环境下坚守新闻工作的理想和新闻工作的专业原则,教材中也需要客观公正、实事求是地讲述和分析新闻传播领域的历史过失、历史灾难、历史教训。讲述这些历史教训的复杂原因,讲述这些历史教训的昂贵代价,讲述避免重蹈这些历史覆辙的路径与方法。只有这样,教材才可能帮助学生获得理性认知,获得责任意识,获得实际工作的能力。

第五是要处理好讲述理论原则与服务专业实践的关系。理论和实践的关系问题在认知层面已经被业界和学界的人说得太多。大家对于理论和实践之间的密切关联是有高度共识的。但是在当今新闻传播的教学领域,包括在教材的编写中,我们往往还是不能将他们之间的关系处理得恰到好处。新闻学国家教材需要在理论与实践关系的处理方面作出表率。大的原则,概括地说,就是理论讲述要科学、方法讲述要实用。目前,新闻学教材最需要注重的是实践案例的精细分析和实用方法的系统归纳。有生命力的教材体系不仅要提供科学思维观,而且一定要提供实用方法论。这种方法体系不仅仅局限在实务新闻学领域,还包括理论新闻学和历史新闻学,它们可能都需要考虑相关的方法体系,实务新闻学的这个问题就更为突出。

第六是要处理好尊重个性风格与维护格局统一的关系。在学术研究领域,包括在教学领域,个性不仅是学术研究的能量输出基础,也是学术创造的魅力所在。教材编撰也是同理。关于新闻学国家教材体系建设,我觉得在保证各教材的创作个性,包括它的讲述特色的同时,还是要考虑设计一个统一的规制,复旦大学可能在这方面会有更多的经验。我觉得这还是很重要的一件事,比如我们理论新闻学和历史新闻学领域的教材是不是应该提供思考题,是否应该提供本领域世界范围内必读的经典文献和相关参考书目?实务新闻学领域的教材是否应该提供相关的实践操作训练,是否应该提供本领域世界范围内必读的经典文献和相关参考书目?这样的细节设置对整个教材体系在格局上的统一是重要的。

新闻学国家教材体系建设是一个复杂的工程。刚才邱沛篁老师提出的建议具有操作性,比如机构的设置、工作方案的制定,包括队伍的组建、实施步骤的控制,等等,我觉得复旦大学在这方面一定有更多的经验和智慧。

为了让这个工程在不太长的时间内能够显示出它的影响力,还可以考虑两个方面的工作。

一个方面的工作是系统梳理已经被新闻教育的实践所证明的优秀教材和经典教材,经过科学和严谨的筛选认定程序,将之直接列入新闻学国家教材体系。在漫长的新闻教育的历史进程中,已有的很多教材在新闻教育实践当中被证明是优秀的,是有生命力和影响力的,老师们不仅在编撰之时付出了很多的心血,很多教师甚至还在与时俱进地对教材进行着修订。这样的一些优秀教材可以经过一个严谨设计的认定程序,列入新闻学国家教材体系。这项工作的重点可能是制定科学的筛选标准和可行的认定程序。

另一个方面的工作就是组织理论新闻学、历史新闻学和实务新闻学领域的专家团队,关注新的社会发展形势、新的新闻实践进程、新的传播技术发展,编写新的国家新闻学教材。这个工作会更为复杂,这项工作的重点是组建团队和制订工作原则与工作方案。教材编撰团队的组建是重中之重。这可能不仅要考虑带头人的学术水平、教学经验、领导能力,还要考虑团队的学术背景、年龄结构等。

上述两方面的工作同时开展,我觉得能够先建造起中国新闻学国家教材的体系框架,然后在这个框架之中开展各种专业教材的编纂工作,在工作的进程中不断丰富和完善这个体系。

同时,进入新闻学国家教材体系的这些教材,不管是历史上已经存在并经过认定的,还是重新编写的,最好都能够进行动态管理,包括教材的定期修订、教材团队成员的更新、教材使用效果的追踪调查等。新闻学国家教材体系应该有它的权威性,这种动态管理体系的设置,可能有助于教材质量的维护和教材权威性的塑造。

我还有一个建议:既然是建设国家级的新闻学教材体系,能不能把这个调研范围扩大一点,比如针对理论新闻学、历史新闻学和实务新闻学的相关专家和业界的相关人士,进行一个更大范围的调查,问一下他们所认为的某某领域最为优秀的教材是哪些。同时请他们直言,他们认为在某某领域目前最需要建设的教材是哪些。如果这样的调查做得足够广泛、深入和精确,在教材建设的决策方面可能会更清晰,也会使教材建设的技术线路更加明确。在今天这样的疫情背景下,进行如此复杂的协调,召开这样一个研讨会,显示了复旦大学高校新闻学国家教材建设重点研究基地所具有的社会责任感、学术胸怀和专业智慧。热切期待新闻学国家教材体系建设的成果早日面世。

高晓虹简介

高晓虹，1982 年毕业于中国传媒大学（原北京广播学院），先后获得文学学士、法学硕士、文学博士学位，现任中国传媒大学新闻传播学部学部长。2013 年被聘为长江学者特聘教授，2014 年入选“万人计划”第一批教学名师。2018—2022 年教育部高等学校新闻传播学类专业教学指导委员会主任委员，2020—2022 年中央网信办专家咨询委员会委员，2019—2024 年“传播内容认知”国家重点实验室（人民网）学术委员会委员。

她立足新闻传播学高等教育领域，在教书育人、团队建设、学术研究等方面努力探索。她负责的教育教学改革创新项目在 2018 年获教育部教学成果一等奖。2021 年，她主编的教材《实践中的马克思主义新闻观》获得首届全国优秀教材奖二等奖，并荣获全国教材建设先进个人。

从教 40 年，她获得了多项荣誉：全国优秀教师、国家级教学名师奖、全国三八红旗手。她所带领的团队被评为国家级优秀教学团队和全国教育系统先进集体，2022 年入选“全国高校黄大年式教师团队”。

各位专家、各位老师,大家好!作为高校新闻学国家教材建设重点研究基地,复旦大学在基地建设中突出强调了建设中国新闻学教材的意义和价值,对此也谈几点自己的看法。

第一,打造中国新闻学教材具有时代意义。在全球化、信息化社会,新闻传播不仅关系到信息的传递,更与国家战略、国家形象息息相关,是国家文化软实力的重要组成部分。因此,发展具有中国特色的新闻传播学,旗帜鲜明地提出"中国新闻学",既是学科发展所需,更是建设文化强国、增强文化自信,在国际舞台讲好中国故事的重要前提。从这个意义上讲,依托教材基地,建设中国新闻学教材,不仅是学科命题,更是时代命题。

第二,打造中国新闻学教材符合中国国情。高等教育的初心使命是"教育报国",要为国家发展提供支撑、增强驱动力。2016 年 5 月 17 日,习近平总书记在哲学社会科学工作座谈会上发表重要讲话,他特别提到,要加快完善对哲学社会科学具有支撑作用的学科,如哲学、历史学、经济学、政治学、法学、社会学、民族学、新闻学、人口学、宗教学、心理学等。新闻学为 11 个具有支撑作用的学科之一,这对新闻院校来说是光荣的使命,也是前进的动力。所以,我们有责任、有义务立足国家战略,瞄准学科前沿,以中国新闻学教材建设为抓手,打造好具有中国特色的新闻传播学科体系,这是加快构建中国特色哲学社会科学的一项重要战略任务。

第三,打造中国新闻学教材要处理好理论与实践的关系。这些年来,经过大家的共同努力,中国新闻学教材建设已经初见成效,积累了比较丰富的思想资源和历史经验,夯实了基础。比如,近几年,新闻传播学教材在"马克思主义新闻观中国化"方面做得很好,有效推动了习近平新时代中国特色社会主义思想进课堂、进教材、进头脑,为中国新闻学教材的后续建设工作提供了方法论参照。

基于上述成果和积淀，立足教材基地，如何进一步做好中国新闻学教材建设？理论与实践的有机结合非常重要。一方面，要用理论指导实践；另一方面，也要用实践检验理论，特别是从实践中探索、总结新的理论，推动理论与实践的“双向循环”，促进二者的良性互动。教材的列选、编写、出版、传播，都要立足中国国情、面向中国实践，力争走出一条基于中国发展现实的新闻传播高等教育之路。我们看到，在教材基地的建设中，复旦大学十分注重理论与实践结合，扎根新闻传播教育实践，开展了大规模的调研，探讨教材建设、教育教学如何体现党的十九届六中全会精神，怎样落实习近平总书记在中央人才工作会议上的重要指示。这是一份有价值、有分量的报告，彰显了智库意义。

第四，打造中国新闻学教材要处理好存量与增量的关系。当下，随着时代的发展，新闻传播学科也涌现出了许多新理念、新知识以及新的学科方向。建设中国新闻学教材，要结合这些发展变化，思考如何处理好教材的存量与增量问题，怎样才能在做好存量的同时也解决好增量的需求，从而更全面、更深刻地阐释中国新闻学。就目前情况而言，传统的史论、业务教材具有一定的积累，但国际新闻传播、网络与新媒体、编辑出版学、数字出版学等新兴学科以及跨学科方向增量不足，亟须填补教材空白。

此外，建设中国新闻学教材，还需解决优秀教材的增量问题。什么是好教材？编写、出版教材的目的是惠及学生。好的教材要教会学生知识和技能，赋予他们职业能力。我们打造中国新闻学教材，要将“知行合一”的教育思想贯穿教材，培养青年学子的家国情怀、社会担当，提升他们运用真才实学做出实际贡献的能力，让新闻传播教育更好地契合国家战略、服务社会发展。

第五，打造中国新闻学教材要处理好坚守与创新的关系。打造中国新闻学教材是一项长期工作，既要强基固本，也要开拓创新，要努力构建可持续发展的新闻传播学教材体系。

所谓坚守，我们看到，复旦大学立足教材基地，建设了新闻传播学教材博物馆，搜集了许多具有史料价值的珍贵资料，为教材史的研究奠定了基础。在新闻传播教育方面，复旦大学历史悠久、根基深厚，我们期待复旦大学发挥教材基地的资源优势，将新闻传播学教材博物馆越办越好，助力中国新闻学教材建设，依托好教材，讲好中国新闻传播教育的故事。

再来谈谈创新。新闻传播学科是与时代和社会的发展紧密相连的学科。迈入新时代，中国新闻学也涌现出了许多新概念、新范畴、新表述，这就要求教材建设要重视创新，及时将新理念、新实践收录其中。所以，立足教材基地，中国新闻学教材要定期组织修订，不断丰富内容构成，分期、分批推出适应当下、面向未来、真正惠及教育教学和人才培养的好教材，惠及高校和学生。

综上所述，打造中国新闻学教材是构建具有中国特色新闻传播教育体系的重要前提。未来，在大力推进哲学社会科学发展、开展“双一流”建设的背景下，我们要立足国家教材建设重点研究基地，加强教材建设的前瞻性、战略性布局，以建设中国新闻学教材为契机，将教育教学、人才培养与国家和社会发展的重大需求、科技革命与产业变革的前沿趋势结合，推动高质量建设、内涵式发展，为增强中国高等教育的硬实力、软实力、巧实力、锐实力贡献力量。

顾洁简介

顾洁，中国传媒大学新闻传播学部电视学院教授、博士生导师，媒体融合与传播系系主任。曾任中国记协新媒体专业委员会专职副秘书长（挂职）。澳大利亚国立大学新媒体研究博士，新加坡国立大学传播与新媒体系访问学者。中国网络视频研究中心研究部主任，中国传媒大学国家传播创新研究中心研究员，《中国新闻传播研究》（CSSCI来源集刊）、英文期刊《全球媒体与中国》（*Global Media and China*）责任编辑。中国新闻奖、中国国际新媒体短片节评委。获北京市青年英才、环球时报公益基金会第三届“希望英才”青年学者、中国新闻史学会新闻传播学学会奖、青年新媒体学术研究“启皓奖”、中国传媒大学教学青年拔尖人才等荣誉。

网络与新闻媒体专业从理论到实务的层面,近年取得了一定成绩,亦有诸多困惑。对于如何建设好网络与新媒体相关教材,我想围绕两个问题进行探讨,一是网络新媒体专业教材当下面临的挑战,二是以什么理念应对这些挑战。面临的挑战主要有两方面,一是边界的模糊性,二是内容的易碎性。

所谓边界模糊性,主要是指网络新媒体专业本身涉及多元学科的知识内容,如何确定边界成为一个难题。当下,互联网已成为整个社会生产生活的基础和底层设施。网络新媒体技术其实是社会各领域的一个扭结点,因此网络新媒体也融合了多学科的知识体系和方法。如果按照学科划分,网络新媒体是建设在一级学科新闻传播学之下的,但教学研究实践早已超越学科边界,模糊了虚构与非虚构之间的界线,设计学、营销管理学、计算机等学科的知识和方法已经成为网络新媒体专业建设和教学研究实践中难以回避的内容。

以中国传媒大学为例,2010年,学校成立了“新媒体与信息网络”专业,这也是全国高等院校中首家独立设置新媒体专业的院校。2012年,该专业正式更名为“网络与新媒体”专业。目前,中国传媒大学不同的院系总共有三个网络新媒体专业。一是电视学院的网络与新媒体,二是新闻学院的网络与新媒体(媒体创意方向),三是广告学院的网络与新媒体(智能融媒体运营方向)。尽管名字相同,但专业目标和核心知识体系显然有差别。因此,在具体的教材建设过程中,亟须思考的问题是:面对教学内容体系外延不断扩张与融合的现状,我们的边界到底应该划定在什么地方?

所谓内容易碎性指的是,网络新媒体教学所指向的新媒体实践迭代速度相对更快,教材的内容容易有明显的滞后性。从教材建设的角度来看,网络与新媒体的内容样态、技术手段、生产流程、传播规律都在不断发生变化。

借用新闻易碎的概念，网络新媒体相关教材的内容也因此变得易碎。打个比方，可能你在教材里对 H5 新闻进行了充分的探讨。但是，由于教材出版的周期较长，等到出版之时，可能 H5 新闻在市场上已经是明日黄花了。因此，总体来说，从时间和空间维度来看，网络新媒体专业教材建设的科学性和有效性都面临着较为明显的挑战。

那么，如何应对挑战呢？我想可能需要从四组关系入手。

一是底层基础和上层建筑的关系。虽然，网络新媒体专业的知识具有强烈的“跨界”色彩，但是，对于新闻传播人才培养来说，根本的育人原则和目标必须纲举目张，就是要坚定不移地服务党和国家大力推进媒体融合的战略目标以及优化“四史”教育模式的人才培养要求；教材内容要围绕政治认同、家国情怀、社会责任和职业道德进行规划和建设，从而更加深刻地坚定学生的理想信念，为国家和社会发展培养更多具有过硬政治素养，掌握新知识、新方法的全媒型网络新媒体人才。因此，如何更巧妙地、更自然地将思政教育相关理念融入网络新媒体教材写作和编纂中，应当是中国新闻教材编撰工程的内在根本要求。

二是主流和支流的关系。既然网络新媒体教材内容需要涉及多学科门类的知识内容，那就必须对主流与支流的关系问题有一个更为清醒的认识。其实，不管是新闻，还是网络新媒体的营销与创意，从培养专业生产者的角度看，这些始终没有跳出大众传播的边界。那么，大众传播所涉及的流程、主体和模式等问题依然是我们思考问题的核心。在众多的大众传播模式中，最为核心的元素都会指向文本、平台和受众。以融合新闻的生产和传播为例，主流媒体生产文本，然后通过平台进行传递并到达受众。在传统媒体时代，我们往往会更关注文本，比如报纸新闻的写作技巧、电视新闻的拍摄方法等。在新媒体时代，一方面文本的形式多元且易变，另一方面，平台和受众的作用得到了充分发挥。平台渠道的传播机制会影响文本的传播效果，受众的参与也使得文本生产更为复杂。因此，无论是新闻生产还是网络营销，必须对平台和受众予以充分的重视，而不能只局限于对文本的讨论。从这个角度出发，虽然网络新媒体知识边界在不断拓展，但无论是课程建设，还是教材编写，都应当化繁为简、去粗取精，依托三大主体传播元素（受众、文本和平台）构建教材的主体内容框架。

三是变与不变的关系。媒体“新”和“旧”的概念是相对的，网络与新媒体教材的建设中要注重对变与不变关系的把握。这实际上也是应对内容易碎性挑战的一种路径。也就是说，虽然网络新媒体的内容形态在不断地迭代，但是我们必须要沉下心来仔细梳理和总结有哪些理论、知识、逻辑和方法是不变的，是在当下乃至未来仍然有价值和指导意义的。这也意味着，教材的编写可能没必要，实际上也不可能跟上内容形态发展的步伐。那么，当我们在研究“文本”时，我们到底是按照内容形态分类构建框架，还是去挖掘形态变迁背后的线索与逻辑呢？因此，我们应当注重学生历史思维的培养，通过教材内容建设帮助学生梳理和了解关于网络新媒体理论框架与技能方法变迁发展的路径与脉络，掌握内容形态变动的底层逻辑、底层理念和底层思维。因为，了解过去是为了更好地掌握当下和预见未来。拥有对未来的洞见和判断能力，才能沉着应对不断出现的迭代与快速的发展。

最后是教学与科研、教材与学术著作的关系。当前，高等教育或多或少地存在教学与科研、教材与学术著作“两张皮”的问题。依托中国新闻学教材建设的契机，需要尝试推动和鼓励把学术研究相关内容融入教材编写当中。以往针对本科的教材，更多停留于知识的传递或者方法的传授，对于理论进一步的探讨和研究、对于学术问题的讨论不是很多。将学术纳入教材就是为了弥合教学与科研、教材与学术著作的鸿沟。至少，两方面的益处是可见的。一是有利于教材建设服务于以及受益于学术建设和学科发展，进一步激发教师对于教材建设的积极性和能动性，同时提升教材建设在整个高等教育建设中的地位和作用。二是更加有利于推动学生独立、主动和创造性地探索网络新媒体知识世界，创造性、个性化地构建网络新媒体理论框架和方法路径，从而更为全面地洞察理论世界，更为有效地解决实际问题。也就是说，通过对教材的使用，学生不仅要知道“是什么”和“怎么做”，更重要的是了解“为什么”和“怎么办”。当然，把学术研究的内容融入教材编写中，不是哪一门课程可以单独解决的，而是有赖于整个课程体系的建设、配套教材资源的使用等。此外，从机制层面探索和推动教材编写者、课程讲解者、问题研究者三种身份的统一应当也是行之有效的方法与保障。

郭 可 简 介

郭可，上海外国语大学二级教授、博士生导师，上外新闻传播学院院长和上外中国国际舆情研究中心主任，现为2018—2022年教育部新闻传播学类专业教学指导委员会委员、全球传播与公共外交学会副会长、世界新闻教育大会亚太区协调人。从事国际传播学、对外传播学、国际新闻和国际舆情研究。出版《国际传播学导论》《当代对外传播》和《中国媒体的世界图像与民众全球观》3部专著，发表80多篇中文和英文的学术论文，完成国家社科基金重大项目“多语种涉华国际舆情案例数据库建设研究”。

第一，关于国际新闻传播教育。国际新闻传播教育本质上是一个跨学科的融合，涉及新闻传播学、外国语言文学、国际政治。我国国际新闻传播教育40年的发展历程可以分为四个阶段，每个阶段的发展过程都与国家需求紧密结合，具有较强的应用性导向，因此国际新闻传播教育的教学体系相对滞后，稳定性较差。

国际新闻教育主要经历了四个阶段:(1)“英语+国际新闻”培养模式。20世纪80年代，复旦大学、上海外国语学院、北京广播学院等高校最早创办了“英语+国际新闻”的培养模式，主要以培养驻外记者为目标。但由于管理体系没有理顺，到20世纪80年代末已经基本停止。(2)“国传班”培养模式。2009年，在中宣部、教育部等的大力支持下，清华大学、中国人民大学、复旦大学、中国传媒大学、北京外国语大学等高校专门设置了“国际新闻传播硕士培养项目”，不仅注重国际新闻传播理论和业务的培养，还突出国情教育和国际媒体实战培训。(3)“多语种+国际新闻”培养模式。2011年起，新华社与上海外国语大学在全国首创“多语种+国际新闻”的培养模式，多语种(英语+一门其他外语)学生进入硕士国际新闻班。目前该模式已在全国多所外国语大学落地试验，已形成高校教学体系的有效培养模式。(4)国际新闻传播体系化阶段。2019年“国际新闻传播”专业进入教育部本科专业目录，目前中国传媒大学、中国人民大学和上海外国语大学等已由教育部批准开设该专业，人才培养进一步聚焦国际新闻传播领域。

从上述发展阶段不难看出，国际新闻传播教育尽管起步早，但还是一个年轻的专业，需要编撰合适的教材并形成体系以有效支持该专业的发展。

第二，关于国际新闻传播教材体系。由于历史原因，国际新闻传播的教学体系相对不够稳定，国内的国际新闻传播教材体系建设比较弱，主要表现出三个特点。一是,因为没有系统化的国际新闻传播教材,但授课又需要教材,所以早期的国际新闻传播受到西方教材,尤其是美国教材的影响比较大,在大部分情况下是直接采用国外原版的英文教材,包括一些理论类教材和实务类教程。有些实务类教程,如英语新闻写作、英语特写写作和评论写作的教程至今还在不断引进。当然,老师们在使用这些教程时也比较注重如何有效引导学生正确使用这些国外教材。二是,把国际新闻传播的单本教材有机融入其他系列教材,比如复旦大学出版社出版的全国新闻传播学研究生教材,也把国际传播导论这样的教程纳入整体新闻传播学教材系列。三是,由于国际新闻传播教育涉及中文课程,也包括不少外语课程(包括外教专授课),国际新闻传播教材还涉及用中文还是外语编写的问题,国际新闻传播教材实际上也存在要建立中文和英语(包括双语)两个教材体系的问题。这不仅给教材编写带来难度,同时在实际教学过程中,还要注意平衡好中文教材和英语教材的关系。

第三,关于"5·31"讲话与学科体系。如果说20世纪80年代是我国国际新闻传播教育的"第一春"的话,那么习近平总书记的"5·31"讲话以后,国际新闻传播教育已经迎来"第二春"。

20世纪80年代国际新闻传播教育迎来"第一春"的时候,当时作为学生的我亲身参与了国际新闻传播发展的全过程,当初的国际新闻传播教学过程实战程度很高,能马上学以致用,因此为国家的国际传播事业培养了大批跨学科的高端国际新闻传播人才(融合了外语、新闻传播和其他学科背景)。可以说,目前全国各地外宣媒体的高层管理人员多数是那个时候培养出来的。如果说那个时候国际新闻传播教育存在什么问题的话,那就是缺乏学科体系,没有专业导向。记得当初国际新闻专业到底归属传播学还是新闻学是有争论的,所以可以想象当初要兼顾国际新闻传播专业体系和学科体系是很困难的。

如果说上一次国际新闻传播的"春天"突出了国际新闻传播实践,那么这一次国家领导强调的不仅是国际传播对国家的重要性,还强调要推动整个国际新闻传播学科体系建设,尤其是要回答好为谁培养人的问题。我个人理解,在这个学科和专业体系建设过程中,课程建设和教材建设是一个非常重要的手段和提升专业体系的突破口。2018 年开始,中国传媒大学率先设立了国际新闻与传播的本科专业,国际新闻传播首先进入了本科专业阶段,后来上海外国语大学也设置了该本科专业。这为落实习近平总书记的讲话精神,提供了良好的学科和专业框架。随着该专业课程的不断完善,相信国际新闻传播专业的教材建设也会很快进入快车道,成为提升国际新闻传播教育水平的突破口。

第四,以教材建设推动国际新闻传播教育改革。2021 年开始,上海外国语大学启动了"国际新闻与数字传播"系列教材的建设,希望以此套教程总结好过去近 40 年的办学经验,同时也希望在教育部新闻传播学教学指导委员会的框架下,能整合全国力量来共同推动该套教材的建设。

就目前而言,该套教材主要有三个特色:一是把中文教材和英文教材的编写进行融合。目前,该套教材的第一本用英文撰写,已经出版,但后续还包括其他中文和英文的教材。二是将国际新闻传播教材体系中的概论性、知识性的教材与新媒体或者融媒体的实用类教材进行融合。三是该套教材可以不断扩容,这是一个长期的教材建设工程,并能通过教材案例库的形式不断更新教材内容,以达到不断提升教材质量、带动相关课程改革和完善的目的。

第五,关于国际新闻传播教材的建设目标。首先,希望通过系列教材建设,能梳理好该专业和学科的核心内容与知识体系;其次,希望通过教材建设能逐步倒逼目前国际新闻传播的课程体系的完善,包括本科阶段的培养和研究生阶段的培养,实际上这些都关涉系列教材建设。当然,教材建设还有利于改进课程教学方法并形成优秀教学案例,还可以逐步完善教材的内容。此外,通过教材建设,在国际新闻传播的核心框架下还能逐步形成不同分支的理论类、业务类、概论类或者操作类的课程，这样有利于重组不同类别课程体系的教学团队。

第六，教材建设与国际新闻传播实战的有机结合。新闻传播学科是一个实践性很强的学科，国际新闻传播教育也是如此，因此国际新闻传播教材建设也需要有问题意识，并与国际新闻传播教育实战化项目有效融合起来。只有这样，才能使国际新闻传播教材建设更加接地气，再形成有效的教学实战的案例平台，使得整个系列教材建设能保持与业界的密切联系，使得实战案例更新成为一种常态。

第七，关于教材建设的有机协调。希望复旦大学高校新闻学国家教材建设重点研究基地作为协作平台，增强国内各兄弟院校的交流和合作，尤其加强国际新闻传播系列教材编撰的协调工作，并在协作的基础上、在中国新闻学整体教材建设的框架下，进一步融合好不同分支的教材内容。

郭庆光简介

郭庆光，1982年毕业于中国人民大学新闻系，后由国家公派赴日本东京大学新闻研究所留学，1992年归国后在中国人民大学任教，历任中国人民大学新闻学院副院长、院长等职，曾短暂在清华大学新闻与传播学院工作，任院学术委员会主任。曾任中国记协常务理事、教育部新闻传播学类专业教学指导委员会副主任、国务院学位办新闻传播学科评议组成员、教育部新闻传播学科专业硕士教学指导委员会副主任等。所著《传播学教程》是“九五”“十五”国家级重点教材，曾获北京市优秀科研成果二等奖、吴玉章奖一等奖、教育部首届全国教材建设奖二等奖等。

在国家教材委员会于2021年举办的首届全国教材奖评审中,《传播学教程》意外获得了二等奖的荣誉。为了推动教材建设,中国人民大学新闻学院主办了这次研讨会,让我分享一下这个案例。一本小小的入门书惊动了这么多的学术大家,也惊动了校领导和中国人民大学出版社的领导,诚惶诚恐。不过,我认为《传播学教程》就是一本入门级教材,对于没接触过传播学的人来说,有些新鲜感和价值,但对于有一定基础的人来说,就像一个鸡肋,写论文总引用一本教材,学术档次也难以提升,《传播学教程》就处在这样一个尴尬的位置。很多老师编写的教材都非常优秀,如张国良教授主编的《传播学原理》,对我本人启发非常大。《传播学原理》与《传播学教程》作为基础教材,都得到了广泛选用,可惜张国良教授未参评此次全国教材建设奖。

国家对教材建设一直非常重视,过去有国家级重点教材系列,近年教育部又在复旦大学新闻学院设立了高校新闻学国家教材建设重点研究基地,这是新闻传播学科的一件大事,可喜可贺。当前,传播学热度越来越高,影响力越来越大,甚至在近年高考题中都出现了一些与传播学相关的题目。我曾为此接受过新华社记者的采访,采访视频在短短两到三小时内点击量就超过了150万次。可见,社会大众对传播学非常重视,社会认知度越来越高。因此,无论从学科发展,还是社会责任来说,传播学教材建设都变得越来越重要。

那么,如何才能编写出一本科学的、负责的、有用的传播学教材呢?在此,我想分享几点不成熟的个人观点,供讨论和批评。

一是要有正确的指导思想。具体到传播学,正确的指导思想就是马克思主义传播观。尽管马克思主义传播观尚未形成细化的学问体系,但它的总体视野是明明白白地展示在我们眼前的。《传播学教程》较早地介绍了马克思主义交往理论、马克思主义传播观的相关内容,当时有很多人不理解。有人写信来说,这本书本来体系挺好的,加了这么一节,好像整本书都不伦不类了。我当时回复说,这部分内容是非常必要的,因为教材编写者需要有马克思主义传播观作为指导思想。这不仅仅因为我本人是一个马克思主义的信仰者,而且我也确确实实认为马克思主义传播学应该在传播学中占有重要的地位。马克思的社会理论、作为基本原理的唯物辩证法、马克思主义认识论都为我们理解社会传播现象的本质提供了基本的视角和有效的钥匙。我们中国的传播学应该由马克思主义的传播观和基本原理来引领,并进行创新。如果总是跟在西方学者后面亦步亦趋,就永远无法拥有自己的理论和学术地位。所以,以马克思主义原理为引领,通过学术话语体系创新来建构我们中国学者视野当中的传播学,是我们面临的一项迫切任务。

二是编写教材要与我国国情密切结合起来,对西方理论要作深刻的分析和扬弃。也就是说,对中国学者来说,唯有把学术原理应用在中国社会这个研究背景下,与中国特色社会主义体制、社会形态相结合,传播学研究和教学才会真正发挥出应有的价值。因此,我们必须坚持马克思主义立场,也必须坚持中国立场。马克思主义的传播学研究范式西方也有,比如法兰克福学派、批判学派等,这些研究可以给我们启发,但是能否将其理论套用到我们对中国社会的研究当中,需要谨慎。哈贝马斯、福柯、霍尔等学者研究的对象都是西方发达资本主义国家和发达资本主义社会,他们的问题意识跟我们的问题意识是不一样的。我们是新时代社会主义市场经济,这是一种前所未有的新模式,我们的传播学研究对象应适用于这个社会,应将传播学研究、传播学教材编写与中国的国情具体结合,建构我们自己的有中国特色的传播学话语体系。在这方面,我没有做到,希望各位与会专家及年轻学者今后能有新的突破。

三是教材应是成熟的知识体系和理论体系。基础教材一般来说是写给没有入门的人看的,这就需要编写者有负责的态度,把在学术界或实践界获得的有共识性的原理、知识和理论系统融入教材。教材编写需要呈现成熟的理论体系，其他学科如数学、物理、化学等，所讲的原理与定理都是成熟的。传播学要增强自己的科学性，这一点是应该坚持的。当然，这并不意味着最新的、尚无定论或处于争议中的内容不能进教材，而是说处理这些尚在争议中的知识时，应该根据教材编写的指导思想和宗旨对其作较全面的分析和阐释，均衡呈现，力戒编写者个人的主观喜好或偏向。

四是教材编写应将原理阐释与日新月异的社会实践有机结合起来，提升应用性。原理性的东西不和实践相结合是没有生命力的。也就是说，你的原理要对社会有用，要能够通过学习这样一些原理，让实践界、业界得到新的启发，甚至引发新的思索和实践。早期的传播学研究对高度信息化社会的到来起到了巨大的推动作用，学者们对传播过程的研究，对媒体多样性、双向互动性、小规模性以及对传播关系对等性等价值的强调，直接影响了世界互联网技术的发展走势，迎来了当代社交媒体的繁荣。可以说，传播学的学科发展和社会影响力，和它的时代引领性和实践应用性是分不开的。

这些年，“考研热”不断升温，《传播学教程》好像销量不错，还有一部分销量来自业界。业界在搞市场营销、公共关系、应急管理培训，许多场合使用了《传播学教程》，他们对创新扩散理论、传播效果理论等非常感兴趣。可见，大学本科基础教材如果能与丰富的社会实践相结合，其价值还是能够得到广泛承认的。当然，《传播学教程》在这方面做得远远不够，应用性还有待于进一步加强。

当前，大学毕业生动手能力差是社会议论的一个热点，这使得他们在就业市场上缺乏核心竞争力，以至于国家在大力发展职业教育的相关文件中也提出了职业教育要为大学生提供就业能力训练这样的任务，这说明我们的大学教育在加大应用力度、培养动手能力方面依然任重而道远。我个人认为,作为理论和应用并重的学科,传播学不仅自身需要强化技能培养,还应该积极加入职业教育。传播学涉及的 VR、AR、云计算、大数据、智能传播等,很多都是操作性的技术手段,这正是职业教育重要的教学内容。传播学教育领域不应停留在本科或者研究生层次,还应该面向更广阔的社会进行推广,进一步提升学科辐射力和社会影响力。

最后,我想分享一下我的导师东京大学冈部庆三教授退休时的演讲致辞。他是二战后日本新闻传播学的奠基人之一,奠定了日本舆论学研究和灾害传播研究的基础,为日本的危机管理、突发性事件应对做了很多基础性的工作。他的退休致辞第一句就说,搞了一辈子传播学研究,到了退休这个时点,越来越不明白传播学究竟是什么了。这样一个泰斗级的人物,却说自己不懂传播学,令人震惊。但接着听才明白,他是在讲述一种观点,那就是一代人有一代人的事。这与方汉奇老先生的观点是一致的。也就是说,他的任务是战后日本新闻传播学的奠基,搭建日本新闻传播学的基础架构。到他退休时,传播学已经到了新飞跃的时期,尽管他还有研究的动力,但是他的体力和精力已不允许,希望寄托于新的一代。在今天这个时间点,我的这个想法也很强烈,希望把更多的空间留给中青年学者。

习总书记多次强调不忘初心、牢记使命。传播学的初心到底是什么?我个人认为,传播学的初心就是研究人的传播行为,它也研究技术,但更多关注技术对人的影响。在技术发展的过程中,传播学应给予促进技术健康发展的诸多建议,用自己的研究结论影响技术的发展方向。当前,学界被技术牵着鼻子走的状况十分明显,新的技术出来了,我们去解释它、诠释它。以人为本的传播学,可能更多的是研究技术作为双刃剑的作用。因此,学术界要提高自己的社会影响力,恐怕在很多情况下要跟技术唱一些反调,这些反调是富有建设性的,是对人、对社会、对我们的国家负责的。如新技术引发的平台垄断问题、新的社会问题等,都是需要深刻思考的。因此,当一种新技术出现后,我们不应急于无条件地赞美它,而是应对其进行观察,在观察过程中提出一些有利于社会的改进建议,影响技术的实际发展进程。这是传播学者社会责任感的一部分。做好这项工作,也有利于加强传播学的学术地位及社会影响力,尤其是增强业界影响力。传播学学界不能只受业界影响,同时也要在影响业界方面做出自己的积极努力。

以上仅为个人的一些肤浅认识,欢迎大家批评。

郝振省简介

郝振省，中国编辑学会会长，中国新闻出版研究院原院长，第十二届全国政协委员，全国政协参政议政人才库特聘专家，中央直接联系的高级专家，享受国务院特殊津贴，上海交通大学、中国传媒大学、上海理工大学博士生导师，北京印刷学院数字出版与传媒研究院院长，上海交通大学出版传媒研究院院长。

第一方面,关于专业教育,我想提三点建议。

首先,真正的出版学教育应该是一种研究生教育,也就是说,学生在本科生阶段已经有了某一学科的学习积累和基础,进入出版学研究生教育阶段后,主要是接受关于出版学、编辑学的学科教育,锻炼这方面的能力。因为合格的编辑出版人应该既是编辑型学者,也是学者型编辑。所谓编辑型学者,是指他经过出版学的专业教育,通过相关原理、历史和原著的学习,系统地掌握了出版学的思想、理论、技术的相关知识,这叫作编辑型学者,具有系统的编辑学、出版学知识。所谓学者型编辑也可以叫作专家型编辑,应该具备某一学科的系统知识,比如说哲学编辑,在哲学学科方面,应该对它的前沿问题和最基础的东西有所掌握和了解。物理学编辑,应该对物理学的基础知识、基础理论和最前沿的东西有所了解。这应该是我们最初的培养目标,一个本科生的专业基础知识加上出版学专业知识,作为专业教育的基本模式。这将对于我们编辑出版人下一步的专业性进入、专注性投入,尔后成为编辑家或者优秀编辑,打下基础,提供保障。

当然,也有人认为,现在编辑学——包括数字出版专业——已经是教育部确定的本科教育,这个问题怎么办?我认为应这样考虑这个问题:如果本科生阶段学的是编辑出版专业,那研究生阶段应该选择某一自然学科或某一社会学科作为深造方向。记得在北京印刷学院时,有一年,中国医学会的一位一百多家期刊的中心负责人找到我,让我把他介绍给当时的刘超美书记和新闻出版学院的陈丹院长。他说现在医学期刊集团严重缺乏编辑,希望在学校的编辑学和出版学的本科学生中,选一批学生进行研究生定向培养,将来如果他们愿意,就直接分到医学期刊集团。在专业教育方面能不能考虑这种模式?这不影响现在的出版学本科教育,它应该是一个理想模式。

其次，关于学校专业教育的定位，是实践多一点还是理论多一点？我的主张是理论要多一点。或者说，就学校专业教育的主体或者本质来讲，应该以理论和学术为主，以实践和现场为辅，教师的传授和学生的学习都应该贯彻这个精神。为主到什么程度？应该以系统地掌握出版学、编辑学知识，系统掌握某一学科的知识为目标。开设的实验课、实践课应该作为系统地掌握这种知识体系的辅助，如果学校的专业教育没有达到上述目标，那就是一种失败。马克思讲，理论只要彻底就能说服人，这个理论彻底正是学校专业教育应该追求的。与实践和实验相比较，在大学专业教育里边，理论和学术恰是应该注意的主体和本质。理论和学术拥有的程度将直接和持久地影响实践的深度和广度。

再次，在出版学的专业教育中，还有一个读原著的课程设置问题。专业教育和社会教育的读书有着明显的不同。社会教育的读书可以叫作全民阅读，无论是从阅读内容还是阅读方式上看，多是侧重普及性阅读文本，内容是多元、多方面的，形式也不能过分严格。而作为将来为全民阅读、为国家的学术出版提供经典出版物的出版学专业教育，阅读文本应该侧重理论性、学术性原著。同时，在读原著的过程中，能不能培养本科生或者研究生逐步养成分析型阅读、思考型阅读、批判型阅读的习惯和能力，至关重要。现在大家都在讲阅读问题，从未来给国民提供精品、给学术出版提供在国际社会有话语权的精品角度来看，原著阅读应该是很重要的部分。有了这种阅读方式和习惯，即便这个读物是一般化的，也能读出很好的水平。如果没有这种阅读能力，即便是经典，要读出深刻、深邃的东西也不容易。这是关于专业教育的三点想法和建议。

第二方面，关于出版学教材建设。

关于出版学教材建设，我想提三种教材，这三种教材在教育部出版学课程设置里有的有，有的没有，但是在“十四五”规划和 2035 年的远景规划中应该加以考虑，现在就应该做起来。这三本书，第一本叫《出版文化学》，第二本叫《主题出版研究》或者叫作《主题出版概论》，第三本叫《新闻素养概论》或者叫作《文化自信与新闻素养》，这里简单介绍一下教材的结构和主要内容。

第一本叫《出版文化学》。这本教材应该有以下内容。从绪论来讲，可以着重讲好编辑出版人的价值观和使命感，价值观包括马克思主义的新闻观、出版观，当然也包括社会主义核心价值观的那些基础东西。还要有使命感，使命感就是作为编辑出版人，主要的职责是什么。主要是横向的文化传播和纵向的文明传承问题，或者说叫公之于众，传之于后。一个说的是空间问题，一个说的是时间问题。

整个内容有三大板块，第一个板块就是为什么要强调出版文化的问题。因为出版是文化的灵魂，是文化的源头，也是文化的载体。文化是出版的表现、实现和展现。为什么还要讲出版文化这个概念？因为出版文化实际上是整个出版的灵魂，是出版的本质，也是出版的皈依。当然，现在讲出版以内容为王，在我看来，应该是以思想为王。不管是文学著作还是理论著作，有没有创新的思想，有没有能够彻底说服人的思想是关键。另外还有一些现实问题，习总书记也批评机械化生产、快餐式消费、庸俗对通俗的遮蔽、欲望对理想的挤压等现象，这些问题是现实问题。从历史上来看，无论是我们国家的百年老社，还是西方国家的百年出版社，比方说德国的苏尔坎普出版社，都是把出版文化作为它的第一目标，以出版文化为体，以商业利益为用，出版才能够存在下来，出版的生命才得以延续。还有就是体制改革和机制转换，它代替不了出版文化这种修炼。比如我们党，如果从文化理性的角度看，最初是从文化理性到政治理性到军事理性，后来又到经济理性、市场理性，最后又回到文化自觉、文化自信，这都说明了出版文化本身的重要性。特别是在我们这个时代，书报刊、声光电这些出版物实际上已经是我们的生活资料或者生产资料，现在讲的大数据就是我们的生产资料。所以，从这些角度讲，要强调研究出版文化的必要性、重要性和基础性。

第二个板块是出版文化的内涵问题。出版文化很粗糙，也很原始，我认为，在价值观和使命感的基础上要强调“六性”“四力”和“四仪”。“六性”叫作文学的感性、史学的智性、哲学的悟性、科学的理性、艺术的灵性和伦理的德性。因为出版人最后还是个文化人，所以说文学的感性，它可以帮助所编辑的出版物更有感染力和吸引力；哲学的悟性，它的逻辑性可以使编辑的思维更加有条理性，它的反思性可以使思维更有深刻性。还有“四力”：策划力、亲和力、文稿的统筹能力和文字的驾驭能力。“四仪”就是出版文化的外在表现，包括编辑出版人彼此的尊重、交往的艺术、承诺的遵守、谈吐的诙谐幽默等。这一块要展开谈的话其实也是内容丰富。这些学问不管是理科编辑还是文科编辑或艺术编辑，或多或少，都应该具备。第三个板块就是出版文化素养怎么养成的问题，一般可以从编辑个体、从出版企业、从社会三个层面来加以考虑。这是第一本书。

第二本叫《主题出版研究》，或者叫作《主题出版概论》。关于这本书的初步想法是，主题出版成为我们国家基本出版制度的一个有机组成部分，而且和初始的观念相比，发生了极大改变。所以对主题出版，对2003年以来的主题出版，可以考虑从“6+1”的角度来梳理：要研究主题出版的现实性、主题出版的历史性、主题出版的必然性（或者叫能动性）、主题出版的规定性、主题出版的普遍性、主题出版的规律性；接下来还有一个经验性，或者叫案例归纳。《主题出版概论》将来会有市场空间，有理由把这本教材编出来。

最后一本叫作《新闻素养概论》，或者叫《文化自信与新闻素养》。共两个板块，每个板块要把三个问题讲清楚。第一个是把文化自信的含义讲清楚。为什么习总书记讲文化自信最根本、最深刻、最广泛？文化自信是最根本的自信，它和理论自信、制度自信和道路自信是什么关系？这是要回答的，这是第一个要讲清楚的。第二个是把文化自信的三根支柱讲清楚。哪三根支柱？文化自信中，优秀传统文化、红色文化（或者叫革命文化）、社会主义先进文化就是三根支柱。这里要注意，西方的先进文化、积极文化、进步文化,实际上已经和正在被吸收到我们的传统文化、红色文化和先进文化里面。我认为要把这个说清楚。第三个是把三种文化内在的结构讲清楚。三种文化也还可以做更细的划分,每种文化有三种形态,一种形态是理论形态,一种形态是社会舆论形态,比方说井冈山精神、西柏坡精神,还有一种就是作为文学艺术样式的形态。每一种文化都有三个层次,在结构上,前面把这三个方面的问题讲清楚,后面把这三种形态讲清楚,把新闻素养的内涵讲清楚,然后把内涵的三种素质讲清楚。

新闻人的素养有政治素养、理论素养、文化素养,当然,融合时代还有技术素养,今天就谈前三种素养。这三种素养和三种文化的三个层面的结构配对,比方说政治素养主要是通过红色文化里面的社会舆论形态和先进文化里面的社会舆论形态体现,二者解决的是政治素养问题。要从三种文化里面吸纳它的理论形态,来增强我们的理论素养。比方说,红色文化里面的马克思主义现代化的东西,它直接给我们的理论素养输送养料。再比方说文化素养,在传统文化里面,它有三个层次,作为理论形态的传统文化,三玄、四书、五经、六典给我们的理论形态提供根据。我认为三种文化里面的文学艺术形态,比方说古代传统文化里面的汉赋、唐诗、宋词、元曲等,作为文化形态,它直接关系到我们的文化素养。红色文化里面,包括老一辈革命家的诗词、非常优美的文章,特别是毛主席的诗词和瞿秋白等当年写的好文章。先进文化就更是丰富多元,习近平总书记的讲话和文章就展现出强烈的三种文化内涵,是继承和发展三种文化的典范。还有大量优秀文学作品,社会主义建设时期的“三红一创”“青山保林”等,改革开放时期的《平凡的世界》《苦难辉煌》等,进入新时代的《中国震撼》《闽宁记事》等。把内涵讲清楚,把政治素养、理论素养和文化素养讲清楚,把三种文化的三个层面与三种素养的配对讲清楚,形成一种精准学习、精准修炼、精准提高的模式。这对于成为新闻家、出版家的政治素养、理论素养和文学艺术素养(文化素养)都会特别有用。

胡百精简介

胡百精，1976 年 3 月生，吉林磐石人，中共党员，博士，中国人民大学新闻学院教授、博士生导师，教育部青年长江学者。现任中国人民大学党委副书记、副校长，兼任教育部新闻传播专业教学指导委员会副主任委员、中国新闻史学会传播学专业委员会副会长。

主要研究领域为传播学与公共传播，承担公共传播、传播与社会、公共关系学概论等方面的教学研究工作。主持国家社科基金课题、北京市社科基金课题及多项横向课题项目的研究工作。代表性论文 20 余篇，出版了《说服与认同》《公共关系学（第二版）》等专著，译著有《舆论的结晶》《取悦公众》《宣传》《制造认同》。曾获国家教育教学优秀成果奖二等奖、北京市教育教学优秀成果奖一等奖、教育部高校优秀科研成果奖一等奖和三等奖、北京市青年名师（2019）、宝钢优秀教师奖、霍英东青年教师奖、中国人民大学十大教学标兵等荣誉和奖励。

中国新闻学教材建设必须牢牢把握教材是国家事权的定位,要着力推动中国新闻学知识体系、教材体系和教学体系一体融通同构。复旦大学新闻学教材基地和人大的经济学教材基地有一个共同点,即承担起了一个学科领域的共同责任。

在教材编写的过程中,首先要重视编写团队的有机整合和协调管理。教材书目的拟定、大纲设计、招投标、组织答辩等,要最大限度地汇聚各方的力量并实现团队的有机整合,而非简单拼盘。从教材编写的领衔专家来看,中国新闻学教材建设应该确保教材编写者有足够的时间和精力编写教材,主要以该领域内的大先生、资深教授为主。中国新闻学教材建设必须齐心协力,方能站在学科建设的大局上,为国家建设做出贡献。

与此同时,就具体的教材内容建设而言,尚有几个问题需要深入思考:一是教材编写应从概念出发,还是从问题出发?从概念出发,容易建立逻辑上完整的体系,概念连接概念,话语连接话语,但容易出现和过往教材区隔较小、话语内卷、例子和理论脱节等情况;从问题出发,则有利于体现中国立场、中国气派和中国气象,要努力实现由实践上升为理论的问题。二是教材中应该怎样对待“中”和“西”之间的关系?这不是简单地处理中西内容所占比例的问题,中国新闻学教材建设必须扎根中国大地,生产在地知识并增益其世界意义。三是应该坚持教材本位,还是学生本位?中国新闻学教材既要体现国家意志,又要让这些教材完全适应05后乃至10后学子的话语体系和知识结构,同时实现中国新闻学教材与文史哲政经法、大数据、人工智能等其他学科知识体系的高度衔接。

胡翼青简介

胡翼青，现任南京大学新闻传播学院副院长、教授、博士生导师，南京大学文科学术委员会委员，复旦大学信息与传播研究中心学术委员会委员，武汉大学媒体发展研究中心研究员，中国新闻史学会外国新闻史研究专业委员会副会长，新闻传播思想史研究专业委员会常务理事、秘书长。主要研究方向为传播理论、传播思想史。著有《美国传播思想史》《美国传播学科的奠定：1922—1949》《再度发言：论芝加哥学派传播思想》《传播学：学科危机与范式革命》等专著，在《新闻与传播研究》《国际新闻界》《现代传播》《新闻大学》等核心期刊上发表论文 100 多篇。

当前,新闻学教学遇到了两个非常有挑战性的时代背景。一是数字技术的发展使得新闻传播学科知识的增长一日千里。比如,仅仅五年时间,传播学的关键词就增添了“物质性”“媒介性”“媒介化”等核心词汇,新闻学的术语这些年也增加不少,比如“融合新闻”“数据新闻”“新闻可视化”等。二是现在可用教材很少,大多教材要么重复建设,要么知识老化,在丰富度、层次感和信息量层面都存在着这样或那样的问题。所以,建设中国新闻学教材意义重大且颇有必要。

首先,说说教材建设的四个重点方向。一是新闻理论。我们开始面临经典理论和前沿理论二元对立的分野,不能用一本教材概括。二是新闻史。除中外新闻通史外,各种专门类别的史,如新闻法治史、新闻伦理史、新闻媒介史等,都可单独编写教材。三是新闻业务,同样有数字新闻业和经典新闻业的二元区分。这两种教材应是有明显分野和鸿沟的不同类型的教材。融合新闻学、数据新闻学、非虚构写作等一系列新的业界热点,完全可以开设课程、编写教材。四是新闻分支学科教材,如新闻法、新闻伦理、国际新闻等。如果教材建设能够坚持向着新闻理论、新闻史、新闻业务和新闻分支学科四个方向发展,同时界定清楚前沿和经典,区别传统与现代,那么新闻学教材的知识体系应比以往丰满很多。

其次,谈谈教材的形式问题。以往对于教材形式的理解太过单一,以为所谓的教材就是出版社出版的纸质书本。其实,教材需要完成多媒体改造,不仅有纸质版本,而且应有巨大的开放数据库,可以不断增加内容。每一本教材其实是一棵不断生长的知识树,我们要强调它的开放性。案例式的教材也很重要。哈佛大学商学院和法学院的教材有不少就是案例库,由跟踪了研究对象十年以上的一个个案例构成,学生从案例中感受该怎么进行实际操作。所以,选读性、案例性、多类别的教材,加上庞大的数据库和案例库,才能构成一套完整的教材。教材体系本身是多媒体的、多元化的,有丰富度、信息量和内涵的。

再次,确立好教材的终极目标。研究中国的新闻学是为了在“中国新闻学”中发觉有利于世界新闻学发展的东西,为人类知识做贡献。所以这套教材要有横跨中西思想和知识的野心,不要断然说东西方二元对立,要有气度做成世界驰名教材,对整个世界的新闻学知识范式有贡献。要做到这一点,有几个非常重要的前提。第一,要在公认编写得很好的教材的基础上进一步拓展,因为前期积累是非常重要的,不能脱离知识积累去关照当下前沿。第二,要有学术自信。在中国业界发展最前沿的,如人工智能平台媒介,在世界上都是领先的,在业界发展基础之上,大家已经初步具有世界性眼光的知识积累。如最近我们在给“一带一路”专硕班的学生上课的时候充分感受到,抖音、快手、今日头条上的数字新闻实践,对他们很有吸引力,他们认为这些实践有很大的借鉴意义。因此,相信我们解决问题的方案具有一定启发性和世界性贡献。

最后,还有一个如何操作的问题。要发挥基地的作用,成立一个能在教材招标方面开展委托课题模式的专家委员会;需要委托一些资深学者来做教材的主编,配以优秀年轻学者形成团队,并将其关于传统新闻业的经验与新媒体现实相结合。另外,教材要有两个特点:第一,要有容错机制,要允许有人写不出我们需要的教材,同一种教材可以有两到三个课题组竞标,最后看谁拿出的教材能够得到同学们的更多认可。第二,要有开放性。编写教材不是一劳永逸、一锤定音的事情,而要在未来若干年当中反复修订,每年增加数据库内容,不断与时俱进。如果能做到这两点,中国新闻学教材将来一定是世界级水平的教材。

胡正荣简介

胡正荣，中国社会科学院新闻与传播研究所所长，中国社会科学院大学新闻传播学院院长，教授、博士生导师。

历任第六届和第七届国务院学位委员会新闻传播学学科评议组召集人、2013—2017年教育部高等学校新闻传播学类专业教学指导委员会主任委员、中国传媒大学校长、中国教育电视台总编辑、中国人民外交学会第八届理事会理事、中国国际交流协会第十一届理事会理事等，哈佛大学肯尼迪政府学院舒伦斯坦媒介、政治与公共政策研究中心客座研究员等。

2001年获国务院政府特殊津贴，2006年入选人社部“新世纪百千万人才工程”国家级人选，2011年英国西敏寺大学荣誉博士，中宣部、中组部2017年文化名家暨“四个一批”人才国际传播人选。

主要研究领域为新媒介、国际传播、文化产业等。

主要著作有《中国大百科全书（第三版）·传播学》（主编）、《中国国际传播发展报告（国际传播蓝皮书）2017》、《全球传媒产业发展报告2017》、《新媒体前沿2017》、《中国文化发展1978—2018》、《世界主要媒体的国际传播战略》等。

首先,中国新闻学教材建设要注意两个“结合”。第一个“结合”是将学科和专业结合起来。在讨论教材问题之前,必须厘清学科和专业这两个不同的概念。学科需要构建庞杂、完整的知识体系,职责在于回答理论问题,面向未来构建学术话语体系和研究体系;专业是为培养学生能力而设,职责在于回应现实走向,面向实践解决人才培养问题。教材是人才培养的抓手和渠道,更多地服务于专业而非学科。因此,要讨论中国新闻学需要怎样的教材,就需要回到我国对新闻传播人才需求的问题上来,我们对于学生能力结构的要求是教材建设的根本出发点,教材建设是服务于能力体系的完整构建而非知识体系的完整构建的。第二个“结合”是将理论与实践结合起来。新闻传播行业的发展日新月异,学生的认知能力、动手能力等能力水平与业界最新发展需求之间存在明显差距。中国新闻学教材建设需发动业界同仁与学界共同参与。

其次,中国新闻学教材建设要落实“三化”,即数字化、网络化、智能化。“三化”不仅是技术问题,还是认识论的改变,它要求我们在教材建设过程中自始至终贯通数字化、网络化和智能化的思维模式。因此,新时代的中国新闻学教材建设,除纸质教材外,一定要配套能够使学生在移动多场景下学习的全媒体教育资源、教学资源。

最后,中国新闻学教材建设要考虑两个“兼顾”。其一是理论、应用、实践三个层次的兼顾。应用充当着理论与实践的中介,理论是宏观的、抽象的,应用应该是中观的,实践则聚焦于微观,因此,对于应用维度的强调,指向对学生资源整合及融通能力的培养。当前,我国新闻传播教学体系和课程体系中理论与实践之间存在脱节,正需要“应用”这一将知识转化为实践或能力的中介环节。所以中国新闻学教材建设,应当明确区分理论、应用及实践三个层次。其二是核心、体系及交叉三个层次的兼顾。史论课程是专业核心,需抓紧抓好;考虑能力体系构建,亦需要配套应用型、实践型课程。然而,当前新闻传播学核心范畴和概念体系越来越被交叉学科和学科之间的融合所稀释。

在此背景下,中国新闻学教材建设是否需对专业外延有所考虑?尤其对于新闻学、广告学等实践性较强的专业,其外延逐渐宽泛化、模糊化,这些专业是否需要建设解决交叉学科领域问题的教材,对交叉学科外延和外溢的知识进行拓展?以上问题值得学界同仁进一步探讨。

黄传芳简介

黄传芳，1983 年毕业于复旦大学新闻系新闻学专业，获学士学位；1990 年毕业于中国社科院研究生院新闻系新闻业务专业，获硕士学位。曾任中央电视台分党组成员、副总编辑、分党组纪检组组长，现为中央广播电视总台编务会议成员、高级编辑。

一、中国新闻学教材建设的总体原则

一要以中国特色为基础，着重体现并建立中国特色新闻传播学的理论体系和话语体系。1983 年大学毕业后，我很少接触后来的教材。记得在校的时候，西方的传播学传入我国，系里已经开设传播学的课，之后西方的传播学理论对我们整个新闻教育产生了很大影响。当然，传播学有它的积极意义，对整个新闻学教材基础的理论体系、理论架构、话语体系的建立而言，有它的益处。我们在借鉴中不断去提升、更新，对新闻学教育还是起到了一些积极作用。当然，它也有问题。它毕竟是建立在西方的话语体系之下的，用它来解释或者指导我们现在中国的新闻实践是有问题的。进入中国特色社会主义新时代以后，建设社会主义现代化国家的新阶段开启了，在传播研究、新媒体研究、国际传播研究等方面，无论从理论上，还是从实践上，都应该摆脱西方传播学话语体系中的不良或消极影响。要强化马克思主义新闻观教育和国情教育，首先要有正确的价值观，这是中国特色。要建立马克思主义新闻观，进行马克思主义新闻观教育。

二要以时代发展为视角，特别是结合十九届六中全会决议，建议加大党领导的中国新闻事业发展史的主线内容。作为新闻学教材的重要组成部分，新闻史内容不可或缺。在总台工作这么多年，我们经历了几件大事。2018 年是中国电视事业创建 60 周年，2020 年是中国人民广播事业创建 80 周年，2021 年是中国人民对外广播事业创建 80 周年。习总书记发来贺信，给了非常重要的指示，这都是中国新闻史上，特别是广播电视史上，非常重大的事件。应该说，百年党史贯穿着媒体的发展。但是，现在知道整个中国的传媒事业、传播事业或新闻事业发展的历史、历程的年轻人并不是很多。现在的教材编写应该增加这方面的描述，增强他们对党领导的新闻事业的地位、作用、意义的认识和认同。

三要以融会贯通为宗旨，开展教学工作。现在是媒体时代，媒体发展是多元的，不能将电视、广播、新媒体这些媒介割裂开来，各教各的，而应该按照“你中有我，我中有你”的融会贯通的教育教学模式来进行。要在新媒体、新技术的融合下从事广播电视的媒体教学，这一点很重要。新媒体教育应该在视频化发展的趋势下，更加积极地面对当前的业务创新。另外，国际传播要基于广电趋势和新媒体的发展，要更加精准有效。所以整个教材的编写，要形成一个有机整体，将理论知识和基础技能、行业趋势以及案例分析、产学研等各方面结合起来。

四要以培养复合型人才为目标。整个新闻教育应该以这个为最后的根本目标，其中的意义不再赘述。

二、教材内容方面

首先，广电媒体教育应该在原有教学的理论基础上求新求变，以适应融合媒体发展时代的需求。广电媒体类教材，应该有三个“强调”：一是强调媒介发展到视频阶段，视频已经日渐成为传播的主要形式。在当前“无视频不传播”的背景下，视频将是未来广电媒体教学的关键所在。所以我们一直在强调视频，当然这也是我们的主要业务。现在总台把广播电视合起来，我们要求广播电台的同志也要学会做视频。视频将成为一个必选项，教学内容应重点围绕视频来编写，加大视觉化内容的教学，并体现前瞻性、预判性和可持续性。二是强调 5G+ 大数据，视频将呈现“七化”的趋势。视频化的未来是我们必然面对的一种生态，总台提出“5G+4K/8K+AI”的战略，明确强化视频与新技术运用的紧密结合，注重其碎片化、泛在化、清晰化、沉浸化、立体化、产品化、智能化的新特点。对这些新趋势应该在学校教育里面紧紧跟踪研究，所以在这个意义上，教学也要有创新思维和创新模式，基础性的采编播技巧都要不断革新和升级。现在很多学校的学生毕业以后还要去学习这一块的内容，无论是在新华社，还是人民日报社，都一样，记者、编辑们都要学会这个本领，学会怎么做视频。三是强调新模式、新产业、新业态。在融媒体时代背景下，未来的视频将不再是一个只能看的内容，同时还可以购买、可以参与。所以教学不能局限于内容制作层面，还要链接到新型的传媒业态中，形成包括创意、生产、播出、销售、推广、分析等在内的闭环。另外，跨界协同、联动共享是现在发展的常态，因此也将成为教学中需要关注的问题。虽然学校教育重视理论的描述、理论的阐释，理论的传授更多一点，但是一定要注意紧密跟踪现代传媒发展的业态、生态。

其次，从对外传播或国际传播角度来讲，应重点聚焦于在视听传播形势下如何向世界传递好中国声音、讲好中国故事的问题。国际传播能力的培养是一个长期且复杂的过程，同时国际传播也是一个高度交叉、综合的领域，对学生的能力要求很高。现在对整个新闻人才来说，不仅仅要有传统意义上新闻记者的敏感，要有外语知识、新媒体知识、传播学各方面的知识，还要涉猎传播内容、传播渠道、传播方法、国际关系等方面的背景知识。

一方面，在新形势下，要加强对国际传播能力建设的认识。这里面有几个问题：一是对广播电视国际传播的历史沿革进行梳理，希望学校教育要着重讲清楚有哪些改变、为什么要改变。二是对习近平总书记关于国际传播能力建设的重要论述的理解和阐释。从西方主导的国际传播体系转变为构建具有鲜明中国特色的战略传播体系的背景、目的和重要的意义，这方面希望可以作为一个课题或者说作为教材编写的非常重要的内容。三是新时代国际传播的新趋势、新观点。可以结合国内外视听融合发展的特点和趋势，梳理理念和方式、方法的变革。

另一方面，要增强“硬”“软”“融”三种能力，以实现敢讲、能讲、会讲的目标。“硬能力”指新闻采访报道能力、首发独家信息能力、评论撰写能力以及国际关系分析能力。特别在当前国际舆论斗争中，新闻单位的评论人才还是比较缺乏的，所以学校的课程设置、师资力量在这方面都应该增强。“软能力”就是以讲故事的方式传播文化观念、观点、信息等。因此，在教学过程中，除新闻采编能力的培养之外，还希望学校教育能加强对纪录片、影视剧、动漫、游戏等方面的涉猎，这些都是软实力非常重要的载体和对外传播非常重要的手段。希望在学校教育中能让学生较早地有所涉猎，掌握这方面的技巧、技艺。再说“融能力”，现在很多的所谓驻外记者更多的是会报道，会做点较传统的工作，但在拓渠道、拓人脉、拓影响方面，即媒体外交、社会活动、多层面的对外交流方面，能力比较弱，也就是说“融能力”比较弱。新闻传播学教学应该从这个角度去培养和拓展学生这方面的能力。

另外，再讲一点体会。前几天看到一个新闻，上海市委宣传部与复旦大学部校共建新闻学院20周年论坛在复旦大学举行，我深有感慨。因为这个部校共建的模式始于20年前，我当时还在中宣部新闻局工作，曾来上海进行前期调研。20年后的今天总结部校共建的模式，我认为，它在中国新闻教育史上具有标志性的意义，其中非常重要的一点就是把马克思主义新闻观融入新闻教育全过程，也就是在我们的新闻教育和教学中，怎么体现理论和实践相结合，怎样在新闻事业、新闻工作中体现坚持党的领导的问题。20周年的纪念实际上意味着复旦大学新闻学院要继续高举这面大旗，就是马克思主义新闻观教育的大旗。

讲到马克思主义新闻观的教育，我还有一个感觉：早些年大学新闻学院的学生，毕业分到党报等新闻媒体工作，对自己新闻记者的职业认同是非常清晰的。如果用一句话来概括，就是在党领导的新闻媒体从事传播、宣传党的思想主张和党的方针政策工作。但这几十年来，我们国家新闻事业日益繁荣，媒体发展多样多元，现在有很多高校的学生，特别是新闻学院培养出来的学生，他们进入中央媒体，特别是中央级的党报、党刊，包括通讯社、广播电视机构，有时候会出现不适应的问题，也就是说要真正建立起新闻工作是传播、宣传党的思想主张和方针政策这个职业认同往往需要一个过程。在如今多讲主流社会和主流文化的话语体系下，这个过程可以通过“主流媒体传播主流价值”这一理念进行中间转化和跨越，因为这个概念年轻人比较好理解。希望在我们的新闻教材中把这一理念添加进去，并且先讲明白为什么新闻媒体要区分主流媒体和非主流媒体，为什么主流媒体在我们国家就是党领导的媒体；然后搞清楚什么叫主流价值和主流意识形态，包括主旋律等这些概念，它们要能在教学过程中先建立起来；之后，再把我们新闻学中非常核心的概念，即报道、传播和宣传的概念递进地讲明白。如果没有建立起党媒或者党领导下的主流媒体的概念，就不能透彻地理解宣传的概念，也就不能顺畅地过渡到宣传主流价值观，宣传主流意识形态、主旋律的概念。如果对这一系列理论问题没有一个很好的认识与理解，必然会影响他们实践马克思主义新闻观的一系列理念、观念和概念。所以我希望学校的老师，在新闻理论教育中要着力讲好马克思主义新闻观的新理念、新概念，解决好学生的理论问题。当学生具备了这样的新闻理论素养后再到新闻单位工作，特别是进入主流媒体，包括人民日报社、新华社、总台这样的中央媒体或者各级党报党刊和广电机构，工作才能顺利，才能很好地适应和成长。

黄河简介

黄河，中国人民大学新闻学院教授、博士生导师，教育部人文社科重点研究基地新闻与社会发展研究中心研究员，新媒体研究所副所长，中国人民大学“杰出学者”，国家生态环境保护专业技术青年拔尖人才，北京市高等学校青年教学名师，中国人民大学十大教学标兵之一。入选教育部、中宣部高等学校与新闻单位从业人员互聘“千人计划”。教学及科研领域主要为新媒体传播、风险沟通与危机传播。主持国家社科基金面上项目 1 项，主持国家社科基金重大项目子课题 1 项，主持中宣部、中央网信办、教育部、北京市、生态环境部委托的省部级课题 10 余项。出版著作 12 部，在《新闻与传播研究》《国际新闻界》《现代传播》《新闻大学》等专业期刊发表学术论文 70 余篇，荣获多项教学与科研奖项。

在我们中国，虽然互联网行业的起步相对较晚，但经过这 20 多年的快速发展，整个互联网行业在业务创新、收入增长、市场结构、产业拓展乃至“走出去”方面都有了巨大的进步，甚至很多方面在国际上也处于领先示范地位，尤其是基于互联网的引爆力、驱动力、连接力和创新力。互联网和传统行业的融合发展已是大势所趋，新的产业格局与社会生态也由此得以形塑。在这样的背景下，“网络与新媒体”方面的教材的建设就自然而然地具备了更多的现实意义，承载了更高的教育使命。这要求我们不能对西方亦步亦趋，而要基于社会发展的潮头更有自信地总结中国实践、提炼中国智慧、打造中国网络与新媒体的理论体系，真正地体现中国特色、中国风格和中国气派。

我于 2008 年来到中国人民大学新闻学院，当时我和彭兰教授、匡文波教授组成了新媒体教研室。最初的几年，我一方面开设了偏重实务的新媒体管理课程，另一方面还作为彭兰教授主持的国家级精品课的主讲团队成员，讲授了六七年数字传播技术应用。基于课程建设的需求，我先后以本科生和研究生为教学对象，编撰了《新媒体实务》《新媒体管理》和《新媒体广告》等网络与新媒体教材。《新媒体实务》第一版于 2012 年出版，2021 年上半年经过大幅修订出版了第二版;《新媒体广告》第一版于 2019 年出版，第二版的修订工作现在也在进行，计划于 2022 年推出。基于教材编写的经验和感悟，我认为网络和新媒体系列教材在建设的过程中有必要重视以下几个方面:

第一，深入了解目标读者，让教材“对”起来。

教材是通过服务老师教学，最终服务学生的学习成长的，因此老师和学生都是教材的目标受众。然而，目前很多学者在编写教材的时候更多地是从教师的视角出发去设计体系、结构、内容、形式的，对学生的观照不够。这就会造成虽然教材的内容有理论、有案例,有深度、有广度,有逻辑、有重点,但却不易激发学生的学习兴趣和思考兴趣。他们虽然也会承认这些教材是老师们用心编写的,但却认为不是他们喜欢的、“对”的教材。如果教材不那么称心合意,即便老师们的课堂讲授非常精彩,也很难帮助学生更加系统地掌握一门课的知识要点。

怎么去了解学生的想法、需求和兴趣呢?这个不能靠老师们想象,而需要走近学生,广泛、深入、动态地倾听他们的需求、关切、期待和意见。具体而言,老师可以在教学过程中通过同学的课堂反应来了解,可以通过与同学们的日常互动去了解,可以通过每个学期的教学评估中同学们提出的意见和建议去了解,还可以在编写教材的过程中有意识地邀请一些本科生和研究生作为最早的一批读者及时发表他们的感想。

第二,快速修订、不断更新、贴近前沿,让教材“新”起来。

教授网络和新媒体课程的老师们应该都有一个同感,那就是业界的新技术、新形态、新业务、新标准等变化得过于迅速,这导致我们的网络和新媒体教材的编写长期处于一种被业界发展牵着走,被动地去追赶、调整、适应的状态,甚至有的教材还在出版社三审三校,处于没出版的阶段,就已经过时了。这就给编写教材的老师们带来极大的压力,也常常让老师们很无奈、很沮丧,最终的结果就是让很多老师有了这样的想法:与其那么拼命地追赶,还不如维持现状,或者通过案例库的优化对课程做出一定程度的更新——这样的现象使得教学渐渐偏离了教书育人的“大道”。大家也可以观察一下市面上的网络与新媒体教材,不断再版的屈指可数,大多数教材的第一版就是最后一版。

教材陈旧带来的弊端很多,这里我就不再赘述。解决这一问题的关键,我觉得除了有那些内在驱动力极强的老师作榜样示范,还应该由我们学科的国家教材建设重点研究基地等教材编写组织、各类学术组织牵头组建教材编写团队,不断补充新鲜血液,增强科学研究的动态转化,通过观念、机制、经费、人员的综合保障，搭建一个兼容开放的教材编写平台，变以往作坊式乃至个人单打独斗式的教材编写模式为跨学科、跨学校、跨门派、跨行业的协作共创新模式，促进网络和新媒体教材的快速修订、不断更新、贴近前沿。

第三，通过融入讲授、任务完成、师生互动的环节设计，让教材“动”起来。

在新媒体时代，我们面对的是思维更活跃、主动性和参与意愿更强、更在意吸引和感染而非填鸭式灌输的学生群体。他们对于网络和新媒体的了解、熟悉程度可能会高于老师，他们对于新技术、新应用、新业务的使用意愿和操作水平可能会强于老师。因此，单纯的概念、特点、知识点的讲授是满足不了同学们的需求和期待的，这就要求我们的教学必须更注重方法的创新、更在意互动环节的设计。如果想做到这一点，教材编写风格的调整也是非常重要的前提。

我的意思是，可以在教材编写的时候，一方面运用二维码等方式将教材与丰富的 AR 资源、影音资源、文献资源、数据资源有效连接，把教材变成拓展学生知识面的平台和增强学生互动性的界面；另一方面可在教材中融入根据创新的教学方法设计的师生互动环节。例如在新媒体研究课堂上，我会把同学们分成几个小组，每个小组都会收到一份主题并不相同的研究资料，这些资料基本上是我们近两三年和业界合作完成的科研项目的相关资料。随后，各小组的学生在老师的指导及助教的帮助下，完成一系列由易到难、彼此关联、循序渐进的实践任务。在同学们完成相应的任务之后，我再结合具体实践做出适时的点评和引导。在层层递进、相互竞争的实践过程中，同学们收获了理论知识与实践经验，主动性和协作能力得到提升，也体会到了团队合作的快乐与成功的喜悦。那么，在相关教材中，我们就可以把这种根据渐进式任务教学法设计的环节直接添加进去，让教材指导师生之间、学生之间的互动，让以信息展示为主的教材有了互动的特质，实现教材对教学的优化和促进。

第四，一定要将法律和伦理置于重要位置，让学生懂得底线、坚守规矩，即“创新不逾矩”，让教材“美”起来。

这些年，我注意到很多网络和新媒体教材比较重视数据、业务、案例、操作方式和流程的介绍，在意的是“是什么”和“怎么做”的问题。然而，在指导同学“为什么这么做”和“怎么做才是妥当的”这些方面，教材往往非常薄弱。

随着网络和新媒体行业的飞速发展，社会上出现了一系列关涉是非对错、美丑善恶的法律和伦理问题，这些问题的有效解决对于一个行业、一个社会的健康与良性发展而言至关重要。我们的教材也迫切需要响应这一状况，从培养学生的职业道德与法律意识入手，为解决这样的问题提供助力。对此，我曾在我写的《新媒体广告》一书的前言里写过一段文字，也用这段文字作为我今天发言的结尾：“对于这部《新媒体广告》，我还想强调的是，与那些侧重操作层面之‘术’的教材不同，它更注重理念和原则层面的‘道’。我特别希望读者通过它体味到运用广告与人沟通的美妙，了解到广告运作的使命和底线，认识到广告应该是高级的、有良好价值观的、能如实反映时代精神的、可以让世界变得更美好的。”

黄瑚简介

黄瑚，博士，现任复旦大学教授、博士生导师，复旦大学新闻学院学术委员会主任，中国新闻史学会顾问。自 1986 年 7 月起在复旦大学从事新闻传播学教学与研究工作，主讲中国新闻传播史、新闻传播法与伦理等课程。曾任复旦大学新闻学院常务副院长以及教育部高等学校新闻传播学类专业教学指导委员会副主任、中国新闻史学会副会长、上海市新闻学会副会长等职。著有《新闻法规与新闻职业道德》《中国近代新闻法制史论》《中国新闻事业发展史》《新闻传播法规与职业道德教程》《网络传播法规与伦理教程》《香港文汇报简史》《复旦大学新闻学院简史》等专著或教材。曾获国家级教学成果奖二等奖、上海市教学成果奖特等奖等各类奖项。

中国新闻学要有中国特色，如果写这套教材，要基于中国的传播实践，具有中国特色。这是对“中国新闻学”概念的基本理解，这也是个基本定位，我们首先要讲定位的话，这就是第一个定位，要把“中国”这两个字搞清是什么。

第二个定位就是新闻学，我们这个学科叫新闻传播学，事实上现在的新闻传播学是新闻学与传播学的组合，并不是融合，实际上还是两门不同学科的组合。当然我们这个基地主要是新闻学，我们首套教材肯定是新闻学，将来是不是要出一套传播学的基础教材是另外一回事儿。但是，传播学给新闻学提供了不少养料，改革开放后新闻学在学术上的突飞猛进得益于传播学的大量引进。因此，这套中国新闻学教材要把这一特点表现出来，而不是把传播学从新闻学中切割出去。

第三个定位，我们这套教材一定是面向学生的，而且不是指博士生，也不是指硕士生，而是本科生。既然这样，这套教材要考虑到现有的本科生专业的基本建构，在本科生层面现在有一个专用名称，叫新闻传播学类专业，包括新闻学、传播学、广告学、广电学等，另外还有网络与新媒体等一些特色专业。根据这些情况，我觉得这套教材要考虑新闻传播学各个不同专业的基本需求。

接下来，就具体内容而言，任何一本教材或者任何一个学科无非是内容和形式。新闻学的内容，最重要的应该是新闻；新闻学的形式，最重要的是媒介或媒体。从传统的报纸到今天的互联网等，这套教材要照顾到新闻学的内容与形式。从内容来说，新闻学专业肯定是以“新闻”作为主要内容的。当然，就新媒体传播而言，各种各样的内容都有，有些人说应该用信息取代新闻，我觉得用信息取代新闻是不合适的，在这里就不展开阐释了，我觉得还是以新闻为主，要守正创新，在守住“新闻”这个“正”的基础上展开创新。

具体而言，我认为，《新闻学概论》《传播学概论》是必不可少的。当然，“概论”应该怎么写，我们要研究。现在我们这两门“概论”基本上写成了“基本原理”，任何一个学科应该包括基本原理和发展历史。像我们新闻学这门应用性学科，还包括实务这一块，即原理、历史与实务三大块。如果这两门“概论”写的只是基本原理，那么应该叫“基本原理”，如《新闻学原理》《传播学原理》。另外就是发展历史，中国新闻传播史是必不可少的。至于外国史，我们这套教材作为核心教材，我觉得很难写好，特别是要体现出这套教材的中国特色，当然可以先开展前期的研究工作。

现在关于马克思主义新闻观的教材，我倒觉得事实上我们已经有了很多教材，包括我们的《新闻学概论》《传播学概论》《中国新闻传播史》，应该说都以马克思主义新闻观为灵魂，所以我主张编一本《马克思主义经典作家新闻论著导读》，让学生看看马克思、恩格斯、列宁等人所写的马克思主义元典，读点原汁原味的东西，老师与研究学者消化过的马克思主义新闻思想应该已经包含在《新闻学概论》《传播学概论》等几乎所有的理论性教材中了。

讲到形式，如果内容以新闻为主，《新闻的采访与写作》这本教材应该是必不可少的。新媒体时代，新闻之外的其他各类信息也要采写，但还是应该以新闻为主，相声、综艺等肯定不是采写的主要对象。当然，传统的新闻采写，指的是报纸、广播、电视等传统媒体的采写，现在不同了，应该扩展至新媒体，教材名称可以叫作“全媒体新闻采访与写作”。另外，还可以编写一本《全媒体编辑与制作》教材。现在的编辑与制作是全媒体的编辑与制作，不能局限于报纸、广播和电视。另外还有一本重要教材，一般叫“新闻评论”，我觉得叫“新闻评论”的话，概念不是太准确，是否可以叫“时事评论”？

此外，新闻法治与新闻伦理、媒介经营管理等课程的相关教材也是不应该缺少的。基于提高国际传播能力的新要求，还要有国际传播（或对外传播）课程的相关教材。照顾到广播电视学专业、广告学专业，广告与公关、广播电视与网络视听等课程也可以考虑编写相关教材。

另外还有一个定位，我原来没想到，是听了范以锦老师的话后有感而发，即我们编写这套教材，要做加法，不要否定以前教材编写的成果，要强调"百花齐放"，原来有的还可以再写，百花齐放总比一花独放好，不能定于一尊，原来有好教材的也可以写，不能说我们就不能写了，可以再写，但要写出新的特色。

这是我的想法，仅仅是个人想法。至于讲到怎么编写这些书，我觉得要集众家之长。我们现在很多教材写得都很好，但是都是只按照自己的观点展开阐述，有个人特色，但不大汲取别人的成果，不能集众家之长。这点要注意，因此我建议这套教材还是以集体编写为宜。此外，好东西是要花时间打磨的，不可能在短期内完成，因而有"十年磨一剑"的说法。当下的时代是飞速发展的时代，不能"十年磨一剑"，但如果采用"十人磨一剑"的做法，也许是当下具有可行性的应对之策，这也是这套教材以集体编写为宜的一个重要原因。

黄强简介

黄强，1965 年生，甘肃甘谷人，中共党员。现任中国教育出版传媒集团有限公司党委委员，人民教育出版社党委书记、社长。西北师范大学中国古代文学硕士，复旦大学新闻学博士。历任甘肃教育出版社社长兼总编辑，读者出版集团党委副书记、副总经理、副总编辑，甘肃省新闻出版局党组成员、副局长，中国教育出版传媒集团有限公司党组成员、副总经理。从事出版工作 30 余年。曾任中国编辑学会副会长，现任中国出版协会副理事长、中国版权协会副理事长。被评为全国中青年优秀编辑、全国百名有突出贡献的新闻出版专业技术人员、全国新闻出版行业领军人才，入选中宣部文化名家暨“四个一批”人才，获第十三届韬奋出版奖。策划、组织和担任责任编辑的图书获多项国家级大奖。发表有关出版研究的文章 40 多篇，其中部分被《新华文摘》《人大报刊复印资料》全文转载。著有《编辑出版与先进文化建设》一书。

在复旦大学新闻学院攻读博士学位期间，本人学习并涉猎了一些新闻学教材，但后来主要从事出版工作，所以对新闻学教材没有持续关注，对新闻学教材建设的思考主要结合编辑出版学的教材建设展开。

关于编辑出版学教材，个人印象较深、成体系、成套的是20世纪90年代由国家新闻出版署组织、辽宁教育出版社出版的一套编辑出版学的教材，有十多本。后来各家出版社也相继出版了一些，基于那套教材的基础上在不同方面有所提升，但感觉后来的教材影响不及前面那一套教材大。近年来，党和国家十分重视教材建设，强调教材建设是国家事权，强调教材建设要培根铸魂、启智增慧、适应时代要求，要求我们建设中国特色的知识体系、学科体系、教材体系和话语体系。2021年，首届全国教材建设奖设立，这也说明国家对于教材建设的重视。复旦大学新闻学院创建高校新闻学国家教材建设重点研究基地，想在新闻学教材建设方面有所作为，召开这样一个研讨会进行研讨，这是非常好、非常有意义的事情。

本人围绕编辑出版学教材建设谈六点内容。

第一点，加强编辑出版学的知识体系和学科体系建设，以此推动编辑出版学的教材体系和教学体系建设。知识体系、学科体系、话语体系和教学体系的建设，都有赖于、依托于教材体系的建设，知识体系、学科体系又是教材体系的前提。新闻出版在我国被统归于一个大的行业，新闻与出版都是文化产品的生产和传播活动，都要遵循传播学的规律，新闻学与出版学是相邻、相近的学科，有许多交叉重合、相通共融的地方。若加以细分，因为研究的媒体对象的样态和具体特点的不同，二者之间呈现出不同的规律。比如，新闻的核心主要是信息，时效性强；出版的核心主要是思想、知识、技术等，注重保存和传承，注重经典性。在中国，现代意义上的出版与新闻实践差不多是同时起步的，但出版学的学科建设和人才培养，特别是在高等教育和教材建设方面,则要比新闻学落后很多。新闻学的学科建设历史要比编辑出版学长,大学里新闻学学科的研究成果等也要比编辑出版学更丰厚,经验更丰富。因此,编辑出版学的知识体系和学科体系建设,特别是教材体系和教学体系建设,要学习、借鉴新闻学在这方面已经取得的有益经验。

比如,新闻学很注重新闻的选题、新闻的采访、新闻的写作、总结新闻生产的规律,而编辑出版学则在关注怎么组织知识生产、如何写作文本,在文体、叙事、表达,在如何阐释理论、讲好故事等方面,研究还远远不够。我们的编辑出版学似乎很容易退缩到编校技术上,许多人视编校工作规律为编辑出版学的核心。这样的话,就把编辑出版学应有的内涵缩小了。这是编辑出版学要向新闻学学习的方面。

近年来,出版界的有识之士呼吁将编辑出版学作为一级学科,这个工作在2021年也取得了很大的进展。作为业界的一员,我为此感到十分高兴。相信这一举动也将推动编辑出版学的学科建设乃至教材建设走向一个新的高度。

据统计,目前全国大约有100余所大学设立了编辑出版学专业,但是对于这个专业应该传授哪些知识、应该开设哪些课程,各家理解有所不同,做法也有比较大的差异,甚至有些学校做得非常欠缺。所以教材基地应该发挥自身作用,引导和组织学界、业界就这些问题进行深入研究,促进编辑出版专业的建设、课程体系的建设,比如开什么课程,教哪些基本知识和素养、技能,这些方面应该形成相对一致的意见,编写出版能够得到大家认同、能够广泛使用的教材。

第二点,编辑出版学的教材建设应该从培养适应新时代发展的高质量人才、为民族复兴培养合格人才的角度出发,从出版行业的高质量发展出发,从出版行业对人才的需要出发,从人才成长的需求出发,从学生的学习需求出发,以及从学生的学习效果出发,以此解决培养和使用脱节的问题。全国大约有100所院校培养编辑出版学人才,不知是否有人做过专门的调查,看这些学生毕业分配到哪些单位、什么岗位、工作状况怎么样。从本人在出版行业从业多年了解的情况、本人所在单位人才招聘的情况，以及直观的感觉来说，出版单位用人与高等院校培养人之间存在错位，甚至有一些矛盾，或者说许多出版单位并不十分欢迎编辑出版专业毕业的学生，至少是没有优先考虑。这从一个侧面说明，编辑出版专业人才培养跟出版业实际需求结合得不够。所以，一定要从行业的实际需要出发，来确定专业培养的目标，设定课程和教材。本人非常赞同中国编辑学会郝振省会长的意见，编辑出版专业还是进行研究生阶段的教育为好，本科阶段的学生学习不同的专业，进入研究生阶段以后再在各自专业的基础之上，系统学习编辑出版学的知识和技能，这样培养出来的人才更符合出版事业发展的现实需要。

第三点，编辑出版学教材的建设需要学界和业界的共同努力。如前面大家所言，教材要做到理论和实践相结合，既要有学理的阐述，又要有实践的支撑，要有生动的案例。马国仓董事长说要建立案例库，这是非常有必要的。比如说一些精品教材、精品图书、精品数字出版物是怎么策划研制的、如何编辑出版的、如何成功营销的，有许多生动的案例，要进行提炼、总结，形成一个案例库。2021 年纪念人民出版社成立一百周年之时，有人说到一个“倒校法”。为了避免顺着看容易受思维习惯的影响而不容易发现错误的问题，可采取逆序读、倒着校的方法。这种校对方法是我国出版工作者在实践中的一个很重要的创新，该做法据说在过去的中华书局、商务印书馆和人民教育出版社都曾使用过，很有价值。这样的经验也应在编辑出版学教材里有所体现。

第四点，建设中国特色的编辑出版教材体系，要特别注重立足于中国编辑出版的实际，继承我国古代编辑出版实践的优良传统。比如说中国共产党领导新闻出版事业的优良传统，国家对于出版物特别是教材意识形态属性的认识，教材要体现立德树人、要承担培养担当民族复兴大任的时代新人的责任，要体现培根铸魂、启智增慧的价值。再比如中国古代有比较长的编辑出版历史，要对古代编辑出版实践中形成的优良传统进行梳理，加以借鉴和继承。编校方面要研究如何继承中国古代校雠学的传统理论和方法。刘向《别录》里说:“一人读书,校其上下,得谬误,为校;一人持本,一人读书,若怨家相对,为雠。”其实这种方法也是被我们继承下来了的。叶圣陶先生当年在人民教育出版社编辑教材的时候,稿件写出来之后,几个人一起边读边校,或者请一个中小学的老师来读,叶老在那儿听,听的过程中发现哪个地方不顺或者哪个地方有问题,便停下来研究、改正。近年来,我们在编校统编教材的过程中,也沿用了这一方法,人民教育出版社称其为“句读”。既结合优良传统,又结合鲜活的编辑出版实践,才能把教材编好。

第五点,编辑出版学的教材建设要与时俱进。其一,教材建设要体现时代特色,要推动习近平新时代中国特色社会主义思想进教材,体现建设现代化国家的要求,体现文化、科技发展的新成果,体现最新的学术研究成果。其二,现在已经进入数字时代,要研究数字编辑、数字出版的实践,总结经验,形成规律,把这些规律性的东西体现在教材里,把新的知识和技术教给学生。其三,在编制教材的时候,要把数字化的手段运用到教材里,要编写数字教材、新形态的教材,同时要提供一些数字化的教学资源、鲜活的案例,便于师生形成互动,使教材更具生动性和吸引力,便于学生理解教材的内容。

第六点,作为出版行业的工作者,我们要为教材建设提供实际的支持。教材建设与实际应用相结合的办法之一,就是在出版单位建立教材研究机构。比如,人民教育出版社以中小学教材的编写出版为核心业务,过去就有编研一体的优良传统。我们也可以参与一些编辑出版学教材的建设,就有些问题进行专题的研究,也可以同时设立编辑出版学的研究机构。此外,高校编辑出版学专业也可把出版社作为一个教材建设基地(或合作者),高校编辑出版学相关专业的学生可以到这里来实习、实践,把出版社作为一个实习基地、实践基地。人民教育出版社愿意提供这方面的条件,和高校一起推进编辑出版学理论和实际结合的系统探索。

黄升民简介

黄升民，1955 年生，现为中国传媒大学资深教授、博士生导师，中国广告博物馆馆长，《媒介》杂志总编辑。

作为我国广告营销与媒介研究领域的领军学者，黄升民教授在新技术与传媒、媒介经营研究、广告史研究、广告主研究、国家公益广告研究、消费者研究、创意表现研究等众多领域均取得了全国领先的研究成果。黄升民教授曾多次承担国家社科基金、教育部、科技部、广电总局、北京哲学社科、工商总局等重大研究项目；与众多媒体机构、互联网企业、品牌主有过各类咨询项目的合作；出版了《内容银行》《中国广告四十年》（系列丛书）等 10 余本相关领域的专著，并在《新华文摘》《现代传播》等重要核心期刊发表过数十篇论文。

从概念范畴上来看，首先要明确“中国新闻学”是一个窄概念还是大概念。窄概念就仅局限于新闻学领域，而大概念则将广播电视学、广告学、网络与新媒体等学科纳入其中。

教材是一个桥梁。中国新闻学教材建设必须明确其学科定位。新闻传播学是强应用型学科，有很强的实践性和产业指向性。因此，新闻传播学教材的建设应该强调实践性、产业性，否则就无法明确人才培养目标。中国新闻传播教育培养的是新闻、广告、公关、广电等媒体产业范围内的专业人才。这些专业人才掌握专业知识或专门技能，了解技术、政治、经济、产业等相关知识体系，是人力资源中能力和素质较高的人才。特别是当下，新闻媒体经过体制机制改革等举措确立了产业属性，媒体产业快速发展，需要更多专业人才的支持。如若新闻传播学教育无法解决媒体产业人才短缺的难题，就会偏离其原本的学科定位。因此，这是在建设中国新闻学核心教材时需要考虑的问题。

但是从目前的中国新闻传播学教育实践来看，其中存在的重要问题就是教育严重脱离媒体产业实践，新闻传播学术圈自说自话的现象比较明显。从教材体系建设的角度来看，国家层面虽然推出了诸如跨世纪高校文科教材体系建设、“马工程”教材体系建设等重点工程，投入了大量的人力物力，但是收效并不显著，新闻传播学教育脱离产业实践的情况依然严峻。因此，很多时候中央高层需要学界解决的现实问题，新闻传播学教育并不能实现，因为其并不能跟上飞速革新的媒体产业实践。虽然C刊、C扩等期刊会刊登各种所谓有影响力的论文，但其中诸多论文聚焦于产业实践总结，很少有产业指导性的前沿理论成果。

最近，我发表了一篇名为《中国新闻传播高等教育的困惑与走向》的文章，解读了中国新闻传播高等教育脱离于媒体产业实践的具体现状。实际上，当下的媒体产业发展是日新月异的，其与整个信息产业的发展紧密相连。20 多年互联网的快速崛起带动了整个信息产业的发展，促使信息传播环境、传播工具、传播手段、传播观念都发生了翻天覆地的变化。其中有四个关键变化：一是数据化。数字技术带动了比特数据的发展，各种媒体资源被解构为比特数据，流动于互联网，数据的存量、流速和运算速度都在大幅度提升，成为媒体产业运营发展的价值资源。二是融合化。如今，整个媒体产业融合化程度愈加深入，报刊、广播、电视、互联网等媒体类型之间的界线愈加模糊，媒体的内容生产流程、经营体系实现重构，原本的单一媒体专业人才开始向全媒体、融媒体专业人才演进，社会"草根"力量参与了媒体工作流程，各种资源在数字技术的支持下开始向媒体汇聚。三是平台化。在融合化基础上，资源的丰裕性让媒体开始构建平台运行机制，这打破了以往报纸等传统媒体的"把关人"制度，资源的分配权开始由平台掌控。舆论主阵地开始向互联网平台转移。四是智能化。平台汇聚了各种资源，通过智能机制去实现四面八方海量信息的处理。媒体的智能识别、生产、创意、决策等正在重构媒体产业的业务机制，影响媒体产业的未来发展。

那么，面对这些变化，新闻传播学教育应该怎么应对？资本、工具有哪些？这是新闻传播学教材建设课题组亟须思考的问题。若无法准确回答产业实践问题，新闻传播学教育培养出来的学生将面临巨大的就业危机。而与此同时，新闻传播学学科体系将持续在飞速发展的媒体产业面前落伍。其中，有两个现象要颇加注意。

一是教育、教材与社会实践的脱节。实践出真知，实践是检验真理的唯一标准。知识的生产与应用如果跟不上社会实践的发展，必将处于落后的境地。传统的新闻传播学教育以培养产业实践人才为核心目的，设置了模拟电台、模拟电视台等实践层面的教学。而面对如今飞速发展的媒体产业，新闻传播学教育应该重视媒体实验室、数据实验室等实践教学层面的建设，对接产业实践现状进行知识生产和应用，支持实践性专业人才的培养。同时，在这个过程中，必须重新确定教材的内容、表达手段。新闻传播学教材不能仅是概念性的科普和理论性的介绍，一定要有足够的产业问题和产业实践的针对性，要将媒体产业前沿的思想、方法纳入教材，重视典型实践案例的解读和分析。在这个过程中，仅仅依赖学界自说自话、闭门造车式的教材编撰模式是不可行的，新闻传播学教材建设应该避免学究式、象牙塔式的方法。因此，新闻传播教材建设者应该采取开放的心态，对接产业实践来进行知识更新，否则无法实现教育的进步。

二是教育、教材所依赖的知识结构的滞后。新闻传播教育、教材是要紧跟整个媒体产业发展的。实际上，广告学专业就是在原来传统新闻学知识结构老化、无法适应媒体产业经营趋势的基础上建设起来的。所以 20 世纪 80 年代末，新闻传播学界创办了广告学专业，这是学界与产业对接过程中必然发生的学科专业更新的过程。因此，20 世纪 90 年代末，我回国接手了北京广播学院（今中国传媒大学）广告学专业的建设。但是与当时相比，20 多年以来的媒体产业飞速发展，传统的知识结构已经明显呈现出老化状态，这种老化也能从新闻传播学专业的学生就业情况上明显体现出来。为了跟上媒体产业实践发展的步伐，2010 年我校创办了网络与新媒体专业，并在随后的发展过程中加入了智能融媒体等专业方向；2020 年又开设了全国第一个计算广告专业。从这种教学实践和学术研究过程中可以明显察觉到，现有知识老化的速度正在逐步加快，知识结构的及时调整尤为必要。必须通过引进新的专业调整知识结构，完成新课程建设，然后再倒逼教材改革。其中，要注重数据库、跨学科平台的建设和应用，支持新闻传播知识结构的及时更新，协助新闻传播教材建设。

因此，中国新闻学教材建设要在明确新闻传播学学科定位的基础上，跟上媒体产业实践步伐，注重知识更新和知识结构调整，避免闭门造车的教材编撰思路，从建设知识协作平台的角度出发，以开放的、产业视角的思路去进行教材建设。

姜飞简介

姜飞，北京外国语大学国际新闻与传播学院院长，教授，跨文化传播方向博士生导师。中国新闻史学会全球传播与公共外交学会副会长，中国新闻史学会外国新闻史分会秘书长，中国高校影视学会影视国际传播分会副会长，北京大学国家战略传播研究院专家委员会咨询专家，中国外文局对外传播研究中心特约研究员，中国新闻社华文媒体中心学术顾问，中国国际广播电台《国际传播》副主编，《中国跨文化传播研究年刊》主编，《全球传播生态蓝皮书》主编。

复旦大学高校新闻学国家教材建设重点研究基地牵头组织建设中国新闻学教材,不论是时机还是各方面条件都较为成熟。

中国新闻学教材建设要坚持三个原则。第一个原则,就是坚持历史唯物主义和辩证唯物主义思维。中国新闻学有三个历史来源,一是我党战时宣传的基本思想;二是苏联的新闻学;三是改革开放以后引入的美国和欧洲的传播学思想。如今,中国新闻学研究和实践的这三大背景都发生了变迁,重新编写中国新闻学教材恰逢其时,这就要求我们既要尊重历史,又要辩证看待,去粗取精、去伪存真、由此及彼、由表及里的工作是不可少的。第二个原则,需要在深入理解传播现象和传播规律,尤其是要在中国传播实践的基础上编写中国新闻学教材。新闻是新闻性信息的传播,是广义的传播领域的重要组成部分。之前,多根据美国和欧洲的传播学来界定中国的新闻学,现在要转换成研究中国的传播现象、传播问题,在懂得传播规律、掌握中国传播特点的基础上写作"中国新闻学"。需要处理好几个逻辑关系,具体内容将在下文详细展开。第三个原则,中国新闻学教材的写作要有深深的中国问题意识和实践导向。具体来说,就是要实现与业界资深记者或编辑的深入合作。不论是在教材编委会班子中,还是在质量审核班子中,一定要有相关资深记者和编辑的介入。每一本教材都要在学界与业界合作的基础上进行编写,最好是以学界和业界至少两位成员组成写作小组的方式。

在此三个原则的基础上,教材编写还要注重将"四个维度"作为新的出发点。第一个出发点是中国新闻学教材的新受众主体已经诞生。"Z世代"的年轻人,没有挨过饿,没有挨过打,也受不了挨骂,中国新闻学教材要体现出一种忧患意识、主体意识、觉醒意识,需要深入关注"Z世代"的特点。第二个出发点就是新技术。以往的新闻学教材和传播学教材是以报纸、广播、电视为基础媒介来写作或整理新闻学规律或传播学规律的，现在是基于互联网、物联网、AI、大数据、云计算等新技术。信息的传播结构发生了本质改变，教材要注意这个出发点，不要成为以往老旧传播学的简单延伸。第三个出发点是新平台。大众对于新闻传播的理解已经发生了改变，报纸、广播、电视等传统媒介与新的平台，包括微博、微信、客户端，还有那些具有信息传播潜质的移动和商务平台的介入，都更新了新闻学平台；还有社会各界的多元信息，包括健康等不同领域，新闻形式都在发生着本质的改变。第四个出发点是建设中国新闻学教材要树立新意识。从原先的“文化自卑”到20世纪80年代末、90年代初的“文化自觉”，再到90年代以来的“文化自强”，已经有相关的文章进行过多次表述。但是自强还不是目的，还是一个阶段性的目标，此外还要有一个“文化伟大”的意识。国之大者，不光是实力强大，还要有文化的伟大。新闻学教材的编写，从思想意识上要与时俱进，需要在学科自觉、学术自觉、文化自觉基础上写作。

中国新闻学教材建设要处理好六种逻辑关系。一是术语、概念和修辞三者的关系。比如说，把它命名为“中国新闻学”，“中国”怎么定义？是中国、中华还是华夏？它包含了两岸四地全球华人，还是仅仅是大陆？需要作术语界定、概念重组、修辞设计。二是观点、思潮和理论的关系。在新闻学发展过程中有很多观点，有些学者在学术文章中发表的仅仅是个人观点，三个人以上所持的或者说是持续一段时间的某种观点，才可以演变为一种思潮。到底什么是理论？现有的一些传播学教程和新闻学理论教材中有多少观点和思潮亟须与时俱进？有多少不过是一种研究假设而一直被带上“理论”的帽子？比如说，“议程设置”可不可以称为理论？它是不是只是一个假设？这都需要在中国新闻学视野下厘定清楚。三是学术、学科和话语的关系。新闻传播学在中国当作一级学科来研究，但是学科话语和学术生产与科学，乃至科学性的话语这几者还是有本质区别的。距离科学还有多远？新编辑出来的教材能否突破学科的局限而朝向科学更进一步？教材能否发挥话语的作用，像当年我们被别人影响了三代一样，能够影响后来的三代中国人？四是新闻传播学、社会学和人文社会科学的关系。也就是说，新闻传播学好像自娱自乐了好多年，但其实它有太多的社会学实践操作性的本质和特征，缺乏“人味儿”，意即它不太有人文关怀。每当一个新的信息传播技术出现以后，大家研究的往往是怎么样使传播促进国家发展、促进社会的发展，但很少有人去研究AI、人工智能或大数据对于个体的充分自由发展的影响。所以说，人文关怀的不足或者说是缺位，是与一级学科这个名称不匹配的，或者说得直白一点，它是不配称为一级学科的，没有人文关怀不能称为一级学科。五是知识边界、学科边界和文化边界的关系。葛兆光教授在《中国思想史》中说：“有时，知识的储备是思想接受的前提，知识的变动是思想变动的先兆”；“正是知识的背景，支持着思想史的谲诡的风云变幻，使思想史上的种种奇异的、怪诞的思想具有可理解的背景和土壤，思想脱离知识系统的支持，将失去语境”。这段话可以提示我们中国新闻学教材的知识重组的意义和价值。知识生成和生产的过程从意识层面上要有跨文化意识。中国的新闻传播学发展到今天，实际上，在普遍意义上缺乏一种跨文化意识，传播学引入中国，本质上就是跨文化传播的研究对象。在意识层面上，如果没有跨文化的意识，中国新闻学如何凸显“中国”？六是处理好历史逻辑、实践逻辑和理论逻辑的关系。历史从不纠缠当下，历史只会按照自己的逻辑去运行，我们必须辨析历史逻辑。比如，今天的传播学的一个普遍现象是，美国、欧洲等地的传播学教材构成了中国学者普遍的知识储备和修辞准备，甚至话语训练，如果写文章不先嘬一下干瘪的奶头（引用一下美英学者的表述），或者不说一个外国人名，好像没法说话了。整个教材中对引进的基础概念，包括“东方”“西方”“文明”“野蛮”这些概念，若不能从中国学者的视野做深度的概念史的梳理，还是沿着以往的思路、按照历史惯性，通篇充斥着这些修辞、二元对立的话语范式，则又演变成一堆来自美国、英国、法国的新闻学观点的堆砌,这不能称为中国新闻学,实际上,这会让我们还是在既有的历史话语框架下原地踏步。今天写中国新闻学教材的时候,如果上述认知和逻辑没有深入的辨析过程,如果不能很好地理解“中国”新闻学教材的含义,这个教材的价值和深意就会被无限淡化,也很难为自己赢得尊敬。

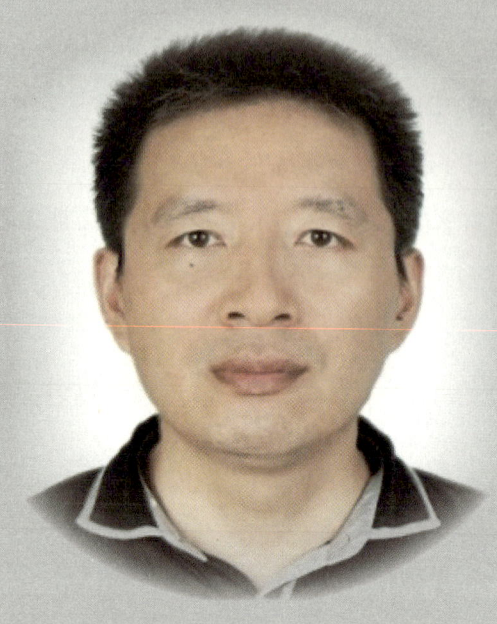

蒋建国简介

蒋建国，复旦大学新闻学院教授、博士生导师，广东省“珠江学者”特聘教授，国家社科基金重大项目首席专家，广东省“千百十工程”国家级培养对象和先进个人，教育部“新世纪优秀人才支持计划”培养对象，河南大学“黄河学者”特聘教授。主要从事新闻传播史、媒介文化等方面的教学和研究工作，已出版学术专著6部，在《新闻与传播研究》《马克思主义研究》《学术月刊》等CSSCI期刊发表论文96篇，30多篇论文被《新华文摘》《中国社会科学文摘》等全文转载。主持国家社科基金重大项目、重点项目和青年项目各1项，国家社科基金重大项目子项目2项，主持省部级项目9项。

厚度、宽度、新度与精度四个方面是有机联系、相互统一的。

第一，教材建设要有“厚度”。这个厚度事实上跟新闻传播教育有很大关系，现在的应用性教学在课程当中占比较高，但是史论教学涉及的内容相对比较薄弱，不少高校压缩了中国新闻史教学的课时，对基础研究重视不够。我们在史论教学中强调厚度，不仅包括教材建设，也包括学生的基础训练，如采写编的能力，这方面的内容需要加强。20世纪80年代，大学的新闻教育中关于新闻采写编的课程较多，在应用性思维的影响下，不少高校在课程安排中不注重学生基本功的训练，学生的基本素养受到很大影响。学生写的网络新闻错别字很多，还有不少语法问题，这跟平时没有强化基础训练有很大关系。

第二，教材编写要注意“宽度”。宽度除了刚才提到的史论基础之外，还要把握人文社科发展的一些新规律、新特点。我们编写教材，要有开阔的学术视野，要注重新媒体发展所面临的现实环境。方汉奇老师主编的《中国新闻传播史》很经典，注重知识的更新，连互联网史的研究都很深入。现在有很多地方院校组织编写各种新闻史教材，在深度和广度方面都有所欠缺，而且体例较为陈旧，对原始材料的运用较少，学术规范性不强。这就涉及另外一个问题，那就是新闻传播教育如何创新。在教材编写的创新方面，现在新闻传播学科跟计算机、心理学、社会学、政治学等其他学科的联系是比较密切的，尤其是在人工智能、整合营销、计算传播和融合传播方面，需要跨学科的视野。这方面的教材虽然也有，但是比较经典、比较有深度，或者说体现学科融合趋势方面的教材还较少。因此，适应学科建设的趋势，教材的编写需要有新的突破，这就要求我们在编写新的教材时，尽量吸纳计算机、社会学、心理学等专业的学者参与，在宽度方面多下功夫。

第三，教材编写的“新度”。在新闻史论教学当中，可能很多老师是按照教材的内容来讲的，今后要编写相关的资料汇编，作为教材的补充。比如说新闻传播史的教学，应该注意引用新的史料和经典的论著，这些方面需要做一些总体上的规划。20世纪五六十年代，新闻学界的一些老前辈编了不少辅助教学资料，现在新闻史论教学当中，辅助资料的编写不受重视，参考文献的编纂也是体现教学水平的重要指标。我们可以通过新的材料来丰富教学。比如，原来对报刊创办的时间的陈述可能存在错误认识，包括《新报》《时报》《中外新闻七日录》的创办时间，有新的发现，甚至可以说明原来的一些提法是错误的。比如《新报》，原来的教材都认为是1876年创办的，事实上是1875年，此类问题是可以通过一手材料加以证明的。我们以书信材料为例，来说明它在新闻史研究中的重要作用。曾任江南制造局总办的冯焌光于1875年就任上海道台之后，便利用公款新办了《新报》，刊登官方告示和中外新闻，此报创办后，引起总理衙门的关注，但传闻不确，为此，李鸿章特地给这位亲信写信说："顷准总署函称，闻天津刊有各种新报，较之《申报》更多可采，望转饬承办局员，每月照刷二分封寄本处，其中有洋文新闻，望饬译出汉文，一并寄部，以备搜采等因。查津郡并无刊印新闻，总署来函所云，自即指执事所刊《新报》而言。"李鸿章的这封信写于光绪元年（1875）四月二十三日，这表明，总理衙门有关《新报》创办于天津的说法，是讹传，李鸿章已得知冯焌光在上海创办了《新报》，而不少新闻史教材和百度百科都认为《新报》创办于1876年，这显然是错误的。

另外，关于《时报》的创办时间，不少教材所载也是错误的。我们通过日记史料可以有新的发现。《时报》创办之初，在天津本土的读者中，很少留下阅读《时报》的记录。而士人道经天津参加科举考试，在天津期间，却有机会"偶遇"《时报》，这是晚清报刊阅读史上值得注意的现象。光绪十二年（1886），松江府娄县（今上海松江）举人张锡恭参加礼部试，乘船至天津，五月一日，他作家书，"午后偕谱桐散步至紫竹林，乃楚宇也。阅《时报》"。第二天，"往拜李中堂、周观察、金观察。"张锡恭这次偶然阅读《时报》的记录，在报刊史上具有重要意义，他证实了《时报》在当年五月一日已经出版，而目前流行的《时报》创办于光绪十二年十一月的说法显然是错误的。与张锡恭类似，途经天津的文廷式，也有机会读到《时报》，光绪十四年（1888）正月二十五日，他读《时报》并记载“云南地震，死万人”的新闻。文廷式夜宿紫竹林之“佛照楼”，在天津停留的时间不长，但却在旅途中读到当地报纸，这也说明在天津寻获《时报》并不特别困难。

我仅举以上两个例子，来说明新史料对新闻史教学的重要性。我们要通过这些新的材料，纠正原来的一些错误认识，同时告知学生，要“一分材料说一分话”，要养成良好的学习习惯，要鼓励学生多到图书馆查阅一手史料，发现新的问题。可见，新闻史教学也需要创新，特别需要强调一手材料的重要性。

最后一点，教材建设要注意“精度”。复旦大学经济学院有一名非常有名的教授，叫蒋学模，他编的《政治经济学》这本教材，发行量达 1000 多万册，这是在全国范围内最经典的一本教材，广受欢迎，影响深远，他也因为这本教材成为全国非常有名的经济学家。新闻传播学方面，像方老师编的《中国新闻传播史》是很经典的教材，总体上看，新闻传播学科的经典教材，跟其他学科相比，还是有一定的差距，所以说，精品教材的建设非常重要。我们不仅要组织一流的专家编撰教材，同时还需要通过各种途径评比优秀教材。比如说，新闻传播史的教材初步估计也有几十种，有些人估计有上百种，有些新闻史教材写得不太严谨，有些是刚走出校门的年轻老师编写的，写得比较粗糙。我们都知道，好的教材才能培养好的学生，有些差的教材可能会误导学生，如果教材本身编纂得不太严谨，对编写者的负面影响是长期的，对学科的学风可能也会有消极影响，所以教材编写还是要强调精品意识。在国家层面上，国家级教材的推广需要设置优胜劣汰的机制，对于粗制滥造的教材，教育部和有关部门应该及时清理，以免“误人子弟”，通过优胜劣汰，让真正的精品教材发挥它应有的作用。在教学科研方面，经典教材不仅仅是教学用书,同时还是科研用书。比如说,蒋学模的《政治经济学》在20世纪八九十年代就被广泛引用。新闻传播学科不仅要编出一批好的教材,同时还要有理论思维和核心体系,不仅使学生能够学得好,研究者也能从中吸取养料。所以新闻传播学教材编写一定要追求“出精品”“出经典”。目前的精品在总体的量上还比较少,希望通过有关部门的组织和协调,尤其是教材基地的组织,新闻传播学能够涌现出更好、更多的精品教材。

雷跃捷简介

雷跃捷，中国传媒大学舆论研究所所长，教授、博士生导师，中国传媒大学学术委员会委员、校教材建设专家委员会主任。湖南大学新闻与传播学院特聘教授、岳麓学者、湖南大学马克思主义新闻观研究中心主任、“马工程”重点教材《新闻学概论》编写组首席专家。“马工程”重点教材评审委员会委员，国家教材委员会高校哲学社会科学专业委员会委员，国家社科基金项目评委，中国新闻奖评委，中国人民大学、华东师范大学、华南理工大学等多所高校的兼职或讲座教授。

著有《新闻理论》《媒介批评》《网络传播概论》《国际新闻频道研究》《中外新闻教育比较研究》《传媒公信力研究》《舆论引导新论》等著作 16 部，在权威、核心期刊发表论文 160 多篇，多年来主要从事新闻传播理论和舆论学的研究工作，主讲的新闻理论课程获“国家精品课程”称号。获教育部哲学社会科学优秀成果奖、北京市哲学社会科学优秀成果奖、国家广播电影电视部社会科学优秀成果奖等多个奖项。主持国家社科基金一般项目“习近平新闻舆论思想研究”、国家社科基金重点项目“健全突发重大公共卫生事件舆论引导机制研究”、国家社科基金重大项目“健全突发公共事件舆论引导机制与提升中国国际话语权研究”。

新闻传播学作为哲学社会科学的主要支撑学科,教材建设意义重大。中国新闻学教材建设的成功需要考虑两个问题:

一是中国新闻学教材与“马工程”新闻传播学教材两者之间的关系。我考虑,现在基地调研和准备组织编写的中国新闻学重点教材,是和“马工程”的重点教材相似度很高的一套系列教材,这就存在这两套教材今后怎么协调的问题。2004 年,我参加了最早一批“马工程”重点教材《新闻学概论》的编写工作。这个教材的编写是 2004 年启动的,到 2009 年出版,历时五年时间。当时的首席专家是何梓华老师、尹韵公老师,还有徐心华老师,还有我本人,我们当时一共花了五年时间编写这本《新闻学概论》。2009 年出版以后,经过几年的使用之后,又进行了第二版的修订,主要是由高晓虹老师她们在主持修订。

从 2014 年开始,中宣部把“马工程”重点教材的编写工作给了教育部。受教育部的聘请,我担任教育部“马工程”重点教材的评审委员会委员。中宣部主持编写了 40 多本,教育部主持编写了将近 60 本,一共加起来将近 100 本。从 2014 年开始做,到现在已经过去七八年了,其间也跟编写“马工程”重点教材的新闻传播学教师们在评审会上以及评审会外有很多交流,编写“马工程”教材应该说是非常艰苦的一项工作,有的编写了将近 10 年才出来,像吴廷俊老师作为首席专家编写的《中国新闻传播史》就历时将近 10 年。

虽然编写工作极其繁重,但是应该说新闻传播学教材建设还是取得了比较好的成绩。新闻传播学已经出版的教材有《新闻学概论》《广告学概论》《新闻采访与写作》《西方传播学理论评析》《新闻编辑》《中国新闻传播史》《新闻评论》。目前,“马工程”教材正在全国高校进行巡回式的培训。这是第二个阶段,就是从 2014 年以后,从教育部接手中宣部“马工程”

教材编写工作开始。

从第一批2004年开始,到2014年教育部接手,这两批或者说是两个阶段的“马工程”教材将近100部,基本上已经快完成了,现在好多教材正在进行第二版修订,甚至是第三版修订。比方说,《中国法律史》《国际商务法》《国际公法》《民事诉讼法》《刑事诉讼法》等,已经在做第二版或者第三版的修订了,第二个阶段的编写工作基本快完成了。从国家教材委员会和教育部的规划来看,目前正在着手筹备第三批教材,也就是哲学社会科学的各个学科,文史哲经法、新闻学、心理学、伦理学等,这个规划暂时还没出来,但是我们在开会过程中已经多次听到教育部教材局传达讨论,规划可能再出200本,加上前面的100本,就是300本左右,这就属于第三个阶段,这个计划估计很快就要启动。

在规划再启动的200本左右的教材里头,就包括新闻传播学的教材,这里我提的第一个问题就是:现在我们正在调研的中国新闻学重点教材的编写和出版,它和“马工程”系列教材的编写和出版如何协调?这个问题是需要我们去仔细研究和考虑的。这是第一个问题。

二是中国新闻学教材的涵盖范围的问题。现在高校新闻学国家教材建设重点研究基地在讨论的事情是中国新闻学的教材编写,它和一级学科新闻学与传播学的关系怎么处理?这是第二个问题。现在基地正在调研和规划中国新闻学教材,我也看到了给我的通知,说是以此为统摄,来统领我们国家的新闻传播学教材建设。这里就有一个问题,传播学往哪里摆?包括我们今天正在讨论的广告学,到底广告学放在新闻学下面,还是放在传播学下面?按照我们国家的学科分类,新闻学与传播学是一级学科,一级学科所辖的二级学科是新闻学、传播学、广告学。现在名称叫“中国新闻学”,从学科体制来看,应该说它是一个二级学科。广告学和新闻学、传播学是并列的二级学科,我们仅仅以“中国新闻学”的名义来统摄三个二级学科会不会有问题?这个问题怎么办?以上这两个问题是在“中国新闻学”重点教材建设马上就要开始的时候面临的两个具体问题。在这里我声明一下,我非常赞成复旦大学高校新闻学国家教材建设重点研究基地来牵头组织编写中国新闻学教材。而且还有一个背景,那就是我们国家在2021年已经开展全国教材建设奖的先进个人、先进集体和优秀教材的评选工作,在这个评选工作会议上,国家教材委员会主任孙春兰有一个讲话,她谈到我们国家要有中国特色的教材体系,以人文社会科学为主,特别谈到了两个学科,一个是经济学,一个是新闻学,说这两个学科一定要有自己的学科体系,要有中国特色的学科体系,这是它的背景。

国家对经济学、新闻学非常重视。2017年,教育部专门组织了一次对两个学科教材的检查,一个就是经济学,一个就是新闻学。教育部让我和武汉大学的老校长,搞经济史的顾海良教授,去了北大和人大,分别调研北大和人大的经济学和新闻学教材的编写工作和他们取得的一些成果,以及他们的学科建设情况。所以国家对建设具有中国特色的经济学和新闻学这个问题一直是非常重视的。

但是在编写过程中,具体做事情的时候,以中国新闻学来统摄中国新闻学和传播学的教材建设,从学科体制上来看,如何把新闻学、传播学、广告学三个二级学科有机统合,这可能还有一个学理性问题。所以我想这两个问题看起来是具体问题,但是一旦进入教材编写过程的时候,可能就会涉及教材建设的体制机制、目的目标、方法途径,包括教材的组织形式和今后教材的使用等诸多问题,所以我把这两个问题提出来,供高校新闻学国家教材建设重点研究基地参考。

李本乾简介

李本乾，上海交通大学媒体与传播学院院长、教育部“长江学者”特聘教授、国家“万人计划”哲学社会科学领军人才、国务院政府特殊津贴专家、中宣部文化名家暨“四个一批”人才。兼任上海交通大学新闻传播学博士后流动站站长、智能传播研究院院长、国际传播学会（ICA）奥布里－费舍尔导师奖评委。

我国培养的第一批传播学博士，获上海交通大学“校长奖”、教育部科学成果（人文社科）奖等30多项奖项，主持国家级、省部级等项目40余项，发表论文100余篇。

中国新闻传播学教材建设要处理好六大关系。

一是“新和旧”的关系。随着数字技术和国内外形势的发展，新闻传播行业受到很大影响。在这种情况下，如何把新技术的前沿知识、国内发展的新成果纳入教材，是值得充分考虑的。与此同时，一些经典教材都是经过时间考验，沉淀下来的，尽管这些教材出版的时间较久，但它仍能发挥很好的作用。为此，教材建设应处理好新教材和旧教材之间的关系，既要及时吸纳新知识、新技术、新方法和新思想，将国内、国际最前沿的成果纳入教材，又要对经典教材合理使用。

二是“中与外”的关系。随着中国深度融入世界体系，人们的社会文化生活日趋多元，但中国的基本思想原则、立场观点，坚决不动摇。在坚持中国共产党的领导、坚持中国特色社会主义制度等原则下，及时借鉴国际教材中的先进知识，譬如新媒体技术等，以培养学生的全球视野，提高中国特色的人才培养效果。

三是“专与泛”的关系。新闻传播学科作为一个专业，有其自身的传统和方法，但是随着新媒体、新技术的发展，出现了媒介融合、人工智能、元宇宙等概念，新闻传播学科的边界变得愈来愈模糊。在这种趋势下，需要准确把握专与泛的关系，即以新闻传播为主体，同时借鉴其他学科的新知识、新方法，为新闻传播学科注入时代的活力。

四是特色与主流的关系。教材建设除了要强调中国特色，同时也要追逐世界一流。与此同时，还要考虑各校学科发展历史和学科发展特色，为各校特色化、个性化办学提供发展空间。

五是教学与实践的关系。新闻传播学科是应用性、实践性很强的学科，但是学生在课堂上学到的理论，往往难以适应业界的实践要求。在这种情况下，教材建设应该在高校教学与业界实践方面做好衔接。高校教学应该服务于业界实践，教材建设要对业界实践有引领作用。

六是教材与讲义的关系。正确运用教材的同时，也可以自编讲义，每个高校有了自编教材的热情和努力，全国的教材建设就会出现蓬勃发展的喜人局面，进而可以做到好中择优，为一流教材的编写和出版打好基础。

李良荣简介

李良荣，复旦大学教授、博士生导师，曾任教育部高等学校新闻学学科教学指导委员会主任委员，现任复旦大学传播与国家治理研究中心主任、浙江传媒学院新闻与传播学院院长，兼任华中科技大学、浙江大学、暨南大学、广州大学、河北大学、安徽大学、南京师范大学等20余所高校的兼职教授、讲席教授与特聘教授。曾主持过2项教育部“211”工程、2项国家重大课题，获得过2项上海市哲学社会科学一等奖，担任国家级精品课程新闻学概论的首席专家。

近10年来，李良荣教授致力于网络与新媒体研究，出版了《新传播革命》《新时代、新期待：中国人民美好生活观调查报告》等著作，《网络与新媒体概论》《网络空间导论》等教材；发布了《中国网络社会心态报告》(2014)(2015)(2016)、《互联网与大学生系列研究报告》等大型调查报告；完成了全国性大型调查“新传播形态下的中国受众”等。

推动一个学科的持续健康发展，教材的建设至关重要。一部好的教材，是教师的科研成果在日常教学中的转化运用，也是在与学生教学相长的过程中形成的结晶。相比口头传授，教材有更系统的知识体系、更准确的知识细节，也能以更高效的文本传播方式放大学科的社会影响力。2016年，习近平总书记在哲学社会科学工作座谈会上指出："学科体系同教材体系密不可分。学科体系建设上不去，教材体系就上不去；反过来，教材体系上不去，学科体系就没有后劲。"

我于1985年编写了第一本教材《新闻学概论》（福建人民出版社，1985年版），在此后30多年时间里，先后编写过7本新闻学教材。其中，复旦大学出版社出版的《新闻学概论》从2001年至今已更新七版，2021年荣获教育部首届全国教材建设奖二等奖。该书有近百万册的发行量，覆盖全国80%左右的高校新闻传播学专业。在编写教材的过程中，我深感编撰一本适合中国国情、符合新闻基本规律和行业现实的新闻传播学教材实属不易。编撰一本教材，不但要符合教材的基本要求，例如系统性、稳定性、科学性以及其他规范，还要处理好四个方面的关系。

第一，政治性和专业性的关系。

政治性是中国新闻业的首要属性。由于"党性和人民性是一致的、统一的"，中国新闻媒体既是党和政府的耳目喉舌，也是人民的耳目喉舌，由此形成了与世界其他国家不同的中国特色社会主义新闻体系。在这一体系中，马克思主义新闻观是"定盘星"。因此，在中国新闻传播教材的编写过程中，我们一方面要站稳"党性和人民性"的立场，把政治性放在最高位置，用"马克思主义新闻观"来锚定整个教材的价值观，并以此为立足点来吸收和消化西方新闻传播理论和理念。

另一方面，我们对"专业"二字也必须保持敬畏，这是新闻专业在现代社会系统中得以立身的关键。我提倡用“新闻专业理念”的概念来统摄中国新闻传播学教材中的专业问题,这一理念即“新闻专业的核心是尊重事实,敬畏真实,不懈追求真相。真实,全面,客观,公正,告知公众世界发生的最新信息,这是传媒业对国家,对人民必须承担的责任”。由此出发,教材在强调政治性的同时,要系统论述新闻作为一个“专业”的基本原则、伦理要求和必备技能等内容。

把握好政治性和专业性的关系,就是把握好“前者为基,后者为峰”的关系,在稳住“定盘星”的基础上,努力展示新闻业作为一门专业和一种职业的独特性要求。让新闻学子能在学习的过程中,找到这一项事业在中国的存在感和自豪感,在新闻生产逐渐走向“社会化”的今天,这尤为重要。

第二,普适性和特殊性的关系。

作为一种技术特征和功能属性较为明确的主体,新闻媒介是具有共性的:它是真实、及时反映世界新近变动的大众传播工具,也承担着满足公众信息需求、协调社会关系、维护公共利益的责任。因此,新闻传播学教材的内容编写一方面要具有普适性,要将世界公认的价值、原则和业务要求进行系统整理和分析。中国的新闻传播教材在政治立场上必须坚守自己的原则,但在知识内容上要立足于普适性知识体系,不能“脱节”,更不能违背“常识”。只有这样,我国新闻学子的专业知识才能拥有与世界对话的基础。

另一方面,新闻媒介在不同的社会系统中的定位和角色有不同的特点。即便是同为资本主义发达国家的美国和日本,新闻业的社会功能以及具体实践也是大相径庭的。在作为社会主义国家的中国,新闻业拥有与其他国家新闻业不同的使命与实践,这种特殊性是我国新闻传播教材编撰中的重点。对特殊性的归纳和诠释,需要结合我国的社会土壤,也要结合我国未来政治建设和社会发展的愿景。例如,在西方国家所形成的新闻专业主义,除了包括真实和客观报道等业务准则外,还强调了新闻媒介独立性等关乎新闻业在整个社会系统中的定位问题。但西方的这一定位显然不符合我国的政治社会现实,如果生搬硬套,则必然会出现水土不服的问题。因此,要审慎地处理普适性和特殊性之间的关系。

第三,稳定性与迭代性的关系。

一个成熟的学科,需要有比较稳定的知识框架和体系,这是其独立性和学科地位合法性的核心依据。教材作为学科知识传授的正式文本,也应具备相当的稳定性。以中国新闻学教材为例,关于新闻的概念、新闻媒介的功能与效果、新闻事业的历史、新闻业的演变规律、新闻业管理的原则和机制、媒介经营的理念和方法等,都是经过多年发展后逐渐沉淀下来的知识,需要在尊重历史、尊重客观事实的基础上予以保留,而不是对其轻易地推翻和解构,那会对学科发展的稳定性和独立性带来冲击。对于新闻学教材来说,尤其要警惕“新闻无学”观点对新闻学知识体系的消解。因为在很大程度上,学科知识共同体对稳定的学科知识体系的认可和加固,恰恰是这一学科合法性建设的最有力支撑。

此外,在保持学科知识体系“基本盘”的前提下,教材建设也要做到与时俱进,保持迭代性,对媒介新技术、传媒新实践等作出回应。纵观近20年的新闻业,“互联网”是最大的技术变量,从1.0时代的传统互联网,到2.0时代的移动互联网,再到3.0时代的3D互联网或元宇宙,互联网技术的新特征不断给新闻业提供新的技术滋养,拓展新的可能空间,也带来了前所未有的挑战。这些实践变迁所迸发出的新知识和产生的新问题、形成的新生态和新业态,都应及时地在教材中有所体现,由此回答学生在日常生活和行业观察中遇到的困惑。事实证明,“过时”的教材往往会让教师授课时无所适从,也会极大降低学生的学习兴趣。而具有迭代性的,甚至对未来有前瞻性的教材,则会激发学生的好奇和思考,激励教师和学生一起参与到学科知识体系的探索和更新中来,这就是“用活”教材的最佳方式。

鉴于目前飞速发展的传媒技术和花样频出的传播实践,一本好的教材应当做到一两年内就有迭代版本:或是纸质修订版出版,或是以线上资料更新包的形式公布。对于一些前沿性问题,甚至可以以教材为载体,建立网上论坛或群组,将"翻转课堂"的形式运用至教材的编写过程中,让读者和编者一起研讨,形成知识共创,为下一个迭代版本提供新鲜养分。

第四,博采众长与探索独创的关系。

一般来说,学科知识的文本体系主要包括学术专著和教材。但与研究者多年潜心研究某一特定领域所凝结的研究专著不同,教材往往非一人之功,而是对学科发展过程中学术共同体通约性知识的汇集,以博采众长的方式采撷某领域的已有知识,系统性地展示给读者。因此,在"查重"方面,教材的阈值较高,而且也鼓励对前人知识积累进行尽可能完整的呈现。不同学者所编写的教材,在内容上有雷同之处也是非常常见的事情,这恰恰也印证了前文所讲的"稳定性"原则。

但是,教材也不能过分保守,只去梳理前人研究,而不敢探索新的知识边界。目前,新闻传播类教材汗牛充栋,由于晋升职称等职业业绩的压力,不少老师倾向于出版难度较低的教材,这就导致了大量教材躺在"博采众长"的舒适区,最后呈现出体系高度一致、内容高度近似的低水平状态。这种"千人一面"的教材乱象,是对出版资源的极大浪费,同时也会有一些粗制滥造甚至全盘抄袭的教材混迹其中,这对于我国新闻传播学教材体系的建设是极为不利的。

因此,一本合格的教材不但要有对既往知识体系的忠实呈现,也必须有教材编写者个人智慧的参与:或是体现在独特的教材编写体例上,或是体现在精巧的教材互动设计上,或是在某一方面生成新颖的观点,或是对某一问题提出独到的解决方案。例如,对于作为我国新闻业核心概念的"党性原则",本人在《新闻学概论》的修订版中提出,党性原则是我国基本的"新闻制度",而非一个可供研讨的"理论问题",这在国内是首创的,丰富了中国特色新闻学的知识体系。

总而言之,当下我国新闻传播学科教材虽数量繁多,但仍有很多不足之处,这需要更多的学者投身到教材体系的建设中来,从“四大关系”入手,逐步形成具有稳定性、科学性、迭代性和鲜明中国特色的教材体系,为我国新闻传播学科的建设和我国新闻业的持续发展提供知识和人才的不懈动能。

廖圣清简介

廖圣清，复旦大学新闻学院教授、博士生导师，云南大学新闻学院（南亚东南亚国际传播学院）院长、教授、博士生导师。国家级"2011 计划"两岸关系和平发展协同创新中心专家委员，中国新闻史学会符号传播学研究委员会副会长，中国新闻史学会党报党刊研究委员会副会长，中国新闻史学会少数民族新闻传播史研究委员会副会长，中国科技新闻学会数据新闻专业委员会副理事长。主要研究领域为传播理论、受众与传播效果、计算传播（开设国内首个博士专业方向）。出版专著《20 世纪 90 年代西方大众传播学研究》《传播与中国受众》等。主持教育部人文社会科学重点研究基地重大项目"网络意见表达中的社会思潮与群体极化"、国家社科重点项目"传播秩序视野下的网络强国战略研究"等课题；荣获上海市哲学社会科学优秀成果奖二等奖、三等奖，国家教学成果奖二等奖，上海市高校教学成果奖特等奖、一等奖，上海市育才奖，宝钢优秀教师奖等奖项；荣获上海市"浦江人才"荣誉称号。

中国新闻学教材建设的必要性，涉及以下四个重要维度。第一，因为教材是教育培养体系的一个重要组成部分，所以中国新闻学教材建设关乎卓越新闻传播人才教育培养体系的建立问题。第二，教材的建设作为整个人才培养体系的重要组成部分，与我们的学科体系、学术体系和话语体系都具有紧密的关联性，实际上也是学科体系、学术体系和话语体系的重要组成部分。第三，它涉及国家意识形态的安全问题。第四，它适应了全球化和智媒时代背景下新闻传播学学科教材代际更替的需要。与此同时，教材建设也会反过来对上述四个方面产生重要影响。

在可行性方面，有两个很重要的因素能够保证中国新闻学教材建设的顺利推行。首先，复旦大学高校新闻学国家教材建设重点研究基地作为一个国家级教材建设平台，自设立以来，团结和引领了全国同行在加强教材建设方面的工作，同时，也理应参与到国际交流合作当中去。其次，新闻传播学作为舶来品从改革开放走到今天，有两个对整个新闻传播学科产生了重要影响的时间节点。第一个时间节点是 1978 年改革开放。改革开放以后，信息观念的导入对于整个新闻传播学科来说产生了很重要的影响。第二个时间节点是 1998 年，新闻学与传播学组合成为新闻传播学，由二级学科上升为一级学科。一方面，在某种程度上来说，新闻传播学改变了长期以来大家认为新闻学“有术无学”的偏见；另一方面，从二级学科上升为一级学科以后，新闻传播学能够获得更好、更有针对性的资源配置。因此，我们也可以看到，新闻传播学学科近 20 年来，无论是在科研方面，还是学科建设方面，都取得了长足进步。这些基础对我们今天加强中国新闻学教材建设的研究来说是极为重要的两个条件。

因为目前的研讨是针对教材建设的，所以首先必须强化教材的属性。教材和专著是有区别的，教材的属性一定是研究的百科全书。目前，教材建设所面临的一个很重要的问题，就是新媒介技术对学科发展的影响，特别是对新闻传播学科的影响。但是，实际上新媒体技术不仅对新闻传播学科产生了重要的影响，对任何学科来说，包括经济学、社会学、政治学等，都产生了很重要的影响。在这个背景下，我们必须把与新的技术条件的影响相关的研究汇聚到教材建设当中去。而且，教材不是专著，不是某一个专家对于某一个领域、某一个问题的深入研究，它应该是对某一个领域的众多研究者有代表性的观点、成果的汇聚。

中国新闻学教材建设工作应该统领和推动新闻传播学学科的建设、发展。前面提到的教材建设与人才的培养体系，学科体系、话语体系、学术体系，意识形态安全问题，教材代际更替四个方面都是紧密相连的；同时，教材建设在某种程度上来说是有可能反作用于这四个方面的。其中有一个很重要的方面，就是中国新闻学教材建设工作能统领和推动新闻传播学学科的建设。这就涉及如何理解中国新闻学的问题。1998 年，新闻学由二级学科上升为一级学科新闻学与传播学，不能简单地把新闻学和传播学对立起来看，今天我们讲的“中国新闻学”是新闻学与传播学，所以中国新闻学教材建设应该在新闻传播学这个一级学科背景下进行考量。在新媒体技术环境下，新闻传播学学科的结构到底应该如何调整、如何进一步合理化和规范化，这些问题有可能在中国新闻学教材建设工作的推进过程中得到解决，最终推动整个学科的建设和研究。教材建设应该遵循一个基本原则，那就是面向世界、立足中国。所谓的面向世界，就是必须要和国际学术界形成有效的学术对话，中国的新闻学一定是在整个国际的、人类的知识体系架构当中来谈的。因为目标是丰富整个人类的新闻传播学科知识体系，所以必须和全球已有的、有代表性的、经典性的、前沿性的研究形成有效的学术对话。当然，新闻传播学学科具有意识形态属性，在这个基础上，就必须立足于中国文化、中国国情，形成中国特色，只有这样才能更好地丰富整个人类的新闻传播学学科的知识体系。

中国新闻学教材建设应该是一个基础性工作,整个教材的建设应该强调规范性和示范性,所以对于整个教材的建设需要在现有规范的基础上更加严谨地进行筛选。通过中国新闻学教材的建设,我们期望不断推出有影响力的教材,更重要的是要能推动整个学科的建设和发展。在此基础上,希望这套教材能够代表中国。因此,我很赞同中国新闻学教材的英文版本的编辑出版,这既是跟世界的沟通和交流,也是新闻传播学学科进入一个新的发展阶段的重要成果。我对这套教材抱有期待,也相信一定会有精品力作出现。

林如鹏简介

林如鹏，传播学博士，1968 年 10 月生，籍贯福建安溪，暨南大学党委书记，新闻学教授、博士生导师。社会职务方面，目前担任教育部新闻传播学类专业教学指导委员会副主任委员、全国新闻与传播专业学位研究生教育指导委员会委员、广东省本科高校新闻传播学类专业教学指导委员会主任委员等。

多年来从事新闻传播学的教学与科研工作，尤其专注于新闻业务与媒介经营管理方向的研究，讲授的课程主要有新闻事业经营管理、新闻采编与新闻政策、新闻业务研究等。在新闻传播学的权威及核心刊物上发表论文 80 多篇。曾获广东省高等教育省级教学成果一等奖，广东省哲学社会科学优秀成果一等奖，教育部人文社科优秀成果二、三等奖。主讲的本科课程新闻事业经营管理被评为国家级精品课程和国家级精品资源共享课，参编的教材《新闻事业经营管理》获国家级规划教材。主持国家社科基金重大项目、广东省打造“理论粤军”重点课题、广州市社科基金重点项目等科研项目及一批横向课题。先后荣获全国模范教师、国务院侨办所属学校优秀教师、广东省南粤优秀教师等称号，入选教育部“新世纪优秀人才支持计划”和广东省宣传思想战线优秀人才“十百千工程”第一层次培养对象。

当前,全媒体不断发展,舆论生态、媒体格局、传播方式由此发生深刻变化,新闻传播人才培养工作面临大转型。2018 年,为了加快高水平本科教育的发展,教育部实施人才教育工作的"六卓越一拔尖"计划 2.0,其中,新闻传播学被纳入"六卓越"的重要战略版图。随后,中宣部、教育部联合发布《关于提高高校新闻传播人才培养能力,实施卓越新闻传播人才教育培养计划 2.0 的意见》,明确提出卓越新闻传播人才培养的教育改革目标是"形成遵循新闻传播规律和人才成长规律的全媒化复合型专家型新闻传播人才培养体系,培养造就一大批适应媒体深度融合和行业创新发展,能够讲好中国故事、传播中国声音的优秀新闻传播后备人才"。

教材建设工作是学科专业建设的一项基本工作,是衡量专业办学水平高低的重要标志之一,是进一步深化教学改革、巩固教学改革成果、提高教学质量、造就高素质人才的重要环节。根据教育部"卓越新闻传播人才教育培养计划 2.0",我们有必要重新审视 20 年来新闻传播学专业教材出版的基本状况,以便明确方向和重点,有的放矢,加强专业教材规划,培养适应新时代需求的优秀新闻传播人才。

一、20 年来新闻传播学专业教材出版的基本情况

对 20 年来出版的新闻传播类专业教材(不含外译)进行统计,统计的对象包括新闻学、传播学、广告学、广播电视学、编辑出版学、网络与新媒体等,试图大致呈现当前新闻传播学教材出版的分布格局。

(一)教材出版年份:2002—2003 年、2019—2020 年是出版高峰期

21 世纪以来,新闻传播学教材总计大约出版了 280 本,其中出版高峰

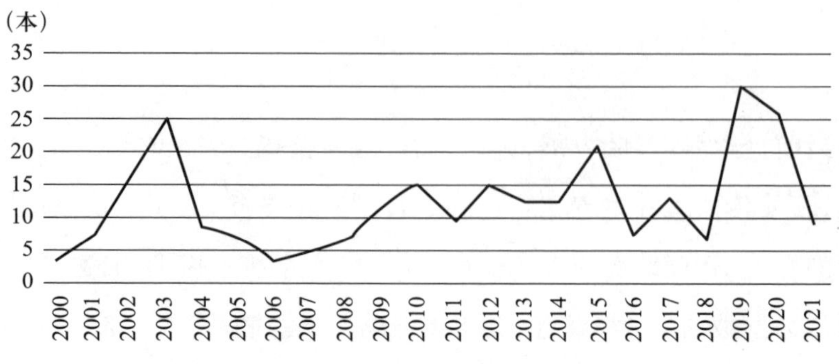

图 1 2000—2021 年新闻传播学教材出版情况统计

期集中在 2002—2003 年以及 2019—2020 年左右。21 世纪之初,新闻传播学学科建设得到迅猛发展,一大批院校掀起了创办传播学、广播电视学等专业的高潮,急需一大批专业教材的支持。这一阶段的教材出版有三个特点:一是随着中国加入世贸组织,有关全球化、国际化或中西传播史的教材如雨后春笋般出现,如《外国新闻传播史》(郑超然、程曼丽)、《外国新闻传播史纲》(郭亚夫)、《外国新闻传播史导论》(程曼丽)、《世界新闻传播 100 年》(方汉奇)、《外国新闻传播史》(支庭荣)、《中国对外新闻传播史》(甘险峰)、《当代世界新闻事业》(李良荣)、《当代西方新闻媒体》(李良荣)、《中西新闻写作比较》(姚里军)、《中外广告史》(陈培爱)、《新闻传播学专业英语教程》(展江等)。二是跨学科的教材开始涌现,开拓了新闻传播学的学科视野。如 21 世纪初的前后几年,随着传统媒体的日益市场化,一大批传媒管理类教材涌现出来,如《新闻事业经营管理》(吴文虎、林如鹏、支庭荣)、《媒介经营管理》(凌昊莹)、《报业经济》(周鸿铎)、《媒介战略管理》(邵培仁)、《媒介管理学》(邵培仁)。

2019 年之后,在教育部"卓越新闻传播人才教育培养计划 2.0"和新文科融合发展背景下,在全媒体发展、媒体深度融合的推动下,有关网络新媒体方面的教材出现井喷,如《网络传播概论》(彭兰)、《网络传播导论》(钟瑛)、《新媒体概论》(匡文波)、《数据新闻概论》(方洁)、《网络与新媒体概论》(李良荣)、《新媒体用户分析》(余红)、《H5 交互融媒体作品创作》(樊荣)、《新媒体素养》(张志安)、《数据新闻与信息可视化》(周葆华)、《数字出版实务》(石明贵)、《互联网新闻制作》(李良荣、钟怡)、《新媒体评论教程》(张涛甫)、《网络新闻实务》(罗昕)、《融合新闻学》(刘涛)、《新媒体广告》(黄河等)、《算法新闻》(塔娜、唐铮)等。

(二)教材出版类型:重视理论知识传授,业务实践和历史类缓慢增长

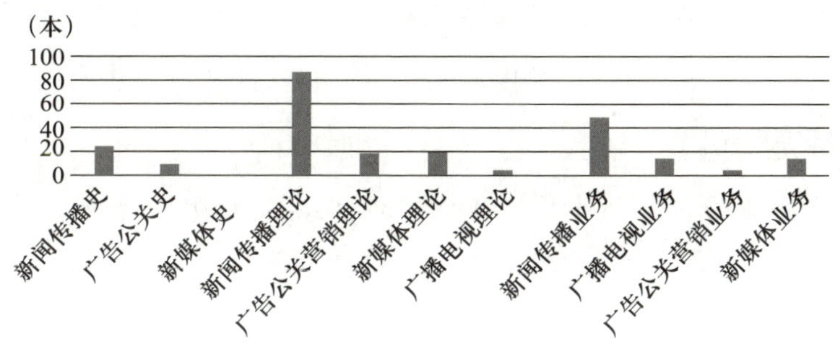

图 2 出版类型(细分)

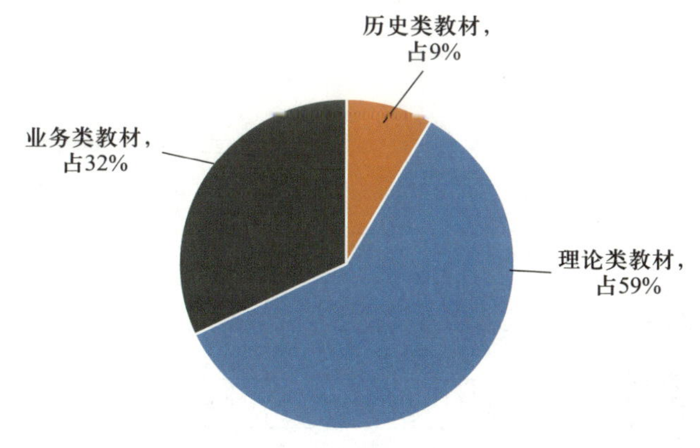

图 3 出版类型(大类)

在教材出版类型中,理论类教材的出版占 59%;其次是业务类教材,占 32%;最后是历史类教材,占 9%。这在一定程度上反映出 21 世纪以来新闻传播学科的教材重视理论基础知识的传授,同时也在不断呈现走向实践、融入社会的发展趋势。

初步统计,新闻传播理论方面的教材超过85本,广告公关营销理论、新媒体理论方面的教材分别在20本左右,广播电视理论方面的教材大致在10本左右。历史方面,新闻传播史教材超过20本,广告公关史大致10本左右,新媒体史方面还没有出现。其中,马克思主义新闻观方面的史论教材是一大特色。自2003年陈力丹出版《马克思主义新闻思想概论》以来,先后出版了《马克思主义新闻传播思想经典文本导读》(吴飞)、《马克思主义新闻观拓展读本》(李彬、李漫)、《实践中的马克思主义新闻观——新闻经典案例评析》(高晓虹)、《马克思主义新闻理论与实践研究》(郑保卫)、《马克思主义新闻观十二讲》(本书编写组)等教材,涉及体系建构、文本导读、案例评析等视角。

业务方面,新闻传播业务教材突破50多本,广播电视业务、新媒体业务方面的教材分别在20本左右,广告公关营销业务教材大致在10本左右。

(三)教材出版社:中国人民大学出版社、高等教育出版社、复旦大学出版社位列前三位

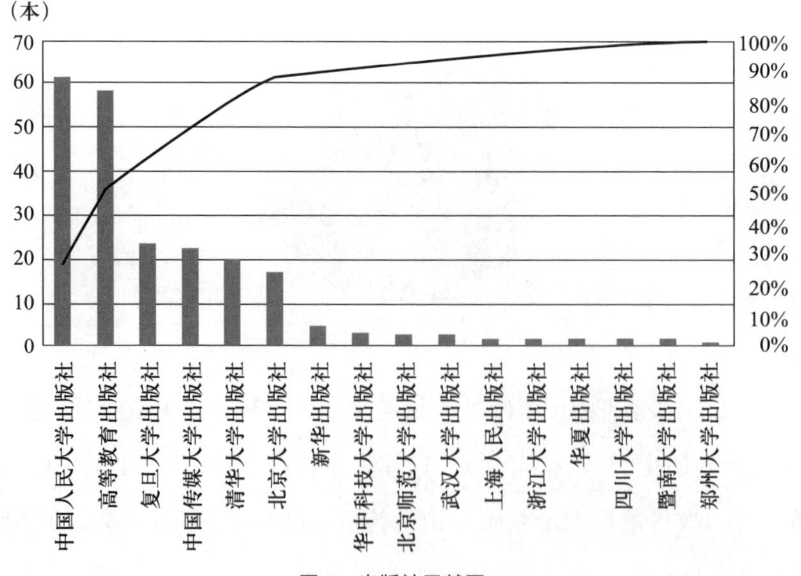

图4 出版社贡献图

在出版社出版相关教材数量方面，中国人民大学出版社、高等教育出版社、复旦大学出版社位列前三位，处于第一梯队。中国传媒大学出版社、清华大学出版社、北京大学出版社紧随其后，处于第二梯队，分别出版了20本左右。其余出版社的出版数量均在10本以下。从出版社(除高等教育出版社、新华出版社、华夏出版社外)所属的大学来看，上述大学所拥有的新闻传播学在全国具有较高的影响力，在学科排名方面也是名列前茅。

(四)著作者单位：主要集中在学科排名A类层次的大学

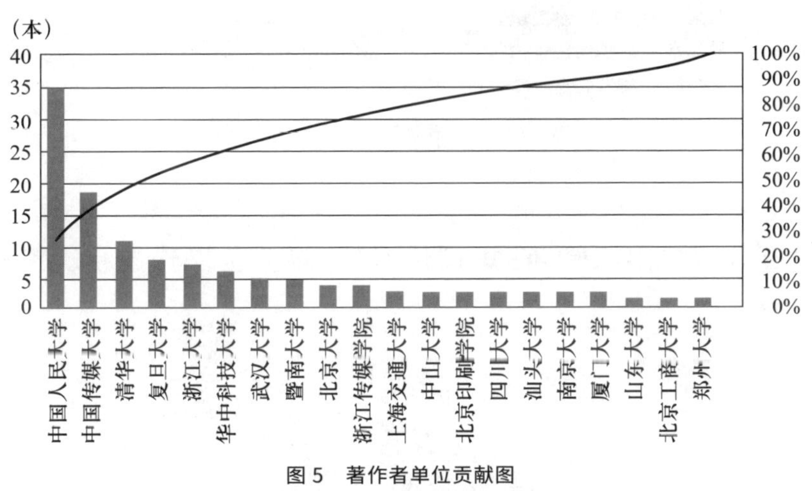

图5 著作者单位贡献图

在著作者所属单位数量上，中国人民大学、中国传媒大学、清华大学、复旦大学、浙江大学、华中科技大学、武汉大学、暨南大学等高校居于前列，这在一定程度上代表了各高校在新闻传播学科领域的实力和水平。

从编著者来看，李良荣、陈力丹、蔡雯、支庭荣等老师的教材出版数量均在3本以上。

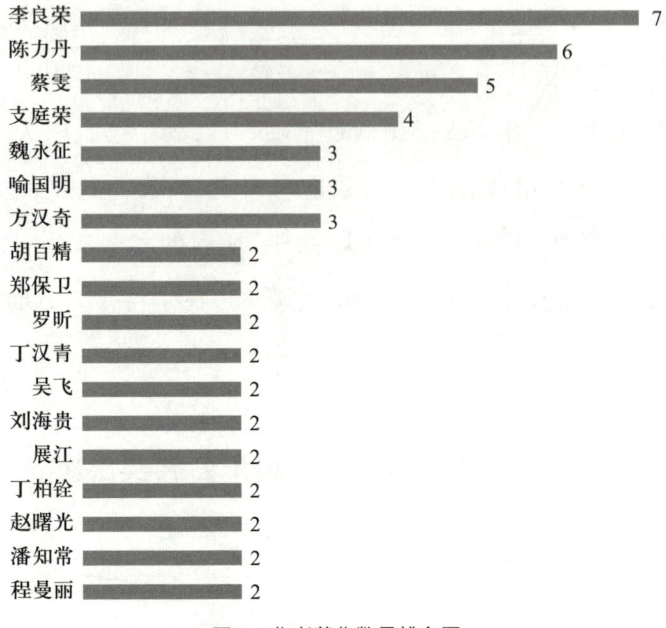

图6 作者著作数量排名图

(五)教材出版特色:重理论概述、轻业务操作的状况没有得到改变

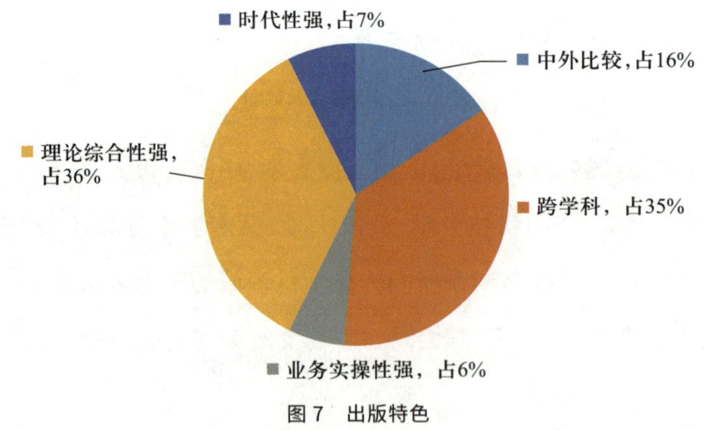

图7 出版特色

在出版特色方面,理论综合性强、跨学科为主要特色的教材的数量高居榜首,总体上强调理论体系的建构以及基础知识点的传授。全球化、国际

化、中西比较类的教材占比 16%；具有时代性、前沿性的教材占 7% 左右；而具有较强的业务实操性的教材相对缺乏，占比在 6% 左右。

二、当前新闻传播学教材建设存在的主要问题

（一）缺乏现实针对性，固守传统理论框架与传统媒体实践

时效性是新闻传播学科的一个突出特点，教材也要紧贴时代。然而，现有的许多新闻传播类教材依然默守固有理论框架和传统媒体的实践规范，教学内容显得陈旧，难以体现学科知识的与时俱进。尤其是 2014 年后，随着媒体融合上升到国家战略层面，中国主流媒体开始大规模转型升级，新的理论范式和业务操作发生革命性变革，亟待教材编写者们不断完善、更新教材内容体系。

首先，理论类教材没有完全整合前沿理论成果。如某出版社 2017 年出版的《新闻学概论》（第二版）虽在第一章中提到了“当代媒介的融合与重构”，但对由此延伸出的“融合新闻”并无一个系统论述。虽然目前已有单独论述“融合新闻”的教材，但新旧理论之间缺乏链接。其次，业务类教材内容陈旧，稍显古板。诸如新闻采访与写作、新闻评论学、新闻编辑学类的教材，侧重点依然放在传统媒体的操作规范上，脱离了当下日新月异的新媒体发展情况。如某出版社 2017 年出版的《新闻评论实用教程》，共十章，前九章谈“新闻评论的传播价值”“新闻评论的本质特点与社会作用”“新闻评论的分类与写作”“新闻评论的要素”等，只在最后一章用三节提到了“网络新闻评论”。

（二）缺乏时代性，未能追随国家战略与时俱进地开发相关教材

随着时代的发展，我国自十八大以来提出了诸多重大的国家战略，如何

围绕国家重大战略开发设计符合社会需求的专业教材，是我们必须关注的议题。例如，在国际传播领域，鲜有专门的教材来全面讲授该领域的知识体系。中国传媒大学李智于2013年出版的《国际传播》是该领域最具代表性的教材。该教材从国际传播学的研究对象和内容、学科内涵及发展历程的学科概述出发，对国际传播的理论研究范式、历史沿革以及国际传播的各个维度进行了全方位的透视和深入系统的阐释，在勘定学科知识版图的基础上确立了国际传播学的学科自主性和完备性。2020年第二版在原有框架和体系的基础上，结合现实进一步充实和修改，增加了人工智能、大数据时代跨国信息传播状况、发展传播学的最新进展等内容。除此之外，很少有其他国际传播学教材出现。

随着全媒体、跨媒体、多媒体的迅猛发展，媒体融合成为国家重大战略之一。媒体融合给新闻传播理论与实践都带来了巨大变革，因此全面系统地讲授媒体融合的理论、规律、生产、经营、管理等知识，对于推进媒体深度融合发展具有重要意义。有些网络新闻传播理论的教材虽然涉及媒体融合、融合新闻，但也只是通过某一个章节进行了概述，缺乏具体深入的阐述。网络新闻传播实务方面，尽管出现了一些比较专门的新媒体实务教材，如《新媒体用户分析》（余红）、《H5交互融媒体作品创作》（樊荣）、《互联网新闻制作》（李良荣、钟怡）、《新媒体评论教程》（张涛甫）、《网络新闻实务》（罗昕）、《融合新闻学》（刘涛）等，但与新媒体传播技术的迅猛发展相比，有关媒体融合方面的教材尚未进一步细化，还无法应对人才培养的现实需求。

（三）缺乏跨学科性，与其他学科的边界跨越和融合还存在很大的空间

在新文科融合背景下，新闻传播学科的教学与实践势必要迈入跨学科领域，而与其配套的教材也不能拘泥于传统的新闻传播学领域，而是要根

据其所涉及的方向大胆创新、多元融合，才能立足于新时代、新文科背景下的新闻传播学科发展的前沿高地。但是纵观21世纪以来已出版的新闻传播类教材，虽说跨学科的教材还不少，但主要集中在媒体管理学、传播心理学、传媒伦理与法规等几个领域，而且从微观上看，虽然名义上有跨学科的特点，但缺乏学科之间的紧密融合。例如，《新闻传播伦理与法规教程》虽偏重基础理论，浅显易懂，但并未很好地突出新闻传播学 + 伦理学 + 法律学的跨学科特色，书中内容也未涉及著作权法等常见法律问题，有待补充完善。

最近5年来，随着计算社会学、计算新闻传播学等概念的兴起，大数据、算法等技术开始进入新闻传播学的教学内容，如《数据新闻与信息可视化》（周葆华）、《算法新闻》（塔娜、唐铮）、《数据新闻概论》（第二版，方洁）、《新闻传播的大数据时代：概念、原理、方法与应用案例》（喻国明、李彪等）。但目前跨学科教材的视野、维度、幅度都还面临着巨大的边界跨越，与其他哲学社会科学、自然科学的融合交叉还存在很丰富的想象空间，新闻传播学科的巨大活力和张力仍有待释放。

（四）缺乏全球化和中国化，主要关注西方理论而缺乏强化中国理论的自信

进入21世纪以来，人类联系紧密，各国交流频繁，特别是十八大以来中国日益走向全球舞台的中心。我们要在文化交流互鉴中，讲好中国故事，传播好中国声音；在文明交流互鉴中，构建人类命运共同体。在此背景下，新闻传播学日益呈现出全球化的趋势。由此，出版具有全球化视野的新闻传播学教材日益重要。然而，通过对近20年来的专业教材的统计分析发现，目前教材中较少将“全球”或“世界”作为一种视角贯穿全书，而大多只是将其作为书中某一章的主题，或者仅罗列国外相关内容，缺乏中外比较的视角。

在理论方面,一些教材主要还是介绍国外的、西方的理论,对中国的传播思想缺乏理论上的阐释,中国特色的新闻传播理论凸显不够。一些教材在讲解国内外制度差异时,仅仅将不同制度罗列出来,并无比较,并未通过相似案例让读者理解二者之异同,也难以反映我们的制度优势和理论自信。在新闻实务方面,一些教材仅针对国内新闻业务,中外视野兼具的教材较少。而一些英语新闻教程,多偏向于文章结构等微观层面,较少将中外两国制度、体制进行横向比较。在新闻史、传媒史方面,"中西比较"相关主题的教材偏少,未能从国际视野、宏观角度给新闻传播学学子讲解史论。

(五)缺乏案例分析,案例教材的重要地位没有得到应有的重视

纵观近20年的教材出版情况,理论类教材占大多数,理论与案例分析相结合的教材多被划分为理论教材。而专门的案例分析类教材只有《中国著名媒体经典案例剖析》《全球著名媒体经典案例剖析》《新闻传播精品导读广告与品牌卷:案例精解》《新闻评论案例教程》《新闻编辑案例教程》《实践中的马克思主义新闻观——新闻经典案例评析》等,占比极低。总而言之,目前新闻传播类教材缺乏案例,具体表现在以下三点:(1)理论类教材只讲理论,特别是"概论""导论"类教材;(2)案例分析极少成为教材编写的主线,把案例分析教材置于辅助从属地位的固有想法长期存在;(3)专门的案例分析类教材多从经典案例出发,缺乏普适性、一般性、规律性,实践指导性又不强。此外,有关实践方面的专业教材也严重缺乏。

(六)缺乏线上线下互动,以传统的纸质版教材为主,缺乏多样性产品

新闻与传播专业的早期教材,以传统的理论和实务教学为主。传统的

理论教学往往注重的是理论体系搭建的严谨性，呈现方式也比较单一，主要以文字为主、图表为辅。如 2013 年出版的经典教材《传播学引论（第三版）》和《新闻学概论（第五版）》都只是注重理论的更新和完善，而在表现形式上，缺乏新的呈现方式，也没有线上线下的互动效果。

对于实务类书籍而言，应更加强调新媒体的呈现方式，注重线上线下的互动，这有利于读者更好地理解教材内容，提高教学的生动性和效果。而早期的实务类书籍，如《电视摄像创作》《广告摄影与摄像》等实务类教材也只是单纯停留在文字与图片表述层面，缺乏相关辅助的线上教学资源，不能让学生通过模拟实操，掌握业务技能。

在未来的新闻与传播相关书籍的出版过程中，可以通过在书本中加入网址、数据库链接、二维码的方式，加强教材的数字化、信息化、智能化、视听化，提供网络课程、慕课、虚拟仿真实验等多元化在线学习渠道和学习资源，提高教材的教学效果。如暨南大学刘涛的《融合新闻学》就具有深入浅出、丰富生动的特点，文中有大量生动的案例辅佐理论，以生动形象的语言构建了融合新闻学的框架体系，在中国大学慕课开了相关课程，以线上线下多媒体的方式进行讲授，取得了较好效果。

三、新闻传播学教材建设的几点思考

要提高新闻传播学专业教材建设的质量，既要从人才培养的现实需求出发，又要面向未来，兼具世界眼光，以深化课程体系和教学内容改革、培养学生的创新能力和实践能力为重点，同时要充分发挥国家教材研究基地的统筹作用，加强组织领导，加大扶持力度，总结经验，突出重点，把握节奏，稳步推进，以解教材建设燃眉之急。

（一）要推出既有全球视野又有中国特色的专业教材

坚持以马克思主义新闻观为指导，围绕国家重大战略、理论和实践问题，推出一大批适应时代需求的专业教材。要按照立足中国、借鉴国外，挖掘历史、把握当代，关怀人类、面向未来的思路，着力构建具有中国特色的新闻传播学科系列教材，在指导思想、知识体系、话语体系等方面充分体现中国特色、中国风格、中国气派，在全球新闻传播学类教材体系中拥有中国的一席之地。

为此，一是继续加强马克思主义新闻观方面的教材建设，在历史、理论、实践和案例方面开发更多高品质的教材精品；二是进一步挖掘中华优秀传统文化的思想资源，从中华几千年来的丰富传播实践中提炼、阐述有中国特色的传播理论体系，在新闻传播史论教材中融入更多有中国特色的传播思想；三是批判吸收国外哲学社会科学取得的积极成果，使之成为中国特色新闻传播教材的有益养分。

（二）要着力推出具有时代性和门类齐全的专业教材

新闻传播学教材要面向中国新时代出现的新情况、新问题、新形势，提出新观点、新概念、新话语、新方法、新视野，加强教材的主体性、原创性、时代性和现实针对性。新闻传播学在学科体系上包括传统知识、新兴知识、前沿知识、交叉知识、冷门知识等诸多学科知识，因此要努力构建一个全方位、全领域、全要素的教材体系。在新闻传播学教材体系安排上，应使基础理论知识健全扎实、重点知识优势突出、新兴知识和交叉知识创新发展、基础研究和应用研究相辅相成、学术研究和成果应用相互促进，建立结构合理、良性发展的新闻传播学教材体系，形成适应新时代发展需求、立足国际学术前沿、门类齐全的新闻传播学教材体系。

（三）要重视开发面向全球化、国际化的教材

中共中央政治局 2021 年 5 月 31 日下午就加强我国国际传播能力建设进行了第三十次集体学习。中共中央总书记习近平在主持学习时强调，讲

好中国故事，传播好中国声音，展示真实、立体、全面的中国，是加强我国国际传播能力建设的重要任务。要深刻认识新形势下加强和改进国际传播工作的重要性和必要性，下大气力加强国际传播能力建设，形成同我国综合国力和国际地位相匹配的国际话语权，为我国改革发展稳定营造有利外部舆论环境，为推动构建人类命运共同体作出积极贡献。“加强我国国际传播能力建设”，是我国当前的一项重大国家战略，对新闻传播学专业教材也提出了重要任务。

要培养国际传播人才，需要加快国际传播教材建设。为此，需要加快构建中国话语和中国叙事体系，用中国理论阐释中国实践，用中国实践升华中国理论，打造融通中外的新概念、新范畴、新表述，更加充分、更加鲜明地展现中国故事及其背后的思想力量和精神力量。开发规划国际传播教材，就是要加强国际传播的理论研究，掌握国际传播的规律，构建对外话语体系，提高国际传播艺术和传播效果。

（四）要抓紧建设适应媒体融合发展需求的系列新教材

截至2021年6月份，我国网民规模达10.11亿，互联网在我国的渗透率已经超过71%，网络视频、网络购物、网络新闻用户规模分别达到8.72亿、8.12亿、7.6亿。十亿用户接入互联网，形成了全球最为庞大、生机勃勃的数字社会。与此同时，借助数字与网络技术，网络内容生产领域也实现了爆炸性的发展。这一切使得媒体格局发生深刻调整与舆论生态发生重大变化。国内许多新闻院系开设了网络与新媒体专业，但各自采用的教材五花八门，水平参差不齐，缺乏基本的规范，人才培养急需成体系的教材的支撑。

（五）充分发挥高校新闻学国家教材建设重点研究基地的统筹作用，分清轻重缓急，积极稳妥、优质高效地推进新闻传播学教材建设

中国新闻学教材建设体系十分庞大，可谓任重而道远。但是人才培养

时不我待，教材建设应该分清轻重缓急，研究基地应立足全局，加强教材编写力量和资源的整合与调配。其中，相对成熟的教材建议直接遴选或暂缓编写，尤其是“马工程”教材、国家规划教材、全国获奖教材及长期以来在各高校的课堂教学过程中已经得到大家认可的、具有公信力的教材，可以直接纳入教材体系。对于急需的前沿专业教材而言，应当集中力量优先编写，如网络传播学、融合新闻学、对外报道、国际传播等系列教材目前尚未形成体系，应该优先编写，并结合不同地域的实践经验，组织不同地区的多个团队进行编写，同时吸纳业界专家加入编写团队中来，体现出时代性、实操性、前瞻性、系统性。总之，教材建设直接关系到第一课堂的质量和效果，既要注重质量，又要讲究效率。

刘海贵简介

刘海贵，1950 年 9 月生于上海，现为复旦大学新闻学院教授、博士生导师，新闻学院教授委员会主任、院学位委员会主席，国家社科基金重大项目首席专家，复旦大学学位委员会委员、校高级职称高评委员，上海市新闻职称高评委员，以及 30 余所高校兼职教授，10 余家媒体特约研究员及顾问。先后任专业主任、副系主任、副院长等职。国家二级教授，享受国务院政府特殊津贴。

40 多年来，主要研究方向为应用新闻学与新闻边缘学科。先后为本科生及硕博研究生开设新闻采访与写作、新闻与传播实务研究、新闻名家与名品研究等近 10 门课程，著有《当代新闻采访》《中国新闻采访写作教程》《中国现当代新闻业务史导论》《知名记者新闻业务讲稿》《中国报业发展战略》等 10 余本著作与教材，主编了《新闻传播精品导读》《当代英美新闻传播高级实务译丛》《网络与新媒体》《中国少数民族传播研究》等 6 套系列丛书与教材，发表学术论文近 200 篇，主持国家社科基金重大项目"我国文化走出去工程政策体系优化研究"、教育部重大项目"中外传播教育比较研究"等近 10 个科研项目。

先后荣获复旦大学名师、复旦大学优秀研究生导师、上海市教卫系统优秀共产党员、上海市育才奖、范静宜新闻教育奖良师奖、上海市优秀新闻工作者等荣誉称号，被评为 2001 年至 2010 年"中国传媒思想人物"。

我曾问过不少毕业生，在校四年，你印象最深的是什么？许多学生竟这样回答：遇上一位好的老师，读过几本好的教材。可见教材对培养学生专业能力甚至思想观念方面的影响很大。

我想就中国新闻学教材建设的原则、步骤以及大致的书单谈些粗浅的看法。

首先说一下建设原则。中国新闻学教材建设原则应当体现两个字。

一是"高"字。这个"高"字包含两层含义：第一，必须高度认识教材建设工作的现实意义和战略价值。这项工作关乎国家事权，为什么这样说？我们有百余年的中国现当代新闻发展史、14亿中国人口、千余个新闻传播教学点、几十万新闻传播专业在校大学生，但至今没有建设成功一套像样的教材，这意味着我们这些新闻学者国家责任的缺失。中国新闻学教材建设至少迟到了30年，尽早保质保量地编写出版整套中国新闻学教材，是目前工作在新闻传播一线的全体同仁的历史责任的体现，也恐怕是对世界的一个贡献。第二，必须体现最高水平。百余年来，我国学者编著的新闻传播类教材和著作不在少数，虽然也不乏一批高水平的教材，但是总体水平偏低，教材建设呈散、乱、滥局面，"老化""玄化""西化"倾向突出。这次我们必须在教育部教材局的领导下，在高校新闻学国家教材建设重点研究基地的统筹和引领下，集中全国最有水平的学者，编写出令国家和中央、教师、学生"三方满意"的中国新闻学教材。

二是"新"字。中国新闻学教材建设在充分尊重和体现传统性、基础性的前提下，应注重体现前沿性和前瞻性以及技术性。数字化时代的新观念、新理论、新思维、新技术等，必须吸纳并融入中国新闻学这个大体系中，"出版即落后""老化"等弊端绝不允许出现在中国新闻学的教材中。

当前，整个新闻传播学科的架构思维已经发生巨大的变化，研究领域不断拓宽，新媒体和新的传播形式与手段不断涌现，因此，教材建设的思维和视角必须与时俱进，创新思维必须贯穿整个中国新闻学教材的建设过程中。

其次谈一下建设步骤。

中国新闻学教材建设是一项靠久久之功而为之的浩瀚工程，因此，切不可草率、冲动、盲目、无序，必须高屋建瓴，做好顶层设计而后步步为营、稳打稳扎。

具体步骤恐怕是以下三个方面：一是建立一个强有力的教材建设办公室。这是一个自始至终统筹、督促中国新闻学教材建设全过程中各项事宜的领导机构，人员组成应是教育部教材局领导、教材研究基地负责人和有关专家，人数为 7 人左右，不宜过多。

二是组建 7 到 10 个多校多领域的专家审定小组，负责审定中国新闻学教材书单、各教材主编人员以及书稿阅审定稿等事宜，人数为 9 人左右。我认为，目前要成立 8 个小组：一是理论新闻学；二是历史新闻学；三是实务新闻学；四是发展新闻学，发展新闻学里面主要是网络与新媒体、数字化、智能化、融媒体这方面的新的内容；五是特色新闻学，或者是国良教授刚才讲到的边缘新闻学，这里面包括财经、法制、体育、军事、心理、社会等；六是基础传播学；七是发展传播学，比如说健康传播、城市传播、国际传播等都放在发展传播学里面；八是新闻学案例，上次论坛也有专家学者谈到案例教材的重要性。我的分类体现了一个思想，那就是中国新闻学体系要有传播学，但是它和新闻学的比例应该大致是四六开或者是三七开。

三是教材建设的时间节点划定。

1. 2021 年 12 月 31 日前，在广泛听取各方意见的基础上，组建教材建设办公室和教材建设出版专家审定小组。

2. 2022 年 4 月 30 日前，在广泛调研和数次召开相关论坛会议的基础上，确定中国新闻学整套教材书单。

3. 2022 年 8 月 31 日前，通过指定和公开招标、公平竞争等形式，落实教材各册主编。

4. 2022年9月1日起至2024年12月31日，落实、督促教材编写、出版事宜。

最后简单谈一下关于书单的建议。

在科学处理好体系建设和零星建设、新闻学与传播学比例分配均衡的基础上，融汇基础性、体系性、前沿性、前瞻性、实操性等原则，紧密配合课程和提升学生专业能力的需要，我建议中国新闻学教材体系应当包括下述四个方面：

一是专业基础核心系列。这是紧密配合各校平台课和必修课的基础性系列教材，体现新闻传播学科最基本的知识体系，能够普遍应用的教材。如史论、实务和马克思主义新闻观等教材。

二是专业发展前沿系列。这是学科发展急需出版的教材，主要指网络与新媒体、舆论与国家治理、国际传播等，还要注重技术背景，要体现数字化、网络化、智能化。

三是特色专业系列。特色门类的教材需要兼顾，如法制、军事、财经、体育等。

四是案例系列。案例教材建设不容忽视，从人文社会科学发展的视角看，优秀案例是一个学科发展的标志性成果，是学科理论和方法创新的基础，是学科案例库建设的重要前提，必须列进书单。

以上建议仅供参考，谢谢大家！

刘海龙简介

刘海龙，中国人民大学传播学博士，中国人民大学新闻学院教授、博士生导师、传播系系主任，教育部青年长江学者，《国际新闻界》杂志主编，中国人民大学新闻与社会发展研究中心新闻与传播研究所主任，复旦大学信息与传播研究中心研究员，武汉大学媒体发展研究中心研究员。中国人民大学杰出学者（青年 A 岗），曾获第八届高等学校科学研究优秀成果奖。研究方向为传播思想史、政治传播、传媒文化。著有《重访灰色地带：传播研究史的书写与记忆》《宣传：观念、话语及其正当化》《大众传播理论：范式与流派》等，主编有《解析中国新闻传播学 2019》《解析中国新闻传播学 2020》《解析中国新闻传播学 2021》等，译著有《大众传播效果研究的里程碑》《至关重要的新闻：电视与美国民意》《传播理论导引：分析与应用》《新闻的十大基本原则》等。

中国新闻学教材建设非常必要。当前所使用的新闻学教材，在很多方面落后于今天实践的发展。如新媒体的发展，提出了很多问题，但现在的教材实际上还是更多地针对专业的新闻生产者等。实际上，新闻学基础的发展早已超越了这个阶段，新闻发布的主体已不再局限于专业的传媒工作者，还包括机构、平台，甚至算法本身、机器人写稿等，以及以身体感知数据形成的大数据新闻报道。当前，叙述方式也在发生变化，过去主要以文字、图片、专业视频为主，现在除了大数据、身体感知及其他的数据方式外，还包括短视频等其他新的叙述方式。这些都在改变着我们对于新闻内容的理解，包括今天的数字平台，过去所谈的伦理、法律都已不够，现在要上升到数据安全和平台的基础性设施对国家安全的影响的高度。所以，今天的新闻学研究要跳出传统的专业新闻工作者的范畴，做包括企业在内的全民参与式新闻传播研究。怎样在教材中解决这些新问题，包括现在的伦理问题都非常重要。从国际传播领域看，国际传播本身在世界范围内遇到了一些问题，这在中美贸易摩擦、新冠疫情等方面表现得很明显。我国的国际传播话语权比较弱，问题可能出在我国的传播原则上，包括新闻生产方式。在全球传播的宏大态势下，怎样做到既符合通用规则，又尊重新闻传播的基本规律，这在教材建设中也是非常有必要与时俱进的。所以在这几个方面，中国新闻学教材应该和过去的传统的新闻学理论、新闻学业务等这些学科的教材相比有更多的内容，甚至是范式的转化，比如除了针对专业的新闻工作者以外，还有大量内容针对普通公民，包括企业机构，以更适应今天技术的发展。另外，既然要强调中国的话语体系，很重要的一点就是明确中国特色新闻学基本的核心原则。很多年前，我翻译过美国的《新闻的十大基本原则》，它对于基本话语和基本规则的总结比较凝练，而到今天为止我们在这方面做得还不够。必须要总结出能够得到全球普遍认可的核心原则，这也是教材体系建设需要关注的。

谈论中国新闻学教材的内涵和意义,就要回到谈新闻学和传播学关系的老问题上。从新闻学研究整体来看,传播学的内容越来越多。学科融合当然是一个好现象,但新闻学仍应坚守新闻学的本位。新闻学更多还是紧扣着民主、政治、公共生活等议题,与纯粹做规律研究、做社会科学研究的传播学应该有所区别。新闻更注重实际,包括对于政治、公共生活的关怀。在媒介融合条件下,社会主义民主政治怎样能够与新技术相结合,包括基本的职业精神与底线伦理,应该在教材建设中有所体现。

就具体的方式和步骤而言,第一,当前的实践变化很快,尤其是新技术的变化,教材编写不可能一蹴而就,所以要保持教材的开放性和更换机制。教材建设随时在变化,要保持流动性,推陈出新。每个方向不一定只有一本教材,可以分成不同层次,除了核心教材外,编写一些辅助或参考教材,保证它的开放性和多样性。第二,可以通过自下而上和自上而下相结合的方式进行建设。一方面,对于已有的比较成熟的教材,如业务方面的、比较受行业和学界认可的教材,可以在其中进行挑选与发掘,经过适当修订,通过遴选机制,把比较好、较成熟的教材吸收进来。另一方面,对于空白的或重点领域的教材,可以采用自上而下的方式,通过招标机制,利用公共资源和政府力量,解决市场解决不了的问题。通过这两种方式的结合,可以达到最优效果。

教材形式实际上也可以多种多样。现在在做的慕课,包括一些在线资源、试题、思维导图,以及各种资料汇集等,都是一些有益的补充。身处新闻传播学科,我们的教材也不应仅局限于传统的印刷媒体形态,也要有各种各样的新媒体形态。通过这些方式,教材的影响力能够发挥到最大,真正实现建设中国新闻学教材的初衷。

刘 洪 简 介

刘洪，新华社高级记者，《环球》杂志前副总编辑，瞭望周刊社前编委，现新华网总编辑助理。曾赴喀布尔采访阿富汗战争，后在耶路撒冷、华盛顿等地担任驻外记者。曾在《瞭望》《环球》《经济参考报》《新民周刊》等报刊开设专栏，著有《习近平时代》《谁坑了中国企业》《公司的力量 II》《和沙龙做邻居》《战地 36 天》等书籍。微信公众号“牛弹琴”创始人，曾负责新华社官方微信新媒体，催生了“刚刚体”。

根据自己多年的驻外媒体经历和近年来从事新华社与新华网新媒体工作的实践,我着重针对新媒体时代的新闻生产变化和教材编写发表以下观点。

现在的大学生都是互联网的原住民,优点明显,缺点也存在。优点是大学生思路开阔,对新媒体上手很快,而且创意迭出,很容易出爆款;缺点是严谨程度不足,尺度把握不当,对新媒体报道有一个适应的过程。但媒体需要的是有创意的熟手、多面手。毕竟,现在的媒体传播环境已经发生了彻底改变。20 多年前,受众获取新闻,主要依赖于报纸、杂志、电视,但现在对大多数人来说,获取资讯,更多是通过手机,通过新媒体。即便是电视这样的强势媒体,也不得不发生变化。如今,大屏收视率在下降,小屏传播成为主角。主力军全面挺进主战场,那就需要有真正的新闻人才,担当起主力军、轻骑兵、尖刀排等角色。在这方面,教材就要起到重要的作用。

首先,真实把握新媒体传播规律。

这种规律包含很多方面,具体到业务上,包括导语的规律、标题的规律、互动的规律等。即便是小视频,也有规律。肯定不是简单地拿着手机拍几分钟,而是包含了剪辑、配音、配乐等多个因素。

要深入研究互联网现象。现在我们反对标题党,这肯定要反对,但我们也要认识到,为什么会有标题党产生。像以前的报纸、杂志,我们在看到标题的时候,其实也看到了部分正文文字,但是在新媒体或者在网络时代,标题都是折叠式的,下面的内容再好,如果标题无法吸引人,再好的东西,受众可能都不会点开来看。这是标题党产生的根源。新闻媒体绝对不能做标题党,因为这既伤害品位,也会带来很多负面影响。但我们需要了解标题的重要性,以及怎么制作更灵动、更有张力、更有传播性的标题。

现实中,也有一些媒体将报纸和杂志上的标题,原封不动地搬到新媒体上，搬到微博、微信上。这怎么可能成功呢？还有互动。以前纸媒时代，也有互动，比如读者来信，但都有一定的滞后性。新媒体时代，大不相同了，一篇稿件发出的时候，就是传播的开始。互动做得好，人设就确立得好，人设确立得好，传播就会更有效果。我们之前的"刚刚体"，就是一个这样的例子。很普通的新闻，但加上巧妙的互动，就会迅速出圈、刷屏，这也让受众感受到"不一样的新华社"。所以，我们现在看新媒体，新闻是一个方面，另一个方面，甚至是更重要的方面，是看评论、看留言、看互动。

其次，更加高度重视对外传播。

不能内战内行、外战外行，两个战场都要内行。尤其是考虑到当前的国际舆论环境，我们解决了挨打、挨饿的问题，但没有解决挨骂的问题。怎么解决？这就需要加强对外传播。

怎么加强对外传播？这就必须深入了解国外社交媒体和国内社交媒体之间的差异。这里面有很多的新课题，比如说增粉。这样的事情，我们以前是不必考虑的，一个强势媒体，你正常发稿就行了。但现在是新媒体时代，最大的传播力在社交媒体上，你就必须考虑，考虑什么样的内容才能增粉，什么样的内容不掉品位，什么样的内容增加黏性，什么样的内容才能更好地讲好中国故事。

讲好中国故事，也不是简单地把故事从国内版照本宣科地复制粘贴到海外社交媒体上。这需要有一个再加工的过程，包括细节的再加工、再发掘，注重共情传播。海内海外，受众都是人，我们都是做人的传播。因此，一个细节抓好了，能让受众形成共鸣，自然就有传播力，哪怕是五秒钟、十秒钟，就很可能会刷爆全网，形成现象级的传播。这就需要不断把握其中的规律，也需要教材的引导和规律的传授。

最后，坚持"内容为王"。

到底是"内容为王""渠道为王"，还是"技术为王"，现在有很多说法。我总觉得，还是"内容为王"，但是内容绝对不能局限于文字。哪怕是一篇微信文章,其实也包含了文字、图片、图表、视频、排版等多个方面。没有图片的新媒体文章,也有传播力,但往往打了折扣。还有,排版很重要。传统媒体的文章,都是一段紧跟一段排版,中间也不空行。但现在的新媒体排版,大家如果仔细看,就会发现很多主流媒体基本上每段之间空一行。以前每一段前面空两格,现在也不空了,直接顶格。这是新媒体带来的一些新变化,看了确实更轻松。我们不能轻易否定,要正视、要引导。当然,技术同样不容忽视。谁拥有了技术,谁就拥有了平台;谁拥有了平台,谁就占有了内容。

还有,无论是主流媒体也好,还是自媒体也好,一定要原创,要遵循原创的规律。宣传宣传,我总认为,既有宣也要有传,只有宣没有传那就不是有效的宣传,要宣传得好,那就必须生产符合新媒体传播的产品。这种适应不是长篇累牍,有时反而更加简短、碎片化。新华网前一段时间还推出了《新华网三句话》栏目,几十个字点评热点,一句话一个角度,效果很好。

我不是专家,对教材编写也是门外汉。我总的看法就是,教材要反映新媒体传播的实际,甚至要帮助学生引领未来的传播。这才是好的教材。

刘 涛 简 介

刘涛，暨南大学新闻与传播学院党委书记兼副院长、教授、博士生导师，全国五一劳动奖章获得者，教育部课程思政教学名师，广东省融合新闻教学团队负责人。入选 2017 年度教育部青年长江学者、第三批国家“万人计划”青年拔尖人才。主要从事视觉修辞学、融合新闻学、环境传播研究。获第三届全国高校青年教师教学竞赛一等奖、首届全国高校教师教学创新大赛一等奖、霍英东教育基金会青年教师奖二等奖、国家级教学成果奖二等奖、教育部高校科研优秀成果奖二等奖、广东省五四青年奖章等。曾供职于央视《新闻调查》，目前兼任《中国教育报》专栏作者，作品四次获中国新闻奖，其中两次为一等奖。

教材建设,重在理念创新,重在教材之于教学体系的功能发掘与探索。建设一本教材,其实就是在倡导一种教学理念,落实一种教学模式,推出一种教学方式。唯有如此,我们才能充分意识到教材建设在教学系统中的重要功能,从而真正理解“以本(教材)为本”在教学创新实践中的深远意义。如果将教材仅仅定位为课堂空间的“课本”,那便大大低估了教材在教育教学活动中的身份定位。对于新闻传播学而言,教材建设更有其特殊意义。作为教学系统的重要构成元素,教材从来都不能脱离教育教学实践本身。我们唯有走融合之路,坚持统摄思维、系统思维、生态思维、结构思维与交叉思维,才能真正把握教材建设的内涵与要义。所谓“融合”,意为按照新文科建设的基本理念和要求,综合考虑五种思维逻辑,并将其落实在理念设计、内容开发、资源建设、教材更新等环节,以体现教材建设的专业化和一体化过程。

一、统摄思维:马克思主义新闻观的全场景融入

统摄思维在此意为教材建设需要坚持马克思主义新闻观的根本指导,即按照马克思主义新闻观的基本原理和要求来统摄知识本身的结构体系与价值导向,以此回应“培养什么人、怎样培养人、为谁培养人”这一基础问题。作为新闻传播学知识体系构建的底层逻辑,马克思主义新闻观是一种通往知识规则的解释体系,其决定了新闻传播学理论大厦的基础构造,也决定了知识话语体系建构的生成法则。教材建设是马克思主义新闻观教育的一项系统工程。马克思主义新闻观可以简单概括为两大认识逻辑:一是政治逻辑,二是专业逻辑。前者要求教材建设必须回应课程思政问题,后者要求教材建设必须在人才培养的专业内涵上积极探索。课程思政建设的关键是实现马克思主义新闻观的全场景融入。对于教材建设而言,坚持马克思

主义新闻观的全场景融入，意味着在教材的目标设定、内容呈现、案例选择、教学实施等各个环节能够体现马克思主义新闻观的引领与统摄。

那么，教材建设如何体现马克思主义新闻观的引领与统摄？第一，在建设理念上，突出马克思主义新闻观在知识体系中的主导地位与意义。马克思主义新闻观所强调的政治逻辑与专业逻辑的深度融合，既是当前课程思政建设的主导理念，也是媒体融合时代教学体系创新的必然选择。如果教材内容脱离了马克思主义新闻观的规约体系和阐释框架，或者不能平衡好政治逻辑和专业逻辑之间的对话关系，那么，它本身的科学性与合法性便会存在偏差。第二，在内容设计上，聚焦和回应重大现实议题，进而强化知识本身的有机性和实践性。当前，诸如改革开放 40 周年、新中国成立 70 周年、建党 100 周年等重大主题创设了一个个巨大的思政场景，教材内容只有拥抱并回应这些重大议题，才能真正书写马克思主义新闻观的实践内涵。例如，对于"如何讲好中国故事"这一问题，习近平总书记提出了"讲事实、讲形象、讲情感、讲道理"的重要论述。暨南大学融合新闻教学团队编撰的《融合新闻学》（高等教育出版社，2021 年版）教材在第四章"融合新闻叙事"中，专门增设一节"融合新闻如何讲故事"，重点论述如何利用融媒体方式讲好中国故事，即通过创新融媒形态与语言，在"事实""形象""情感""道理"四个维度上编制中国故事的融媒叙事体系。

二、系统思维：新型教学理念指导下的教材建设

系统思维在此意为教材建设必须坚持现代教育理念的引领，按照特定教学模式的要求进行教材开发和编创。相应地，教材建设必须嵌入教学模式的设计系统之中，只有如此，我们才能在教学体系和教学实践中真正把握教材的角色和意义。如果教材游离于教学理念与教学模式，那么其知识生产的功能与潜力将大打折扣。对于新闻传播学教材建设而言，新文科背景下的教学改革和创新的基本思路就是回应媒体融合这一巨大的时代变量，

培养全媒型的卓越新闻传播人才。相应地,教材建设需要按照新文科建设的基本理念,有效协调文理融合、新旧融合、内外融合、知行融合四大关系。例如,《融合新闻学》教材在“新旧融合”上,一方面立足于新闻学所铺设的基本知识框架,另一方面又根据融合新闻的特点进行了适当的优化,如在与传统新闻进行比较的基础上,增加“融合新闻策划”“融合新闻叙事”“融合新闻伦理”等章节模块,以期实现传统新闻知识与数字新闻知识之间的深度融合。

当前,为了打造“以学生为中心”的教学体系,翻转课堂作为一种较为流行的教学模式,已经广泛应用于课堂教学创新实践。一般而言,翻转课堂要求实现课堂空间与课外空间的“翻转”,而课外空间的主要阅读资源便是教材,这就意味着教材内容和课堂内容之间必须形成一种互补关系或对话关系。按照翻转课堂的基本理念,如果说课堂空间旨在培养学生以项目为驱动的探究能力,那么教材建设则需要配合翻转课堂教学的现实情景和需要,在知识体系布局和设计上,进行有针对性的调整和创新,保障教材内容具有更大的延展性、兼容性和包容性。

三、生态思维:教材资源与其他资源的深度协同

生态思维在此意为教材建设必须打造立体化的资源体系。这就意味着既要重视教材内部的资源形式整合问题,也要回应教材资源与其他资源形式之间的内在对话问题。数字时代的教材建设,已经超越了纯粹的“文本”维度,而向更多元的资源形式敞开,由此打造一个无缝融合的教学资源“元宇宙”。俗话说,“要致富,先修路”;路上要有车,车里要有货。教学活动离不开资源建设,而教材本质上就是一种教学资源形式。那么,如何处理好教材资源与其他资源的关系问题,以及如何立足于教材资源开展其他资源形式的开发与建设问题,成为教材建设需要同步推进的建设工程。换言之,教材资源建设与其他资源建设,是一个同步推进的过程,二者都统摄在教育生

态结构之中。

如果将教材建设上升到教学体系构筑的核心位置,那么,一本教材的建设,便不仅仅意味着编写一本纸质材料,而是要推出一套教学理念得以落地的资源体系。换言之,教材建设以及与之配套的资源建设,是一个同步推进的过程。相应地,教材资源建设需要回应以下三个问题:第一,教材建设需要处理好教材内部的资源整合问题。新媒体时代的教材建设,不能局限于文字内容的呈现,还需要通过超链接、二维码等数字方式整合相应的多媒体文本资源,以此拓展和丰富教材建设的资源体系。第二,教材建设需要建设配套的立体化教学资源体系。《融合新闻学》除了教材本身的建设,还推出了配套的案例资源、MOOC 资源、虚拟仿真教学实验资源、公众号,以及与之配套的融合传播训练营等,其中重点建设中国大学 MOOC 资源“融合新闻:通往未来新闻之路”以及 3 项虚拟仿真教学实验资源“公共卫生危机事件的新闻采访虚拟仿真教学”“社会骗局类卧底调查报道虚拟仿真教学”和“重大公共安全事件无人机融合报道虚拟仿真实验”。第三,教材建设需要处理好教材本身和其他资源形式之间的对话问题。例如,如何处理好 MOOC 与教材之间的内容差异?当前,MOOC 建设大多是将教材内容直接搬到网上,而教材建设也常常将 MOOC 内容直接结集成册出版,由此导致教材内容和 MOOC 内容之间的高度同质性。对于纯粹的线上教学而言,这并无大碍,但对于线上线下混合式教学而言,由于教材和 MOOC 均是课外空间的主要学习资源,如果二者之间是一种取代关系而非互补关系,那便对混合式课堂的教学设计带来诸多困扰。实际上,教学资源体系建设需要在教学理念的指导下进行总体布局和科学规划,从而实现不同教学资源形式之间的深层协同与对话。

四、结构思维:以课程群为单元的教材体系设计

结构思维在此意为教材建设需要按照知识模块或能力单元的内在要求

进行模块化设计与开发,即沿着课程群的建设理念和思路进行整体规划。只有将一门课程置于专业结构中加以分析,才能真正把握其在学生知识、能力、素养培育中的位置和作用。每个专业都设定了相应的综合素养,而这需要所有课程的合力作用方能抵达。实际上,综合素养可以进一步细化为一系列能力体系,即能力模块。当复合型人才成为一种普遍的培养方向时,一门课程往往很难"独当一面"。相应地,能力模块往往"下沉"到相应的课程群层面,即课程群主体上构成了教材建设的基本单元,其不仅是抵达最终育人目标(毕业目标)的"阶梯",也是通往综合素养形成的"拼图"基础。因此,只有深入挖掘系列课程(课程群)之间的深度对话与协同体系,才能真正在课程群意义上回应具体的能力模块。

正因如此,教材建设不能局限于单本教材的建设,而是要立足既定的专业能力体系,打造以课程群为基础的建设体系。这便需要处理好两大协同关系:一是课程群内部不同课程之间的知识结构与递进逻辑,二是不同课程群之间的逻辑关联和融合机制。当前,新闻传播学亟待建设融合新闻课程模块和国际传播课程模块。就教材建设而言,融合新闻课程模块应该包括融合新闻学、融合新闻实务、数据新闻等课程,国际传播课程模块应该包括国际传播导论、国际新闻采写、国际传播实务等课程。相应地,教材建设应该坚持模块化的建设思路和理念,不仅关注模块内部教材之间的逻辑主线、功能分工和知识边界,也要关注不同模块之间的结构关系及协同机制。

五、交叉思维:依托虚拟教研室的教材研发创新

交叉思维在此意为教材建设需要打造高水平、跨学科的"教研共同体",根据新文科建设的内在要求推动教材的研发、建设与更新。当前,国内学者已经围绕跨学科团队建设开展了一系列教研探索实践,形成了以教研共同体为代表的教研团队建设模式。新文科背景下的教材建设,需要最大限度地整合跨学科力量,发现学科之间的交叉结构及其潜藏的知识生产空

间，而这便需要打造相应的教研共同体。具体来说，教研共同体作为一种先进的人才团队建设理念，能够联合优质的师资力量，在教材建设中实现校内 / 跨校互动、同伴互助、跨科联动。其中，以“虚拟教研室”为代表的教研模式，适应了“智能 +”时代打造新型教师教学发展共同体的内在要求，为教研共同体的打造提供了新的建设思路和方向。虚拟教研室强调通过跨学科、跨学校的多元化师资配置，协同共建教学大纲、知识图谱、教学案例、教学视频、电子课件、习题试卷、实践项目、实训项目等教学资源，其目的就是实现建材建设的跨校联动与优势互补，进而在知识共享层面推动教育均衡发展。

概括而言，我们需要将教材建设置于总体性的专业目标、教学理念和教学模式中加以研究，如此才能实现教材与教学的深度融合。作为教学体系设计中的一项系统性工程，教材建设是马克思主义新闻观教育的重要平台。在媒体融合时代，新闻传播学教材建设需要坚持五种思维逻辑，即统摄思维、系统思维、生态思维、结构思维和交叉思维。具体而言，统摄思维意为坚持马克思主义新闻观的根本指导，系统思维意为教材建设必须嵌入教学模式的整体设计之中，生态思维意为打造教材配套的立体化教学资源体系，结构思维意为创建以课程群为单元的教材体系，交叉思维意为依托虚拟教研室开展教材研发与更新工作。

刘永钢简介

刘永钢，高级编辑，上海东方报业有限公司总裁，澎湃新闻网总编辑。1999年毕业于复旦大学，先后获得法学学士、文学硕士、高级管理人员工商管理硕士学位。刘永钢是第十三届上海市政协委员，入选上海领军人才培养计划、全国文化名家暨“四个一批”人才培养工程，获得第八届范敬宜新闻教育奖良友奖。刘永钢参与了《东方早报》战略转型架构设计，推动澎湃新闻上线，带领完成中国传媒史上第一家传统媒体全员转型。刘永钢同样用变革的思维推动新闻业界与学界的交流合作，带领澎湃新闻与复旦大学新闻学院共建实训基地，共同探索互联网新型主流媒体评价体系，合建数据未来实验室。

第一,必须旗帜鲜明地以习近平新时代中国特色社会主义思想和“马新观”作为指导思想和理论基础。现代新闻学源于西方,其理论体系、研究体系、实践体系,也大都以西方新闻学为基础,已与时代发展、中国实践不适应、不匹配。

第二,要充分反映当下媒体融合实践,特别是传播技术、传媒格局方面的深刻变化。新闻传播的一些定义、概念和题材、分类都已发生变化,出现了大量的融合产品、交互产品、全媒体产品。比如,在全媒体时代,如果仍然沿用广播、电视、报纸、杂志等传统范式进行分类,那么上述划分标准的现实性、科学性,都值得我们思考和调整。同时,新闻、新闻单位、新闻工作者的定义和范围也在变化。中国的媒体融合转型,以及由此带来的诸多变化,都应在教材中得到充分体现,要让中国媒体融合转型的实践在理论上、教材上和教学上都体现出来。

第三,要强化媒介素养的教育和引领。互联网兴起之后,尤其是进入移动互联网时代后,所有人,尤其是互联网“原住民”,几乎都是在富媒体的环境中生存和生活,什么是新闻?什么是媒体?自媒体、机构媒体、专业媒体又都是什么?流量、真实、责任、宣传、舆论引导、舆论斗争等又该如何理解?如何辨别深度伪造?如何平衡看待各种信息和观点?新闻学教材、新闻学课程必须直面这些,建设成果要能够有助于提升全社会的媒介素养。

第四,强化全媒体技能教学和实践。以前,一个人靠一支笔或一台相机就可能成为一个伟大的记者。但在全媒体时代,对新闻从业者拍照、拍视频和现场记录能力的要求增多了,同时对各种小合作、大协同、跨学科方面的要求也提升了。比如,如何辨别事件真伪,如何让数据新闻可视化,再比如从报刊发行到新媒体运营,这些都对新闻工作者提出了新的挑战。新闻学教材和教学应该反映实践层面的新变化,应该针对这些新的技能、要求,进行充分的教学和引领。

第五,面对互联网与媒介融合带来的冲击和挑战,我们一定要把新闻学教材编写、新闻学教育、新闻人才培养等置于全球传播的语境下。随着中国影响力、中国话语权日益提升,中国媒体跨地域、跨国境传播,同国外媒体正面交流、交锋,以及舆论引导和斗争会越来越多。对此,新闻学教育不能只有国际新闻一门课程或者一个专业,而应将所有课程和教学都置于全球传播的背景和语境下。

第六,要解决理论和实践的脱节问题,直面宣传与管理的现实问题。新闻工作者和新闻学子都会面临诸多现实问题,如为什么有些内容只在自媒体发布?为什么有些内容,报道之后会删除?又比如国际传播中,为何会有不同话语体系甚至不同的舆论场?解决上述问题首先有赖于新闻观的确立,其次有赖于新闻素养的提升,还有赖于国际视野和经验阅历,但总之需要引导学生正确面对。

第七,一定要有开放的思维和开门编教材的方式方法。可以多引用最新的实践和案例,多与业界交流。所谓业界,也不应局限于传统的主流媒体,还应包括具有新闻信息发布、媒体属性和舆论动员功能的各种传播平台,以及媒体行业链条的各个方面,例如互联网商业平台、技术公司、数据公司、视频网站等。当下的传播格局、传播技术都面临百年未有之变局,这种时刻更需要学界专家和业界传媒工作者一起探索和思考,所以开门和开放是十分重要的。

柳斌杰简介

柳斌杰，教授、博士生导师、高级经济师。1968 年参加工作，1971 年加入中国共产党。先后毕业于北京师范大学外研所和中国社会科学院研究生院，获硕士学位。曾任冶金部白银公司辉铜山矿党委常委、副矿长，共青团中央常委、宣传部长，四川省人民政府党组成员、秘书长兼省政府办公厅党组书记，中共四川省委常委、宣传部长，国家新闻出版总署署长、党组书记，国家版权局局长。中共第十七届中央委员，第十二届全国人大常委、教科文卫委员会主任委员。现任中国出版协会理事长、清华大学新闻与传播学院院长，从政之余长期坚持教学和研究工作，主编大型主题图书百余种，出版《中国外交哲学》《人类进步的旗帜》等著作 12 种，发表学术论文 1000 余篇，工作文集 400 万字。主要研究方向为马列主义哲学经济学、科学社会主义、党建工程、编辑出版学、新闻传播及新媒体管理、文化创意和文化产业、文化法制建设等。

很荣幸受邀出席由复旦大学高校新闻学国家教材建设重点研究基地组织的中国新闻学教材建设高峰论坛。我就主办方提出的四个问题,谈点个人看法,与参会的专家学者、业界朋友交流共享。

一、重启中国新闻学教材建设正当其时,意义重大

从全球视野上看,世界正处在百年变局的关键时刻:举世抗疫、技术变革、文明对抗、民主倒退、环境恶化的状态,急需先进力量重构秩序、实现人类新文明超越。

从国内全局来看,建党百年、全面小康、抗疫胜利、国泰民安,处在近代以来先驱们所开辟的民族复兴大业发展最好的历史阶段。特别是建党以来的中国共产党的百年成就和经验以及党的新闻出版工作所创造的实践经验、理论创新、制度设计、工作体系,为我们这个学科的建设工作提供了坚实的基础。

从学术角度看,马克思主义在中国的胜利,使大多数学界精英信仰坚定,一些崇美尚西的学界人物也从困境中转变过来,特别是由美国特朗普政府的两届大选、抗疫失败、族群分裂催生的假新闻、舆论失控,表明了美国式民主的失败,也宣告了美国新闻学的破产,撕去了“专业主义”伪装,暴露了资本奴仆真面目。

由于这些大环境的变化,人们更加坚定了构建中国特色哲学社会科学的信心,走在前面的中国特色经济学、社会学、历史学等已有突破,在教材建设上已经取得了一些经验。所以,我们完全有能力建设一套中国特色新闻学的教材体系。

当下,我们组织力量建设一套助力人类认识世界、改造世界的中国新闻学教材,既是有利时机,也有重要意义。

二、中国新闻学教材建设要开拓新境界、突出时代性

党的十九届六中全会《决议》中，对新闻出版和教育工作作了新的概括：前者是为国家立心、为民族立魂、为人民立精神；后者是立德树人，培养德智体美劳全面发展的社会主义建设者和接班人。这两个核心任务就决定了我们全部教材建设的目标和内涵，应当用心体悟。

在内容上，应当贯通价值塑造、知识传授、能力培养、专业素养四个方面，使以教材为中心的教学体系为高素质、高质量、高水平的新闻出版人才的成长服务。

在范围上，应当包括新闻学、舆论学、出版学、编辑学、传播学、媒体学、新闻核查学以及信息学、网络学、场景学等交叉学科，形成教材的完整系列。

整个教材要摆脱苏联新闻学、美国新闻学教条主义和实用主义的框架和影响，突出中国性、科学性、时代性、实践性。尤其要注重“全球互联、一网天下”“四全媒体”传播的新业态、新样态、新形态所带来的巨大变化，要克服现有教材死板、落后、脱离现实的通病。新一轮新闻学教材应当在思想理论上有新境界，知识内容上有时代性，科学价值上有真理性、人类性。

三、中国新闻学教材建设要整体谋划、稳步推进、分科实施、编用结合

教材建设是立学之本，必须要高层决策、整体谋划，突出新闻学立心立魂和立德树人的作用，合理配置相关课程，系统建设教材群。过去在新闻学、出版学方面一直没有权威性教材，更没有系统性教材群，总是牛年一本、马年一本。实际是各校各院自行确定，教师各取所好。这几年可视化教学和案例教学，更是把教材变成了游戏、娱乐、猎奇场，消解了新闻舆论核心学科，转向了五花八门的传播技巧，去主流、去中心化倾向明显，问题很多。这次教材建设一定要以问题为导向，敢于硬碰硬，顶住西化的逆流。这是整体

谋划、长远考虑时的一个不能不讲的问题。

在共建共享成为基本发展方式的今天,我认为应当创新教材建设的方式。我建议:

1. 坚持开放,既要有专门团队规划编审,又要广泛吸收专家、学者参与,群策群力,集思广益。

2. 坚持引入竞争机制,以课题招标方式,调动学校、院所和个人的积极性,以便提高质量。

3. 坚持理论与实际结合,要吸收行业实践者的案例、研究者的新成果。新闻单位、出版单位、宣传部门最清楚新闻出版工作需要什么样的人才,哪些人才工作起来适应快、能力强,达到学以致用、学有所用。把党的新闻实践上升到理论层面,用学术语言去表达。

4. 坚持合作共建,随着新闻出版业融合发展的深入,文理工交叉育人已成为必须。这些交叉学科教材需要合作共建。在步骤上,我建议,实行统一规划、分科实施、稳步推进、编用结合。

统一规划主要是谋划教材的体系结构,增加“三度”,即宽度、厚度、深度,明确建设周期,推进教材创新。

宽度。下决心改变现在新闻学教材单一、死板、无体系的缺陷,史、理论、实务三大块,全都不适合了,没人愿意用。融媒体时代要从安邦定国、治国理政的重要力量这个定位出发,自觉提高站位、扩大知识基础,应当编写新闻政治学、新闻经济学、新闻文化学、新闻法治学、新闻社会学、新闻心理学、新闻技术学这样的教材,确立中国特色的系统的新闻出版教材体系,全面提升新闻学学术品位。

厚度。立德树人、育才目标要贯穿在新闻学所有教材的建设中,马克思主义中国化不是用几句简单话语去说,而是要把立场、观点、方法渗透其中,主导教师教学和学生学习及专业实践。

深度。以往的教材多数把马克思主义概念化,马克思主义新闻观也讲不清楚。这次要把马克思主义世界观、价值观、人生观和认识论、方法论,中国精神、中国力量、中国价值、中国创新渗透在全部教材中,让学生掌握新闻学的立学根本,学会用马克思主义科学地认识世界、阐释世界、改造世界。

分科实施。主要是考虑新闻下属学科太多,从全国高校新闻传播类学院的名称上看,“新闻与 ××”之类就有几十种,×× 指信息、新媒体、网络、艺术等,五花八门。必须抓住重点、分科推进。对新闻学、舆论学、出版学、编辑学、传播学等学科的重点教材,应分学科组织力量编写,既要重点突破,也要协调推进,成熟一个推出一个。

稳步推进。主要是严把质量关,既要前沿,又要科学,经得住考验。教材是一个时期学科发展水平的标志,也是教学活动的核心。必须严把内容、知识、科学、新技术方面的质量关。推出新教材,重在学术质量,不要急于求成。

编用结合。提倡学术民主,拿出大家有共识、能认可、愿使用的教材。正式推出前,进度服从质量。可以选择一些学校先试用,听取教师、学生的意见和建议,逐步修改完善,再行定版,所以要编用结合。以往一些教材权威性低,没人选用就是教训。这次论证会开了好头,开放、包容、集思广益应当贯彻始终。

四、打破学术小圈子,聚集人才编教材

中国的出版是为人类文明做出过重大贡献的行业。除了科技史上公认的造纸术、印刷术两大发明外,王选的汉字激光照排、汉字数字化、网络出版都是世界级的发明创造和创新。五千年历史文化的血脉传承、五千年文明的连续不断和创新发展,靠的就是文献典籍。即使是五代十国、蒙元政权、清朝统治的非汉族政权,也都不得不遵循以“十三经”为代表的古代出版典籍来教化社会,谋求共识和巩固统治地位,显示了中国出版的力量。历史上的中外文化交流,中国基本上也是出版担纲,先后以出版典籍开辟了西进、东向、南下的汉籍之路、书香之路;传播了中华文明,形成了西方文明靠传教、中华文明靠书籍的交流方式和“尽市皆文籍,唐船满载书”的盛景,解放

前流到海外的汉籍版本就有上百万件。在今日知识生产、传播方式和技术大变革的情况下，出版技术迭代发展，以其繁荣和实力引领世界出版上高峰。因而业界、学界、知识界强烈呼吁中国出版学升为一级学科，要求培养更高层次的出版人才。我认为这是合理的，也是负责的，应予支持。

这次出版学教材建设，要更多地关注多业态条件下的多载体出版学，融编辑、编码、编程、编导于一体的新定义编辑学、新技术支持的出版传播学，这几类教材的体系和内容建设，关系到巩固记录历史、保存记忆、传播文明、普及科学、资政育人的出版学在哲学、文学、科学、艺术等知识生产领域的基础地位和中华文化核心竞争力。一定要高起点、高质量地建设好中国出版学教材。

关于推荐教材的参与人员，我就不具体提名了，推荐一些单位吧。中国社会科学院、中国人民大学、中国新闻出版研究院、北京师范大学、华东师范大学、南京大学、武汉大学、浙江大学、上海理工大学、中国传媒大学、北京印刷学院等都有专门研究出版学的机构和专家。在业界，国家图书馆、人民出版社、商务印书馆、中华书局、人民教育出版社、高等教育出版社、中国印刷博物馆、中国出版博物馆等单位，都有一些高水平的专家，可以吸收他们参加。建议多用一些中青年学者，以便跳出传统出版学的框架，重用掌握出版前沿理论和当前技术变革，以及对出版新业态比较有研究的人，以强化教材的时代性、可用性。教材是教育之根本，关系重大，多磨有益。

总之，希望教育部和教材建设基地领导，以及教材编写出版牵头单位，要有战略定力，要有科学态度，要有开宗立派的勇气，敢于担当作为，从教材建设入手，重构中国特色新闻学的学科体系、话语体系、教材体系和教学体系，最终实现占领全球学术传播制高点的目标。相信复旦大学一定能不负众望，出色完成这项光荣的任务。要以我们的行动结束新闻学、出版学“有学无论”“有论无学”的质疑，亮出我们敢于创立中国特色新闻学的底气。兹事体大，责任不小，祝愿大家为此而携手合作、共同努力。

谢谢！

陆绍阳简介

陆绍阳，北京大学新闻与传播学院教授、博士生导师。全国新闻与传播专业学位研究生教育指导委员会副主任委员、教育部2018—2022年新闻传播学类专业教学指导委员会委员、中国电影家协会理论评论工作委员会会长。曾担任中国新闻奖、中国电影金鸡奖、国家社科基金、广电总局社科基金评委。在《人民日报》《光明日报》《解放军报》发表多篇评论文章。

学术专著《中国当代电影史》曾获北京市哲学社科成果二等奖、北京市教委精品教材奖，论文三次获得中国文联文艺评论奖。

主持国家社科基金项目“中国电影全面实施产业化政策以来电影产业成果及问题研究”，国家广电总局社科重点项目“新中国成立60年以来革命历史题材研究”“中国电影发展的‘顶层设计’”，北京市哲学社科基金重大项目“习近平关于意识形态工作的重要论述研究”。

教材建设特别重要，是学生掌握专业知识，进行研究的一条路径，甚至是一条捷径，也是我们人才培养的一个非常重要的抓手。

一本好的教材是知识的一个汇聚点，体现了三个特点：第一就是专业性，也就是说，它体现了鲜明的学科特点、边界、核心问题和带有共识性的结论。第二是基础性。它是这个学科的基石，特别是常识、原理部分，是这棵大树的主干。第三是前沿性。需要不断更新知识点，无论是理论的适用性，还是技术、技能的更新。一本好的教材在叙述方式上是简明扼要的，一本好的教材虽然有一定的共识，但是它也有个人的观点、理解、阐释，不是千人一面的，是需要有自己独特的思考、内在的逻辑体系的。如果是这样的话，那这本教材就有存在的必要性。一本好的教材需要在实践过程当中、在使用过程当中不断地检验丰富，所以我也非常同意刚才倪宁老师说的，我们一方面要建设新的教材，但是更要重视以前的一些成熟的教材，把更多的力气放在修订以及不断丰富上面。我觉得一本有生命力的教材是可以不断再版的。而且前段时间我看到中国人民大学举办郭庆光老师的《传播学教程》研讨会，说这本教材的发行量超 150 万册，从它的使用量就可以看到，这本教材已经得到了广泛的认可，短时间内，其他的同科目的教材的重复建设就没有多大的必要了。

另外就是一本教材的出版要有更多出版社参与进来，不一定就是一家出版社来专营，要有一种更开放和包容的生产体系。

最后就是教材的推荐，北京大学出版社有一套 21 世纪新闻与传播学规划教材，这个系列里面有广播电视学、视听语言、影视剪辑、播音主持、口语传播、广播电视节目制作、数字电视节目直播技术等，这些教材构成了广播电视学的基本骨架。

吕新雨简介

吕新雨，教育部长江学者特聘教授、华东师范大学紫江特聘教授、华东师范大学传播学院博士生导师、中国广播电视协会第七届理事会特邀理事、中国新闻史学会第六届理事会常务理事。主要研究方向为马克思主义新闻学、批判传播学、广播电视学、中国新纪录运动、影视理论等。著有《错位：后冷战时代的中国叙述与视觉政治》《学术、传媒与公共性》《书写与遮蔽：影像、传媒与文化论集》《纪录中国——当代中国的新纪录运动》等。

教材建设是个大问题，我很高兴参加由复旦大学高校新闻学国家教材建设重点研究基地主持的中国新闻学教材建设系列研讨会。这个工作做得很细致、很认真，让我们对相关的研究成果也有了很强烈的期待。的确，舍我其谁，复旦大学新闻学院应该有责任和担当来做中国新闻学教材的大基地建设，这个大基地可以理解成一个大平台。今天是一个平台的时代，平台的作用就是融合与连接。希望这个国家级教材基地建设能够成为一种平台化的实践，即为中国新闻学教材建设提供公共服务的数字化平台。首先，教材数字化是国际出版的主要趋势，之前我们邀请世界著名的施普林格（Springer）出版社的人来谈教材数字化问题，一方面非常容易统计教材的使用和效果，另一方面，教材面向学生和老师开放，个人可以增加和链接内容，进行个性化再生产。期待复旦大学在教材的数字平台化实践方面能有更多贡献，特别是一些案例库建设，建立开放、共建、共享的机制，造福于中国新闻传播的整体教育。其次，除了教材数字化等问题，平台也应该包含中国各个地区和类别的新闻传播学院在教学成果建设上的多样性和独特性，实现教学创新成果在此平台上的互相分享，创造学习的机会和氛围，特别鼓励年轻教师之间的切磋、砥砺和良性竞争，形成一种千帆竞发的教学创新的绿色生态。

这里，我尝试总结中国新闻学教材建设的几组关系作为框架性的思考，以供参考。

第一，普遍性与特殊性的关系。中国新闻学需要处理什么是“中国”的新闻学的问题。在我的理解里，它既需要把中国共产党的马克思主义新闻观及其实践理论化，作为马克思主义中国化的结晶，同时也需要处理社交媒体时代新闻生产的多元格局的问题。中国新闻学需要在中国看世界，也需要从世界看中国，不能只是局限在中国的特殊性内部。其实，没有比较也就没有特殊性,只有通过与普遍性类型的比较才能确定特殊性的存在意义。有人说,中国的新闻是喜鹊,西方的新闻是乌鸦。其实,无论喜鹊还是乌鸦,都是鸟类,都有共同的属性,也都有各自生存的生态环境,而生态环境的多元正是世界多样性的体现。不是舍此薄彼,而是如何各得其所,与其社会生态建立有机共生的关系。其实,现在无论是喜鹊,还是乌鸦,都面临生态危机的考验,这才是我们需要面对的真问题。

第二,文本和实践的关系。教材听上去是一个文本,是一本书。书有书的好处,文字阅读对于思考的拓展和深入是其他媒介形态不能体现的,书应该是教材的重要形态。教材数字化的过程非常重要,但绝不能因此忽视书本形式。很多以学术见长的教材并不能够被新媒体化,甚至有时候新媒体化可能会妨碍对学术的理解。但同时书本方式需要结合新媒体时代的其他多媒体形态,形成一个教材的生态环境,在各自优势互补的情况下,针对不同的教材采取不同形式,如理论性教材应该以书本形式出版,实践类教材应该多采取案例库和多媒体平台形式。今天是一个新媒体时代,也是所谓的新旧媒体并存的时代,不应该以新媒体打压旧媒体,或者用旧媒体否定新媒体,而是应该找到各自的优势。

第三,实务和学术的关系。应用是我们这个学科的意义所在,也是我们这个学科的魅力所在。我们学科时时刻刻面临新闻业界的变革,这个变革一直处于急剧变动的过程当中,为学术提供了一个广阔的空间。它要求在世界观和学术体系合二为一的过程中,去处理教材的知识体系。这就是当代中国人的知识体系,既关乎中国新闻业的业态变化,也关乎教材和学科的关系问题。既需要把论文写在C刊上,也需要把论文写在祖国大地上,用问题引领学术。而处在实务和学术之间的就是教材,教材一头联系着现实,一头联系着学术,用学术照亮现实,正是教材的意义。

第四,变革和守正的关系。今天大家更多从新媒体的角度看问题,觉得新媒体时代的发展需要新的理论和教材。但其实,每一个时代都有自己的

“新”媒体,从新闻传播学的历史一路看来,能够从传统媒体延伸和涵盖今天新媒体实践发展的学术和理论才是立得住的,如果只能够解释新媒体时代,不能解释传统媒体时代,在学术层面肯定有欠缺。真正的新闻传播学理论一定是能够打通的,通古今,通中外,这是理论的追求,也是教材的追求。

第五,权威和个人创新的关系。教材和学术著作最大的不同就是教材必须是一个共识的结晶,怎样在一个学科共识凝结的基础上,或者是对整个学科的历史现状和未来有一个宏观和总体的统摄的基础上,总结历史、形成共识、展望未来、形成教材特色,这是我们应该追求的目标。有一些教材很权威,对过去的总结很到位,但对新的前沿技术知识的吸纳和开放程度不够。应该允许年轻学者,甚至是跨学科学者,参与权威教材的建设,特别是在新媒体教材建设上,要处理好个人和集体的关系,在权威和创新、个人和集体的关系里打造教材的学术共同体。我们寄希望于教材基地来做这一工作,成为凝聚共识的教材建设的学术共同体。在共识和特色的基础上,我们看到很多国外的理论大家写的教材既有鲜明的个人特色,同时又不只是以个人学术为出发点,而是兼容不同的学派和特色作为教材的基础。只有在这样的前提下,才能够处理好中国新闻学与世界的关系。我们只有在对世界新闻业的理解的基础上,才可能在国际传播日益急迫的条件下,进行中国特色新闻学和中国新闻学教材建设,真正做到在中国见世界,在世界见中国。

第六,理论与技术的关系。新媒体时代使得技术问题变得很重要,理论知识与“术”(即技术)的关系非常复杂,需要辩证处理。今天的中国新闻学如果没有对新媒体的“术”的理解,就不可能完成理论总结和学术提炼。反过来,没有理论领导和学术提炼,重“术”就会变成技术中心主义,这不是我们追求的目标。新媒体时代的中国新闻学教材建设需要辩证处理技术、行业和理论反思的关系,这是巨大的挑战。此外,今天的教材面临着圈层化和市场化的压力,主流高校的教材建设,怎样既有学术共同体之社群传播的特色,同时又不被资本逻辑所裹胁,坚守学术的立场,这也需要思考。

马国仓简介

马国仓，1966 年 7 月出生，回族，甘肃省康乐县人，中共党员，高级记者。曾任原新闻出版总署图书管理司副司长、办公厅副主任。现任中宣部中国新闻出版传媒集团有限公司党委书记、董事长，中国新闻出版广电报社社长，全国新闻与传播专业学位研究生教育指导委员会委员，享受国务院特殊津贴，入选中宣部文化名家暨“四个一批”人才、新闻出版界领军人才，兼任中国出版协会副理事长。长期致力于新闻出版领域宣传、实践和理论研究工作，被多所大学聘为兼职教授。

教材在教书育人中具有压舱石的作用，直接关系到培养什么人、怎么培养人的重要问题。

首先，今天研讨会的方向非常好，那就是明确提出“中国新闻学”教材。方向明，就不怕山高路远；有了方向，就能确立明确的指导思想。巩固马克思主义在意识形态领域的指导地位，巩固全党全国人民团结奋斗的共同思想基础，这是我国宣传思想工作的根本任务。中国新闻学教材建设必须以马克思主义新闻观为指导，也就是要坚持以习近平新时代中国特色社会主义思想为指导，因为习近平新时代中国特色社会主义思想是中国化的马克思主义，是二十一世纪的马克思主义。

中国新闻学教材建设以习近平新时代中国特色社会主义思想为指导，要紧紧围绕两个方面，一方面要认真学习领会贯彻习近平总书记对教育工作的一系列重要讲话和论述，另一方面要认真学习领会贯彻习近平总书记关于新闻舆论工作的一系列重要讲话和论述。要用这些重要讲话和论述的精神来武装教材编写工作者的头脑，指导教材编写工作实践和教材在课堂的实际应用。因此，对这两方面的重要精神深入学习、吃透用好，是中国新闻学教材建设的关键。要以这次中国新闻学教材编写为起步，做好规划，久久为功，切实改变新闻学教材领域一直以来由西方教材引领的状况。

其次，这次中国新闻学教材建设还要注意把握两个关键词：第一个关键词是“新时代”。中国特色社会主义进入新时代，中国新闻学教材是在新时代使用的教材，所以“新时代”这个关键词一定要把握住、把握好。第二个关键词是“高质量”。中国社会发展进入高质量发展新阶段，教育化人的教材编写更不例外，即要编写具有高质量内容的中国新闻学教材。把握好这两个关键词，通过教材建设构建新时代中国特色中国新闻学的学科体系、学术体系和话语体系。

再次,中国新闻学教材建设要特别注重以问题为导向,以立德树人为根本,以培根铸魂、启智增慧为目标。

这方面,中国新闻学教材建设必须要关注和关照以下几个问题。

一是如何旗帜鲜明地以马克思主义新闻观为指导。中国新闻学教材建设要以马克思主义新闻观为主导,最主要的就是要润物无声地把马克思主义新闻观融入教材编写实践中。当然,也就是要把习近平新时代中国特色社会主义思想这一中国化的马克思主义、二十一世纪的马克思主义润物无声地融入教材中,在教学实践中达到入脑入心的效果。这是一个问题,有一定难度,需要认真研究解决。

二是如何增强教材内容上的吸引力和引导力。首先,教材内容要对当下的学生有吸引力,就要保证有丰富生动的内容,要以最生动、最管用的内容来吸引学生。另外,教材内容还要强调引导力。教材建设体现国家意志和国家事权,如何通过教材内容对学生形成这样的引导力,这是当前教材建设工作面临的重要课题。

三是如何增强文化自觉、坚定文化自信,讲好中国故事。如何讲好中国故事是一篇大文章,新闻传播在这篇大文章里占据着重要地位、发挥着重要作用。这涉及宏观话语体系的构建,教材编写在这方面有大可为。通过编写教材,首先是老师能够给学生讲好中国故事,然后培养出来的学生才能给世界讲好中国故事,这是个紧密关联的辩证关系。习近平总书记指出:“我们有本事做好中国的事情,还没有本事讲好中国的故事?我们应该有这个信心!”讲好中国故事最主要的是要培养老师和学生进一步坚定文化自信、增强文化自觉,进而增强讲好中国故事的底气。

四是如何融合贯通,培养新型复合型人才。与时俱进地培养更多复合型新闻人才一直以来都是行业大力提倡并急切呼吁的话题。在互联网时代,媒体格局、舆论生态都在发生深刻变化,全媒体不断发展,出现了全程媒体、全息媒体、全员媒体、全效媒体。新时代的教材不仅要用在学校的课堂上，而且要用在实践这个大课堂上。互联网时代，主力军要上主战场，我们培养出的学生要到实践中去。怎么才能上主战场，并且确保在这个主战场上打得赢？这就需要大力培养新型复合型人才，加强对学生技术素质方面的培养，提升学生在互联网时代融合贯通的能力。

五是如何大力增强国际传播能力建设。中国已是世界第二大经济体，但国际舆论传播中“西强我弱”的局面依然存在。党中央倡导增强国际传播能力建设，新闻传播舍我其谁，肩负重要职责。怎样把中国智慧传播到世界，提高国家的软实力，与世界第二大经济体的地位相匹配？需要把这些内容很好地体现在教材编写中。

最后，中国新闻学教材建设应该把握以下几个方面。

一是要注重规律性。新闻和教育都有其自身的规律，编写教材要尊重规律，要把新闻规律和教育规律很好地结合起来，进而策划优质教材、编写优质教材、出版优质教材、应用优质教材。

二是要注重传承性。中国传统新闻教育要从 1918 年北京大学新闻学研究会的创办算起，1919 年北京大学教授徐宝璜就出版了中国第一部新闻学教材，这是中国传统新闻教材的起源。中国共产党百年来总结了很多新闻教学方面的实践经验，从新中国成立到现在，出版了大批新闻学方面的优秀教材，这是一个珍贵宝库，对编写新时代中国新闻学教材有很重要的指导和借鉴作用。当下编写教材，怎么传承中国新闻学的传统，传承党的百年新闻教育的传统，都非常重要。

三是要注重时代性。2021 年是建党百年，再加上新中国成立以后新闻教育的发展，改革开放以后新闻教育的发展，中国特色社会主义时期新闻教育的发展，特别是进入新时代，总书记针对新闻舆论工作发表了一系列重要讲话，新闻业界、学界皆以讲话精神为引领，进行了生动实践，创造了大量教学案例，这些案例是中国新闻学教材建设最好的教材库和资料库。怎样把这些体现时代特色的生动案例应用到编写教材当中，是中国新闻学教材建设面临的重要课题。

四是要注重实践性。新闻传播是实践性非常强的学科，在新闻学的教材编写中，既要注重“道”，即要注重理论，也要重视“器”，即具体实践活动。中国新闻学教材建设既要注重新闻理论，也要注重新闻业务，还要注重新闻史的研究，因为历史也是最好的教科书，同时还要注重新闻实践，比如说案例库。现在是大数据时代，能有一个很丰富的案例库，对教材编写也好，教学也好，是非常重要的事情。此外还要格外重视新闻技术、传播技术，现在的学生还要掌握这些技术与传播手段，包括相关器材如何使用，不然工作起来困难还是非常大的。

五是要注重差异性。现在新闻教学及学生培养都存在同质化现象，很多大学培养的新闻系的学生都是一样的，上的课都是一样的，使用的教材是一样的，培养的学生千人一面。各个学校培养学生要注重特色，这从教材的角度也要有所体现，学生不一样首先是教材不一样，要让学校在学生培养上体现出差异性。

六是要注重中国特色。中国新闻学要有中国特色，这应该成为中国新闻学最主要的特征。建党百年，新闻教育实践百年，中国新闻学已构建起自身的学科体系、学术体系和话语体系，对此，我们要有充分的自信，绝不能妄自菲薄，更不能唯西方马首是瞻。就中国特色而言，以前有一些人很崇尚西方的民主，现在大量事实让大家看明白，西方的民主并不是最好的民主，也不是最完善的民主，我们的全过程人民民主恰恰反映出它的优越性来。现在习近平总书记提出的全人类共同价值，不仅受到广泛赞誉，并且在中国进行着成功实践。从这个意义上讲，如果要通过教材编写和教学实践改变一直以来西方新闻学引领教材的局面，中国新闻学教材建设就一定要突出中国特色。

七是要注重世界眼光。教材编写一定要放到世界大格局中去考量。比如说案例教学，既要有在新时代我国新闻实践中产生的大量生动案例，把它吸收进去。同时,在世界百年未有之大变局背景下,西方新闻标榜客观公正的虚伪性逐步显现出来,这样的内容也要吸收进来。通过正反两方面来教育学生、引导学生,可能说服力更强一些。所以,中国新闻学教材建设一定要有全球视野、世界眼光,这样的教材更容易进入世界新闻学的教材体系、传播体系,让世界新闻学教材里面有中国智慧、中国方案,有中国新闻学的一席之地。

最后,我还要提几点建议:一是应该在教材建设,特别是新闻学教材建设中,设立一个项目,即把新中国成立以来,或者从中国有新闻学以来的教材进行全面梳理,看看究竟出了多少种教材,先把底数摸清,再从中遴选出一批好的教材,该修改的修改,该完善的完善,该补充的补充,发挥优秀教材的作用和价值。二是对新闻学教材进行推优,真正能激励编写者编写好教材,出版者出版好教材,更主要的是要让学校能选用好教材,激发各个方面的积极性,不断提高教材建设的质量和水平。三是特别注重数据库建设,包括教材库、案例库。案例库是离新闻实践最近的教材,这样的教材更具有生动性,更实用,也更管用。

孟建简介

孟建，复旦大学新闻学院教授、博士生导师，享受国务院特殊津贴。现任国务院新闻办新闻发布评估组负责人、复旦大学新闻传播学博士后流动站站长、复旦大学国家文化创新研究中心主任。

召开中国新闻学教材建设研讨会相当重要。童兵老师刚刚讲的一些基本要求我都同意。思想正确或者政治正确是中国新闻学教材编写最起码的要求,这与其他人文社会科学有共同性,但也有其特殊性。新闻传播学的特殊性决定了我们对此要有足够的认识。时代发展的大环境、社会制度的大环境都是我们需要特别关注的。对于中国新闻学教材建设,我有如下几点粗浅的看法。

第一是开放精神。中央人大工作会议 2021 年 10 月 13 日至 14 日在北京召开。习近平总书记出席会议并发表重要讲话,他强调:“人民代表大会制度是符合我国国情和实际、体现社会主义国家性质、保证人民当家作主、保障实现中华民族伟大复兴的好制度,是我们党领导人民在人类政治制度史上的伟大创造,是在我国政治发展史乃至世界政治发展史上具有重大意义的全新政治制度。”这次重要的会议,在国外引起的反响那么大,有点出乎我们的预料。我关注了一下,国外报道中提及,这是中国这么多年以来提“民主”次数最多的一次会议。与此同时,国外报道也注意到了此次会议专门提到了“要在党的领导下,不断扩大人民有序政治参与,加强人权法治保障,保证人民依法享有广泛权利和自由。要保证人民依法行使选举权利,民主选举产生人大代表,保证人民的知情权、参与权、表达权、监督权落实到人大工作各方面各环节全过程,确保党和国家在决策、执行、监督落实各个环节都能听到来自人民的声音。要完善人大的民主民意表达平台和载体,健全吸纳民意、汇集民智的工作机制,推进人大协商、立法协商,把各方面社情民意统一于最广大人民根本利益之中”。关于这“四权”(知情权、参与权、表达权、监督权),我们在编写中国新闻学教材时,难道不要写进去?我们讲政治正确,连“四权”都不提、不写,这怎么行?编写中国新闻学教材,一定要以改革开放的精神,以与时俱进的态度,去看待我国的社会发展,去看待我国的新闻事业发展,否则我们的思想就会僵化,就编不出一套好的中国新闻学教材。回想自己参与过的与我国新闻事业发展相关的一些重要工作,很有感慨。2007年,国务院新闻办公室让我带领一个课题组参与《北京奥运会及其筹备期间外国记者在华采访规定》的调研和起草工作。当时,我们就是按照中央的要求,在国务院新闻办公室的领导下,以面向世界的改革开放态度,完成了上级交办的这项重要工作,为成功举办举世瞩目的北京奥运会做出了绵薄之力。《北京奥运会及其筹备期间外国记者在华采访规定》也成了我国新闻传播事业发展中的一个亮点,让世界对中国新闻传播界的发展刮目相看。

第二是时代特征。新闻传播学科在现代新闻传播技术伟大革命的推动下,发展可谓是翻天覆地的。从这方面看,新闻传播学可以说比人文社会科学任何一个学科都来得强烈。如果我们没有对这一时代特征的把握,很可能要出现问题。比如说,我们提到大众传播,总是津津乐道,但是作为"机构传播"的大众传播体系刚刚建构起来不久,就变成了人人都是媒体人的"所有人对所有人的传播",像这样的时代特征我们在教材中怎么去很好地把握?又比如说,当我们整天讲广播电视的时候,现在连国家广电总局也早将"广播电视"与"网络视听"并提了。前面有老师谈到了短视频在当下的重大影响,可这些新发展、新形态都不入我们新闻传播教材的视野,怎么行?我自己也出过一些广播电视方面的教材,复旦大学出版社的那套近20本的广播电视教材就是我总主编的。现在看来,这套教材中的许多内容与时代已经脱节了,必须更新和发展。

第三是科学精神。中国新闻学教材的编写,一定要秉持科学精神。这体现在教材的编写上主要是两方面,一是要很好地把握新闻传播的规律。现在飞速发展的新闻传播事业让我们目不暇接,但是,我们必须在这目不暇接中,找寻到其中的发展脉络,并从中发现其根本规律。二是要很好地把握技术发展的科学理念。一方面我们要贴近时代,追求前沿,但另一方面我们要慎重把握,不能人云亦云。比如“元宇宙”这种概念是否要进入教材,需要甄别,需要谨慎。

第四是基础彰显。我们编写的教材很重要的作用就是为本科生打基础。在新闻学院,我是教授中上本科生课程最多的老师之一。每个学期都有本科生的课程。我认为,新闻传播学本科生的教材,既需要彰显专业基础知识,还要有不同学科的“支援”。李泽厚先生在谈到夯实学术研究基础时,专门讲到了,任何学科的发展,都要注重有不同学科的“支援意识”,否则这一学科肯定发展不好。从这个意义上来讲,我们中国新闻学教材建设中,要体现出这一点。

倪宁简介

倪宁，中国人民大学新闻学院教授、博士生导师。1983年毕业于中国人民大学新闻系，留校任教。历任中国人民大学新闻系副系主任、新闻学院副院长、学校学生处处长、校长助理兼校图书馆馆长、文化科技园管委会副主任、国家清史纂修领导小组办公室副主任、新闻学院执行院长。曾任教育部高等学校新闻传播学类专业教学指导委员会委员、副主任，中国高等教育学会广告学专业副理事长，中国人民大学资产管理公司董事长。主要从事新闻业务和广告传播研究。主要学术著作有《大数据营销》《广告学教程》《广告新天地》《广告传播学》《广告精点》等。其中，《广告学教程》被列为普通高等教育“十五”和“十一五”国家级规划教材，《广告传播学》《广告学教程》曾获得中国人民大学优秀科研成果奖。独著或合著《知识经济催促媒体创新》《试论新闻媒体的信息交流》《试论公益广告及其传播》《抓好两重 实现双跨》《互联网广告的长尾理论管理》等学术论文数十篇。完成课题若干，是《新闻教学实践的组织与管理》《报纸编辑学课程教学法研究》等3项北京市优秀教学成果奖主要获奖成员。

本次会议提出的“中国新闻学”，是一个大新闻的概念，应该包括了新闻传播学一级学科下设的所有二级学科，以及本科阶段各个专业。教材建设所面临的任务，也应该与之因应。非常赞同复旦大学高校新闻学国家教材建设重点研究基地提出的加强中国新闻学教材建设的主张，也高度赞赏基地为中国新闻学教材建设所做出的努力和贡献。

大家都在说，我们面临着前所未有的百年变局。进一步来理解，就是我们国家正处在重要的战略发展期，社会转型的速度在加快，科学技术的发展在加速，对于新闻传播事业来说，影响尤为深远。新闻传播事业的巨大变化，向新闻传播教育、新型新闻传播人才培养提出了严峻挑战，同时也带来了新的机遇。就教材建设方面来说，改革开放以来，我们曾经取得巨大成果，围绕学科发展、课程建设，已经建成相对成熟的新闻传播学科各个专业的教材体系，基本做到有书可教、可读、可参考，介质也在多样化。但是，必须看到，随着新闻传播学科建设和新闻传播人才培养任务的变化，改造既有教材、打造新教材、掀起新一轮新闻传播学教材建设热潮的任务正迫在眉睫，势在必行。需要抓时机、调思路、促变革。识时务者为俊杰，通机变者为英豪；明者因时而变，知者随事而制。对此，我们应有敏锐度和紧迫感。

这些年来，以互联网为主体的科学技术发展带来了巨大变化，新闻传播学科需要重新审视，课程体系需要调整改造，现有教材基本上都面临着老化的情况。可以说，甚至花费了很大气力推出、已经出版的新闻传播类“马工程”教材，也跟不上新闻传播事业的发展，满足不了新型新闻传播人才培养的需求。所以，从目前来看，教材建设的重点是抓好修订工作。这样既能充分利用已经取得的教材建设成果，又可推陈出新。建议基地首先抓老教材的修订工作。

修订既有教材的好处，一是能够更好地发挥已经过课堂教学、社会评价等打磨的教材建设成果的作用，择其优者进行改造升级，基础扎实，收益更丰。二是避免另起炉灶，造成教材林立，只见数量不见质量的结果。但既有教材的修订，一定要有新的思路，不偷懒，不搞修修补补。

首先，要有互联网思维。到目前为止，我们的教材建设基本上还是依托纸质媒体、电子媒体而展开的。教材的编写或修订虽然也考虑了社会转型、互联网影响等方面的因素，但多是修修补补，都未成体系，没有跨越。新的教材修订，就应该充分考虑互联网为主体的新媒体不断涌现、新的传播方式不断发生、新闻传播的原理和实务都出现很多变化的情况，需要以互联网思维来把握、统筹，从基本概念、原理规则到实务操作，构建新的内容体系，以达到一个新的层级。

其次，要有跨学科的意识，在修订过程中考虑如何与相关学科相互连接、相互渗透。本来，新闻传播类的学科专业，就是在和其他学科专业嫁接交叉的过程中形成的。加强新教材的建设，更要具备这种意识。从既有教材编写的内容来看，新闻传播与其他学科的融合还是不够的。需要开阔视野，拓展思路，不仅应注意进一步吸纳社会学、经济学、市场学等人文社会科学方面新的研究成果、知识体系，还应能应用理工科方面的思维模式、研究方法，把新的营养成分吸收到新闻传播学科的教材中来。这也会使我们的教材建设展现出一片新天地。

哪些教材需进入修订的视野？需要有一个科学、适当的推荐选择机制。多听听大家的想法，集思广益，复旦大学的高校新闻学国家教材建设重点研究基地可以多发挥一点作用。从大新闻的概念出发，教材建设工作不可能一蹴而就，需要分类别、分层次、有步骤地进行，先有重点，逐步推开。建议先从本科和专业教材做起，从主干课程、基础理论等课程的教材展开。可把整个教材建设工作作为一个系统工程，保证教材建设的上下游畅通，与课程建设紧密联系起来，与任课老师和听课学生建立起良好的反馈机制，关照反应,听取意见,做到课程、教学与教材的“三位一体”。这样,不论是修订还是新编,都能做到胸中有数,有的放矢。

当然,强调教材的修订,不是排斥新教材的建设。由于互联网、新技术的冲击,新闻传播学科必然会产生新的课程,这些新课程和新教材的建设,同样需要互联网思维和跨学科意识。

由于现在以互联网为主体的传播形式越来越丰富,教材的形式也应该多样化,纸质版、电子化、网络版等并行,从而形成一个立体的教材体系,这是必然趋势。因此,在教材编写的过程中,也需要构建一个立体化的概念,以适应多种方式的教学需求。

此外,教材的修订应该常态化。现在知识更新的速度越来越快,新的概念、新的认识、新的研究成果等,都应及时体现、反映在教材里面,做到常改常新。当然,这不仅需要编写者的勤奋、敏捷,还需要出版社等的支持配合。

我有个看法,教材编写的过程中,特别是涉及概念、原理方面的内容,还不能够搞百花齐放。比如广告学,有关教材对于什么是广告,概念就必须清楚,表述要相对统一、规范。如果搞百花齐放,那就可能出现问题,学生就有可能无所适从。因此,可以讨论,允许百家争鸣,但要基本形成共识,教材里面涉及的概念、原理的内容,需要慎重、严肃对待。可以参考“马工程”教材编写的做法,可以引进竞争机制,甚至可以通过招标方式。建议基地来组织,也可以通过某些学校或几个学校的联合,把某一类、某一种教材编写好。

还有一点,健全和提升教材编写的评价体系,对于促进教材编写者的积极性,提升教材编写的质量、水平,也是非常重要的。现在的评价体系对教材编写人员达不到真正的激励作用。呼吁有关方面更加重视和提高教材编写的评价因子,给予教材编写应有的学术地位。在教材建设的过程中,这也是需要重点考虑的问题之一。

就教材建设推荐名单而言,我的想法是,“马工程”类的教材,目前除了《新闻评论》没有之外,其他的基本都出了。质量是不错的,但也出现老化的现象,需要修改。另外,现有的一些属于专业核心课程的教材、基础课程的教材,都可以作为重点建设对象,有进行修改的良好基础。具体名单,容后提供。就广告学专业而言,现有一些教材经过教学应用,有一定的基础,也需要进一步完善。相应领域的教材建设也要跟上去,这些也属于推荐考虑的对象。

彭兰简介

彭兰，中国人民大学新闻与社会发展研究中心研究员，中国人民大学新闻学院教授、博士生导师。研究方向为新媒体传播。先后出版《中国网络媒体的第一个十年》《网络传播概论》《新媒体用户研究：节点化、媒介化、赛博格化的人》等20余部著作或教材，发表学术论文200多篇。获全国优秀博士论文奖、吴玉章人文社会科学一等奖、高等学校科学研究优秀成果奖（人文社会科学）二等奖、北京市教学名师奖、北京市高等教育精品教材奖等多项奖励。主持的“数字传播技术应用”课程获国家级及北京市级精品课程称号。入选教育部2006年“新世纪优秀人才支持计划”和北京市社科百人工程。

作为新媒体传播的教学者与研究者，自 2001 年以来，我先后出版了《网络传播概论》《社会化媒体：理论与实践解析》《新媒体导论》《网络新闻编辑》等 10 余本教材。多年的教材建设经历使我深深体会到，教材是教学与研究深度融合的产物，教材建设既服务于教学目标，也是重要的基础性研究，是推动学科发展与创新的重要方式。

新媒体传播方面的教材建设，面对的是一个全新的领域，其挑战更大，下面三个方面的挑战尤为突出，这些挑战也是整个新闻传播学科面临的新挑战的典型写照。

一、新媒体传播教材建设如何更好地建构知识图谱、促成理论创新

与论文形式的研究不同的是，教材的主要任务不是深入探究某个局部的问题，而是要站在高处，俯视所在学科领域的完整图景。从知识生产的角度看，教材不仅是某一领域的知识汇聚，还是这一领域知识图谱的梳理与描绘。而新闻传播学科的知识图谱不是恒定的，实践的发展带来大量新的概念、新的现象、新的关系，甚至导致知识图谱的剧烈变动，研究者也因此需要不断更新自己的知识体系以及对知识图谱的认识，教材建设更是需要在知识图谱的更新与建构过程中起引领作用。

相较新闻传播学科中某些成熟的领域，新媒体传播是一个全新且充满流动性的领域，它在知识图谱建构过程中需要完成的基础工作更多、更复杂，挑战更大。

对于知识图谱的建立，概念的选择、界定与解释是基础。新媒体涉及的现象、概念层出不穷，对很多概念，研究者、实践者的认识也没有达成完全的一致，因此，在教材写作过程中，首先需要进行概念的筛选，判断哪些是过眼

烟云的时髦语汇——无论来自业界还是学界,哪些是能够反映实践本质、具有理论意义并能够成为学科知识图谱基础要素的概念,在此基础上,还需要厘清概念内涵,对概念作出能经得住时间考验的界定与解释。我曾经参与中国社会科学院新闻与传播研究所组织的“新闻学与传播学名词规范化研究”工作,负责新媒体部分的名词审定。这个过程中,我对新媒体领域涉及的名词进行了系统梳理,对筛选出来的名词的释义进行了体系化的研究,这为后来在相关教材里的概念界定与使用打下了基础。但这样的工作并不能毕其功于一役,未来我们还需要面对新的传播现象,反复进行这样的基础工作。这样的工作,也需要集成学术共同体的集体智慧。

梳理各种概念、现象、理论之间的内在逻辑关系,是知识图谱建构的一个关键。对于新媒体传播而言,面对着新闻传播学科原有知识体系中不曾存在的很多新的概念、新的现象,这种梳理更具有挑战性。我们不能只是把各种新概念、新现象硬塞到传统的框架中,而是需要从技术、媒介、传播、人、社会等之间新的关系结构中为各种概念、现象进行定位,再勾画它们之间的关系。虽然我们可能难以一次性地完成这样的工作,但是,在教材的不断修订中,我们所描绘的知识图谱应该越来越清晰,越来越完整。

在知识图谱的再建构过程中,我们也必然面临一个问题,那就是在新的传播实践面前旧有理论的适用性问题,以及新学科版图下的理论创新问题。

在新媒体传播教材建设的初期,我们大多是借鉴传统的新闻学与传播学研究框架及相关理论。但当新媒体不断发展,特别是当我们开始进入社会化媒体时代后,传统理论已不能完全解释新媒体的传播现象,移动时代、智能时代更是带来一些全新的传播景观。新媒体传播研究在某些方面需要超越传统理论,例如,需要打破传统的传播形态的分类,突破学者既往总结的传播模式带来的思维束缚,对于一些经典理论在新媒体传播中的适用性以及它们的发展走向等,也需要进行再思考。

尽管要真正实现理论上的大突破还有很长的路要走,但每一次的教材建设，应该也是理论升级、创新的契机，当然，这样的创新也需要有教材之外的其他研究做铺垫。

二、新媒体传播教材建设如何面对跨学科融合挑战、推动学科突围

今天整个新闻传播学的学科架构与边界都在重构，新闻传播学与其他学科之间的交融已形成，而且在不断深化，因此，知识图谱的再构建过程，不是一个对原有的图谱进行小修小补的过程，而是在多学科交叉背景下的一个全面升级的过程。

新媒体传播更是首先受到学科交叉的影响，相关教材与课程应是多学科融合，特别是内容与技术两个方向的学科融合，这也成为了共识。但是，由于多数研究者、教学者都只具有单一学科背景，真正实现融合的教材并不多，在相关课程教学中，内容与技术"两层皮"的问题，一直没有得到解决。"两层皮"的现象也会导致新闻院系的一些课程不能满足实践需求，有些课程逐渐被放弃。

也有很多人质疑将技术纳入新媒体传播教学内容的意义，他们认为，新闻传播院系学生掌握的技术，永远不能与计算机等专业的学生相比，而且技术更新太快，学校的教学无法跟上实践，因此，没有必要让学生学技术。这些观点虽然不无道理，但是这种观点的基础是将技术的价值定位于"术"，然而今天的技术不仅在改变传播手段这些"术"，也在深刻影响着传播思维与传播之"道"。就像定量研究方法给社会科学研究带来了"术"与"道"的双重影响一样，我们也需要更深入思考技术在"术"与"道"两个层面给传播带来的影响。未来，我们既需要进一步探索如何使"术"这一层面的技术教学更好地适应新闻传播的需要，也需要强化对技术在"道"的层面带来的影响的研究。

我本人兼有计算机软件与新闻传播学科双重背景，因此，我一直力图在

教学和教材中体现新闻传播思维与技术思维、方法之间的互动关系，以实践问题为导向，来解决内容与技术融合的问题。我认为，面对教学中出现的多学科难以融合的问题，我们不能简单地放弃融合，而是需要反思融合的障碍在哪儿，也需要在机制上进一步突破这些障碍。随着新闻传播学科引进的计算机专业背景和跨学科专业背景的师资的逐渐增加，融合的障碍也会越来越少。

今天的新媒体传播，已不仅仅是内容与技术的融合问题，它与社会学、心理学、认知科学、计算机科学（包括人工智能）、艺术设计甚至哲学等学科的交叉融合也在深化，这些学科给我们带来了更多挑战，甚至形成了对新闻传播学科的包围与吞噬。新媒体传播教材建设也需要进一步打破现有的思维惯性，主动突围，扩张新媒体传播的研究与知识版图。新媒体传播教材建设与教学、研究的突围，也会带动整个新闻传播学科的突围。当然，这同样需要跨越思维、观念、人才与机制等多方面的障碍。

三、新媒体传播教材如何在对“变”与“不变”的把握中实现理论沉淀

在新媒体的研究和教材写作中，研究者的一个普遍的困惑在于，面对潮汐一样不断涌来又退去的新技术、新现象，如何才能让我们的研究和教材经得住时间考验，真正完成理论的积淀与建树？对此，我个人以为，新媒体传播的研究者既要“近距离”观察、体验每一次浪潮，又要能不时地抽身，做“远距离”的思考，也就是需要保持既“近”又“远”的研究姿态。

我们不能因为害怕自己的判断失误或者研究的问题容易过时，而对新出现的技术与应用采取一种完全远观的态度，试图等到风平浪静再去做研究、写教材，那样我们可能会永远被排挤在新媒体浪潮之外。我们对新媒体的认识，也不能借助别人的眼睛，或者只是靠与已有理论的对话，以及理论性的推演。新媒体的研究者必须要“走近”甚至“走进”新媒体，新媒体教

材也需要对实践中的新现象、新问题做出回应。

从 1997 年进入新媒体传播教学与研究领域以来，从 HTML 网页、Flash 新闻到数据新闻，从博客、微博到微信、短视频平台，对于每一代新媒体传播实践中的典型技术与应用，我都有自己的实践与深入体验，在此基础上再以研究者的视角进行总结、提炼。对于传统媒体的新媒体实践、新媒体企业的探索，我也会有很多近距离的观察、调研，包括合作性研究。这些都为我的教材写作打下了至关重要的基础。

但一次又一次的“走近”，不是为了随波逐流，而是为了深入探寻新媒体大潮潮起潮落的规律，为了看清新媒体的历史脉络与未来走势。在“近距离”观察、体验的基础上，我们也需要摆脱实践者的思维约束，摆脱各种干扰因素的影响，回到研究者的角色与客观、中立的立场，进行“远距离”的思考。

新媒体时代只有“变”是永远不变的法则。判断出哪些变化将带来暴风骤雨，哪些变化只是浮云，哪些又是变化的风景中的不变法则，这是“远距离”思考的一个核心目标，也是对新媒体研究者的一个关键考验。在教材写作中，这一点体现得更为突出。

我们需要超越不断变幻的表象，深入观察技术变革的一贯线索与深层机理，理解技术变革带来的媒介、传播、人、社会等要素之间的新关系及其逻辑——这也是绘制知识图谱的基本思路，我们也需要敏锐洞察到那些与现有的媒介或社会运行法则不一致的反常与“突变”现象并探究其原因。通过对“变”与“不变”的不断认识与把握，我们有可能在不断升级自己研究的过程中，逐步沉淀出具有长远价值的理论发现，形成具有学科影响力的理论贡献，这也是教材建设的一个重要目标。

以上三个方面的挑战，并非新媒体传播教材建设面临的所有问题，但这三方面的问题在当下无疑是极具代表性的。面对这些挑战，我们目前还没有完美的解决方案，未来的教材建设的过程将是对这些挑战的不断回应的过程。

强月新简介

强月新，湖北武汉人，武汉大学新闻与传播学院院长、教授、博士生导师，主要研究方向为新闻实务、媒介经济与媒介经营管理。兼任教育部高等学校新闻传播学类专业教学指导委员会副主任委员、中国高等教育学会新闻学与传播学专业理事会副理事长、湖北省人民政府咨询委员会委员、湖北省新闻与传播教育学会会长等。

在《新闻与传播研究》《现代传播》《新闻大学》《国际新闻界》等核心期刊发表论文 100 余篇，多篇论文被《新华文摘》《人大报刊复印资料》转载。主持国家社科基金重大招标项目及省部级项目 10 余个，多次荣获省部级以上社科奖。

中国新闻学教材需要系统建设、持续完善,这已经是学界和业界的基本共识,不论从学科发展、人才培养还是国家战略的维度来看,其必要性和重要性都是不言而喻的。

首先是学科维度。新闻学教材是构建并夯实具有中国特色的新闻学术体系的重要载体。教材蕴含着学者对社会的核心主张,承载着学科知识的基础体系。在中国语境下,新闻传播实践、新闻传播教育及新闻学科建设具有特殊性,新闻学教材无疑也需要体现这种发展特征和特殊性。新闻学教材的建设对新文科建设、中国特色的新闻学术体系建设以及学术话语权的建立均具有重要意义。

其次是人才培养维度。新闻学教材建设是连接人才培养与行业需求的纽带和桥梁。移动互联网、智能终端、大数据、云计算、高端芯片等新一代信息技术产业引领传播技术革命,紧随技术变革而来的就是新闻传播实践理念的变革、业态的变革、传播结构的变革,最终在市场中体现为人才需求的变革。近年来,我们不时听到对新闻专业学生的素养与行业需要脱轨的质疑和讨论,而要改变这种现状,提升人才培养和行业需求的匹配度,教材建设是核心命题之一。教材是人才培养的"宪法",只有在教材建设过程中融入新技术、新理念、新趋势,才能够从根本上、基础上连接人才培养与业态前沿。

最后是国家战略维度。新闻学教材建设已经上升为一种国家事权。教材建设是育人育才的重要依托,"建设什么样的教材体系,核心教材传授什么内容、倡导什么价值,体现国家意志,是国家事权"。教材建设受到空前重视,国务院办公厅于2017年成立了国家教材委员会,贯彻落实《关于加强和改进新形势下大中小学教材建设的意见》,进一步做好教材建设和管理工作。具体到新闻学类的教材,新闻学科教材与意识形态建设、文化建设、对外传播息息相关,其重要性不言而喻。媒体优势核心是人才优势,所以习近平总书记非常重视新闻传播人才的培养,主张加快培养造就一支政治坚定、业务精湛、作风优良、党和人民放心的新闻舆论工作队伍。人才的创新培养是国家内外部战略部署实施的驱动和保障,而教材是实现人才培养目标的核心工具,也是人才培养理念的重要载体。

中国新闻学教材建设的内涵实际上包含两个层面,第一个层面是教材本体的建设,第二个层面是教材的配套资源及后续流程建设。

具体来说,第一个层面,也就是中国新闻学教材的本体建设需要解决范敬宜先生所说的“老化”“玄化”“西化”这三个问题。首先,要将新业态、新文化、新现象、新技术引入教材,尽量反映学界研究和业界实践的前沿,同时注重对传统文化的传承和体现。其次,要强化教材与实操的连接、对实践的服务。我们当下使用的很多新闻学教材理论内容艰深,缺少可读性、趣味性,与实践的结合也不太紧密,在新闻学教材建设中,既要有理论脉络的梳理,也要有实践经验、新近案例的补充,既要有理论性,也要有实践性、可读性。再次,要注重西方经验与中国特色的结合。中国新闻学教材建设除了要体现西方理论、西方经验,更应该体现中国特色。这种中国特色应该包含意识形态、实际国情、业界实践,尤其是马克思主义哲学立场、政治意识和文化观念等。新闻学教材建设要注重对西方新闻观的批判与借鉴,抓住新媒体发展的契机,结合中国本土新闻实践,在教材编创中体现中国特色新闻学科的思想与观点,探索新闻理论本土化,做出建构中国特色新闻学的尝试。

第二个层面是教材的配套资源及后续流程建设,如教材的发行、使用、评价等,这些都是教材体系的一部分。进入智能媒介时代,教材已发生了很大的转变,电子教材、二维码以及各种电子教辅层出不穷,因此在教材体系、教材建设中,需要考量包括音像制品、软件程序、数字系统甚至 AR、VR 产品等在内的教材相应的多媒体配套资源。

新闻学教材建设不仅要解决教材“怎么做”的问题,还要关注教材“怎么使用”“怎么评价”的问题,也就是教材的体制性建设。当前,教材出版是出版社、高校和作者竞相争夺的领域之一。然而长期以来,由于监管机制缺失、作者队伍良莠不齐、教材市场恶性竞争等原因,高校教材出版市场出现了一系列问题,如同类教材数量庞杂,重复现象严重;内容拼凑成风,学术规范缺失;内容相对较为陈旧,前沿成果吸纳不够;等等。教材的发行、使用应从长远的社会效益来考虑,建立切实可行的体制机制保障,从源头上提升教材出版发行的门槛,严格教材内容及学术规范,组建强大的教材编撰智库团队,制定系列教材评估标准,等等,将评价作为教材质量把关的指挥棒,让优秀的教材脱颖而出,持续地净化和优化教材的出版和发行。此外,教材编写出来仅仅是第一步,更重要的是如何把教材科学有效地应用到教学中去,任课教师的意见对于教科书的体系建构绝对是不可或缺的。教材建设离不开高校资深教授的建言献策。优质的教材会对教师授课带来积极作用,反过来,教师对教材的科学使用、延伸补充又会起促进作用,从而可以进一步完善和补充教材体系,这样才是良性的、动态的、有机的教材建设过程。

教材建设既然是系统工程,就不可能一蹴而就,在具体的方式与步骤上,应该加强顶层设计、强调稳步有序推进、完善分类指导。

第一,加强顶层设计。教材基地要根据国家教材委员会、教育部教材局的整体要求,结合当前新闻学教材出版现状来制订计划和规划,从教材本体到发行、评价、使用等流程深入加强顶层设计,不断优化,落实人才培养模式变革的新理念,以培养卓越新闻传播人才为宗旨和目标,在新闻学教材的整体建设中融合体现新动态、新理念、新要求。只有先有了宏观的、前瞻的、系统的顶层设计,才能确保教材建设工作的方向和理念不失焦、不混乱,有序、分层、分类推进。

第二,稳步推进。鉴于目前教材数量多、类目杂、水平参差不齐的现实情况，首先我们需要通过调研，厘清教材建设中的突出问题，“摸清家底”，明确掌握当下新闻传播学教材的整体数据和应用情况，列出教材建设的轻重缓急，相对成熟、涉及面窄的教材可以暂缓，新获批专业、涉及面较广的教材则需要重点关注，有序推进。

第三，分类指导。可结合实际情况，按照专业特殊性，选取专家编写和公开招标相结合的差异化指导模式，抓大放小，尽量实现分类指导。例如，对通识性的、基础性的、概论性的教材进行统编指导，集众家所长，凝聚共识，创新视角，打造一批通用的精品教材；此外，对一部分有特色的、新兴的、细分的专业教材进行有针对性的建设，如体育新闻专业、经济新闻专业、数据新闻专业等相关的教材，则应结合细分特性，组建专门团队，进行垂直分类编撰。在教材立项的遴选方式上，可以选择指定专家编撰与公开招标相结合的方式。

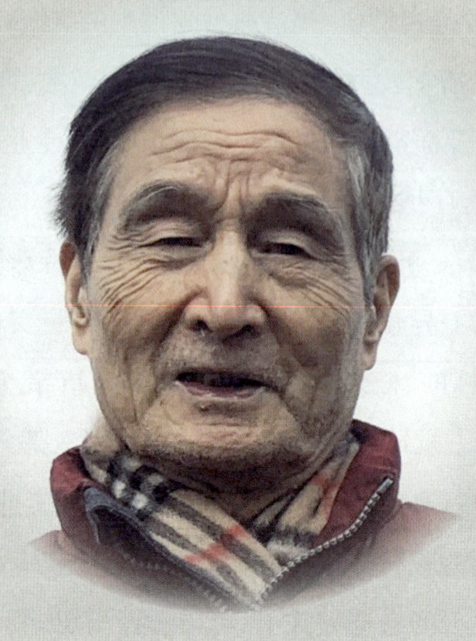

邱沛篁简介

邱沛篁，1939年12月25日生，重庆市人。四川大学文学与新闻学院教授、博士生导师，享受国务院特殊津贴专家，四川省学术与技术带头人。曾先后担任四川大学新闻教研室副主任、新闻系副系主任、新闻系系主任和新闻学院首届院长。1990年获四川省优秀新闻出版工作者称号，1996年获全国韬奋园丁奖，2003年获全国宝钢教育奖，2018年获中国新闻史学会新闻传播学终身成就奖。曾任教育部全国高校新闻学科教学指导委员会副主任、全国高等教育自学考试指导委员会委员、中共四川省委宣传部舆论研究小组成员。现任四川省新闻教育学会名誉会长、四川省老教授协会新闻与传播专业委员会顾问、四川省传统文化促进会顾问、四川大学传媒校友会副会长。

四川大学新闻传播学科的开拓者和主要创始人之一，并对中国新闻传播教育进行了开拓性研究，提出并实践了“请进来、走出去”的教育新模式，先后获得国家级优秀教学成果奖一等奖1项（署名第三）、二等奖1项（署名第一），并同时获四川优秀教学成果一等奖2项。作为课题负责人主持完成了教育部专项科研项目和国家社科基金项目各1项，以及多项有关报业及新闻传播学研究的横向课题，先后获四川省人民政府优秀社科成果二等奖3项（署名第一）。

应邀出席这次中国新闻学教材建设研讨会,我十分高兴。这是一件很有意义的大事。在这里,我对教材的编写工作提几点建议:

第一点,我认为编写中国新闻学教材是新闻教育的基础性工程,是高校新闻教育工作的重中之重。我们要进一步提高对中国新闻学教材建设工作的重大意义的认识,要不断强化并且加大对新闻教材建设工作的宣传。我认为,要进一步克服现实中持续存在的以下三种趋向:第一种就是重科研、轻教学;第二种,重讲授、轻编写;第三种,重照本宣科,轻创新开拓。我们要在教学当中广泛宣讲编写一套全国性中国新闻学教材的重要性,使大家都来关心这项工作、推动这项工作,使我们的优秀教材得以诞生。

第二点,我觉得编写这一套中国新闻学教材也可以采取"请进来、走出去"的模式,既注意坚持以高校及学界为主体、为基础,又注意邀请新闻业界、政界等社会上的专业人士参加,集思广益,共同搞好编写工作,确保教材的权威性、理论性、实践性和实用性。我建议以复旦大学高校新闻学国家教材建设重点研究基地牵头,成立一个由各方优秀人士参加的教材编辑委员会,在这个委员会下面,再按各个部分成立编辑工作组,强有力地领导这次的编写工作,使我们的这次教材编写真正做到理论与实践紧密结合,使我们的教材既有很高的理论水平,又有很强的实践价值。

第三点,中国新闻学教材的建设既要注重现实,又要照顾历史。改革开放以来,我国的高校新闻院系在教材建设方面取得了非常可喜的成绩,为新闻教育事业的发展发挥了重要的作用。我记得我们每次到复旦大学开会,都要到复旦大学校门旁的书店去看复旦出版的中国新闻学教材,每拿到一本教材都使我们激动不已。一本一本的优秀教材给了我们新闻教育工作者以支持,培养了很多新闻人才。所以我们要进一步发挥这种历史上已经取得成绩的经验,在它的基础上再进一步发展。

常言说得好,温故而知新。我建议编辑出版一本《百年中国新闻学教材汇编》,按时间的顺序,有的介绍书的主要内容,有的刊登书的主要目录,有的只记载书名、作者、出版社、出版日期。过去虽然有一些杂志登过这类书目,但是不集中,没有正式出版。我建议正式出版一本百年以来中国的新闻学教材目录,这样就能使我们在编新教材的时候更有根据,还可以方便更多的新闻学子查阅我们的教材。出一本这样的书将会对我们的新闻学教材的建设起很大的推动作用。

第四点,编写中国新闻学教材可以采取委托、指定主编或者公开招标主编的方式进行。由教材编辑委员会,由研究基地来领导、实施。根据当前新闻教学的需要,我建议将教材分成五个部分。第一部分新闻理论篇,就是要编好新闻学理论基本框架、基本原则,而且在这个新闻理论部分要突出马克思主义新闻观的内容。第二部分新闻业务篇,要让我们的学生学了新闻学以后用得上,能够成为优秀的记者,能够获得中国好新闻奖。第三部分中外新闻史篇,要编写中外新闻史。第四部分可以考虑按照现在的媒体形式设立一个报纸篇,专门对报纸进行分析研究,包括大报、小报、省报、县报等。第五部分广播电视篇、广告篇、新媒体篇。在这些篇以下设立编辑工作组,再分别编写。

我想到一些书目,比如说编一本马克思主义新闻观理论与实践,作为每个学生必须了解的基本知识;第二本,新闻学概论;第三本,新闻采访与写作;第四本,中国的新闻史;第五本,外国的新闻史,介绍当前中国以外的各个地方的新闻界的情况;还有报纸概论、广播电视概论、全媒体的采访与写作、广告学概论、新闻职业道德与修养、新闻法规等。这些教材应该首先编写出来,这是当前各个高校新闻院系首先需要上的课,先把这些课的教材编好,既吸收原有的教材好的地方,又根据当前新闻媒体的变化、当前新闻界的需要来进行编写,而且在教材编写当中,还要能够有充分的实例,加强案例的教学。

最后一点，我要衷心感谢复旦大学新闻学院。刚才也谈到了，我们是在复旦大学、中国人民大学、中国传媒大学等“老大哥”的新闻院系的带领下不断加强了教材的建设。我们四川省新闻教育学会和复旦大学出版社还在四川大学联合举行了新闻学教材编辑出版讨论会，共同回顾与思考新闻学教材给予我们的巨大的营养、滋润和帮助。实践证明，中国新闻学教材的建设工作将会是一项不断培养新闻学教师、新闻学子和新闻人才的神圣工作，我希望通过这次中国新闻学教材的建设，能够团结全国高校新闻院系各门课程的老中青教师，共同一起在教学中编写，在编写中教学，共同为提高我们国家的新闻教育水平、为培养一流的新闻人才、为国家的新闻事业发展贡献我们的更多智慧和力量。

单波简介

单波，哲学博士，武汉大学教授，教育部人文社会科学重点研究基地武汉大学媒体发展研究中心主任，国务院学位委员会第八届学科评议组（新闻传播学组）成员，中国新闻史学会副会长，中国新闻史学会传播思想史学会会长。主要从事比较新闻学、跨文化传播研究，代表作主要有《跨文化传播的问题与可能性》《心通九境：唐君毅哲学的精神空间》《20 世纪中国新闻学和传播学·应用新闻学卷》《新闻传播学的学术想象与教育反思》等。

建设具有中国特色、中国气派、中国风格的新闻学，首先需要思考是要建设画地为牢的中国新闻学，还是沟通世界的中国新闻学。当前，我国新闻传播人才需要讲好中国故事，面向世界新闻业，服务于人类命运共同体，“窄化”的中国新闻学难以实现这一培养目标。

改革开放以来，我国出版了大量新闻学教材，其中不乏成功者，但教材中的话语、概念、理论主要来自西方新闻学，另一部分内容则来源于本土新闻的工作要求，新闻学教材呈现出知识生产和新闻传播实践相割裂的偏向。具体表现为，教材对全球新闻传播理论，特别是对英美新闻传播理论过于关注，一定程度上忽视了“去西方化”的媒介研究，中国新闻学理论的构建应当充分重视并借鉴“去西方化”思维。

“去西方化”是一种文化防御的行动，是培育学术主权的反帝国主义策略，同时也意味着要关注不断变动的全球新闻业，倡导去中心化的分析视角。这一视角在西方也得到了很多回应，例如英国的马丁·康博伊（Martin Conboy）教授从批判性视角重构西方新闻业，强调新闻业包含多样性历史，包括英国新闻业在内的所有新闻业发展的历史都是在特定的时间、空间中形成的，而且英国新闻业并非线性的发展，而是既有连续性又有断裂性，既有自由又存在公共表达的障碍。这种重构西方新闻业的批判性视角也是值得中国新闻学教材建设借鉴的。

从教材建设的队伍来看，中国新闻学教材建设需要集合中外力量，组织各方学者共同参与。要吸纳业界，尤其是具有全球眼光且深度参与中国新闻改革的新闻人参与到教材建设中间来。同时，也要吸纳国外的一些资深新闻学者作为顾问，凭借日常的互动和交往将其组织起来。比较典型的是美国学者史蒂芬·沃德（Stephen J. A. Ward）出版的《全球媒介伦理手册》，他将全球的70位学者集合起来，一起来探讨新闻伦理问题。这种重新建构的全球新闻伦理话语并不局限于西方,而是由全球各地的学者共同建构的,这使其真正朝向全球新闻伦理发展,取得了很多进展,比如充当全球代理人,建立一个消息灵通、多样且宽容的全球信息圈;满足世界公民的信息需求;倡导非狭隘性的理解,使用多种来源和观点从国际角度来促进对问题的细微理解。

从教材内容来看,中国新闻学教材既要体现中国性,又要有世界性和未来性,建构具有可比性与包容性的概念,从而实现对中国新闻学概念窄化的突破。在这方面,我们可以学习德国学者托马斯·汉尼茨(Thomas Hanitzsch)的经验,他尝试将“新闻文化”发展成为一个具有可比性与包容性的概念,并主持了“世界新闻研究”(Worlds of Journalism Study,简称WJS)项目,通过各国学者的合作,在相互的讨论与对话中设计出更加有普遍性的解释体系,以期摆脱新闻学研究中的西方中心主义,共同应对全球新闻业面临的问题。目前,该项目已经发展到了第三阶段,全球有 110 多个国家参与其中。这种研究实现了记者角色在机构角色、认识论和伦理意识形态等维度的重构,这种开放的气度值得中国新闻学教材建设者学习。新闻文化带来的理论效应是,中西新闻文化得以在联系与互动的视角中得到深入的解释,中国记者角色的理解也得到了扩展,中国记者可能是故事讲述者、监督者、解释性报道记者、评论家,基于不同情境而定。汉尼茨的做法超越了“西方中心”的单一新闻视角,具有启发意义和借鉴意义。因此,中国新闻学教材建设要吸纳这些方法,发展具有情境性的新闻学,对新闻业的全球发展进行情境化阐释,在客观情境、主观情境和关系情境中来理解新闻的发展,建构各地区新闻业之间的关系,并为全球新闻业的解释贡献力量。如此便不至于把中国新闻学弄成比较狭隘的新闻学。

中国新闻学的建设应当由研究基地作为核心机构,将不同的课程设为建设项目,让有意愿的老师进行投标申请。同时,教材的编写团队需要包含业界人士和一些海外学者,积极调动各方力量共同参与中国新闻学建设。

我之所以这样讲，是因为我想到了新华社的老社长穆青先生，如果我们早一些邀请他来指导中国新闻学教材建设，一定能收获某种开放性。回想20世纪80年代，新闻学界还在为基本概念举棋不定的时候，穆青就有了许多与时俱进的想法。1982年，他在联合国新闻中心的大厅内看到了各地的滚动新闻，看到了美联社、法新社、路透社、埃菲社、南通社、印度通讯社，唯独看不到新华社的新闻，因此他产生了发展具有中国特色的世界性新闻通讯社的构想，提出为中国人民、为世界人民服务，这一观点比前面提到的史蒂芬·沃德所说的“满足世界公民的信息需求”早了好多年。当时穆青还提出了和平新闻学，和平新闻学就是在平等沟通基础上的新闻学，强调中国特色在于对第三世界的真实报道，西方总是对第三世界国家或者边缘、半边缘地区及国家进行扭曲报道，因此和平新闻的特色是公正客观地反映第三世界的真实情况，尤其是关于东方的报道。显然，中国新闻界的这类智慧对中国新闻学教材的建设是非常有帮助的。

中国新闻学是面向世界的学问，是在沟通世界的场域中重新理解和更新相关话语、概念、理论，以问题为导向的一种思考范式。因此，中国新闻学教材的建设应当开辟学生走向全球新闻业的路径，相关教材应当在内涵建设方面多加努力。

隋岩简介

隋岩，中国传媒大学新闻学院院长，《现代传播》主编，国务院学位委员会第八届新闻传播学科评议组召集人。入选教育部“长江学者”特聘教授、“百千万人才工程”等国家级人才计划6项。著作《网络语言与社会表达》入选国家哲学社会科学成果文库。论文获教育部高等学校科研奖一等奖，北京市哲社奖一等奖、二等奖。《符号中国》获第七届吴玉章奖。代表作《符号传播模式》和《符号里的中国》在美、俄、韩出版英文、俄文、韩文版。代表作《群体传播时代：信息生产方式的变革与影响》和《网络叙事的生成机制及其群体传播的互文性》均发表于《中国社会科学》。完成国家社科基金重大招标、国家社科基金重点、教育部哲社后期重大项目等国家级、省部级项目11项。在研国家社科基金重大招标、国家社科基金重点项目2项。

教材建设工作与学科的发展密切相关，新闻传播学知识体系及教材具有较强的变动性和发展性。通常而言，学科的发展具有相对的稳定性，学科稳定，教材也相对稳定。《管子·权修》中说："一树一获者，谷也；一树十获者，木也；一树百获者，人也。"学科建设培养人才，教材就是在具体层面实现对人才的培养，因此教材是百年大计，意义重大。学科的发展和教材的发展应当具有相对的稳定性，基础学科尤其如此，数理化、文史哲相对稳定，很多应用学科也是相对稳定的。比如说经济学，经济生活是每分每秒变动的，东边的股市睡觉了，西面的股市又开市了，东边的股市开始活动了，西面的股市休市了，每一分钟全球的经济生活都在变化，但是理论经济学、应用经济学两个一级学科以及最体现学科知识体系的核心教材是相对稳定的。新闻传播学却不然，学科变化很快，学科的发展必须得时刻与时代发展保持同步，因为新闻传播学科当前主要的研究对象——新媒体变化太快，教材也就得相应地进行一些修改和修订，甚至重编。新闻传播学科的研究对象离社会生活太近了，这门学科原来的研究对象主要是传统媒体、大众传播，比如广播、电视、报纸，现在这门学科的研究对象以互联网为平台的社交媒体为主。由于新闻传播学科的研究对象变化飞快，学科的专业设置、课程设置以及所需教材就要与之配套，与之发生同频共振。所以，做一套有组织的、成规模的教材，对于新闻传播学科而言，意义尤为重大。

研究对象的高速变化对新闻传播学教材的知识更新提出了很高的要求。新媒体与社会发展的密切关系使之成为一门显学，因为它的研究不仅改变了每个个体的生活方式、存在方式，也改变了整个社会的组织方式、资源配置方式、话语权方式等，甚至改变了国与国之间的关系、全球的关系，乃至全球化的发展方向和人类的发展方向。尤其是在当前社交媒体和以互联网为平台的平台化社会中，无论是个人化抑或是组织化的内容，都与政治、经济、文化高度相关，它不仅改变了生产方式，也改变了生产关系，与国际关系形成了深度互动。因此，新闻传播学教材需要跟上时代的变革速度，一些已有的教材缺乏对新变化的反映和完善，相对滞后，这并非既有的教材不优秀，而是新闻传播学科的研究对象变化太快，新的内容没有被容纳到教材中，这对教材的更新提出了很高的要求。教材更新滞后，学科建设就会陷入被动。因此，中国新闻学教材建设应当实现教材编写和学术研究的良性互动，不能够以科研代替教材编写，也不能够脱离科研编写教材。教材的创新性跟科研的创新性具有差异性，教材既需要具有完整的知识体系，也需要吸纳前沿的科研成果。

新闻传播学科教材编写要有开放的心态和胸怀，要吸纳其他学科的理论和方法。新闻传播学科研究对象的快速演变也使新闻传播学科自身显得有局限性，比如舆论学难以解决舆论问题；情绪的传播效果有时更甚于新闻传播的社会作用，而对于情绪传播的研究需要借助心理学的理论和方法；网络主播、网红主播已经深度参与了社会资源配置，资源的重新配置又重构了社会结构，社会结构被再生产，这一问题又涉及经济学、社会学等。因此，新闻传播学对互联网的研究需要借助社会学、心理学、经济学等学科。既往常用的小数据、问卷已经难以满足学科需求，需要借助大数据。然而，管理科学与工程、统计学、数学等学科在大数据抓取、统计等方面，无疑更有优势。在数据抓取过程中存在的数据操纵问题、暗箱黑箱问题、数据伦理问题以及人工智能的伦理问题又涉及伦理学，伦理学又属于哲学范畴，需要借助哲学的视角加以阐释。因此，中国新闻学的教材建设要有跨学科的思维和跨学科的胸怀。

此外，中国新闻学还要有全球化的胸怀和视野。习近平总书记倡导"人类命运共同体"，提出文明互鉴，因此文明互鉴的胸怀和视野十分重要，唯有具有文明互鉴、人类命运共同体、"拿来主义"的胸怀和视野，中国新闻学教材的知识体系、知识结构才能实现其科学性、完备性。

孙树凤简介

孙树凤，汉族，中共党员，大学本科，高级编辑。1984 年毕业于山东大学历史系，就职于中央人民广播电台，曾任中央人民广播电台总编室副主任，现为中央广播电视总台总编室主任办公会议成员。长期从事新闻采编与新闻宣传管理工作，主持多项广播电视重大课题研究，多项作品获中国新闻奖、中国广播影视奖等。2001 年荣获首届全国广播电视“百优理论工作者”称号，2017 年入选中宣部文化名家暨“四个一批”人才。

中国新闻学教材建设意义重大。中国特色社会主义进入新时代，新闻工作面临新形势和新任务。第一，实现中华民族伟大复兴处于关键期，统一思想、凝聚力量任务之艰巨前所未有；第二，世界正经历百年未有之大变局，增强国际话语权、提高国家文化软实力任务之艰巨前所未有；第三，从意识形态领域来看，当前思想文化相互激荡，价值观多元，建设具有强大凝聚力和引领力的社会主义意识形态任务之艰巨前所未有；第四，从信息化发展趋势来看，新一轮科技革命带来传播格局的深刻变革，媒体融合发展改进创新任务之艰巨前所未有。新闻工作要履行好新使命、新任务，必须筑牢思想根基。

新时代中国新闻学教材建设是一项开创性工作，应准确定位，坚持守正创新。2019 年全国“两会”期间，习近平总书记在参加全国政协十三届二次会议文化艺术届、社会科学届委员联组会时强调：哲学社会科学研究要立足中国特色社会主义伟大实践，提出具有自主性、独创性的理论观点，构建中国特色学科体系、学术体系、话语体系。总书记的讲话阐明了如果中国的学术在世界上不能建立自己的学术话语体系，那么它在世界上就没有地位。就像我们新闻传播工作今天不能有效地融通中外，连接世界，就不可能有强大的国内国际话语权。正本清源、守正创新，是学科建设必须遵循的理念。这也是十八大以来，总书记深刻把握新的时代特征，提出“守正创新”的明确要求。

中国新闻学教材建设要做好守正创新。“守正”就是过去行之有效的、对新闻传播理论和传播实践有指导意义的中外优秀理论成果应在新闻学教材里体现，即传承好中国新闻学和社会主义新闻事业的传统、经验和基本理念，借鉴好有益于中国新闻实践的国外新闻学专业理念与学术成果；“创新”就是要立足于新时代、新发展特征和新闻界新实践，必须有新话语体系和理论框架，阐述好新时代中国新闻工作的新特点、新规律和新思想，从而指导新闻实践。此外，对目前新闻教学及新闻实践中的一些模糊认识，甚至错误思想，应该有回应和批驳。新时代中国新闻学教材在内容定位上应体现两点：一是能够凝练出兼有中国特色和新闻学普遍意义的中国新闻学理念；二是能够很好地体现出当代中国特色的新闻实践。因此，教材的核心和难点是中国特色社会主义新闻理论体系的构建，也就是马克思主义新闻观在新时代发展的理论体系的构建。要做到理论和实际相结合，把握纷纭复杂的新闻现象和新闻背后的普遍性规律，并且语言要被大家所接受。自 2003 年新闻战线开展马克思主义新闻观教育以来，新闻从业人员的思想政治素质一定程度上得到了提升。但不可否认，业界仍受西方新闻观的影响，这里有长期以来在话语权上西强我弱的现实困扰，也有新闻教育与新闻实践脱节的问题，还存在着马克思主义新闻观的话语体系面向实践适应中国语境的转换力不足，所以教材应着力解决马克思主义新闻观与中国新闻理念、新闻实践的语境融合，并实现与时俱进。

教材的服务定位应以新闻专业基础教育为主，突出育人功能，打造思想理念和价值观。价值理念支配行动，所有的新闻实践都是在理念的支配下做出来的。我们每年入台的大学生培训，重点还是解决大学生的思想、新闻价值观问题，以及对党情、国情、民情、世情的基本认识问题。今天的传媒需要的是复合型人才，不限于新闻专业。人才有共同的规律，当下媒体好用的人才：一是能提供有价值的内容产品，尤其是具有“讲好中国故事，传播好中国声音”的产品能力的专业人才；二是有前瞻性创新思维的策划创意人员；三是能将思想、艺术、技术融合的全能型多媒体产品的制作人员；四是对市场和用户的需求反应比较敏感的宣传推广人员；五是能熟练运用大数据进行统计分析的专业人才。今天的传媒是多系统、多领域、多环节的合作。一专多能是高标准，但大量的应是一专而精的人员。因此学生的基本素质最重要，正确的价值观、文字能力、沟通合作能力等综合素质强依然是用人的基本要求，而传媒手段和技巧到岗后能很快学会并随着实践的丰富而不断提升。

教材体系建设应包含基础理论、应用理论、决策管理理论、史论四部分，这几部分可同步推进，其中重点是基础理论，以满足实际教学需求。首先应确定基础理论框架，解决对学科建设具有全局性、战略性、前瞻性、指导性的重点、难点和关键性问题。《当代中国广播电视新闻学》提出决策管理理论，这个特别重要。决策管理理论，包括国家的政治制度、中国新闻的管理体制机制（内宣、外宣）、国家发展全局的战略规划、相关政策法规等，以有效地加深学生对政体、国情及新闻管理、法治规范等方面的了解，引导其立足中国国情，以开放、多元、发展和全球传播的理念关注中国社会。总之，新时代中国新闻学建设要服从和服务于党和国家的战略目标，要在全球化的新格局、全媒化的新形态下，为维护国家利益、人民福祉、世界和平和人类进步贡献中国的新闻思想和理论成果。

中国新闻学教材要面向实践，站在实践的最前沿，能够总结新闻界最新的实践经验，把它抽象为一般性规律，从而指导和引领新闻界实践，所以总结实践经验非常重要。从媒体发展、内容创新、内涵理念、管理体制机制、传播手段方式变化等多方面审视，这需要业界和学界结合，才能准确地研判，总结好中国共产党新闻工作的历史经验和理论成果，做到既具有学术和理论价值，又富有实践和现实指导意义。2021 年是建党百年，我们党总结了百年历史经验和伟大成就，期待新闻界借此能梳理总结建党百年新闻工作的经验，尤其总结归纳十八大以来中国新闻界在报道国家历史性成就、历史性变革中的创新经验与发展规律。

总结当前新闻实践经验，可从理论与实践相结合入手。一是新闻理论创新。习近平总书记关于新闻宣传思想工作的重要论述及指示精神，丰富和发展了马克思主义新闻观。二是主流舆论不断巩固壮大的实践经验。尤其是十八大以来，主流媒体打造“头条工程”，传播党的创新理论，即习近平新时代中国特色社会主义思想方面的大量报道和精品力作,为打牢全中国人民共同奋斗的思想基础提供了基石。还有媒体在形势政策报道、重大主题宣传、典型宣传、热点引导、重大突发事件报道、舆论监督、舆论斗争等方面的创新突破。三是推进融合发展、构建舆论引导新格局的改革创新。网上网下,对内对外,技术进步,软硬件并重,打造新型主流媒体,以适应技术进步带来的媒体格局的发展变化。具体操作方面,建议在提升"四力"(传播力、引导力、影响力、公信力)、打造新型主流媒体方面,应用理论和基础理论应都有所体现,关注并研究新技术对传媒业发展、对学科建设的作用及影响。四是加强国际传播能力建设,开展国际舆论引导和舆论斗争的新实践、新特点、新规律。近年来,我们能深刻感到国际舆论战的交锋,尤其是新冠疫情发生后,以美国为首的西方国家妖魔化中国,无所不用其极。我国正在崛起之中,国际话语权的争夺将会更加激烈,对中国的国际传播要好好总结。五是坚持党对新闻工作的领导,总结科学管理、依法管理和有效管理的经验规律。这方面近年来出台了很多法规文件,对于理解中国特色社会主义新闻理论体系有着非常重要的引领作用。六是实施人才发展战略、建设新闻队伍的实践举措。包括宏观、中观和微观层面。此外,应用教材也是建设重点,当下技术进步对媒体的关键性作用日益凸显,随着5G、大数据、云计算、物联网、人工智能等技术的不断发展,新媒体概念层出不穷,对于随之而来的传播理念与手段的新变化,应该下功夫进行研究阐述。

最后,建议教材多采用案例教学。征集当下不同媒体新闻实践的典型案例,可用正反两方面案例教学。一是正面案例,包括优秀的广播电视及网络视听作品;二是反面案例,包括在新闻理念、新闻规范方面的错误思想与违规案例,比如虚假新闻、失实报道、低俗之风的新特点及案例,还有"高级黑""低级红"等典型案例等。相信在学界和业界的共同努力下,新闻学教材建设一定能给新闻界带来理论自信。

孙 玮 简 介

孙玮，博士，复旦大学新闻学院教授、博士生导师。20 世纪 80 年代初进入复旦大学新闻系读书，获得新闻传播学本科、硕士、博士学位。20 世纪 90 年代留校任教至今。历任复旦大学新闻学院新闻系系主任、副院长等职，现任教育部人文社科重点研究基地“复旦大学信息与传播研究中心”主任。研究方向为媒介技术理论、城市传播、媒介文化研究等。

教材和一般学者的个人研究专著不同,是一个学科在一定时期内相对稳定的知识体系的集中呈现,尽管教材也要避免千人一面,要突出特色,但相较于专著,还是更多地体现学科知识体系的共识。教材的主要用途是教学,面对的主要是学生而非专业研究者,因此更强调学科的基础性概念,以及与专业实践的对接,须及时回应相关行业实践的变化。从这个视角看,教材代表了一个学科的基本内涵和时代风貌,它的稳定性体现在学科知识理论的系统性、共享性,创新性则是跟踪学科所依托专业的人才培养的社会需求。这两个方面都涉及一个基本点,即本学科及专业实践在整个社会中的基础定位与核心价值。当然教材因学科性质不同,比如人文、社科、自然学科等,教材的基本内涵和形式体例也有差异性,但总体而言,就是要集中体现学科的核心理念及相对清晰的专业边界。

在上述总体思路中,新闻传播学的教材又有一些自身的特点,如:学科历史短,属于新兴学科;专业建制依托于新闻业的崛起,应用操作性较明显;跨学科特色明显,学科边界不清晰,即使在今天,新闻学和传播学的关系在相关教学、研究中也存在很多分歧;新闻学早期脱胎于新闻业的职业训练,即为这个新型行业培养记者、编辑等应用型人才,因此行业变化会迅速影响到新闻学的知识体系的基本构成。这些特点在各个方面深深地影响着新闻学教育者、研究者对于新闻传播学教材的认知。比如,新闻学的专业教育,如何处理职业训练、专业精神以及从公共立场观照本行业与社会、公众之关系,就是新闻学的一个焦点议题,这涉及如何处理从新闻专业机构与社会公共利益两个视角出发的关于新闻传播业的基本定位问题。尽管从宏观的一般性原理而言,这里边并没有根本性矛盾,在理想状态中是可以融合的,但在具体落实到教材编写时,却是一个高难度的议题,因为它触及的是不断变化的社会环境中新闻传播业的急剧变革。放置到当前数字技术引发的移动互联网的新媒体变革语境中，就体现为一个相当前沿但急迫的问题：新闻传播业的专业边界是什么？如何体现？当前中国将“数字中国”“网络强国”等设想提高到国家战略发展的高度，中国全民参与的新媒体实践异彩纷呈，中国互联网平台公司不断拓展全球市场，在这样的形势下，对于上述问题的解释与理解，肯定已远远超出现有新闻传播学教材的知识体系，因为新闻传播学特别是新闻学的学科理论体系，是建基于现代社会大众媒介的全面兴起。

在上述新闻业与社会发展的历史视域中，新闻学教材创新的必要性和意义就不能仅仅从学科建设、专业发展的内部眼光去理解，而是要着眼于新闻传播实践和社会的互动关系。由是观之，复旦大学新闻系在 20 世纪 80 年代推出的新闻学系列教材，之所以在新闻传播学界、业界，甚至一般的公众群体中都有很好的反响，是因为在中国改革开放的历史背景中，准确地锚定了新闻业在国家、社会乃至人类文明中无可取代的作用与价值。新闻学专业教材能够取得超越本专业边界的巨大社会反响和冲击力，是因为在中国经历拨乱反正、重新走向世界舞台的关键时刻，解释了什么是新闻、什么是传播，以及新闻业对于社会不可替代的作用。这个新闻学教材现象，不仅仅是一般意义上的学术概念、知识体系的更新，而且确立了新闻业对于一个开放进步社会的重大意义，这表明新闻学教育和研究参与了 20 世纪 80 年代中国整个社会思想解放和改革开放的伟大实践，也为新闻业实现公共价值贡献了思想资源。教材反映出的中国新闻学界的共识——重新定义新闻、新闻价值、新闻机构在社会中的地位与影响等，对于新闻从业者、新闻专业学生、一般公众、政府官员、企业领导者、民间组织等，理解新闻、新闻业、新闻记者对于人类文明的重要意义，对于中国改革开放的重要意义，发挥了巨大作用。这个时期涌现的一大批新闻学教材，可说是 20 世纪 80 年代中国改革开放时期现代性启蒙的组成部分，推动了中国社会的历史性进步，也由此奠定了新的历史时期中国新闻学的学科地位和学术思想价值。

这种将新闻、新闻业、新闻传播实践放置在与中国社会密切互动、推动人类文明进步的视野，应该成为我们当前思考移动互联网时代新一轮中国新闻学教材创新的基本出发点。

首先，当前我们正处于人类文明的转折点，人类文明的知识生产范式发生了革命性的变化，这是所有学科都面临的共同前提。具体到新闻传播学科，影响最大的因素是技术的巨变，数字媒介的崛起使得几百年以来相对稳定的大众媒介系统遭遇前所未有的挑战，人类社会进行新闻生产和传播的方式发生了重大变化，现代社会确立的大众媒介框架下的人类社会的关系与模式正在急速转型，这是当前中国新闻学教材建设中需要考虑的最重要的前提。正是这样的前提赋予了中国新闻学教材更新的重大意义，这意味着我们不能将眼光局限在专业新闻机构内部生产方式的变化，要开阔视野，在历史纵深、全球范围的大尺度中观照新闻传播实践的变革。比如，以当前热议的元宇宙现象为例，有学者认为，我们讨论元宇宙，如果仅仅是从资本、垄断、投资、这一两年的行情怎么样的视野出发，我们就太鼠目寸光了，无论是盲目乐观还是悲观的批判，眼光都太狭隘了。元宇宙涉及的是新技术激发的人类社会的重大转型，所以不论哪个国家、哪个民族、哪个学科，我们都得在这样的视野上考虑我们的应对与变化。

其次，中国新闻学教材既要体现本土化，又要与全球学术界展开对话。具体来说，一是教材内容要实现新闻传播学知识范式的全面转型，这个转型就是要打开新的思路，要抓住数字技术、新媒体如何重构了整个社会的连接方式，这是新闻传播学知识范式转变的关键点。当下虽然大众媒介机构本身遭遇一些危机与挑战，但是传播媒介的基础性力量和动能，及其在整个人类文明中的辐射力却是大大增强了。无论是理念的创新、视角的转换，还是新闻传播实务具体方式的变化，都应该以此为出发点，以阐释新闻传播媒介对于人类文明的重大价值。这个基础性的力量是怎么通过数字技术崛起这样一个历史性机遇释放出来的，这是新教材必须把握的核心。因此要避免只是在原来既有大众媒介的理论体系和思维框架中加上一些新媒体的案例,要把移动互联网思维变成教材创新的基本思路。二是回应现实。现在新闻传播行业发展非常快,大众媒介原来的体制、机制、理念及生产方式都发生了非常大的变化,非专业机构的新闻传播实践以多种样态迅速崛起,因此新教材不能仅仅着眼于主流媒体正在进行的数字化转型,这当然是非常重要的一个议题,但不应该是新闻学教材创新的全部内容,要观照到整个社会新闻传播实践的变革。这提示我们,在编写教材时不能局限于主流媒体怎么使用一些新媒体来增加引导的力量,更要看到的是数字媒介形成的对其他行业的辐射力量,比如说互联网金融、国家治理、城市传播,它们原来被认为不属于我们学科涵盖的范畴,但因为现在新闻传播行业的变化,都成了可以纳入新闻传播学视域中的非常重要的议题。总体而言,主流媒体的转型、新媒体的实践,包括微博、微信、短视频、直播等,都应该被纳入视野中,教材应该积极主动地去回应这种新型的新闻传播现象。三是了解各个学校的特色与专长,在原来新闻传播学体系化的基础上,把每一个学科分支、每一个学院的特色创新的研究转化为教材,从而突破原有的体系,在相对有一个完整体系的前提下,鼓励教材向突出的创新研究的专门化方向展开,实现研究向教育、教材的转化,保持教材的活力和创新性。

对于中国新闻学教材建设的具体实施有三点建议:一是要联合教材基地负责人与专家委员会成员提出教材建设的整体设想,这一设想要呈现新时代新闻传播学科的整体面貌,回应当前中国社会发展的重大问题。二是要采用数字出版方式,使用案例库、数据库的形式,用超文本、超链接的技术来建设中国新闻学教材。这种线上的案例库形式也有利于案例的不断更新,不断容纳新的学科与业界变化动态。三是要实现高质量的教材建设,制度性的安排十分重要,要事先通过完善的机制安排,保证教材编写的高质量与创新性,以实现新闻传播学教学的全面转型,并与学术研究的转型相勾连,来呈现新闻传播学在新时代的整体新面貌。

汤景泰简介

汤景泰，复旦大学新闻学院教授、博士生导师，重点从事传播大数据与舆论学研究。获教育部高校科学研究优秀成果奖、广东省哲学社会科学优秀成果奖、中宣部舆情信息工作优秀个人奖等，入选2019年度中央宣传部宣传思想文化青年英才。已在《新闻与传播研究》《政治学研究》等期刊发表论文50余篇，出版专著2部，主持国家社科基金重点项目、中英国际合作项目等各类项目10余项。获聘中央网信办互联网舆情中心特约研究员、全国“中长期青少年发展规划”专家委员、中国青少年新媒体协会理事等。

教材是最重要的知识传播媒介之一,需要从现代知识生产和传播维度来深入分析教材的定位、功能、角色、内容和质量评价标准。具体到网络新媒体领域来说,当前的教材建设难以匹配中国日新月异的网络新媒体实践,业界和学界生产的前沿知识很难及时反映到教材当中。究其原因,一方面是因为实践发展变化太快,另一方面则是因为教材编发需要的流程较长,从学术论文的写作发表,再到教材的编辑出版,需要较长的一段时间。鉴于上述问题,中国新闻学教材建设可以广泛借鉴新传播时代知识生产与传播的新理念、新技术与新策略,从如下四个方面做出努力:

第一,教材的数字化建设势在必行。目前,出版社除了教材,出版其他的书都难以实现盈利,这说明大家都在适应新的知识生产和传播方式,但教材却还在延续着传统的知识生产与传播方式。讲授网络与新媒体的教材,不能既不用“网”,又不新颖。因此,作为新知识的生产者和传播者,应该思考如何正确处理纸质化和数字化的关系,特别是在网络与新媒体教材的建设上,高度重视数字技术的应用,推动教材的数字化发展。

经过多年的探索,现在的数字图书已经积累了非常丰富的经验,设计精美,版式精良,内容丰富,互动多样,并且适应多种终端。因此,数字化教材不是对传统纸质教材进行简单的数字化处理和数字化呈现,而是要充分利用多媒体技术,对教材内容进行多模态话语的充分呈现,同时利用数字互动技术强化师生互动、学生互动,以及教师、学生与教材作者之间的互动。这带来的不仅是学习感受的升级,而且是学习模式的全方位改变。

第二,重视教材的平台化建设。当前的“媒介融合”推动着知识生产与传播方式的融合。在这种融合而成的大传播格局下,平台化成为信息生产与传播过程中最流行的结构方式与组织方式。所谓“平台”,指的是“建立在海量端点和通用介质基础上的交互装置或交互空间”,其核心竞争力是通过通用介质(网络)聚合连接海量端点,通过特定的机制提升海量端点之间的交互效率,进而满足用户的需求。依据这一内涵界定不难发现,教材就是非常好的平台化媒介。教材连接着作为生产者和传播者的教师,以及作为接受者的学生,学生群体数量庞大且源源不断,符合平台连接多终端的要求。以教材为中心的平台化发展,会更适应未来的数字教学趋势。

教材的平台化将对知识的生产与传播模式产生颠覆性影响。首先,教材的平台化将确立教材编写者的中心地位及其在知识传播中的主导性,可以极大提升教材编写者的获得感与成就感,从而为教材的编写、更新提供最直接的原动力支持。其次,教材的平台化还可以让教材编写者与作为接受者的学生建立直接的关系,可以更好地保障知识的高质量传播。再次,基于教材的平台化,可以以教材为中心,重新设计学习场景,链接更丰富的教学资源,从而为学生提供与当下传播环境相适应的学习平台,实现以学习终端为载体、以教材云平台为支撑的多主体、多维度、多层次的高效互动,引领学生学习方式和教师教学方式的根本性变革。

基于这一平台,还可以探索以教材为中心的社群化运作。当下学者对于教材的重视度、获得感不足,其原因在于现有的评价机制下,教材的定位无法为学生和教师提供获得感。为了提升获得感,可以在教材平台化的基础上,以教材为中心做社群化运营的探索。互联网本质上是一种关系的传播与重构,部分知识分享平台和知识付费平台以社群运营为核心进行知识生产与传播模式的探索,一方面促进了知识生产者的获得感,另一方面提升了知识的传播与互动,积累了丰富的经验。在上述情况下,完全可以借鉴已有的成功经验,以教材为中心进行社群运作。

因为有大量学生的参与,以教材为中心的社群化运作会较为成熟并且高效。通过这种社群,可以勾连起教材作者与不同学校教师,以及选修该课程的学生之间的关系,可以就课程的资源建设,以及学习的各种心得体会进行分享,不仅由此可以进一步提升教材和编者的中心地位,也可以通过该模式让新知识获得更加快捷高效的生产和传播,从而进一步提升教材平台的活跃度。

第三,重视教材的国际化建设。在当下我国各个部门高度重视国际传播的形势下,中国新闻传播学教材的国际化具有特别的意义与价值。不仅如此,在网络与新媒体领域,中国拥有世界一流的传播实践,但是当前中国网络与新媒体方面的教材输出到国外的数量较少,这与中国网络平台的地位并不相称,说明还有较大的提升空间,也体现出教材基地确实大有可为。

中国新闻传播学教材的国际化,一方面要注重吸收国际前沿理论研究,采集分析国际案例,另一方面也要发掘国内具有标杆性的研究成果以及具有较高典型性的本土案例,从而打造既具有国际水准,同时又体现出中国本土特色的新闻传播学教材。

提升中国新闻传播学教材的国际化水平,还离不开国内留学生的深度参与。深入调查留学生对于国内教材的意见与建议,掌握他们对教材内容安排、案例设计、课堂讲授等各方面的需求,可以有效帮助教材编写者进一步提升编撰水平。

第四,制定独立的中国新闻传播学教材质量评估指标体系。效果评估是一个传播活动不可或缺的环节,可以通过高质量的反馈建立传播闭环,从而提升传播质量与效率。因此,也有必要建立科学的教材质量评估体系。在中国新闻传播学教材质量评估体系设计中,建议建构教师与学生一体化参与的评估指标,并特别重视学生的反馈意见。此外,可以在前述教材数字化建设的基础上引入大数据分析技术,通过对学生教材使用行为和时长的分析,完善教材质量评估的指标构建。

面对着新传播环境和新一代新闻传播专业学生的需求,中国特色新闻传播学教材建设具有特别的意义与价值,期待复旦大学中国新闻传播学教材基地做出更多更好的成绩!

唐胜宏简介

唐胜宏，人民网研究院常务副院长，高级编辑。长期从事新闻网站管理和媒介发展、网络传播研究。参与或主持“新技术条件下的媒体融合发展研究”“推动传统媒体与新媒体融合发展研究”“智能信息服务与网上舆论安全及意识形态风险研究”等多项国家社科基金重大项目、重点项目及部委课题研究工作。撰写多篇论文及研究报告，被相关部门采用或在学术刊物、《光明日报》国家社科基金专版等上发表。曾担任人民日报社《中国媒体融合发展年度报告》(2014年版、2015年版)执行主编。2012年至今担任我国首部移动互联网蓝皮书《中国移动互联网发展报告》副主编、执行主编。2016年起主持研究并发布《中国媒体融合传播指数报告》等。

在人民网工作21年，关于新闻教材，我也交流一些粗浅的看法。听了黄传芳老师的发言，我很受启发，特别是关于毕业进入主流媒体之后的大学生存在一些不适应以及困惑这一点。老一辈新闻人，关于党性观念、主流宣传等价值认定非常清晰，但现在年轻人好像不知道为什么是这样。所以，今天讨论教材问题，从业界需要什么样的人出发来谈教材特别好，因为最终教材是为了培养人、培养业界需要的人。

从业界对人才的需求来看，要注重培养学生的六种能力：

第一，理论素养。大学期间很重要的是培养科学的理论认知，虽然技能也需要培养，但是打基础的是思想认识，理论素养特别关键。刚才说到年轻人的困惑、不适应，其实就涉及马克思主义新闻观的培养，我们一直在说培养"马新观"，但当代马克思主义新闻观看来需要在理论上研究清楚、进一步教明白。

首先是要增强理论自信。作为新闻专业的学生，而且是未来的从业者，对新闻传播的本质属性的认识要清晰。比如信息传播属性和意识形态属性，西方的新闻观一直是很刻意强调新闻一般的信息属性，极力掩盖它的意识形态属性，强调客观中立等，但它有欺骗性，有虚伪性，尽管之前暴露得不是很充分。马克思主义新闻观从来不隐瞒自己的政治立场倾向，公开强调新闻就是要坚持党性，为什么要坚持党性？对西方所谓客观中立怎么批判性地认识？这是作为新闻从业者必须弄清楚的问题，也是作为教育者或者教材必须要讲清楚的问题。再比如说新闻体制的问题，西方强调的核心理念就是所谓的新闻自由、独立媒体，这也是他们拿来批评中国没有言论自由时经常使用的一种说辞，我们怎么来看？包括为什么要坚持正面宣传为主的报道方针？有人说新闻从业者也有自己的特殊利益等等。这些说起来好像都是很敏感的问题，但是实际上业界从业者，特别是领导层，包括资深的从业人员,都有很深刻的认识。

曾经看到过人民日报社老社长李宝善社长公开发表的关于坚持马克思主义新闻观的精彩论述,包括对上面说到的几个问题的回答。我们的中国新闻学应该对西方新闻学标榜的核心理念有正确的批判,让学生形成正确的认识,而且除了理论的论述之外,还要用事实来说明。比如说这几年西方的华尔街运动、"黄马甲"运动,包括新冠肺炎疫情暴发以来西方的新闻报道等,还包括西方近年来公开封杀海外社交媒体上的中国媒体账号、正能量账号,还有限制中国媒体记者的美国签证,等等。在世界百年未有之大变局这个新的时代背景下,西方新闻观的虚伪性暴露无遗,很多国人可能有了更深的认识。从新闻教育的角度来讲,应该让学生知其所以然,才能真正坚定理论自信。

其次是要增强理论自觉。不仅要正确地认识西方的新闻观,还要构建当代马克思主义新闻观,积极探讨在新时代、新技术条件下新闻舆论工作的社会价值。在整个社会分工当中,新闻事业、新闻行业赋予了行业从业者社会责任,需要我们建立起中国特色、中国气派的新闻学理论体系,自觉主动开展新闻实践。中国特色社会主义制度是人类社会文明制度的全新探索和全新道路,中国的新闻事业是其中一个很重要的组成部分,这是一种全新的先进政治制度下的新闻实践,从中国的实践上升到理论认识,非常有创新性,也非常有价值。中国经济长期高速发展,中国社会长期保持稳定,这比起西方的经济停滞、社会割裂,显示出了极大的先进性。其中在新闻舆论方面,我们的经验、成效、先进性值得总结,它是整个中国社会发展模式的部分,值得把它升华到理论的认识。建立中国新闻学教材体系,这本身就是一项有战略意义的工作。

与此同时,我们既要学习西方理论中科学的规律性认识,也要做一些创新发展,现在可能也到了时候,也有条件了。比如说前段时间美国议程设置理论的创始人去世,学界有很多纪念他的文章,包括一些研讨。他提出来的议程设置理论是经典理论,后来又发展出来网络议程设置理论等。西方类似这样的一些经典理论在互联网时代有很大的发展空间,它有利于我们更好地把握互联网时代的传播规律、做好新闻事业。另外近年西方兴起的建设性新闻,国内也有很多研究,但是我感觉,其实在中国这不是新东西,我们一直在强调做建设性的舆论监督,或者说舆论监督一定要有建设性,这一直都是我们要求坚持的宗旨和原则。这方面理论的创新发展,我们甚至应该走在前面。

再次,应放眼世界。原来容易陷入我们跟西方去比,比较谁先进,谁做得好,谁做得不好,等等。但是现在探索一条自己的道路,谁也没走过的道路,其实更应该从人类社会发展的角度,从世界范围来看,包括从总书记提出的人类命运共同体这个视角,去思考新闻传播的功能和价值取向,以及作为世界的一分子,怎么去积极推动、促进自由平等、公平正义等这些包含全人类共同价值的正能量报道,去服务民心相通,服务全球治理。做国际传播要有全人类的视野,或者说不限于我们国家,要有一些共同价值理念的倡导,比如说怎么防止资本操控舆论,类似这样的一些话题其实各个国家可能都值得深思。

总的来说,通过构建中国特色的新闻理论体系,以高度的理论自觉,增强从业者的社会责任感,才能创新新闻实践,提升新闻水平。理论素养很重要,每个学科都有专业性,但都是以理论为基础,新闻学的基础理论建构必须要扎实,对从业者而言,也是树立专业思想或者说是能够长期在这个专业发展的一个基石。现在人人都有麦克风,谁都可以做传播者。学新闻专业的学生也好,其他从业者也好,不论是到主流媒体,还是到一些商业传播平台,都需要理论基础上比一般的受众或者一般的传播者具备更专业的素养,包括有更高的、更强烈的社会责任感,这是作为专业人士需要培养的内容,所以新闻基础理论教材非常重要。

第二,政治素养。新闻离不开政治,新闻舆论是意识形态的最前沿,这是基本的专业认识。有的从业者还说政治是最重要的新闻,不管是记者还是编辑,也不管是政治报道还是经济、文化、教育、体育、民生报道,政治判断力和政治敏锐性都至关重要,决定着从业者对新闻线索的价值判断、对新闻写作的取向把关。之前做了点小调查,针对《人民日报》、人民网的资深记者,还有人力资源部的负责人,他们觉得新从业者可能还是缺乏基本的政治素养,有的甚至不懂政治或者不讲政治。其实就算做行业报道,如何理解各种行业政策都需要政治素养,所以建议在现有的思想政治课的基础上,新闻专业可能还要加强政治素养方面的专门培育。

第三,文字素养。现在是互联网时代、可视化时代,但是作为新闻从业者,文字还是一个最基础的素养。新闻是思想和表达的有机结合,而文字的表达是基础,包括视听等多媒体形式其实也是文字的具象化。现在媒体对文字能力的要求也比较高,可能报纸更明显。一些资深记者觉得现在一些新毕业的大学生或者新来报社的从业者,文字基本功不扎实,甚至有的语法不通、文字不畅,多数在及格线上下,优秀者寥寥,有个性化风格的更是少之又少,在互联网时代有个性化的表达可能更容易脱颖而出。文字表达能力是新闻的基础素养,视频制作也需要文字打好基础,比如说写文案,写视频脚本,甚至配字幕,文字不过关都不行,出差错也是很大的问题。所以建议还是要加强文字写作的专门训练,提高相关课程设置的系统性,提升培养效果,包括各种体裁的新闻作品的写作,都要比较系统地在学校加以训练。

第四,逻辑素养。新从业者对新闻线索的因果关系、来龙去脉不甚了了,采访过程缺乏逻辑性,写出来的稿子逻辑不清晰,结论不严谨,经不起现实和历史的检验。建议加强逻辑思维的专门培训,设置相关的课程。

第五,思维方式。注重正确的认识论和方法论的培养,养成实事求是、理性务实的思维方式。新闻工作除了要报道事实,还要引导人们看待事实。有两点特别重要,第一点是政治立场,和前面说到的一些基本理论是相关的,同样的事情,立场不同,看法截然不同,只有坚定地站在国家和人民的根本利益的立场上，以人民为中心，才能正确地认识问题。第二点是思想方法，它和政治立场是相互影响、相互作用的，同样至关重要。正确的思想方法的精髓就是实事求是，想问题、写文章、发议论，一切要从实际出发，不仅要想“怎么看”，更要想“怎么办”；不仅要想“对不对”“该不该”，更要想“行不行”“能不能”；不仅要学会“辩证看”，更要懂得“务实办”，有些观点和口号听起来美好，但实际上行不通，结果就是祸国殃民。只有坚持正确的立场和思想方法才能做好舆论引导工作。

第六，传播技能。有关传播手段、传播方式以及传播技能的培养，包括文字准确、简洁、生动的基本功训练，音视频包括 VR、AR、动漫等新媒体制作方面的能力都需要加强。像人民网就是一个网络新媒体，几乎所有的新闻传播方式都需要。所以希望学生在学校期间能掌握一些基本的新媒体内容生产传播技能，包括一些软件的使用，比如说一些视频剪辑软件，最好一到单位就能上手。还有就是机器人写作，可能有人也担心，现在媒体智能化了，记者会失业等。其实一些模式化的报道是可以让机器人去做的，比如说一些体育赛事、经济数字、数据的模块化报道可以让机器人去做，但是新闻人的作用还是不可替代的，因为他们是新闻价值的决定者，是算法的决定者，学会用价值去引导机器规则，做机器人的设计者就可以了，然后让它更好地完成你想让它完成的工作。

关于教材编写工作，有以下四个方面建议：

第一，要有中国自信，彰显中国气派。新闻理论素养培养的前提是新闻理论本身要有创新、有突破，形成中国特色的体系，这是中国新闻学教材编写的一个最重要的或者说最有突破性的面向。

第二，吸收业界的实践经验。业界特别支持学校结合实践经验，形成良性互动，比如说可以向业界定向征集实践案例，因为新闻是一个实践性非常强的学科，所以案例教学可以多一些，有实操的可行性、实效性，可以借鉴经管学院的教学经验，像 MBA 教学就是案例教学为主。MBA 学生学习期间，学400个到600个案例,毕业到公司工作之后,遇到的每一件事儿可能都有案例可以遵循。新闻也具有丰富的实践经验,可以建立一个数字案例库,比如说中国新闻奖等各类新闻奖的优秀作品,可以给学界提供。还包括业界的专家访谈录,围绕经典的报道、经典的人物,采访优秀的从业者,从他们的访谈中汲取经验,非常有价值,特别是结合一些具体的细节,对提高学生的认识水平很有帮助。还有一些传媒产业的发展报告、指数报告以及一些行业研究成果,也可以作为教材的一部分。

第三,吸收业界专家共同参与教材编写。新闻学教材比较缺乏最新的实战经验,就理论说理论。新闻史和新闻理论教材可能相对好些,但新闻业务的内容相对陈旧,很多书可能就是没有干过媒体的人写的,不太实用,特别是新闻业务方面的教材,希望能够有媒体工作者参与教材编写。

第四,注重数字化形式,实现可视化。比如教材中可以放一些二维码,它能实时更新一些案例,成为可实时更新的内容。现在是互联网时代,还可以采用一些众包的方式,发挥网络化、数字化的作用,进一步做好教材编写工作。

唐绪军简介

唐绪军，汉族，中共党员。1959年2月出生于江苏无锡，祖籍山东文登。1982年1月毕业于南京师范学院中文系新闻专业，获文学学士学位。1982年2月至1984年7月，先后在中共徐州地委、市委宣传部工作。1987年7月毕业于中国社会科学院研究生院新闻系，获法学硕士学位。1987年7月至今，在中国社会科学院新闻与传播研究所工作，历任研究室副主任、副所长、所长。现任中国社会科学院大学新闻传播学院院长、博士生导师。主要从事新闻业务、传媒经营管理和新媒体等方面的研究，所撰专著《报业经济与报业经营》获第四届吴玉章人文社会科学优秀奖。全国新闻出版行业领军人才，享受国务院政府特殊津贴。国务院学位委员会第七届、第八届新闻传播学科评议组成员。

编写一套“中国”字头的新闻学教材是新时代赋予中国新闻传播学界的一项新任务,也是我们这个学科加快“三大体系”建设的重要抓手。其必要性已经无须讨论了,需要讨论的是可行性,即:怎么做?从哪儿入手?

我个人认为,可行性主要体现在以下四个方面。

其一,从历史层面来看,现代新闻学知识体系在中国的形成,恰与中国先进知识分子现代性的觉醒不期而遇。中国共产党成立后,在马克思主义的指导下,其新闻舆论实践活动历经百年,已经积累了相当丰富的正反两方面的经验和教训。这些经验和教训亟待条理化、系统化,最终形成具有中国特色的新闻学理论体系。

其二,从社会层面来看,新中国成立70多年来,建立起来了一套完全不同于西方国家的社会治理制度。在中国特色社会主义制度下,新中国对于新闻传播活动的运营和管理也形成了独具特色的一整套办法。这套办法在形成的过程中,有成功的经验,也有失败的教训。现在是对这些成败得失进行总结和概括,找出其规律性,升华至理论层面的时候了。

其三,从意识形态层面来看,任何新闻舆论活动都带有鲜明的意识形态属性,新闻实践与意识形态紧密关联,这是不争的事实。在中国,我们不可能照套照搬西方那一套带有资本主义意识形态烙印的新闻学理论和学说。因此,如何将中国语境下对新闻的理解、对新闻的选择以及对新闻生产的流程和方法进行整理和归纳,形成基于社会主义意识形态的一套理论和学说,已经成为亟待解决的问题。

其四,从新的时代方位来看,中国共产党十九届六中全会通过的《中共中央关于党的百年奋斗重大成就和历史经验的决议》确立了习近平新时代中国特色社会主义思想在中国共产党第二个百年奋斗目标征程上的指导地位,这是中华民族伟大复兴的理论基础。因此,习近平关于新闻舆论工作的一系列新思想、新观点、新论断为编写面向未来的“中国”字头的新闻学教材提供了明确的思想指引和理论遵循。

基于以上判断，我认为现在编写一套“中国”字头的新闻学教材正当其时。那么，该怎么做？我认为，基本原则是“紧扣一个核心，突出中国实践”。一个核心就是马克思主义新闻观。习近平在党的新闻舆论工作座谈会上指出：“新闻观是新闻舆论工作的灵魂。……要深入开展马克思主义新闻观教育，把马克思主义新闻观作为党的新闻舆论工作的‘定盘星’，引导广大新闻舆论工作者做党的政策主张的传播者、时代风云的记录者、社会进步的推动者、公平正义的守望者。”这应该成为我们编写“中国”字头新闻学教材所秉持的基本原则。换句话说，马克思主义新闻观必须是“中国”字头新闻学教材的灵魂。

但是，应该明确的是，马克思主义新闻观不仅仅指称马克思和恩格斯他们个人对新闻活动的观点、看法和思想，也包括马克思、恩格斯身后那些以马克思主义为指导的共产党经典作家们对新闻和新闻事业活动规律性的认识。也就是说，马克思主义新闻观是通过运用马克思主义的世界观和方法论，观察人类社会的新闻传播现象而形成的对新闻、新闻活动、新闻事业发展、新闻媒体管理等总的观点和看法。

马克思主义新闻观是一个与时俱进、持续发展、不断完善的概念，在不同时代、不同社会和技术条件下会有新的思想、新的观点和新的看法充实其间，使其保持长盛不衰的蓬勃生命力。马克思、恩格斯的新闻思想是基于19世纪报纸时代欧洲的新闻实践形成的新闻观，列宁的新闻思想是基于20世纪初无线电广播时代俄苏的新闻实践形成的新闻观，毛泽东的新闻思想是基于20世纪中国共产党的新闻实践形成的新闻观，习近平关于新闻舆论工作的一系列重要论述是基于21世纪互联网与新媒体时代中国的新闻实践形成的新闻观，它们都是马克思主义新闻观的重要组成部分。要牢牢坚持马克思主义新闻观，既要“返本”，即弄清楚马克思、恩格斯新闻思想的本来意义；又要“开新”，即根据时代和技术条件的不同创新思想和观点。从这个意义上来说，“中国”字头的新闻学教材要更加注重马克思主义新闻观的最新理论成果，以贴近生活、贴近实际，适应时代的需要。

“突出中国实践”就是要以中国经验形成中国理论。新闻业作为一种专门职业已有400多年的发展历史，遍及世界各国，因而它就会有一些共性的职业准则，比如真实、准确、及时等，这是一般性的。但是，由于对新闻的本质和作用的理解受意识形态的制约，不同国家和地区又有着各自不同的操作性要求，比如对什么是真实、何为准确、怎样做才叫及时，有着不同的规定，因此新闻业作为一项事业又是具体的、有各自特点和特色的，这就是特殊性。编写“中国”字头的新闻学教材应该更加重视特殊性，即中国实践和中国经验，因为使用这些教材的学生将来是要在中国这块土地上从事新闻舆论工作的。过去很长一段时间，我们的新闻学教材中西方的东西讲得多、中国的东西讲得少，比如“无冕之王”“第四种权力”等，与中国现实严重脱节。“中国”字头的新闻学教材要旗帜鲜明地强调媒体的“工具论”，即党管宣传、党管意识形态、党管媒体，新闻媒体是党的“耳目”和“喉舌”，新闻舆论工作要“为党为民、激浊扬清、贵耳重目”，从而让学生们通过教材所学到的内容切实与中国的新闻舆论工作实际相匹配，而不至于陷入学非所用和理论与实践“两张皮”的误区。

编写一套“中国”字头的新闻学教材尽管已经具备了必要的条件，但也不可能一蹴而就。就建设方法与步骤来说，我个人提出十六字方针以供参考，即“史论先行、逐步拓展、以我为主、不拒他者”。“史论先行”强调的是“中国”字头新闻学教材的顶层设计。任何一门学科的基础在于历史和理论，新闻学也不能例外。只有把史论编写好了，才能在这个基础上“逐步拓展”。比如以“中国新闻学”为名目编写一本概论，奠定基本的思想理论基础；在此基础上，再来编写与新闻实务相关的教材，比如采访与写作的教材，结合新的技术发展，编写诸如融合新闻、数字新闻等教材，就会顺理成章、水到渠成。“以我为主”强调的是“中国”字头的新闻学教材要有中国立场、中国经验、中国案例，以此来彰显中国特色、中国风格和中国气派。当然，新闻业作为一种行业，中西方也存在一定的相通之处，中外新闻理论与实践均存在难以割裂的部分，因此，西方的理论和经验也需要借鉴，加强中西交流，不能自我孤立，此为“不拒他者”。正如习近平总书记在哲学社会科学工作座谈会上的讲话中指出的那样：“对国外的理论、概念、话语、方法，要有分析、有鉴别，适用的就拿来用，不适用的就不要生搬硬套。”

陶格图简介

陶格图，文学博士，复旦大学新闻学博士后，蒙古国教育大学新闻传播学博士生导师、教授、学科带头人。现为内蒙古师范大学新闻传播学院院长、内蒙古自治区宣传思想文化领域重大扶持人才团队负责人。兼任教育部蒙古国和俄罗斯国别研究中心特聘研究员、中国少数民族史学会常务理事、内蒙古自治区新闻工作者协会常务理事。

研究领域为跨文化传播、国际传播、影视人类学、舆情研究等。承担国家社科基金课题 1 项、省部级课题 6 项、政府招投标课题“蒙古语言文字数字化学习平台建设”等 3 项，出版专著 1 部，编译《实践中的马克思主义新闻观——新闻报道经典案例评析》（蒙译）等系列经典教材 4 部。在国内外学术期刊发表论文 50 余篇。获得省部级哲学社会科学优秀成果奖二等奖 1 项。

一本好书可能影响一批人,但是一本好教材可能影响一代人,所以教材很重要。复旦大学教材基地来统筹教材编写,是一个很大的工程,需要齐心协力共同完成。

目前我主要给本科生教《新闻学概论》《传播学》,给研究生教《国际传播》和《跨文化传播》。我认为,第一,编教材应该是把学界和业界结合起来,因为新闻传播应用性很强,如果是学界编教材,可能偏理论,实践稍微少一点,学界和业界共同编一个教材,可能既有理论,又有实践,这两个融合可能更好,一同把教材编写团队建起来。

第二,案例教材很关键,很缺,每个老师都想做案例分析,但是主要还是依据自身的积累去做。还有很多年轻教师把案例收集起来,在分析方面有很多欠缺,应当把案例教材建起来。

第三,媒体不断变化,编写新闻传播教材很难。难在哪儿？媒体不断变化,今天是这样的,明天可能是那样的,这种情况下,教材怎么跟上？因为一部好教材可能今天编好了,明天直接在课堂上用。在这种情况下,我们是不是把前沿性的内容先编写成手册,今年编完,明年就能用,短平快的手册先做,手册做完了,使用一段时间以后,在这个基础上编写教材,这样可能更好一些。

第四,数字化数据库建设。新闻传播最早的教材是什么样的,每个学校做得怎么样,对非双一流的学校影响特别大。再一个是"马工程"教材,2020年开始全部用"马工程"教材,"马工程"教材是集思想性、专业性、学术性、知识性、文化性、技术性于一体的新教材。

第五,研究生教育,尤其是专硕这一块确实需要教材。基本上现在给研究生上课,每个老师根据自己的研究情况还有学术的领域去给学生教书,可能对于顶尖高校是没问题的,但是对于师资各方面很薄弱的学校来说,研究生培养上遇到了很多困难,所以急需研究生的教材。下一步研究生教材出来以后,以这个教材为主线,再把相关的书本做好。

第六是国际传播、跨文化传播,尽快把经典教材做出来。

第七是媒介素养,我们新闻传播学院承担全校的媒介素养课,但是授课教师基本上是根据自己的研究领域给学生上课,戏曲影视、短视频或者是纪录片方向,没有这种媒介素养类的高校通识课教材,这种教材是急需的。

第八是经典著作选读。每个老师根据自己的研究兴趣去积累,推荐给研究生的经典图书肯定有偏差,有漏洞,所以最好是教材基地将研究生和本科生的教材编完,围绕这个去做,使人才培养上有系统的教材。

童兵简介

童兵，浙江绍兴人，复旦大学新闻系本科毕业，在中国人民大学新闻系获得硕士和博士学位。曾任教育部人文社会科学重点研究基地中国人民大学新闻与社会发展研究中心主任，第五届国务院学位委员会新闻传播学学科评议组召集人，人事部博士后管委会第五、六、七届专家组成员，复旦大学新闻学院学术委员会主任、志德书院院长等。现为复旦大学文科资深教授。被国家教委、国务院学位委员会评为“做出突出贡献的中国博士学位获得者”和全国优秀博士论文指导教师。主讲的“马克思主义新闻思想”课程被教育部表彰为全国精品课程和示范课程。自 1993 年起享受国务院政府特殊津贴。

在哲学社会科学体系中，新闻学是一门新兴学科。新闻学是关于新闻传播活动、新闻传媒生产及流通规律的观点学说的理论体系。同其他学科不同，新闻学还是一门应用性很强的人文学科。习近平同志在谈到新闻学教育的初心和使命时强调，要通过新闻学教育使在新闻传播岗位上辛勤劳作的新闻工作者、正在学校接受新闻学教育的未来的新闻工作者都能够练就“金刚不坏之身”，成为党和人民满意的合格的新闻工作者，成为党的政策主张的传播者、时代风云的记录者、社会进步的推动者、公平正义的守望者。新闻学原理和新闻传播的历史担当，也是作为新闻学知识体系的新闻学教材的责任和使命。

一、新闻学教材的特点

新闻学是一门集理论研究、学识教养和技能培育于一体的学科，其学科构成包括学理、知识和能力三个分支，因而新闻学教材体系也应由新闻学原理、新闻学知识群和新闻传播从业技能三部分构成。其中，新闻学原理应包括马克思主义新闻观、新闻传播基础原理、新闻与其他学科交叉融合的学理基础和这三种学理演革变化的历史等课程。新闻学知识群应包括新闻、新闻事业、新闻媒介和新闻传播活动等知识体系。新闻传播从业技能则应包括新闻采、写、编、评、制作及传递等新闻生产、媒介制作等原则、机制、规范与方法。新闻学教材循此众多使命而形成庞大的、全面的体系。新闻学的这种教材体系既能够适应新闻学师生了解、认知和掌握新闻传播、新闻生产的机制与规律，又能够引导师生把握与使用新闻传播的知识与方法，并在社会生活和人际交往中科学使用媒介，从而推动社会有机发展。

新闻学的学科特点和新闻媒介在社会生活中的巨大功能作用，要求新闻学教材应该具有这样几个特点：

第一，新闻学教材必须体现一定的新闻传播科学规范，既不能机械照搬当前有关宣传新闻工作条条，又不能抄录相关新闻政策框框。

第二，要全面考察全球媒介形态和全国新闻业态，对媒介走势、宣教动态和新闻业经营全貌有整体的了解和把握。

第三，对教育界特别是哲学社会科学研究及教育态势、经验和问题有全面把握，使新闻教育和全国高等教育在总体上协调一致，建设重点行之有据；使新闻教育同全国新闻行业的走势步调一致，用人与育人相一致。

以上三个方面的考察认知基本到位了，新闻学教材的设计与建设就大致上稳妥有效了。

二、借助新文科规划推动新闻学教材建设

新闻学教材建设，要坚持和力争同社会主义新文科建设的指导方针协调一致。教育部高教司负责人指出，文科占据中国高校和专业的半壁江山。文科教育的目标是：培养知中国、爱中国、堪当民族复兴大任的新时代文科人才，培养新时代社会科学家，构建哲学社会科学中国学派，创造光耀时代、光耀世界的中华文化。“新文科”建设，就是为了推动这个目标的实现。在文科诸学科中，学界都看好新闻学，普遍认为新闻学应该是“新文科”建设的先行学科。这是因为，新闻学最早拥抱以互联网为代表的新的传播媒介和科技成果，新闻学又是最早同社会学、心理学等学科交叉融合的学科，其本身的学科内涵和专业分类中，又自然地拥有政治类、经济类、语言写作类、编辑导演类等学科的内容与方法技巧。复旦大学在研究落实“新文科”建设方案时，就有将新闻学列为“新文科”建设先行学科和先行专业的安排。根据“新文科”的总体设想和要求，新闻学教材建设应该有这样几方面相应的拓展：

第一，以“中国特色”为追求建设中国新闻学，呈现和突出中国经验、中

国资源、中国数据、中国理念和中国话语。

第二,从“分科治学”走向“科际融合”和“学科交叉”。在新文科建设的总体规划中,以“大文科”和“大新闻”的思路创新拓展新闻学建设,克服过去长期实行的“分科治学”的路子,实行融合、交叉和多元化。

第三,强化问题意识,坚守问题导向。从寻找中国新闻学建设的问题开始,确认和论证这些问题,提出解决这些问题的思路、举措、办法,切实推动问题的根本突破和目标的最终实现。其中,要把教材建设作为突破口,攻关制胜,收全局之利。

第四,在新闻学建设特别是新闻学教材建设中要高举人文精神和科学精神两面旗帜,用人文关怀和科学态度从事新闻学教学和科研,培养合格新闻人才,不断拓展新闻教育和新闻教材建设的路径和视阈。

三、三股力量的结合、配合和融合

研究好、编写好新闻学教材,要充分调动新闻学教学人员、科研人员和新闻宣传第一线专家的积极性和创新精神,安排和组织好这三股力量的结合、配合和融合。

三股力量的结合,指新闻学教材在设计和编写的过程中,要充分听取教学人员、科研人员和新闻一线专家的意见和建议,全面总结和汲取国内外新闻教育界和新闻传播界人士的丰富经验,把国内外、界内外编写新闻学教材的经验与做法吸纳进来,力争新编教材有新的内容、新的路径、新的方法和新的特长。

三股力量的配合,指新闻学教材在设计和编写的过程中,参与其中的教学科研人员和一线专家,各有所长,因而要互补短长,长者要主动将经验传授给他人,短者要谦虚地向优者请教借鉴。这个编写教材的团队,应该是互相学习借鉴、好学上进的学习团队。三股力量的融合,指新闻学教材编写过程中,不应该也不可能分工那么清,每个人的知识储备也不会那么集中,应该是你中有我,我中有你,相互切磋,互补短长。

四、铸魂与育智的分工

如同育人和教书有分工,育人主要通过思政工作实现,教书则主要是传授文化科学知识一样,铸魂和育智也是有分工的,就新闻学教材而言,马克思主义新闻思想课主要是引导学生树立马克思主义新闻观,采、写、编、评等业务课则主要向学生灌输新闻业务知识和新闻写作技能。就一门课而言,大致上也包括铸魂和育智两种功能。例如马克思主义新闻思想一类课程,包括铸魂与育智两种功能,只不过分工的重点有所不同罢了。有的以铸魂为主,引导学生树立马克思主义新闻观,但除铸魂之外,也有向学生灌输相关理论知识的任务。新闻业务类课程,除了向学生传授新闻业务知识或指导培育新闻传播技能外,也有向学生灌输相关理论知识和做思政工作的任务,如强调新闻的真实性与思想性,而不能限于传授业务知识。

新闻学教材每一门课都有铸魂与育智的双重使命,所不同的,只是重点相异,实施路径与方法不完全相同。这里的"不同",是我们在设计课程和教材的时候,应该考虑不同课程的使命和任务担当不同,因而赋予不同教材以不同的任务重点和角色担当。比如马克思主义新闻观这门课和相应教材,主要是铸造不同的新闻立场和持执不同的新闻理念。而新闻采访与写作这门课,其新闻立场和新闻理念尽管同马克思主义新闻理论类同或相近,但这门课的具体任务是传授业务知识、业务观念和专业技能,同马克思主义新闻理论课是不同的。这是两种完全不同的课程,因而承载课程的教材也应该有所不同。

这就要求我们在设计和规划不同课程的教材建设时,从大的方面要分清不同课程在铸魂和育智方面有所不同,由此决定,不同的课程在教材设计和写作上也必须从不同的使命、担当和特色出发,做到有所区别,物尽其用。

总之,就新闻学教材的设计与编写而言,不同的课程就有不同的教材,不仅内容有分工,编写也应有自己的特点和自己的风格。新闻学教材的使命是铸造新闻记者的心灵和知识,不同的教材在其中应该是有分工的,分别担负着不同的角色和任务。

涂光晋简介

涂光晋，中国人民大学新闻学院教授、博士生导师。主要研究方向为新闻评论、公共关系。

马克思主义理论研究和建设工程首席专家，负责的“新闻评论”课程被评为北京市精品课程和国家精品课程。

先后获北京市哲学社会科学优秀成果二等奖、北京市优秀新闻工作者、宝钢教育奖优秀教师奖、北京市高等学校“教学名师奖”、范敬宜新闻教育奖新闻良师奖等。

代表教材有《广播电视评论学》《新闻评论教程》《新闻评论写作》《公共关系案例》等，代表专著有《时代之“声”——新时期中国新闻评论研究》《意见传播与变化——解读中国舆论环境》《中国新闻评论发展研究》等。

我主要从以下五个方面对中国新闻学教材建设的整体思路提出一些个人思考。

第一,教材的使用者(授课对象)问题。首先应明确中国新闻学教材的使用对象,这与教材的基本定位和内容选择有着最直接的关系。目前的情况是,不少本科生教材同时用于研究生教学,这就给研究生教学带来一些困扰——很多毕业于本院系、本专业的本科生如果继续读研,硕士阶段的课程内容很容易与本科阶段的课程内容雷同或接近,一些硕士生之所以"翘课",恐与课程中学不到更多、更新的东西有关。建议此次教材建设以本科教材为主,硕士生教材可以下一步推出,博士生是否需要正式的教材更有待商榷。明确了教材的使用者是谁,此次教材建设的主攻方向及主要内容也就随之明晰了。

第二,中国新闻学教材与其他系列教材的关系问题。在此仅以新闻评论教材为例,从 20 世纪 80 年代到 21 世纪初的 20 余年间,全国各新闻院系选用最多的新闻评论课教材是复旦大学丁法章教授以及中国人民大学秦珪教授、胡文龙教授和我编写的两本教材。但近十几年来,各校新闻传播学科的老师(特别是中青年老师)大多选用自己编写的教材,由此带来的结果是伴随"百花齐放"出现的内容大同小异和质量参差不齐。因而,如何处理中国新闻学教材与其他系列教材的关系,包括它与教育部"马工程"同类教材的关系,以及与全国各新闻传播院系已有的相对成熟的同类教材的关系等等,应该提前有所规划和设计。是全面推出、以质取胜,还是重点推出、拾遗补缺?本人的建议是:此次可以对一些教材建设相对成熟且亟须统一和规范的重点课程采用委托的方式编写教材,对近几年推出的新课程采用招标的方式编写教材,以避免全部采用招标方式后,由于一些非学术方面的考虑(如利益权衡、分配均衡等)而可能出现的问题。

第三，教材编写与使用过程中的可操作性及适用性问题。首先，在教材编写过程中，通过招标组成的编写组，由多个老师执笔编写教材，最大的难点是主编的统稿，不仅各位老师的文风存在差异，与这门课程相关的一些基本概念也时常存在很大争议，达成一致意见相当困难，这就带来如何保证教材质量和认可度的问题。其次，此次推出中国新闻学教材建设的目的，是使新闻传播学教材更加规范化，使教学更具系统性，更能体现专业性和前沿性。但在教材使用过程中，由于每个老师在讲课时都有自己的个性和特色，不同老师按照这种经过多方平衡后的统编教材实施讲课，“落地性”究竟如何？留给老师们的讲课空间有多大？一些知识性较强的课程，学生上课的必要性何在？如何处理教材的规范性和老师的主观能动性之间的关系？这些问题在教材的编写中均应有所考虑。

第四，学科基础课与专业课的关系及相关的教材建设问题。对于这一问题的处理，不同学校有不同的尝试。如中国人民大学新闻学院曾在本科第一学期开设学科基础知识系列讲座，由不同课程的主讲教师对学科不同专业、各门课程的主要内容做一个大致的介绍，使大一新生对于新闻传播学的基本范畴和教学内容有一个框架性的粗略了解，做到对未来几年的学习心中有数；还开设过一门新闻学概论的学科基础课作为入门课程，由专门老师讲授，并带学生参观媒体。这两门课上完之后，学生反映不错，但也出现了新的问题：此后各门新闻传播专业课程仿佛成了“回锅肉”，虽然更全面、更系统，但降低了内容的新鲜感，增加了后续课程的讲课难度。因此，建议此类学科通识课程的教材建设可以不在此次计划之列，可以通过给学生推荐书单并进行适当指导的方法，解决学科基础知识的学习问题，同时，本科生、硕士生和博士生的书单应有较大的差异。由于中国的中学教育没有学术训练的内容，那么给初入大学校门的新生一堆书单，他们是否阅读以及如何阅读都存在问题。所以，如何完成从高中到大一的过渡，让学生入学后尽早了解一些必要的学科基础知识，同时又不影响对未来专业知识系统学习的兴趣，“度”的把握也很重要。简言之,对学科入门课、学科基础课、学科专业课、专业选修课这几类课程之间的关系如何搭建,以及是否需要配套的教材、如何分期分批推出,应进行全面考量。个人认为,不是所有教材都要放在这个教材基地进行建设,而是:(1)对相对成熟的重点课程进行规范化教材建设;(2)对新兴的新闻传播理论和前沿性的新闻传播实务课程进行重点教材建设,并由在这一领域有深入研究并有教学成效的老师负责或参与教材编写;(3)其他教材可由各院校自行编写,给任课老师发挥自身特长的自主空间。

第五,教材建设中的学术性与实践性如何统一的问题。一本教材的质量,要经得起实践的检验,包括学生和任课教师的检验,也包括学界及业界的检验。从目前情况看,很多从业界转行到新闻教育界任教的老师很少采用原来的教材授课,认为从校门到校门的老师编写的教材中,不少内容与业界的新闻传播实践有所脱节;而新闻传播一线从业者研究成果中的学术性和规范性,也时常遭到学界人士质疑。建议在此次教材编写过程中,既要观照国内外学科研究的前沿,体现学术的规范性与学科的规律性,也要注重对新闻传播最新实践发展的反映乃至是引领,以体现中国新闻学教材建设的必要性。

王斌简介

王斌，中国人民大学新闻学院教授、博士生导师，中国人民大学舆论研究所副所长，中国人民大学马克思主义新闻观研究中心副主任，《国际新闻界》副主编；兼任中国高等教育学会新闻学与传播学专业委员会秘书长、中国新闻史学会网络传播史研究委员会副会长。长期从事新闻传播学学科基础课教学，国家级精品课程“新闻理论”主讲教师之一，研究兴趣为新闻传播理论、媒介社会学、舆论学、新媒体传播。在《新闻与传播研究》等核心期刊发表论文40余篇，获宝钢优秀教师奖、教育部高等学校科学研究优秀成果奖、新闻传播学学会奖杰出青年奖、中国人民大学杰出学者等荣誉。

从我个人的教学实践来讲,我一直从事学科基础课的教学工作,平时注重收集学生的反馈,也经常询问同行的经验,总体上感觉现在新闻传播学的教育教学体系(包括人才培养体系、课程体系、教材体系等)面临较大的挑战。从组织编写教材入手,系统性地完善和推进新时代的新闻学科教育教学工作,是一项颇具战略性的工作。我主要从三个方面谈谈看法和建议。

第一,中国新闻学教材建设首先要厘清对工作性质的认识,其实质是对新闻学知识体系在新时代的重构。

教育部教材局公布了 11 个国家级教材基地,与高校学科直接相关的有两个,一个是经济学教材基地,设在人大,另一个是新闻学教材基地,设在复旦。我也在关注人大的教材基地,他们开展了一系列活动,比如组织系列研讨会、专题调研,创建教材编写原则、招投标办法,现在已经推出了第一批中国经济学教材的目录及编写团队,后续还涉及审读、出版、推广等。相比经济学而言,我觉得中国新闻学这个主题需要做的工作更多,因为我们学科受到技术变革和社会转型带来的影响更大,近些年来新闻学的学术研究、教育改革都有长足的推进,但是作为教材来系统化地沉淀、构建一个符合时代特色的新闻学知识体系,还是一项艰巨的任务。换言之,组织编写中国新闻学教材,不是简单地对现有的教材进行整合、完善与提高,而是要回到教材编写的原点,也就是研究和梳理在新的社会条件和新的技术背景下,中国新闻学包括哪些基本命题、哪些知识层级和框架、哪些主要概念及观点,中国新闻学的知识体系明确了,编写教材也就是水到渠成的事,这也是国家级教材编写的最大贡献和题中应有之义。

我们经常说一句话:大学是知识生产的地方。这里头其实有两层含义。一是大学里要做原创研究,探索新问题,格物致知,要有超越具体现象去谋求规律性认识的使命；二是要做知识发现和梳理，集成特定领域的知识，超越碎片化的认知去形成系统性的认识。前一个层面对应的是学术体系，后一个层面对应的是教育教学体系，后者可以影响到很多学子，给他们提供认知某一领域的基本框架、基本概念、基本思维方式，他们走出学校以后又会带着这些知识体系的印痕去从事各行各业的工作，因此这个意义上的知识生产，其社会影响更为深远。一所大学，院系、专业、课程、课堂毕竟是有限的，而凝结了知识体系的教材可以走出课堂和学院，辐射到更多的人，不只是获得学位、通过考试的各类学生和学员，还有社会上对此领域感兴趣、希望系统地了解这方面知识的各界人士。因此，本套教材的编撰目标不只是文字凝练、素材生动、案例丰富，最重要的是新闻学知识体系的新、全、准，富有时代气息，它应当与十年前、二十年前的新闻学教材有明显的面貌差异。

当然，新的知识体系并不是与以往彻底不同，它要承继对新闻学一般性原理的介绍，要融入我国新闻业几十年来的历史发展过程，要坚持研究新闻事业和开展大学教学的基本原则。所谓时代气息，是指教材能反映当前的技术特征、社会特征，在教材的主要议题呈现上有时代感，后真相语境、社交媒体传播、舆论的极化与翻转、用户在新闻传播中的深度参与等要作为基础性的议题来进行介绍和分析，而不是点缀式地作为一些延伸话题出现，因为这些问题已经实质性地触动了原有的知识体系，是必须面对和处理的重要内容。

第二，教材建设的关键任务是回答“什么叫中国新闻学”这个根本问题。

本系列教材冠之以“中国新闻学”，这是在国家层面大力推动哲学社会科学繁荣发展的背景下提出的定位，不论教材的种类构成、表现形式、具体内容如何进行设计，都必须首先回答好何为“中国新闻学”。我长期从事新闻理论、传播理论的教学工作，本硕博层次都教，还教授过方法课和个别实务课，对比之下的个人体会是新闻研究很强调研究对象的异质性、差异性、情境性，不管是新闻业发展历程还是新闻学研究的议题和角度，不同国家和社会的多样性在新闻领域体现得较为明显，这一点在诸多的学术期刊和著作中也为国际上的学者们所认可和论证，这里不再赘述。因此，新闻学的学术范式并不是很清晰的，不是只有美国的、欧洲的研究路径和结论才是主要的、主流的，这是从横向的维度我们可以看到的新闻学作为一个学科的特质。

纵向地看，随着时代发展，不同发展历程特别是不同技术文明支撑下的新闻业和新闻学也在发生变化。我这几年来在逐步探索“互联网新闻学”，希望能让互联网条件下出现的重大实践及学理议题和认识论、方法论方面的迭代成果跟经典的新闻学知识体系进行对话。我们也可以看到数字新闻学、用户新闻学、广义新闻学等有关的新提法，都在类似的意义上叩问当代社会的新闻学的核心特质是什么。而中国毫无疑问在互联网与社会的深度互嵌中走在了全世界先行先试的前列。因此，中国新闻学既是新闻学发展到新时代的呈现，也与世界新闻业的格局密不可分，更深深植根于中国自身的新闻业发展历史。

同时，我们还有马克思主义新闻学、中国特色新闻学的提法，他们与中国新闻学的关系也需要思考和处理。新闻业的中国理念、中国制度、中国场景、中国案例、中国经验与一般性的新闻学规律如何对话，中国新闻业历史发展中各个阶段的经验和教训如何贯通地考量，直接涉及中国新闻学教材的基本框架和基本逻辑，比如它包括什么样的“四梁八柱”作为基础层教材、包括什么样的专题性领域或者前沿性领域作为特色层教材，等等。如果把“中国新闻学”这个核心命题研究清楚了，便可呈现教材体系的基本面貌。我们可以对照一下首批推出的“中国经济学”九种教材和常规性的经济学教材在主题、框架和团队方面的差别，应该可以对中国新闻学教材的内涵有一个新期待。

第三,在教材建设的工作流程中应注意对学科底层议题的统筹共识。

出于前述两方面对工作性质和工作任务的考虑,我建议在具体的教材建设工作流程中加强对一些基础性、底层性内容的统筹,争取做到“多种教材、一个内核”,避免不同教材中前提性的错位存在。中国新闻学是一个教材体系,也是一个知识体系,要有一个核心、底层的共识注入教材中,否则会是完全分散性地进行编写。

比如,新闻学理论中的“新闻价值”,是所有新闻作业流程的核心环节,影响到新闻生产中的采写编,也影响到新闻分发的效率和“议程设置”的效果。但是新闻价值不是一成不变的,在实践中,随着从引述媒介到电子媒介再到数字媒介的转型,新闻价值的判别标准和具体表现形式不断演化,针对新闻价值的学理学说也在发生变化,比如在数字化环境下,“可分享性”就是一个新的重要的价值维度。新闻价值不仅存在于新闻学理论课程,它是整个新闻生产体系中最前置的知识,新闻采访课、新闻写作课、新闻编辑课,甚至数据新闻课、媒体融合课都会讲到,但是往往各门课上讲的认识并不一致,特别是针对新的媒介环境和传播格局,各个子学科的知识更新程度是不同步的。这也导致有些新闻学课程的授课内容在学生看来是比较脱节的,不仅是与现实脱节,而且史、论、业务、伦理法规针对同一个议题互相不能对话和自洽。

对于类似于新闻价值、新闻制度、中国新闻媒体的社会角色等这些关乎全局性、通约性、共享性的知识内容,要有一定的研讨和共识,将这些内容扩散到整个教材体系中,提升教材知识体系的严整性和完备性,这也是国家级教材事务的核心职责所在,与教师个人单独编著一本教材的区隔所在。

以上个人看法,局限于我的教学经历,有不成熟的地方,仅供参考。

王关义简介

王关义，北京印刷学院副校长兼研究生院院长，教授、博士生导师，北京印刷学院学位评定委员会主任。教育部新闻传播学类本科教学指导委员会委员、教育部全国新闻出版职业教育教学指导委员会副主任委员、中宣部全国高校出版专业教学指导委员会常务副主任委员等。先后获得全国新闻出版行业领军人才、首届北京新闻出版行业领军人才、北京市拔尖创新人才、北京市教学名师、北京市长城学者等荣誉。先后在《人民日报》《光明日报》《新华文摘》等刊物上发表学术论文 260 余篇。出版学术专著和教材 60 余部，其中《出版管理概论》等 4 部教材被评为北京高等教育精品教材和优质重点教材，领衔编著的《现代企业管理》（第三版）被教育部评为“十二五”普通高等教育本科国家级规划教材。

2018年年底，教育部在北京会议中心组织全国首届主要学科门类国家教材建设重点研究基地的申报评审，我受邀参与了新闻学基地的评审工作，有幸听取了复旦大学米博华教授、张涛甫教授带领的团队的介绍。后面教育部又安排我去复旦大学现场考察，我因病未能前往，留下一段遗憾。今天能够参与基地教材建设专项工作的研讨，我感到非常荣幸。

教材建设是规范高校专业人才培养、推动高等教育高质量发展的基础性工程。围绕会议给定的四个议题，我就其中的三个议题谈一点意见，供交流讨论。

一、中国新闻学教材建设的必要性和可行性

2021年10月12日，全国教材工作会议暨首届全国教材建设奖表彰会在京召开，国务院副总理、国家教材委员会主任孙春兰出席会议并讲话，强调要深入贯彻习近平总书记关于教材工作的重要指示，要以促进学生全面发展、增强综合素质为目标，以全面提高教材质量为重点，创新教材建设理念，增强教材育人功能，打造更多培根铸魂、启智增慧、适应时代要求的精品教材。

1. 高校教材是传授知识、传承文化、立德树人的重要载体。教材是教育教学的关键要素，是教师组织教学活动的重要参考和依据，是为党育人、为国育才的重要载体，事关培养什么人、怎样培养人、为谁培养人。新闻学教材建设必须坚持马克思主义指导地位，体现马克思主义中国化要求；必须坚持正确的政治方向、价值取向和学术导向，充分体现党和国家的意志；必须坚持落实立德树人的根本任务，体现党和国家对教育的基本要求；必须坚持扎根中国大地，体现中国和中华民族风格，体现国家和民族基本价值观。新闻学教材建设要坚定文化自信，深入推进习近平新时代中国特色社

会主义思想进教材，用中国理论解读中国实践，形成中国特色的话语体系。要在不断加强理论阐释的基础上，把“新时代，新道路，新形态”有机融入学科知识体系，融入中国式现代化新道路、新经验和马克思主义理论研究新成果中，形成特色鲜明、能够充分体现党和国家意志的中国特色新闻学教材体系。

2. 高校新闻学教材建设既要适应时代要求，又要体现新文科建设的新要求。教材是时代的缩影，每个时代都会留下具有自己时代烙印的教材。时代的不断发展，必然会对教材提出新的要求。新闻学教材建设要在适应时代要求上下功夫，要适时、充分反映党的最新理论创新成果，特别是马克思主义中国化的最新成果；反映日新月异的社会发展和技术进步，特别是新一轮产业革命和技术革新的新发展；反映学科知识理论发展的最新成果，反映新文科建设的最新理念，适应学科交叉融合的发展趋势。

3. 高校新闻学教材是弘扬和培育社会主义核心价值观的关键抓手。通过优质新闻学教材向大学生传递正确的人生观、世界观与价值观，增强青年一代对共产主义的信仰、对中国特色社会主义的信念，增强其抵御错误思潮的能力，有助于大学生将个人奋斗目标融入国家发展需求，把个人追求融入国家梦想。

高校新闻学国家教材建设重点研究基地主任米博华教授等在《光明日报》2021 年 11 月 19 日第 11 版上发表《国家事权视域下的教材建设》一文。文章指出：教材建设是育人育才的重要依托。建设什么样的教材体系，核心教材传授什么内容、倡导什么价值，体现国家意志，是国家事权，是国家主权的无形边界。

新闻学教材建设必须把握好意识形态导向与学科知识呈现的关系，即知识的选取、组织与呈现以体现国家意志为前提。要符合中国国情、符合国家意志和制度体系、符合民族团结和社会稳定的要求等。具体而言，一方面，要以开放心态借鉴吸收外译教材中的有益知识，在知识交流与碰撞中推动本土教材升级优化，实现知识创新；另一方面，坚持以马克思主义为指导，在中华优秀传统文化与当代具体实践的知识宝库中总结、提炼、创新发展本土新闻学教材，充分实现和发挥本土教材的独特优势。

二、中国新闻学教材建设的方式、步骤与出版工作

高等教育要以精品教材服务中国特色高质量高等教育体系建设。中国特色社会主义进入新时代，新闻学教材建设也站在了新的起点上。

1. 加大政府主管部门统筹协调力度，发挥好新闻学国家教材建设重点研究基地的作用，组建高水平教材编写团队，这是确保高质量教材体系形成的组织保障和制度安排。教材不同于一般图书，也不是一般意义上的商品，教材要充分体现党和国家的意志，因此新闻学教材的编写和发行不可能完全交给市场。要紧紧围绕立德树人的根本任务，坚持正确的政治方向和价值导向，坚持马克思主义的指导地位，坚持习近平新时代中国特色社会主义思想，坚持德智体美劳全面发展的教育方针。

2. 高质量新闻学教材体系建设是一项战略性、系统性、长期性工程，在教材建设中需要不断加强对教材编写出版全过程的支持保障。构建教材编研、出版、培训、数字配套资源建设等一体化的新发展格局。推进新闻学教材建设必须激发和调动市场活力，要把社会效益放在首位，力争使社会效益与经济效益有机统一。适合采取出版社搭台，著名学者专家唱戏的方式。

3. 要发挥好国家教材建设重点研究基地的作用。精品教材是教育出版高质量发展的关键，是建设高质量教育体系的基础。新闻学教材编写要注重打造精品，要广泛组织全国新闻学领域的著名专家教授，组建教材编写团队，产教融合，校企合作。既要吸收全国新闻出版领域的著名专家学者参加，又要联合新闻出版行政主管部门的领导、新闻出版业界中高层管理者参与，联合作战。既要重视理论知识的介绍，也要善于总结新闻出版一线成功的实践案例，重视理论与实践的结合，推出一批教师愿教、学生乐学的优质

精品教材,努力满足社会各界对高质量教材的需要。历史的经验证明,组织全国权威学者专家的力量,运用团队方式,形成统编教材,是教材建设的成功做法和模式,值得推广和发扬光大。要组建教材编研出版的国家队,研发出版一批经典性、原创性、创新性,能更多体现中国特色、世界水平的高质量新闻学教材,为培养堪当民族复兴大任的社会主义建设者和接班人提供有力支撑。

4. 选择出版社的要素:一是出版社的出版定位,二是出版社的影响力和公信度,三是出版队伍尤其是编辑校对的力量,四是长期以来出版物的质量。

三、中国新闻学教材建设拟推荐名单

建议由复旦大学高校新闻学国家教材建设重点研究基地牵头,吸收国内学界和业界著名学者及政府管理者、新闻出版单位的企业家共同参与,统筹规划,提高站位,分别组织,团队合作,分期分批推进。

2019 年以来,在中宣部出版局、干部局领导下,我有幸受托牵头成立团队组织出版学增列一级学科论证报告的起草讨论和完善工作,结合学科方向,建议组织如下教材的编写:

1. 新闻学概论
2. 传播学概论
3. 中外新闻史
4. 出版学概论
5. 出版管理概论
6. 数字出版概论
7. 出版思想
8. 出版实务
9. 出版技术

10. 出版法规

11. 中外出版史

12. 版权理论与实务

目前,北京印刷学院和高等教育出版社已合作出版了《出版管理概论》《出版概论》两本教材,已形成良好的基础,我们非常乐于参加复旦大学国家教材建设重点研究基地组织的统编教材的编写工作。

中国是印刷术的故乡,以印刷术为代表的四大发明是中华民族对人类的杰出贡献,建立在印刷术基础上的出版是推动人类文明进程的加速器。在新时代,面对新闻出版领域教材建设的突出问题展开研讨是非常有意义的,在这方面,复旦大学开了个好头,衷心祝愿基地能够发挥好带头示范作用,汇集高校和业界的力量,推出一批高质量的新闻学教材,为高质量新闻出版人才的培养做出卓越的贡献。

王润泽简介

王润泽，中国人民大学新闻学院副院长，教育部长江学者特聘教授，中国新闻史学会会长，教育部人文社会科学重点基地新闻与社会发展研究中心执行主任，中宣部“马工程”教材首席专家，北京市第十三届政协委员。专职从事新闻传播史的教学和研究工作，主持国家社科重大项目“百年中国新闻史史料整理与研究”、教育部重大项目“中国新闻本体史”等多项科研项目；出版《北洋政府时期的新闻业及其现代化》《中国新闻媒介史》《中国近现代新闻实践史略》等著作10余部；主编《民国时期新闻史料汇编》（16册）；在《新闻与传播研究》《国际新闻界》《新闻大学》《现代传播》等刊物发表学术论文140余篇，10余篇被《新华文摘》《中国社会科学文摘》《人大报刊复印资料》等转载。

高质量地推进中国新闻学教材建设,可以从五个确立做起。

中国新闻学教材基地是国家级的新闻传播学重点教材建设工程的负责者。这项工作关乎新形势下新闻传播学学科知识体系建设和人才培养,要做好五个确定,扎实推进新闻传播学高质量教材的编写工作。

第一,确定中国新闻学教材的定位。中国新闻学教材要协调好和目前已有的几套教材的关系。比如目前中宣部和教育部已经推出的六本“马工程”教材,中国人民大学出版社的“21 世纪新闻传播学”系列教材和“十四五”规划教材,以及复旦大学出版社和中国传媒大学出版社等出版的类似的系列教材。这些教材或者是国家组织专家团队集合学界重要力量进行的,在教材的编写、审查、出版、培训、使用等各个环节都有主管部门推进,运作规范;或者是经过多年的积淀,成为教育界中广泛流行的经典教材,被授课教师广泛认可并坚持使用的。可以说,目前新闻传播学科教材大部分比较成熟,这种成熟表现在教材的使用传承比较稳定,根据教材而构建的授课知识在稳定中创新。因此不同课程教材的主导者——教师,对新教材的诉求并不急迫。因此新教材的定位很重要。教材基地是国家的,基地推出的教材是什么定位,可以有多种考虑。这个定位对于调动学界积极性、吸引专家组建团队非常重要。另外,大部分高校科研评价体系中,教材的分值比较低,相比较论文和专著,在学科评估中的地位也不高。教材基地教材建设的可持续发展和定位关系比较密切,这需要更高层面的机制支撑。比如“马工程”教材的首席专家在很多教育部和学校内部的各种评价体系中,都有较高地位,因此能够调动大家的积极性。定位准确了,才能确立这批教材的特点是全面系统性的,还是前沿引领性质的,还是查缺补漏性质的。如果是全面系统性的,那目前比较成熟的教材也可以吸收借鉴进来;如果不是,就要和这些系统性教材有区别。

第二,尽快确定首批推出的教材目录。不需要一次性地推出所有教材目录,可以边建设边思考,成熟一批推出一批。另外,由于大家研究方向和教学领域的差异,建议专家采用分领域拟定目录的方式,各位专家在自己熟悉的领域里提出可以传承和创新的教材题目。要尽快推出第一批教材目录,不必多,要有代表性。像中国经济学教材基地先推出了五本,中国新闻学教材基地也推出四五本,这样比较容易确定,工作也容易推进。这批教材目录要体现创新中的传承和发展中的创新,即对于已经比较成熟的史论业务类教材,可以根据日前新媒介发展的内外环境变化,修订和完善现有的知识体系,另外根据新时代新闻传播学人才培养的需要,提出目前比较急需的新教材,比如马克思主义新闻学有关历史、理论、实践的教材建设以及新媒体业务领域的教材建设等。具体来说,首批要推出的教材应当紧扣"中国新闻学",传播学和其他专业可以后续陆续推出,最重要的是需要围绕中国新闻学教材开展。史和论不能够缺席,史的方面现在有很多经典教材,有获首届国家教材建设一等奖的方汉奇先生编写的《中国新闻传播史》(第三版),也有吴廷俊教授带领大家一起编写的《中国新闻传播史》,但史这方面还可以有更新的东西,比如《世界媒介史》或者《中国新闻实践史》等,其他的还可以再遴选一下。而理论方面,《马克思主义新闻观》比较重要,这是中国特色新闻学教材里面现在比较急缺的,而且是很有必要的,建议在第一批里面推出。体现新文科特点的业务类最新领域的教材也需要推出,最终形成史论结合,历史与传承、传承与创新相结合的第一批目录,进而形成滚雪球式发展,以完善中国新闻学教材的建设目录。

第三,确定编写团队产生机制。编写团队是全国招标还是推荐邀请,应根据教材内容确定。在知识体系比较成熟的领域,可以通过招标方式引进新生力量,加强创新层面的内容建设。对于知识体系内容比较新的领域,则可以通过邀请推荐,组建合适的领军型的中青年专家团队,来进行教材建设。甚至在教材的编写中,可以根据不同内容,适当引入业界专家参与甚至是做组织引领工作。我参与的两本“马工程”教材，就是采用不同的方式组建的团队。《中国新闻传播史》是通过招标形式，由学界专家主持，而且是几位专家组成的首席专家团队的方式。吴廷俊教授、哈艳秋教授等是首席专家，共十人左右的写作团队。另外一本《新闻学概论》（第二版）是中宣部的领导明立志同志主持的，写作团队中包括很多业界的领导和专家，也是十人左右的写作团队。在实践过程当中，各有优点，业界或新闻管理部门同志在理论规范和业界敏感问题上，经验丰富、站位高，所以在一些重要教材的推进上也可以借鉴这样的方法。

第四，确定编写规范。包括流程、形式、字数。比如说字数，一本教材的字数控制在 25 万字左右比较合适。教材不是专著，要体现知识的系统性、全面性、前沿性和开放性。这些都需要通过写作过程和呈现形式的规范加以体现。可以通过很多新形式来体现教材内容的丰富性，而不必都放在教材的书面表达中。比如现在“马工程”教材中插入大量的二维码，通过扫描二维码的方式可以进行拓展阅读，所以尽管教材只有 20 多万字，但是因为有了二维码的拓展内容，教材内容丰富多了。另外，也可以考虑一本基础教材搭配一本案例教材或者教师用书等辅助教材，拓展丰富教材内容体系。流程上的规范更重要，比如经费如何使用、教材编写过程中各个环节的开展、标准的统一指定、章节目的设定、如何体现知识的重点难点、重要定义的展现。一本好的教材不是专著，是要给学生进行系统的知识展现和重点知识的讲解的。知识结构之间的关联，甚至展现形式，都需要因地制宜地事先考虑。比如历史类教材，历史进程的脉络非常重要，重要时间节点和事件展现要逻辑统一，重要媒介在不同章节中的展示要有线索，不能神龙见首不见尾，或者首尾齐全但中段没有了，历史教材还要有很多图片帮助大家理解和认知。理论教材中的概念多、体系多，需要解释的、强调的内容如何强调，需要扩展的阅读如何保证，不同内容的教材可以用不同形式来展示，这些形式上的细节事先考虑好，对教材质量的提升都很有帮助。另外这些流程、形式、细节也不宜一刀切,而应该因地制宜,不同教材使用不同规范,最大限度地体现教材对学生的友好度和使用的便利性。

第五,确立审核团队。教材编写任务下发后,编写团队不论是委托的还是招标的,都应当设立验收机制和审核标准,甚至要不要进行流程管理,都需要考虑。审核的内容包括但不限于以下方面:目录是否征询相关专家团队的意见和建议?是否设置初稿的征询意见环节?由谁来组成这个审核的专家团队?团队是否要加入跨学科专家?是否需要建立最后的党委审核环节?这些可能都需要事先考虑清楚。设立质量保证机制的审核环节,是对教材建设的保驾护航。国家级教材基地编撰的教材,会面临社会各个层面的检验,甚至会成为日后研究的样本,因此责任重大,使命光荣。

关于细节,各位专家都已经发表了很好的意见,非常同意各位的看法,也非常有收获,我就从这些方面粗浅地谈一下不成熟的意见,仅供参考。

王卫权简介

王卫权，中共党员，博士。现任高等教育出版社副社长，《思想理论教育导刊》《马克思主义理论学科研究》主编，教育部中国大学生在线主任，全国高校思想政治工作网主任，教育部普通高等学校学生心理健康教育专家指导委员会秘书长。曾任高等教育出版社文科部法学分社社长、高等教育出版社文科出版中心副主任、高等教育出版社高职事业部主任等职。

一、中国新闻学教材建设的重要性、紧迫性和基础性

刚刚结束的六中全会以及中央经济工作会,都对当前的形势和任务进行了高屋建瓴的概括。中华民族的伟大复兴、现代化强国建设的目标,以及立德树人的根本任务,都是我们中国新闻学教材建设的大背景。在这样一个思想文化相互激荡的时代,在这样一个无时无地无人不传播的媒体与社会同构的时代,“负重快行”的新闻传播教育将何以致远?如何通过教材建设引导教学改革、引导课程的改革?如何按照新文科的要求体现这些年来我们在新闻学教育教学改革方面所取得的成果、所尝试的探索?如何反映各院校开展的卓越水平新闻人才培养的成果?如何推进中国特色新闻传播学科体系、学术体系、话语体系的建设,切实地服务于现代化强国建设中对新闻人才的需求?如何在新闻人才培养中体现立德树人的根本任务?这些都是新时代中国新闻学教材建设必须要回答的问题。

习近平总书记在哲学社会科学工作会议上指出,要着力建构中国特色的哲学社会科学体系,要在指导思想、学科体系、学术体系、话语体系等方面充分地体现中国特色、中国风格和中国气派。这实际上是我们“马工程”教材进行开展建设的总要求。总书记多次对教材建设作出指示,强调解决马克思主义在教材中失踪、当代西方理论搬运工等比较突出的问题。

因此,教材建设是高校教育教学改革推进立德树人的关键要素,教材是国家事权的表现。从这些方面来看,从教材建设入手,推动课程体系建设,推动教学过程的改革,推动人才培养的根本目标的完成,推动高等教育的高质量发展,教材是一个强有力的抓手。可见,当前开展中国新闻学教材建设,是一项具有紧迫性、重要性和基础性的工作。

二、中国新闻学教材建设需要把握的工作重点

在“七一”讲话中，习近平总书记强调了中国特色社会主义思想的两个结合，即坚持把马克思主义基本原理同中国具体实际相结合、同中华优秀传统文化相结合，这两个结合应该说就是未来“中国新闻学”的着力点和落脚点。

一是要坚持马克思主义在意识形态领域的指导地位这一根本制度，特别是要全面贯彻落实习近平新时代中国特色社会主义思想。在这方面刚才柳署长、阎署长、郝会长都提出了很多具体要求。他们都要求我们用马克思主义的立场、观点、方法来编写中国新闻学教材，这也是我们下一步重点要做的工作。我们也应该看到，在过去“马工程”教材编写过程中，老师们也特别想在教材中体现马克思主义的指导，但是由于对于原著的把握水平不够、对于如何将马克思主义基本原理和具体学科相结合理解不到位，因此在最后审稿的过程中，很多专家都提出了一些批评性的意见和建议，由此可见，这一任务的完成依然任重道远。

二是要和中国的实践、中国的优秀传统文化相结合，要突出文化导向，从中国的实践、中国的经验出发，进而形成中国的理论，这些是我们中国新闻学教材建设的一个方向。

三是10月28日公示的首批中国经济学系列教材，为我们未来中国新闻学的教材建设提供了借鉴和启示。该项工作从目录公布到申报完成，历时近5个月。首批通过了九种教材，包括《中国特色社会主义的政治经济学》《中国宏观经济学》《中国微观经济学》《中国发展经济学》《中国开放型的经济学》《中国金融学》《中国财政学》《中国区域经济学》《中华人民共和国经济史（1949—1978）》。

中国经济学教材的立项工作对我们有三方面的启发：

1. 首批立项的经济学教材分为三大类：一是中国的基本理论，包括政

治经济学、宏观经济学、微观经济学、发展经济学；二是中国实践，包括了开放性经济学、金融学、财政学、区域经济学等；三是史，主要为《中华人民共和国经济史》。由此可见，中国新闻学教材建设亦可以由基本理论、实践与史三大板块组成。

2. 刚才说这是首批中国经济学系列教材，共九本，这个对我们也有启发，我们未来也要分批建设。首先要找那些最重要、最基础，实践成果最丰富、最集中的课程来建设，例如《马克思主义的新闻观》《中国新闻学》《中国传播学》《中国公共关系学》等；在史方面，可以包括《中国新闻传播史》等教材；在实践方面，可以包括那些具有中国特色的实践性很强的新闻教材，例如《中国新闻采编》《中国新闻评论》等。出版专业的一些基础性的教材也应该列入第一批编写的教材。其他的一些可以考虑列入第二批、第三批，分批建设、逐步完善。

3. 要凸显“中国范式”。在这次中国经济学教材的评审过程中，特别强调要用中国范式来解释中国实践，来构建中国的经济理论。因此在中国新闻学教材建设中，也一定要从中国范式来构建理论体系，进而形成我们的课程体系和学科体系。

三、中国新闻学教材建设过程中几个需要关注的问题

第一，要立足于众媒时代，适应媒体融合化、社会化对人才培养的需求，“中国新闻学”要凸显复合型人才培养的一些特征，反映复合型人才的需求。在这方面各位专家都谈了很多，我都同意。中国新闻学的教材建设一定不能局限于既有的知识体系，还要从管理学、心理学、社会学、信息科学等学科融合的层面入手，从培养学生的综合思维能力、舆论引导能力、文化塑造能力的层面来开展教材建设。因此那些体现学科融合、新媒体发展的教材，如《新媒体概论》《融合新闻学》《新媒体的经营管理》《新媒体与社会》，都应该列入第一批教材。

第二，要立足于新时代对于国际传播人才的新需求，对此刚才各位领导、专家讲了很多，在之前的研讨会上，也有一些专家学者对此作了强调。

第三，从教材呈现形式上来讲，中国新闻学教材未来一定要数字化、网络化和智能化，而不是简单的纸质教材。这方面高等教育出版社和各位专家学者一起已经进行了一些成功的探索，例如，《实践中的马克思主义新闻观》通过二维码方式提供了众多典型报道的案例原文和音视频内容等，在教学中深受学生的欢迎。未来诸如虚拟仿真、习题库、虚拟教研室以及其他一些可视化、图像化、视频化的素材都可以在教材中用多种载体的形式予以呈现。

第四，要回应技术发展的需求。新媒体视频化、人工智能的发展不仅仅是对我们传播方式的改变，更重要的是对我们知识的获取方式、知识的整合方式、知识的领会方式的改变。比如说，未来人机接口技术的发展，实际上是对我们人自身的重大改变。因此，中国新闻学教材如何在研究范式、理论建构等方面回应这些要求，也是我们未来教材建设的一个工作重点。

王晓红简介

王晓红，教授、博士生导师，中国传媒大学教务处处长。入选国家“万人计划”哲学社会科学领军人才、全国文化名家暨“四个一批”人才，入选国家“百千万人才工程”，荣获“有突出贡献中青年专家”称号，享受国务院政府特殊津贴。北京市先进工作者，北京市教学名师，教育部新世纪优秀人才，北京市宣传文化系统“四个一批”理论人才，2020年度、2019年度部属高校十佳榜样教务处长。担任教育部高等学校新闻传播学类专业教学指导委员会秘书长、中国网络视频研究中心主任等。学术成果主要是广播电视学、视听新媒体传播、媒体融合等方面的系列研究。主持多项国家级重大及省部级重点课题，完成多项与各级机构的合作课题。创办中国传媒大学中国网络视频研究中心、中国网络视频年度高峰论坛、中国网络视频学院奖等。

关于中国新闻学教材建设,我可以谈三个方面的问题。

第一,关于对教材定位及作用的理解。首先,教材不同于专著。专著可以是个人观点的著述,而教材是用于向学生传授知识、技能、思想的教学材料。我国古代把教材称为讲义,其意为讲解经义,以帮助学习者精要地理解经书义理。因此,教材编写非常重要,要符合学习者的认知规律,其内容撰写及章节布局讲求科学性、系统性、原则性、条理性、适用性、可读性等,可以说,教材既是在阐述真理又是通向真理的中介。其次,教材是学科知识体系的载体,是学科核心知识的集群。比如说,我国第一本新闻学教材是徐宝璜的《新闻学》,新闻学科的诸多基本概念和理论,如新闻学定义、报纸工作的性质和任务、新闻编辑、采访、评论、发行等概念,均源自此教材。著名报人邵飘萍说,“无此书,人且不知新闻为学,新闻要学”,这句话点明了《新闻学》这本教材之于新闻学科的重要意义,由此可以说明,教材建设对于学科发展的重要性。

第二,关于中国新闻学教材高质量建设的时代意义。当前加强中国新闻学教材高质量建设极其必要,也极端重要。教材是育才育人的重要依托,内蕴教育价值导向,关乎培养什么人、怎么培养人的问题,所以教材建设是国家事权。新闻传播学科培养的是传媒人才,教材建设尤显重要。回看我国新闻学教育和新闻学教材建设,应该说取得了很大成绩,始终是坚持以马克思主义新闻观为指导,将本土实际与国际视野、新闻理论与新闻实践相结合,也形成了一批高质量、有广泛影响力的我国新闻学经典教材,为新闻学知识的传播、新闻人才的培养、教师队伍的专业化发展以及教师教育的质量提升提供了有力的支撑。尽管如此,从学科发展来看,还需要进一步提升教材建设质量。复旦大学新闻学教材基地曾经就“当前新闻传播学教材建设亟待破解的问题”做过一次深入调研,发现近年来新闻学教材建设存在不少问题,诸如,教材编写“多而少精”、规范性和质量参差不齐、知名专家学者编写教材的动力不足、经典新闻学教材匮乏、高水平教材建设队伍后继乏力等，因此，置身于新时代，面对新变革，亟待高质量建设好中国新闻学教材，将中国共产党百年新闻实践经验及其所凝结的创新理论，将新技术变革带来的新知识、新规律、新探索、新成果，融入教材，并且以此为抓手、为引领，推动以马克思主义新闻观为核心的中国新闻学理论建设，推进学科体系、学术体系、话语体系建设，以更好培养我国新闻事业接班人。

第三，关于教材建设的理念问题。首先，要大力倡导教材建设精神。一本高水平、高质量的教材往往需要编写者在长期教学实践中能够潜心研究与持续完善，要有耐得住寂寞、久久为功的定力，还要极其认真和严谨。其次，要鼓励和重视教材编写团队建设。要鼓励责任作者领导下的教材团队建设，一方面可以使年轻教师有机会在教材编写实践中得到锻炼，使之对相关课程有更深入的理解，同时也有助于对于教材所涉及的概念、理论等问题进行讨论，避免一家之言，确保教材建设质量；另一方面通过传帮带，形成相对稳定的高水平、高质量教材的编写团队，使之能够持续深耕某种教材并且与时俱进地更新修订。再次，要加强课程教材一体化建设，推进建设与新课程形态相适应的新形态教材。教材要体现教学要求，它与课堂教学、课程改革密切相关，教材建设要跟进高等教育教学形态变革，教材正在从单纯的知识价值载体转变为以发展学生能力素养为目标的指导文本，从传统纸质教材转变为立体化教材，由此打通课堂教学与线上线下教学，为学生自主学习提供更丰富的教材资源。中国新闻学教材建设的首要任务固然是学科核心课程的遴选和编写质量的保障，同时也要适当考虑引入新技术、新方法，创新教材呈现方式和运用方式。

最后，我想呼吁一下中国新闻学案例库的建设，同时建议在中国新闻学系列教材中，纳入一两本案例教材，诸如我国新闻学经典案例解读、新媒体案例研究。所选案例不只是优秀报道，而是兼具理论和实践价值的具有代表性和综合性的研究案例，为学生理解复杂的实践问题提供精选样本。

韦路简介

韦路，浙江大学传媒与国际文化学院院长，党委副书记，教授，博士生导师，浙江大学融媒体研究中心主任，国家社科基金重大项目首席专家，教育部青年长江学者，教育部新世纪优秀人才。入选“百千万人才工程”国家级人选，被授予“有突出贡献中青年专家”荣誉称号，享受国务院政府特殊津贴。浙江省“万人计划”人文社科领军人才，浙江省有突出贡献中青年专家。曾获首届“新闻传播学国家学会奖”之杰出青年奖、宝钢优秀教师奖、浙江省哲学社会科学优秀成果一等奖、浙江省“五四”青年奖章等重要奖项。主要研究领域为新媒体传播、国际传播、政治传播等。担任教育部新闻传播学类专业教学指导委员会委员、中国新闻史学会网络传播史委员会会长、政协第十二届浙江省委员会委员。

中国新闻学教材建设的重要战略意义主要体现在三个方面。第一,中国新闻学教材建设是中国特色哲学社会科学学科体系、学术体系和话语体系建设的重要内容。如果把“三大体系”比作一幢大厦,教材无疑是这座大厦的四梁八柱。一个学科能否形成,一个标志就是有无对该学科的本体论、认识论、价值观和核心概念与理论进行界定的教材。第二,中国新闻学教材建设是卓越新闻传播人才培养的必然要求。没有体现中国特色、价值和立场的新闻学教材,就不可能培养出政治坚定、业务精湛、作风优良、党和人民放心的新闻舆论工作后备人才。第三,中国新闻学教材建设是中国道路自信、理论自信、制度自信和文化自信的重要体现。学习“他山之石”非常必要,但如果一个国家不能用自己的教材来培养年轻一代,将难以在青年学生当中树立中国文化自信。

推进中国新闻学教材建设,可以考虑如下方式和步骤。

首先要明确目标。中国新闻学教材建设到底要达到什么目标?希望推出什么样的教材?在数量和质量方面有何要求?在用户和对象上有何考虑?在结构和层次上有何规划?希望通过这套教材取得什么样的效果?这些都要明确。整个教材建设过程都要围绕这些目标展开。

其次要建立机制。一般来讲,有两种机制可以考虑。一种是自上而下的机制,类似国家社科基金的招标项目,不管是重大项目还是一般项目、重点项目,都是先有课题指南,然后再通过课题指南面向全国招标。同样,教材编写也可以如法炮制,先编写教材书目指南,鼓励感兴趣的编写团队进行申请,然后通过评审,择优立项。另一种是自下而上的机制,类似国家社科基金的后期项目,编写者自发编写,然后用自己编好的教材申请立项,列入中国新闻学系列教材。这两种机制各有千秋。鉴于目前已有不少新闻传播学教材,编写质量参差不齐,中国新闻学教材应该以“更高标准、更高质量、更高水平、更加权威”为建设目标,采用自上而下的招标方式,集纳全国各新闻传播院校的知名学者进行编写,使得教材更有逻辑,更成体系。同时,评审时重点考虑编者的现有教材基础、课程教学经历和学术研究专长,使自上而下的招标和自下而上的基础相结合,以保证中国新闻学教材的质量和水平。

再次是确定书目。要确定哪些教材面向全国进行招标。一般来讲,新闻学教材体系包括四个方面。一是史,如中国新闻史、外国新闻史、新闻思想史、传播技术史等。欲知大道,必先学史。二是论,包括总论和分论。总论即新闻学概论、新媒体概论、舆论学概论等总论性、概论性教材,分论即某一具体分支,往往是新闻学与其他学科交叉的理论教材,比如新闻社会学、新闻心理学、媒介经济学等。三是方法。新闻传播学要注重培养学生在研究方法方面的知识和能力,所以新闻学研究方法可以从质化、量化等各种不同研究取向编写教材。四是业务。这也是现有新闻学教材中数量比较多的一类,除了传统的采、写、编、评、摄之外,现在还要考虑融合新闻、数据新闻等新时代的新闻业务形态。所以,从史、论、方法、业务这四个方面进行布局,能够让中国新闻学教材更成体系,更有逻辑。

最后是设定标准。中国新闻学教材评审立项和结项依据什么标准进行评价?可以从三个方面确立标准。一是团队。可以借鉴马克思主义理论研究和建设工程的做法,首先需要有一个首席专家,条件是在相关领域有长期的教学积累和研究积累,比如主讲的相关课程已经入选国家级一流课程的教师,可以优先考虑。除了首席专家,团队成员需要体现一种开放性和代表性,能够让全国不同高校的教师都参与进来,而且能够在年龄、学历、背景,包括研究方向上都有较好的代表性。二是内容。作为中国新闻学教材,最重要的是中国特色,所以要体现中国话语、中国理论、中国风格,这是这套教材最鲜明的特色。此外,系统性如何,即是否完整描绘新闻学的知识版图;权威性如何,即是否准确呈现新闻学的核心知识;前沿性如何,即是否吸收新闻学的最新成果；可读性如何，即是否生动阐释新闻学的概念理论——这些都是评价中国新闻学教材内容的重要标准。三是形式。相比国外新闻传播学经典教材，中国新闻学教材在图表、设计、纸张、装帧、电子资源等方面还存在较大差距，应该以这次教材建设为契机，使中国新闻学教材更加图文并茂、色彩纷呈、全媒融合，成为体现中国实力、中国水准、中国气派的新闻学教材。

魏玉山简介

魏玉山，1962 年生，河北任丘人。现任中国新闻出版研究院院长、中国出版协会副理事长、第十三届全国政协委员。入选中宣部首批全国宣传文化系统“四个一批”人才、第三批国家“万人计划”哲学社会科学领军人才等。

欣闻复旦大学高校新闻学国家教材建设重点研究基地启动中国新闻学教材的编撰出版工作,这是一件事关新闻人才培养的大事、好事,也是一件面临诸多困难的紧迫之事,向主持其事的复旦大学新闻学院的领导与老师们致以崇高的敬意!

中国新闻学教材的出版发端于百年之前的新文化运动,由此开启了中国新闻学研究之旅;改革开放以后,新闻学教材的编写与出版进入快速发展阶段。1983 年 8 月,中宣部、教育部联合印发了《关于加强新闻教育工作的意见》,明确提出:积极开展科学研究,尽快编写出全套新闻学教材。在此《意见》的推动下,新闻学教材的编写出版进入快车道,一大批新闻学教材编写出版。

如今,中国已经进入新时代,国际国内环境发生着深刻的变革,世界正面临百年不遇的大变局,中国正步入社会主义现代化的新征程。与此同时,媒体格局也发生着深刻的变革,原有的新闻学教材已经难以适应新时代的要求,时代呼唤记录、书写新时代的时代新人,要求有体现新时代特色的新闻学教材。

今天,我们编辑出版中国新闻学教材的条件与环境,与百年前不可同日而语。当年从事新闻工作的人员不多,研究新闻学的人更少,新闻尚未成为一门学科,尚未受到关注。当下编辑出版中国新闻学教材,与改革开放初期也有很大不同,如今媒体高度发达且快速发展,为新闻理论创新提供了丰富的实践基础;深入广泛的国际新闻交流,为中国特色新闻学的总结提供了国际比较;众多的新闻机构、新闻研究机构与教学机构,及多数量、高质量的人才储备,为教材编写奠定了坚实的人才根基。编写中国新闻学教材的主客观条件都已经具备。

编辑出版中国新闻学教材,需要把握好几个关系。

1. 处理好中国特色与新闻学规律的关系。新闻学是一门科学，有其自身的规律，这是毫无疑问的。作为新闻学教材，从历史发展与世界普遍做法的角度，总结新闻工作的基本规律，是必不可少的内容。要把那些具有普遍意义的规律提炼出来，以彰显新闻学的科学性，没有科学性，新闻学也就不是学，而只是一项工作。但是，新闻工作又不是一般的工作，它具有鲜明的意识形态属性，报道什么、不报道什么，都包含着立场和观点，这一点也是毫无疑问的。已有的新闻学教材，无论中外无不带有鲜明的时代烙印和意识形态标志。中国新闻学教材必须体现中国的底色与新时代的特色，这就是要以习近平新时代中国特色社会主义思想为指导，总结中国新闻工作的实践与规律，体现中国特色。同时总结新闻工作的普遍规律、一般规律，提炼出放之四海而皆准的规律，体现“学”的特点。

2. 处理好新闻学与传播学等学科的关系。新闻学作为一门学科曾经独立很久，但是随着学科之间的融合发展，学科的交叉融合现象越来越普遍，新闻学的独立性似乎也不够突出了，大学独立的新闻系、新闻学著作也越来越少。如何处理好新闻学与其他学科的关系，是中国新闻学教材编写出版的一个重要问题。在相关学科中，新闻学与传播学的关系最为紧密，也最为复杂，一些大学建立了新闻与传播学院或新闻传播学院，一些教材也命名为“新闻传播学”。此外，新闻学与宣传学、广告学、公共关系学等也有广泛的联系。中国新闻学教材应尊重新闻学学科的主体性并体现融合发展的趋势，既要看到新闻学与其他学科的联系，又要看到新闻学是独立的学科。

3. 处理好传统媒体与新兴媒体的关系。目前主流的新闻学教材，可以说基本上是建立在传统媒体基础之上的，是基于对传统媒体新闻工作规律的认识而形成的。然而，由于技术的深度参与，传统媒体格局已经被打破，新的媒体格局正在被技术重塑，特别是自媒体、社交媒体的发展，正在展现出许多新特征。传统媒体虽然受到巨大冲击，但仍然表现出强大的韧性，传统媒体的公信力更加凸显。中国新闻学教材要回应媒体格局的变化，总结媒体融合发展的规律，建构新的新闻学体系，形成新的研究范式。

4. 处理好教材体系建设与核心教材编写的关系。每一个学科的构成都有多个方向、多个专业，新闻学也是如此。一般来说，新闻学包括新闻史、新闻理论、新闻实践三个方面，每一个方面还可以细分为若干专业，由此构成新闻学理论的大厦。现有的新闻学教材体系包括多少种教材没有定论，少的包括十几种，多的甚至几十种，作为一个教材体系，这是必要的，也是学科成熟的标志。中国新闻学教材的编辑出版工作，需要有总体的架构，需要对新闻学学科应有的教材作出规划，需要构建新闻学教材体系，确定各种教材名称与内容。但是，任何一个学科的教材的编写出版，又是分步进行的，应当是重点先行、急需先行，这就需要深入研究学科的核心教材，确定核心教材，以核心教材为重点，推进教材体系建设。避免因人设事，而是因事选人，中国新闻学教材的编写也要在确立教材体系的基础上，以核心教材为重点有序开展。

5. 处理好对内新闻传播与对外新闻传播的关系。技术的发展已经破除了新闻对内与对外传播上的时间、空间限制，从理论上讲，网络时代新闻传播难以区分对内与对外，这是纸媒时代无法做到的。对内新闻传播是我们熟悉、擅长的，我们创造了许多做法，积累了许多的经验，成为中国新闻学的重要方面。加强对外新闻传播，对外讲好中国故事，传播好中国声音，展示真实、立体、全面的中国，努力塑造可信、可爱、可敬的中国形象，是新时代对新闻工作的新要求，也是新闻学研究的新使命。中国新闻学不仅要研究中国受众的喜好，也要研究不同国家、不同地区受众的偏好，为不同受众提供差异化、分众化的新闻产品，落实习近平总书记的要求：采用贴近不同区域、不同国家、不同群体受众的精准传播方式，推进中国故事和中国声音的全球化表达、区域化表达、分众化表达，增强国际传播的亲和力和实效性。因此，在中国新闻学的教材当中，要有重要的版块研究新闻的对外传播问题。

6. 补齐新闻名称规范的短板。2021 年 11 月，全国科学技术名词审定委员会公布了《编辑与出版学名词》,在此之前,全国科学技术名词审定委员会总共公布了146种规范名词,除科学技术、农业、医学等领域外,教育学、语言学、图书馆情报与文献学等人文社科领域也已名列其中。名词规范是学术研究的前提与基础,特别是在学科快速发展过程中,新名词、新术语不断增加,更需要对名词术语给予明确规范。21世纪以来,新闻学发展日新月异,特别是技术在新闻工作中的运用,诞生了许多新的术语、新的名词,急需规范。我建议在中国新闻学教材的编撰过程中,同步开展新闻学名词规范工作,以此带动教材的编写与研究。

吴廷俊简介

吴廷俊，1945 年生，华中科技大学教授、博士生导师，教育部马克思主义理论研究和建设工程重点教材《中国新闻传播史》首席专家，北京大学新闻学研究会副会长兼导师，享受国务院政府特殊津贴。曾任华中科技大学新闻与信息传播学院院长，兼任中国新闻史学会副会长、中国新闻教育史研究会会长、教育部学风建设委员会委员、教育部新闻学学科教学指导委员会委员。主持完成多项国家级和省部级社科基金项目，出版学术著作 10 多部，多项学术成果获省部级及以上的奖励，其中《新记大公报史稿》《中国新闻史新修》曾于 1997 年、2012 年两次获吴玉章人文社会科学优秀成果奖，《文理交叉复合型新闻人才培养模式综合改革与实践》获湖北省教学成果一等奖。

首先感谢复旦大学高校新闻学国家教材建设重点研究基地邀请我参加中国新闻学教材建设线上研讨会，为我提供了一个很好的学习机会。关于编写中国新闻学教材的必要性、重要性，回答是肯定的，没有必要再讨论了，要解决的是如何组织编写的问题。

对此，我结合主编“马工程”重点教材《中国新闻传播史》的实践，谈谈自己的一些粗浅体会，供参考。

一、破题

中国旧时作八股文，起首处，须用几句话说破题目要义，叫破题。破题的优劣关系到文章的全部论述；同样的题目，不同的破题，不同的立意，文章的表达就不相同。

要完成建设中国新闻学教材的任务，首先必须把中国新闻学的要义揭示出来，就是我说的“破题”。

标出“中国新闻学”，实际上是要建设起一个新的学科。诚然，建设起一个新学科是很难的，也非一朝一夕就能完成的，但是，至少要搭建一个基本的学科框架，其后才好着手进行教材建设。根据教育学理论，学科决定专业，专业决定课程，课程决定教材。一环紧扣一环，学科是纲，纲举目张。

“新闻学”是一个年轻的学科，起源于西方；中国的新闻学和新闻教育来源于美国，并且直至现在，基本上没有脱离西方甚至美国的窠臼。在号召举国上下努力建设中国特色社会主义强国的背景下，提出“中国新闻学”概念和建构“中国新闻学”的任务，无疑是崭新的、有意义的。

凡事先有术后有学。西方新闻学是基于西方理论、西方话语和西方新闻事业发展的总结和提炼，那么，建构“中国新闻学”有两种选择：一是增加中国元素对西方新闻学进行改造，二是完全基于中国理论、中国语境和中国新闻实践的另起炉灶。

第一种选择所追求的是西方新闻学的中国化，根子还是西方新闻学，即“西体中用”。其实，西方新闻学引入中国后，从维新派办报到共产党办报一直都是这么做的。所以，按照这种选择建构中国新闻学比较容易。缩编的教材与现行教材相比，不会有根本性的改变。

第二种选择是基于中华文化的重新出发，虽然也要适当借鉴西方新闻学中的有用知识，但是，它所追求的是“中体西用”。

中体，主要是指中国“大一统”① 理论和思想、“大一统”理论体系和思想体系的话语表达形式，以及“大一统”理论支配下出现的“政治刚需”所推动的新闻实践。

基于这样“破题”所建构起来的“中国新闻学”，较之西方新闻学，会有全然不同的呈现。比如，“新闻宣传”理论的凸显和强化、“文人办报”地位的提升与重视、“文章报国”思想和媒体政论文写作的复兴等。基于这种“中国新闻学”的教材编写，任务是艰巨的。

我姑妄提出以上两种破题方案，仅供基地负责人参考。

二、立标

（一）编写规范与学术规范并重

教材是教学之本，是学生学习的样本，必须规范，其中包括编写规范和学术规范。这一点，“马工程”教材做得很好，在“马工程”教材启动的动员会上，教育部领导就提出了明确要求，编写组也认真执行。

编写规范方面，做到遣词造句正确准确，文风朴实，文字清晰；布局谋

① 中国历经数千年的风风雨雨而长盛不衰，始终贯穿其中的就是儒家的“大一统”理论。直到今天，它依然在很大程度上支配着中国人对中国历史和国家前途的看法。“大一统”是中国人崇尚国家统一、民族团结、社会安定的理论支撑，是中华民族文化的内核和灵魂。

篇，详略得体；篇章结构，完整严谨；论证有力，逻辑性强。

学术规范方面，做到概念界定清楚，内涵外延清晰，且使用前后一致；命题表达准确，判断精准；引用文字有出处，注释合规范，坚决杜绝抄袭现象存在。

（二）集成与创新结合

教材不是专著，不是只写编撰者的“一家之言”，而是要尽可能吸收同类教材中的优点和长处，尤其要吸收本学科业已成熟的观点和已经形成的共识，是同类教材的集大成者。仅仅做到这一点还远远不够，还必须有创新，在广泛吸收同仁最新研究成果的同时，还必须拿出编撰者自己的最新研究成果，把学生引到本学科的前沿。比如，由于种种原因，以往的一些新闻史专著和教材成了政治史、革命史的“翻版”。我们在编写“马工程”教材《中国新闻传播史》时，以媒体生态视野，将媒体视为一个有生命的有机整体和复杂系统看待，既抓住媒介主体，充分展示了每个时期新闻媒介自身的发展，又注重将媒体放在特定社会环境下去分析，表现媒介与各个历史时期的政治经济和文化的互动，做到了“媒体的历史”与“历史的媒体”的紧密结合。

（三）政治与学术统一

一方面，我国的新闻教育是为了“培养造就一支政治坚定、业务精湛、作风优良、党和人民放心的新闻舆论工作队伍”[①]，新闻学教材必须做到政治正确，这不容丝毫动摇；另一方面，新闻教育是专业教育，其教材必须讲究科学性和学术性，因此，新闻学教材必须做到政治与学术的统一。编写“马工程”重点教材的实践告诉我们，只有切实按照马克思主义的核心精神

① 习近平：《在党的新闻舆论工作座谈会上的讲话》，2016年2月19日。

办事，才能做到二者的统一。

关于什么是马克思主义的核心精神，中国共产党历代领导人都有精辟回答。

毛泽东说："马克思主义的道理千头万绪，归根结底，就是一句话：'造反有理。'几千年来总是说：压迫有理，剥削有理，造反无理。自从马克思主义出来，就把这个旧案翻过来了。这是一个大功劳。这个道理是无产阶级从斗争中得来的，而马克思作了总结。根据这个道理，于是就反抗，就斗争，就干社会主义。"①邓小平说："实事求是是马克思主义的精髓。要提倡这个，不要提倡本本。我们改革开放的成功，不是靠本本，而是靠实践，靠实事求是。"②习近平说："马克思主义是人民的理论，第一次创立了人民实现自身解放的思想体系。"③

领导人的这三条论述准确地概括了马克思主义的核心、精髓和实质，即大无畏的"创新精神"、科学的"求实精神"和知行合一的"人民精神"。这些精神是中国共产党领导中国人民创造伟业的法宝——毛泽东凭借这种精神，领导人民进行"反抗"，进行"斗争"，最终推翻了三座大山，取得新民主主义革命和社会主义革命的胜利；邓小平凭借这种精神，大胆拨乱反正，把封闭的中国带上改革开放的现代化道路；习近平凭借这种精神，一方面"反腐倡廉"，一方面攻坚脱贫，领导人民走共同富裕道路。一句话，中国共产党就凭借这种精神科学地认识世界，勇敢而有效地改造世界。

我们《中国新闻传播史》编写组在马克思主义这种精神的指导下，增强自己的学术定力，克服左右摇摆现象，做到政治与学术的统一，编写出了一本较高质量的"马工程"教材。

---

① 毛泽东：《在延安各界庆祝斯大林六十寿辰大会上的讲话》，《新中华报》第四版，1939 年 12 月 30 日。

② 邓小平：《在武昌、深圳、珠海、上海等地的谈话要点》，《邓小平文选》第三卷，北京：人民出版社，2001 年，第 382 页。

③ 习近平：《在纪念马克思诞辰 200 周年大会上的讲话》，2018 年 5 月 4 日。

三、实施

(一)对主编的遴选与管理

1. 对主编的遴选坚持高标准、严要求。主编须在全国高校教师中招标遴选;当选者必须年富力强,品学兼优。具体而言:具有较高的马克思主义的理论修养,能做到“信马”“知马”和“行马”的统一;具有高尚的人格和诚实的品格;具有比较渊博的学识,对本学科和相近学科的知识有比较系统和全面的掌握;具有比较丰富的教学阅历和教学经验;受过严格的学术训练,懂得学术规范。

2. 对主编采取目标管理。目标管理的逻辑起点是高度信任,主编一旦选定,就应该赋予他足够的权限,对其编写工作,不应进行过多的干预。只要规定完成时间即可,至于教材质量如何,等到最终成果出来后,再组织专家评审,并在广大师生中听取意见。

“马工程”重点教材的编写,实行过程管理,随时予以指导,其初衷是好的,但是,在实施中,效果不佳。几级专家组步步把关,层层评审,不胜其烦。并且各级专家组之间、同一级别专家组内部专家之间的意见不一致,对有些问题的看法差别很大,弄得编写组无所适从。一本37万字的教材,12个人,编写了10年,其中提纲修改8稿,书稿修改6稿,反复折腾,与这种管理方式不无关系。

(二)先行试点

编写一套中国新闻学教材,是一件崭新的工作,其艰难程度是可以想见的。建议先行编撰一本《中国新闻学概论》,从学术上阐述清楚几个基本问题,比如“中国新闻学”的逻辑起点、学科属性、研究对象、研究范围等,使其成为整套教材的纲。同时,也可取得一些实施经验。

吴炜华简介

吴炜华，香港城市大学博士，美国纽约大学博士后，麻省理工学院富布赖特研究学者，教育部新世纪优秀人才，全国广播电视“百优理论人才”。现任中国传媒大学新闻传播学部电视学院教授，媒体融合与传播国家重点实验室博导，融合出版与文化传播新闻出版署重点实验室研究员，编辑出版（新媒体）系系主任。长期以来与国际、国内大学和研究机构合作展开立足中国本土的新闻传播研究与教学工作，研究领域包括媒体融合与传播、视听新媒体、国际传播、非物质文化遗产、互联网文化、动漫及游戏产业等。参与及主持多项国际及国家级项目，包括联合国教科文、联合国妇女署“无障碍传播本土研究”“中国在线教育发展研究”，国家社科基金重大项目“我国新闻传播业人工智能应用现状与发展趋向研究”，研究阐释党的十九届四中全会精神国家社科基金重大项目“建立健全我国网络综合治理体系”，教育部人文社会科学重点研究基地重大项目“中国传媒人才体系构建研究”，国家社科基金后期项目“中国网络新世代的媒体社会学研究”，以及“中国网民网络素养情况与群体特征研究”“主流媒体媒介价值及创新传播研究”“中国非物质文化遗产国际传播研究”等省部级及横向项目。在国际、国内核心期刊发表数十篇中英文论文，出版《新媒体批判导论》《新媒体传播导论》《视觉叙事的文化笔记》等中文译作及专著以及英文专著 *Chinese Animation*, *Creative Industry and Digital Culture* 等。

首先，关于编辑出版学专业教材的应用与发展。

编辑出版学的技术迭代与专业发展往往难以与教材出版同步。首先是基于传统媒体生态的“编辑＋出版”教材的更新亟待发展。此类型教材承其历史特点，基本上是功能导向的；无论是编辑史、出版史，还是编辑、出版实务等教材，均以经典性、实用性、技术技能为主。这类型教材对传统编辑出版学来说，是非常重要也是很适用的。但对于编辑出版学（新媒体方向）或数字出版而言，此类型教材却很难在课堂中适用。以中国传媒大学新闻传播学部电视学院的编辑出版学为例，在20余年的发展中，从电子音像到新媒体再到数字出版，其专业脉络与广播电视学密切交织，视听、融合、全媒体模态的编辑出版课堂教学体系和育人模式，使其很难依循传统媒体生态中所编撰出的编辑出版学教材。其次，基于新型媒体与互联网生态的编辑出版学教材亟须发展。中国传媒大学与北京印刷学院合作发起北京市高校新闻出版类专业群的共建工作。在共建工作里，得益于专业群的教学、科研、社会服务的互动与互助，面向未来新闻传播生态的教材研发也在不断推进。在专业群的建设中，我们认识到，即使是在新闻传播学的学术和教学共同体领域中，报纸编辑学、杂志编辑学、广播编辑学、电视编辑学，甚至新媒体编辑学层出不穷，但我们是否应该迅速开发出一套基于新媒体的编辑出版学的教材，兼具前沿技术维度和中国理论建设的维度？再次，编辑出版学教材建设的本土立场与国际视野。在编辑出版学专业教材建设和应用过程中，去西方化的特征非常明显，无论是史论还是实务领域，西方教材很少，应该说长期缺席。基于编辑出版学中国理论与国际视野的建设视角，是否应在将来适当开发相关教材？最后是编辑出版学实验性、探索性、前沿性相关教材的出版。中国传媒大学的编辑出版学是扎根在广播电视学教学科研的基础和优势上，基于数字技术与网络媒介的演进而开启的专业，所以这就使得我们发现在实践教学过程中教材缺乏的问题特别得明显。虽然《新媒体导论》《新媒体概论》《网络传播概论》之类的教材非常多，琳琅满目，但是我们仍然可以看到上述种种教材的知识狂奔状态与自我迷惘的无助。当新技术、新时代、大编辑理念和大出版观纷纷出现，媒体融合、人工智能、加密图文编辑、元宇宙发出召唤，相关前沿性教材却迟迟未见。

其次是建构编辑出版学中国理论的思考。

在中国新闻学的建设框架下探索编辑出版学，首先是构建其学科图谱的框架与沿革。一是历史图谱的教材重建、传承与发展。我们有非常优秀的中国编辑出版学的教材，但应怎样基于新时代中国特色社会主义出版理论进行历史沿革和学科脉络、学术体系的提炼？二是构建当代应用图谱的知识脉络，把历史人文、国际传播、技术哲学勾连到当代中国编辑出版学教材重建的语境中，延拓编辑出版与社会科学的对话、新闻出版与计算科学的交融等。三是本土化理论图谱的学理创新。怎样建设面向未来的、中国学派的中国出版学的理论？中国编辑出版学有没有自己的研究范式？如何探索与回答自身学术话语体系科学性与规范性的问题？四是科研图谱的场域开拓。如何设计面向新技术观、媒介观、传播观的复合型、前沿型、实践型教材，在“中国新闻学”的大视野下构建中国编辑出版学的科学实践景观？

最后是关于需求与建设的自我探寻及行动方向。

编辑出版学教材建设是中国新闻学的知识共同体建设的重要组成部分。应时代之需、现实之需，呼应复旦大学高校新闻学国家教材建设重点研究基地国家教材建设的议题，编辑出版学教材建设，首先应立足专业之本，放眼学科前沿，整合全国资源，打通教材建设的壁垒，规划系列专业教材，打造适用于新时代编辑出版人才培养的教材库。其次，我们更需应学科之需，更为立体、谱系、多元地构建编辑出版学的教材建设的知识图谱与行动策略。最后，我们要应专业之需，更为前沿、开放、探索性地打造面向未来的、具有前沿性和探索性的编辑出版学、网络与新媒体、数字出版等系列教材。

吴瑛简介

吴瑛，上海外国语大学新闻传播学院教授、博士生导师，入选国家重大人才计划青年学者，上海高校一类智库、上海市重点培育智库中国国际舆情研究中心副主任。研究领域是国际传播、全球传播。出版《中国声音的国际传播力研究》《孔子学院与中国文化的国际传播》《中国话语权提升战略研究》等专著 4 本，发表学术论文 100 余篇，其中核心期刊论文 50 余篇。主持国家社科基金重点课题和一般课题 3 项，主持上海市社科基金等省部级课题 15 项，主持中央网信办、上海市委网信办、上海市委外宣办、中央电视台等委托的课题 12 项。获霍英东高校青年教师奖，2012 年和 2016 年两次获上海市哲学社会科学优秀成果奖二等奖，获上海市优秀博士论文奖等。

网络新媒体是媒介融合、思想融通的平台，过去我们常讨论网络新媒体究竟是第四媒体还是第五媒体。现在我们越来越认识到，网络更像高速公路，不同类型的媒体、多元思想都可以在网络新媒体平台上运行和分享。我主要从事国际传播研究，希望站在新媒体和新格局背景下来谈国际传播教材建设。

长久以来，我国学术界虽然对国际传播领域比较重视，但在学科建制、专家学者投入和社会认可度等方面都没有很好的发展空间。进入 21 世纪以来，尤其是十八大以来，随着中国日益崛起和中国声音向世界传播，我国对国际新闻与传播专业的建设越来越重视，而面对新媒体和新格局的背景，我们的国际传播理念、体制机制、路径方法都需要升级，而能适应新媒体和新格局背景的国际传播教材显得十分紧缺。

在参加会议之前，我们做了一个初步调研，主要是外语院校和综合性院校所开设的与国际传播相关的课程，了解这些课题的教材使用情况，以及当当、超星、豆瓣、中图网等平台使用的中文教材。我们还调研了亚马逊、谷歌图书等英文平台上的教材和专著情况，并进行了初步的数据分析。从学科发展上看，20 世纪 50 年代就有美国学者认为，应该将国际传播作为一个专门的领域进行研究，而其概念的提出则在 70 年代以后。国际理论是在西方现代化理论和发展传播学基础上成长起来的，是“西方中心论”的体现和冷战背景下推广西方现代性的产物。国际传播学被引进中国之后，经历了本土化和“为我所用”的过程。十余年来，前辈专家已经出版了一系列教材，教材建设经历了从无到有、从少到多并与国际接轨的过程，专家们在呼唤国际新闻与传播学科创建、引领理论与实践相结合方面做出了卓越的贡献。

近年来，国际新闻与传播专业正式获批，从全国范围来看，学科体系刚刚建立，适用教材相对不足。从教材内容来看，国际传播的本体论、认识论和方法论层面有待进一步凝练和优化。现有教材更重视国家作为国际传播的主体,关注欧美主流媒体,而对其他行为体,尤其是新媒体时代多元主体在全球网络空间的传播行为关注较少。国际传播的逻辑起点多以国家利益为导向,以战略为目标,意识形态色彩较为鲜明。从编入理论来看,大多从西方国际传播理论切入,对非西方的、世界不同文明形态国家的国际传播理念和实践的分析相对较少,在中外文明互鉴和中西理论对话上有待进一步深化,在融入中国价值、中国立场和中国方案方面也可以进一步思考。从编入实践案例来看,现有教材覆盖的主要是西方经验,包括欧美媒体和传媒集团等,非西方国家,比如中国、韩国、日本、印度等国的国际传播实践案例有待进一步梳理编入。

调研显示,国外的国际传播教材数量也不是很多,而且对于大部分国家来说,没有全国通用的统编教材,多数是以专著形式出现。美、英、法等国的学者在近二三十年中也推出了一些教材,年代比国内要早,出版数量和种类也比较多,覆盖领域相对广。但实际上,在教材名中出现"International Communication"一词的其实仅占很小的部分,大多数相关教材和专著以"Global Communication"或"Intercultural Communication"命名。国际传播教材的理论来源更多来自国际政治、国际关系、社会学、文化人类学等学科,是一个交叉融合的领域。而实践部分的撰写也是以西方传媒集团和文化产业的传播经验为主。在国外教材迭代缓慢的情况下,新媒体语境下的案例,以及来自东方世界和中国国际传播实践的案例更是极少纳入,偶有纳入中国案例的也不是教材和专著,可能是论文集,这背后的原因是多方面的,但也折射了国外教材对中国经验的盲点。

教材建设需要与科学研究互动。国际传播教材怎样和学科前沿对话?我们初步分析国内外论文的知识图谱后发现,中文论文在研究国际传播问题时,与意识形态相关的、以中国政府和主流媒体为主体的、策略性的国际传播实践受关注度较高。而在英文论文中,涉及的话题更为多元,包括组织传播、商业传播、跨文化适应、新媒体与计算传播、健康传播、种族主义等，都是从国际传播视角下开展的研究，可见中英文研究差异很大。从研究趋势来看，国外研究还呈现出两个特点：一是国际传播研究经历了从讲政治到超越政治的转变，当前研究正在淡化意识形态色彩；二是国际传播涉及的主体正在从专业化向泛专业化转变，先前国际传播研究较多地关注专业人士、媒体和国际组织，而当前随着越来越多地把国际传播、全球传播和跨文化传播概念融合，传播主体除了专业媒体，还有留学生、外籍人士、高等院校等多元类型。

我们也对当下国内外教材的现状进行了反思。

第一，为何国内外的国际传播教材数量较少？从国外来看，西方处于世界信息传播秩序的优势地位，对发展传播学不再有浓厚兴趣，对西方现代性也有一定的反思，同时国际传播的学科知识体系未得到丰富。而从国内来看，国际传播受到学界较大的关注是在十八大以后，尤其是近五年之内。国际传播长期没有受到较大关注的原因是多方面的，有一个原因我们是体会比较深的，就是很多专家认为，国际传播研究的工具化倾向过于明显。鉴于这些因素，未来我们撰写国际传播教材时，也要有所反思和借鉴，思考国际传播教学和研究的方法论是什么，要在强调国际传播效果的同时加强意义和文化的共享。

第二，如何看待国际传播的本体论、认识论和方法论？首先，在本体论上，有国外学者认为，国际传播在研究体系构建上，正面临着学科身份的危机，可能作为一个领域来研究更加合适。我们需要思考国际传播的本体论如何构建，怎样梳理国际传播的历史，怎样区别国际传播、对外传播、全球传播等概念，理论和实践中存在何种区别。其次，在认识论上，是否可以超越西方模式，从中国模式和中国式现代化中为国际传播提供另一种思维，从中国价值、中国特色、中国文化中汲取营养，从文明互鉴中寻求共同价值？再次，在方法论上，国际传播的方法论到底是追求效果还是促进文化共享？新媒体时代,大数据、人工智能在国际传播中将起到重要作用,如何将新媒体的思维和方法贯穿于国际传播教材的撰写中？在全球化、区域化和分众化背景下,我们在介绍西方国际传播经验的同时,中国、印度、韩国、日本等非西方国家的国际传播的经验是否能纳入教材？这些在国际传播教材建设中都需要进一步思考,旨在为学生提供更全面的国际传播图景。

复旦大学高校新闻学国家教材建设重点研究基地作为国家级基地,将推出一系列中国新闻学教材,这是引领学科发展的重大工程。是否可以出版一套国际传播的教材？现在很多院系都开设了国际新闻与传播专业,还有其他学科,像外语、马列等学科,也在关注国际传播,此外通识教育层面也有一定需求。未来教材编写如何立足于新媒体和新格局背景,进一步推进中西国际传播理论对话,是值得思考的问题。在中西理论对话的基础上,如何吸收多元文明形态的国际传播观,以及中国哲学、中国文化和中国实践的宝贵经验,为国际传播教学和研究注入活力,将成为教材建设的重要课题。在打造中国新闻学精品教材的同时,我们还要关注教材撰写要能与国外的大学课堂对话,要出版给国外学生看的教材。我们非常期待,相信不久的将来,复旦大学高校新闻学国家教材建设重点研究基地将会推进中国新闻学教材的学术外译工作,通过多语种方式向世界传播,让世界各国的大学、世界各国的学生看到中国教材,听到中国声音,推动中国哲学社会科学走出去。

伍劲松简介

伍劲松，中央广播电视总台总编室社会合作部主任，主任编辑，中国广播电影电视社会组织联合会体育传播（广播）工作委员会会长，中国广播联盟秘书长。曾担任原央广新闻中心《新闻纵横》栏目记者主持人，《新闻和报纸摘要》《全国新闻联播》责任编辑。参与了自 1995 年以来国内几乎所有重要庆典、重大活动、重大灾难的报道，策划组织过诸多全国性大型公益活动，组织了几十次全国广电媒体的联合报道行动。

在接到任务后，我对一些刚刚毕业的大学生进行了访谈，搜集他们对中国新闻学现有教材的看法。大多数受访者的看法可以概括为三个词：臃肿、脱节和过时。

按理说，高校的教材应该是与时俱进的，但为什么他们会得出臃肿、脱节和过时的评价呢？据受访者描述，所谓的臃肿，是指很多科目交叉重复的内容特别多，如关于真实性原则，《新闻理论教程》和《新闻写作教程》都有涉及，人民教育出版社出版的《新闻理论教程》在第六章第一节，占 25 页的篇幅，《新闻写作教程》在第二章，新闻写作真实性原则占 17 页。类似的重复现象不胜枚举，目前无论是新闻采访、新闻写作、新闻评论还是新闻编辑，教材里面都有大量重复的内容，这就让学生觉得浪费了时间，很多东西其实学一遍就够了，但是又不得不去学，还不得不去考。另外，这也是教育资源的一种浪费。解决臃肿问题有一个建议，就是在负责各类教程编写的"主编"之上，再设立一个"总编"（或研究室），其主要职责就是进一步明确各门教程的"边界"，对所有教材内容分门别类做进一步的统筹，该压缩的压缩，该精简的精简，该放弃的就放弃，杜绝"大而全"，避免课程内容的重复设置。

第二个是脱节问题。我自己接触过的很多新进台的大学生存在眼高手低的问题，比如说广播电视专业的人，他进台之前就已经在学校里学习并掌握了一定的媒体运作技能，比如摄像、采编技能技巧等，所以他进台前期会比其他专业的孩子上手快，似乎啥都懂，但随着其他专业的孩子逐渐上手以后，很多广电专业的孩子就显得后劲不足了。原因在于，采编技术他们都学过，但"内容"底蕴不够（这是个技术引领、内容为王的时代），且学到的东西跟媒体一线的实际操作有不小的差异，所以后来就慢慢掉队了。就好比校园电视台主持人与媒体一线的主持人，同样都是主持，但只是营造了"氛围”、模拟了“样态”,只能说是“形似而神不似”。而其他专业,比如说中文、历史等,甚至是理科的孩子,在校学习研究的对象是文化根基,而这恰恰是媒体人最应该具备的素养。

以后课程的编排除了规律性的东西要充分,实践课程的安排更重要。因为就新闻职业来说,就是一个“边学习,边实践,边累积,边提炼,最后形成自身新闻理念”的过程。理论的东西要掌握,但得运用到实践中去,去检验,去纠偏。我带队伍的时候经常告诉队员,别人的好东西要学习也可参考,但更为重要的是自己要学会总结提炼自己的实践经验,通过不断地纠偏纠错,形成自己的新闻理念。

现在高校培养出来的人才存在的另一个问题是,一些学生很会写论文,但实际操作能力不行。这都跟教学与实践脱节有关。很多论文一看就是用自己的文字功底把别人的东西复制粘贴过来的,并不是他们自身在实践中的思考总结。职称评定需要论文,所以现在业界就存在一种不正常的现象,你让他写一篇论文,很行,但你让他深入一线去采写一个重要选题,或者在一个非常节点去报道一个重要事件,就很可能掉链子。这类高级职称就不是正儿八经从一线实战出来的。因此,我认为,高校在教学安排上,应该加大实践课程的安排。我建议,本科四年的时间,最好有一年半到两年的时间把学生扔到全国各地的媒体平台机构里面去,有带队老师的理论指导,有各地传媒人的传帮带,边学边干,边思考边印证,才能让孩子们收获最佳的学习效果。

第三个是过时问题。新闻学教材编写应该把握一个原则,就是“与时俱进”。即,因时因势而作出适当的调整。比如,由于新技术的推动,媒体业态发生了变化,教材就要尽快作出相应的调整。又比如国家政策理论以及宣传口径的把控问题,媒体是为国家服务的,后备人才的培养也理应顺应国家和市场的需求作出调整。建议充分发挥教研部门的作用,随时随势对教材作出调整。超过五年不变的教材,必然是过时的教材。

另外，教材编写之前应该做充分的调研（就像今天的专家研讨会），一是可考虑在编写教材时让学生参与进来，比如让在校硕士生、博士生参与进来。这让我想起了一些游戏公司的做法，它们的主要客户是孩子，所以它们在产品推出之前都会高薪聘请一些孩子来做体验，孩子的任务就是把“玩”的体验心得反馈给公司，然后公司根据这些体验来调整战略方向和产品设计。这做法值得借鉴，让学生参与教材的编写很有必要。二是可在各类媒体里多聘请一些现役资深媒体人，特别是聘请实战经验丰富的媒体人参与教材的编纂，既可以拿他们的实战经验去丰实我们的教材内容，还可以聘请他们以客座嘉宾的身份经常去学校上大课传授经验。三是可邀请在国内多年且对中国友好的外国专家学者。我们现在要对外讲好中国故事，争夺话语权，就先得清楚什么样的东西他们能接受，什么样的东西他们会抵触。业界目前有很多外国专家，我们可以邀请他们开展座谈会，听取一下他们对教材编写的意见。这些专家在中国待了这么久，对中国的文化、国情和政策都比较了解，可让其结合他们当地的文化等，提出自己的参考意见。

此外，我自己目前还兼任中国广播联盟秘书长，跟全国各地广播电视台还有很多联系，希望各大院校跟各地媒体机构搭建密切的关系，甚至可以把它们当作实验室、实验基地，把学校教学与业界实践相结合。大学里应该学什么？我个人认为主要是学习解决问题的方式方法。现在很多单位都希望大学生踏进单位就能上手创造价值，所以这种把孩子们扔到一线去打磨，在校期间就能获得业界直接经验的做法，是相当有必要的。

最后，建议高校的党委书记、院长，要多把高校老师派到媒体里面去做一些交流，甚至可通过借调、互换等方式，到媒体一线去担任一个普通记者、值班主任、主编等，直接参与媒体的运营运作，这对其以后的教学工作是十分有帮助的。

谢新洲简介

谢新洲，北京大学教授、博士生导师。现任北京大学新媒体研究院院长，曾任全国新闻与传播专业学位研究生教育指导委员会秘书长、北京大学新闻与传播学院副院长。主要研究方向为新媒体与网络传播、媒介经营管理、竞争情报与企业竞争战略等。

很高兴参加今天的会议。关于中国新闻学教材建设的普遍性问题也达成了一些共识。这确实是一个宏大的问题，举办方布置给我的题目是“网络与新媒体领域有哪些课程的教材需要纳入中国新闻学教材建设，并且这些教材与中国新闻学之间存在什么关系”。那么，我就围绕题目谈几点看法，另外也想提一些建议。

首先是关于哪些课程纳入体系。我认为实际上就是从新媒体对新闻业和新闻学的影响来建构这个体系。可以包括这样几个部分：

一是关于技术和媒介变迁的课程与内容，例如新媒体研究、社会化媒体研究、新媒体技术与发展。原因就不用多说了，媒体的形态不同，新闻的生产方式和组织管理等都不同。我特别想指出的是，过去我们讲新媒体，大家是有一定共鸣的，至少会联想到网络媒体，现在可不一样。我们的学生都是00后了，对于“数字原住民”来说，他们不知道“三大门户”，也没有听说过“机顶盒”，甚至不知道“OTT”。而我们都知道研究变迁的意义就在于加深对现在的技术和应用的理解。

二是关于网络传播规律和网络文化的课程与内容，例如网络传播、网络语言、网络文化、网络心理。这部分是有难度的，因为研究层面上也是应用性总结多，理论创新比较薄弱，且发展很快，但是即使这样也非常有必要。因为尊重传播规律，才能谈及新闻效果。

三是关于网络治理和新媒体治理的课程与内容。这是我特别想强调的。有以下几个方面的考虑：一是过去新闻学的课程里有新闻法律法规，实际上进入网络传播的时代，治理是一个更加广泛的概念。治理依据、手段、方式都不同，需要特殊的教育；二是网络空间毕竟是个新空间，网络规则和网络空间内新闻人的素养在其他层次或学科的教育中很难体现，某种程度上是个盲区；三是我国网络空间治理尤其特殊，如果不给学生讲明讲透,未来新闻人在职业中遇到一些问题会产生思想偏差。从这个意义上讲,也是意识形态预防针。当然,这部分讲好了,能真正体现课程思政的方针。

四是关于新媒体新闻业务方面的课程与内容,例如融合新闻报道、新媒体时代的主题宣传、新闻短视频创作,甚至包括新闻管理等。这个我就不再赘述了。

五是新媒体对新闻学研究方法的影响。过去新闻学研究的一些方法和手段,可能随着媒介形态的改变、新闻技术方式的改变,会有所突破。比如数据挖掘、社会网络分析等。

除了上述想法,我想谈几点建议:

一是关于中国特色。教材必须体现中国特色,这个特色怎么体现呢?我认为应该包括这样几个方面。

第一,以中国实践和当代重大问题为核心的编写体系。新闻学内容很庞杂,哪些内容要突出,哪些内容可以删除或者弱化,我觉得要站在中国大地上想问题。比如,实践中我们已经发现新闻不再只是媒体的事情,政府有需求,高校也有需求,甚至平台也会有需求,但是新闻学有没有涵盖这些内容?

第二,以中国话语撰写教材。语言是文化的肌肤,文化自信首先是语言自信(这里不是说中文还是英文,而是话语),我比较反对空洞的造词或者创造没有现实解释力的概念。我建议把我们新闻实践中常用的,或者学术界需要进行规范的概念写入教材。当然这里面就必须是中国实践中产生的概念或理论。

第三,中国特色还应该有时代精神。既要讲历史和传统,也要面向时代和发展。

二是关于教材的编写层次。我们现在的教材普遍存在层次划分不够清晰的问题,比较严重的是本科生和硕士生教材的同质化,甚至有的专科生也用这些教材。从现在新媒体新闻行业的人才需求和新媒体教育的发展来看，专科、本科、硕士和博士的需求都很大，当然还分为专业学位和学术学位，能够符合不同层次需求的教材建设不足。我个人认为，我们面向本科生的教材还比较丰富，面向研究生的体现研究性和发展性的教材比较滞后。为什么呢？出版社出版教材会考虑销量，研究生的数量相对较少，出版社的出版热情也就不高。再加上研究生的培养也跟导师或培养单位的特色有关，统编教材就更难。

三是关于教材的学术性和发展性，或者说理论性和发展性。现在一些前沿领域的教材，描述性多于知识性。对于理论发展的梳理总结不够，这在某种程度上也会影响学生们的眼界。其实，国内外这两年新闻学和传播学都在蓬勃发展，理论创新也有一些成果，但是这些成果还没有系统地整理过。另外，新闻学的学科边界在拓展，新出现的现象和问题越来越超越我们自己的学科范式，有时候我们在编教材的时候会有畏难情绪。例如媒介经营管理，如果进行系统的修订，恐怕调研的工作量是巨大的。

感谢主办方提供的这次难得的机会，也衷心希望在课题组的推动下，中国新闻学教材能够成为中国新闻学发展史上标志性的、划时代的印记。

许加彪简介

许加彪，陕西师范大学新闻与传播学院院长、数字传媒技术国家级实验教学示范中心主任，三级教授、博士生导师。荣获省级教学名师称号，宝钢优秀教师奖获得者。国家级一流本科专业建设点新闻学专业负责人，省级教学团队新闻摄录与编辑带头人。兼任陕西省委理论讲师团特聘专家、中国高校影视学会媒介文化专业委员会第二届理事会副主任、中国高校影视学会实验教学专业委员会副主任、陕西省青年新媒体协会副会长、中国新闻史学会视听传播研究会常务理事。研究方向为传播社会学、延安新闻传播史等，出版著作《法治与自律：新闻采访权的边界与结构分析》等 3 本，发表论文 50 余篇。主持国家社科基金重点项目和省部级项目 10 余项。荣获陕西省哲学社会科学优秀成果一等奖等奖项 4 项、陕西高等学校人文社会科学研究优秀成果奖一等奖等奖项 3 项、陕西省教学成果奖二等奖 2 项。

为党育人，为国育才，教材是育人育才的重要依托，教材建设是铸魂工程。习近平总书记在哲学社会科学工作座谈会上的重要讲话中提出，“要抓好教材体系建设，形成适应中国特色社会主义发展要求、立足国际学术前沿、门类齐全的哲学社会科学教材体系”。中国新闻学是中国特色哲学社会科学体系的一部分，中国新闻学教材建设意义重大。它不仅有助于构建具有中国特色、中国气派和中国风格的新闻学学科体系，形成中国特色的新闻学学科标识，还有助于传承中华民族优秀传统文化、中国革命文化和社会主义先进文化，增强文化自信的建设。

一、中国新闻学教材的主体性

主体性的确立是事物成熟的标志，有了主体性才有可能独立自主地发展。教材建设事关“培养什么人、怎样培养人、为谁培养人”的战略目标，必须把教材建设的主导权、话语权牢牢掌握在自己的手中。中国新闻学教材若臻至成熟，必须有明晰的主体性。习近平在“2·19”讲话中特别指出：“使学新闻的学生真正成为牢固树立马克思主义新闻观的优秀人才。”

“中国新闻学”中的“中国”两字不仅是地理空间的概念，更是一种带有强烈主体属性的概念。2021年10月，教育部国家教材委员会办公室公布了首批中国经济学教材编写入选学校和团队的名单，该批编写的教材名单中带有强烈的中国特色。“中国新闻学”的“中国”两个字，确定了新闻学的主体性。这个主体性怎么理解？或者是“中国新闻学”的主体性怎么建构？

“中国”的概念不是静止的产物，在不同的语境中有不同的鲜活性和流动性。“中国新闻学”中的“中国”两个字有时候指的是文化中国，有时候指的是历史中国,有时候指的是地理中国,甚或指在中国出版的,或是中国学者编著的,或是中国的话语体系等。在一定意义上,中国还是与外国相对的存在物,是基于自我和他者认知的产物。显然,“中国新闻学”特指一种新闻学学科体系,属于世界新闻学的范畴,但显然不等于世界新闻学。在某种意义上,中国新闻学教材体系应该是一种主体间性的新闻学,在中国与世界的对话中形成的中国新闻学教材,也就是在自性和他性的世界融通中所产生的中国新闻学。

中国新闻学教材体系的中国主体性,或者说中国特色,是马克思主义新闻观与中国新闻事业具体实践相结合的产物,也是中西方文化传播和交融的产物,是中华民族优秀传统文化、中国革命文化、社会主义先进文化和世界先进文明传承与发展的产物。这种主体性虽是自我禀赋的体现,但不等于没有交流、没有创新、没有发展的固步自封,更不是用来反对人类命运共同体的世界交融的挡箭牌。

二、中国新闻学教材的边界

新闻学有广义和狭义的概念之分,广义的新闻学实际上等于新闻传播学的范畴,狭义的新闻学仅仅指新闻事业活动的范畴;循此,“中国新闻学”的概念也有广义和狭义之分。2016 年 5 月 17 日,习近平发表《在哲学社会科学工作座谈会上的讲话》,指出要加快完善对哲学社会科学具有支撑作用的学科,打造具有中国特色和普遍意义的学科体系,其中包括新闻学。习近平在讲话中使用的是“新闻学”一词,这里的新闻学更接近学术史上“新闻学”一词的常态意义。

“中国新闻学”在 20 世纪 20 年代初步形成。徐宝璜的《新闻学》、邵飘萍的《实际应用新闻学》、戈公振的《中国报学史》等著作相继刊出,形成了历史、理论和业务三大基本结构框架的“中国新闻学”学科体系和教材体系。随着中国共产党的成立,“中国新闻学”获得了完全的独立自主性,翻开了新的篇章。1931 年 10 月 21 日，中国新闻学研究会在中国共产党的直接影响下于上海成立，任务为“全力致力于以社会主义为根据的科学的新闻学之理论的阐扬”。在延安时期，《解放日报》创办并改版，以陆定一的《我们对于新闻学的基本观点》为代表，“中国新闻学”获得了硬质的内核。在新时代，随着中华民族的伟大复兴，“中国新闻学”的历史担当和责任使命变得空前重大，必须构建好中国特色新闻学的学科体系、学术体系、话语体系。

以名定分，名实相符。中国新闻学的教材名称，特别是核心教材，如果不带上“中国”两个字，其清晰度和显示度就不够，很难说明这是“中国新闻学”。名正则言顺，比如《中国特色社会主义新闻学》《中华人民共和国新闻事业史》《中国新闻采写》《中国新闻评论》《中国新闻法规与职业道德》《中国新闻精品导读》《中国融合新闻报道》《中国国际传播》《中国发展传播学》等，这些教材名称中缀上“中国”一词才能彰显主体性和鲜明的中国特色。只有带上这样一个鲜明的符号象征，才能框定“中国新闻学”的逻辑基点与价值指向。当然，《马克思主义新闻论著经典导读》本身就是“中国新闻学”的构成部分，无须再加上“中国”一词。

如果中国新闻学教材体系的边界过于漫漶，成为一般意义上新闻传播学的学科体系，那么，它可能就是广义上“中国新闻学”的边界，而不是狭义上“中国新闻学”的边界。所以，“中国新闻学”这个边界如何划定？它的内涵如何清晰化展现？这些问题值得思考。是越大越多就越好，还是维持在适度的规模？如何更有利于“中国新闻学”中“中国”两个字所带来的价值提升或者是意义体现？如何在“中国新闻学”教材体系的开放性、现代性与稳定性、严密性之间取得一种动态的平衡，考验着每一位新闻教育者的智慧和能力。

三、中国新闻学教材的建设路径

中国新闻学,或者中国特色新闻学,在其内涵和边界清晰以后,必须要落地,要有良好的建设路径。

中国新闻学的学科体系和教材编写,可以参照中国经济学模式,通过招标和委托课题的形式,每本教材最好有两组,形成良性竞争格局。对于非常成熟的教材编写团队,如果教材编写经验丰富,可以采用委托课题的形式确定编写名单。

他山之石,可以攻玉。教育部公布的首批中国经济学教材立项结果显示,每一本教材后面至少都有两个团队,有的甚至三个团队在编写。两个团队或者是三个团队编写同一本教材,既可以形成一个良性的竞争格局,最终的产品也可以取长补短,有利于教材整体质量的提升。教育部公布的首批中国经济学教材共有九部,其名称都缀有“中国”一词,如《中国宏观经济学》《中国微观经济学》等,强调了中国主体性和中国特色。

站在“两个一百年”奋斗目标的历史交汇点,投身中华民族伟大复兴的征程,中国新闻学的教材编写在建构中国主体性和中国特色时,需要遵循中国历史与当代的统一、当代中国与世界的对话等路径。

“中国新闻学”不是无根之源,而是继承中国辉煌灿烂的新闻事业历史,对接当代中国的具体实践和时代问题。中国造纸术和印刷术的伟大创举、近现代新闻出版事业的辉煌成就、一代代人投身新闻救国的事业追求、中国共产党人的新闻宣传的红色基因,这些历史资源都是值得“中国新闻学”继承、赓续和发展的。今天,新闻宣传事业在媒介技术的加持下急剧转型,全媒体、融媒体、智媒体层出不穷,采写变成重构,受众变成用户,单维变成沉浸,媒体变成平台,这些当代命题都是“中国新闻学”必须直面的现实。

“中国新闻学”是植根于中国大地的新闻学,要汲取中国优秀传统文化、革命文化和社会主义文化,也要面向世界,与世界对话,融于世界。随着媒介技术和媒介生态的变迁和发展,学科细分和学科互涉这两条线交叉并行,新闻学的边界从当初的模糊变得清晰,到今天又模糊了。在学科互涉的情况下,当代的"中国新闻学",肯定是中国特色社会主义的,就是以马克思主义新闻观为指导的新闻学。中国特色社会主义怎么理解?肯定既有新闻学历史和当代的统一,又有中国和世界的对话。如果"中国新闻学"成为一个封闭的体系,那么,这显然不利于中国走向世界或者是中国的发展,不利于中华民族的伟大复兴。

四、中国新闻学教材建设的意义

教材不仅仅是学科知识的文本,而且具有鲜明的国家和民族属性、价值传承功能。"中国新闻学"必须以马克思主义新闻观为灵魂,以中国文化历史和实践经验为地基,要融入中华文化和中国精神的时代精华,全面渗入文化自信,从而增强道路自信、理论自信、制度自信、文化自信。

习近平在哲学社会科学工作座谈会上的讲话中指出:学科体系建设上不去,教材体系就上不去;反过来,教材体系上不去,学科体系就没有后劲。学科体系的牢固稳定与可持续发展必须要有适应中国特色社会主义发展要求、立足国际学术前沿的教材体系,中国新闻学教材建设有助于具有中国特色、中国气派和中国风格的新闻学学科体系的构建。

教材是育人育才的主阵地和重要关口。中国新闻学成熟的教材建设,有助于学生深刻认识马克思主义为什么行、中国共产党为什么能、中国特色社会主义为什么好,有助于培养具有家国情怀、国际视野,能够讲好中国故事、传播好中国声音的卓越传媒人才。

未来已来,路在脚下。中国新闻学教材建设是一个系统工程,不仅在于成系列、成体系、成批次的教材文本的撰写,还在于教材在育人育才过程中的使用与效果。在复旦大学新闻学院高校新闻学国家教材建设重点研究基地的组织和推动下,在一批批仁人志士的努力下,中国新闻学教材必将硕果累累。

严三九简介

严三九，毕业于复旦大学新闻学院，现为上海大学新闻传播学院院长，上海大学"伟长学者"，教授、博士生导师。现任教育部新闻传播学类专业教学指导委员会委员、中国传播学研究会副会长、中国传媒经济与管理研究会副会长、中国广播电视学会常务理事、中国电视艺术家协会主持人委员会常委、上海市演讲与口语传播研究会会长、上海市新闻传播学科评议组成员、上海市新闻传播学类专业教学指导委员会副主任委员。多次应邀赴美国、英国、法国、德国、日本、澳大利亚等多个国家和中国香港、台湾地区的大学进行学术交流。2014 年以来先后在美国普渡大学、纽约大学、理海大学、特拉华大学和英国拉夫堡大学、利兹大学、诺丁汉大学等做主题演讲。获得上海市第八届哲学社会科学优秀成果奖论文类三等奖、上海市第十四届哲学社会科学优秀成果奖论文类二等奖。出版著作、教材（含合著、参编）21 部，发表论文 80 多篇，承担并完成省部级以上项目 8 项。入选上海市"曙光计划"、教育部"新世纪优秀人才支持计划"，是国家社科基金重大项目、重大委托项目、重点项目首席专家。

教材建设十分重要，是高等学校的一项基本建设工作，也是衡量一所高校办学水平高低的重要标志之一，还是深化教学改革、巩固教学改革成果、提高教学质量、培养高素质人才的必要环节。教材既是教师的教本，也是学生的学本，是学校教育和课堂教育的基本要素和基本依据，它是反映国家认知、体现国家意志、传承民族文明的一个重要载体，也是解决“培养什么人、怎样培养人”这一教育根本问题的重要载体。习近平总书记强调，“教材建设是育人育才的重要依托。建设什么样的教材体系，核心教材传授什么内容、倡导什么价值，体现国家意志，是国家事权”。这句话将教材建设上升到了很高的高度，落实立德树人的根本任务、培养担当民族复兴大任的时代新人，成为新时代教材建设的目标。所以，教材建设的重要性和迫切性都凸显出来了。

2017 年 3 月，教育部成立专司指导管理教材建设的教材局。2017 年 7 月，国家教材委员会在北京成立，时任国务院副总理的刘延东担任主任委员，教材委下设 10 个专家委员会，统筹协调全国教材工作，研究解决教材建设重大问题。这是中华人民共和国成立以来首次成立的高规格教材管理机构，意义重大。

关于教材建设，需要重点处理好以下六个方面的问题：

第一个关键词是“规律”。如何尊重教育规律，遵循学生身心发展规律、人才成长规律、学科教学规律？“规律”一词在中国新闻学教学方面，特别是在卓越新闻传播人才培养方面，应做到循序渐进地贴近从本科、硕士到博士的不同层次，同时也应结合不同层次的各个专业，比如说新闻学、广告学、广播电视学、编辑出版学、网络与新媒体、广告学、会展等专业，实现学生知识能力和情感态度、价值观培养的有机结合，增强教材的实用性和感染力。在这个过程中，培养学生的综合素质，激发学生的创新精神和实践能力,促进学生的全面发展,特别是促进卓越新闻传播人才的全面发展。

第二个关键词是“导向”。习总书记的讲话,把教材建设上升到很高的高度,是立德树人的大事情,所以,教材体现国家意志,具有鲜明的意识形态属性。如何培养学生的政治方向和价值导向,加强他们对国家、对社会、对中国共产党执政和社会主义道路的认可?在这方面需要加强价值引领。核心价值观如何进教材?习近平总书记关于舆论方面的论述如何进教材?如何入脑入心?这方面需要下功夫。特别是要把习近平新时代中国特色社会主义思想落实到教材中,加强革命传统、法治意识和国家安全、民族团结以及生态文明教育,全面推进社会主义核心价值观进教材,充分体现社会主义办学方向。

第三个关键词是“文化”。重视文化传承,关系到一个国家和民族的根基。教材要坚定文化自信,要大力弘扬中华优秀传统文化,要体现中国特色和中国气魄,中华文化的主体性、话语权不能丢掉。中国新闻学教材应更好地去体现优秀传统文化精髓,让更多的学生体会中华文化的思想观念、人文精神、道德规范。同时,这些方面又在新时代体现出哪些新的价值,也是要考虑的。

第四个关键词是“特色”。中国新闻学教材要显示出自己的特色,这个特色就是要体现中国作风、中国气派,包括习近平新时代中国特色社会主义思想等相关方面的内容。在这方面应该有所作为,因为新闻传播学历来就有这方面的传统和优势,所以复旦大学教材基地在这方面可以做得更好,强调自己的特色。因为复旦大学出版社原来出了一批复旦大学老师编写的教材,都很有自己的特色。

第五个关键词是“借鉴”。我们可以学习西方国家的某些教材的研发、面向未来的内容和一些先进经验。在教材的知识体系,知识结构的系统性、科学性和先进性方面,要立足国际学术前沿。同时,要反映人类文明的先进成果,及时体现国内外科学技术的最新进展,特别是在新闻传播学科,5G 技术、人工智能技术、大数据、物联网等的一些新闻传播应用场景方面的成果都值得借鉴。

第六个关键词是“数字化”。信息网络技术正在改变着社会的运行方式以及我们的生活方式、学习方式。数字化教育如火如荼,影响和改善着教育教学的方法和效果。随着数字技术的迅猛发展,传统教材的内涵和外延都应该与时俱进。教材建设必须顺应信息化的时代潮流,根据教学需求和教学场景,积极利用信息网络技术,探索教材以及相关教学资源数字化的呈现方式。这既包括教材的内容,也包括供教师教学和学生学习使用的各种数字网络资源,还包括教学解决方案等多种形式,以适应信息化时代的人才培养模式。现在,青年大学生学习和阅读习惯已经彻底改变了,教材需要更多地体现阅读性、方便性,所以教材不仅要考虑纸质的教材,同时也要考虑数据库和案例库,还有相关的一些新技术可以用来制作教材,可以结合新文科背景一起去探讨、去推进。

整体来说,复旦大学教材基地已经做了大量工作,也取得了一些成绩。我主要从事新媒体、媒体融合、智能媒体传播、广播电视方面的相关研究,之前上海大学也组织编写了一批有关广播电视的教材,如《中国广播电视史》《外国广播电视史》《广播电视新闻学》《广播电视节目策划与编导》《视听语言》《主持人节目研究》等。最近几年上海大学也着力于新媒体、智能媒体传播方面的研究,正在着手编写《人机交互传播》《大数据挖掘与分析》《智能媒体技术与艺术》等教材,还有跨学科的一些教材现在也正在策划中。

教材既是教师的“教本”,也是学生的“学本”,是学校教育和课堂教学的基本要素与基本依据,是反映国家认知、体现国家意志、传承民族文明的重要载体。

从未来发展来说,如何高质量地选择中国新闻学教材,需要教材基地进行筛选和推进,期待高质量的中国新闻学教材早日出版。

阎晓宏简介

阎晓宏，毕业于北京大学哲学系。曾任新闻出版总署副署长、国家新闻出版广电总局副局长、国家版权局副局长、世界知识产权组织伯尔尼联盟大会副主席等职，现任全国政协文化文史和学习委员会副主任、中国版权协会理事长、世界知识产权组织《视听表演北京条约》首届缔约方会议主席。结合版权理论与实践，在《人民日报》《光明日报》《新华文摘》《中国知识产权报》《中国新闻出版广电报》《中国版权》《中国出版》等媒体发表过若干文章。

第一点,对教材的认识。在革命战争年代,主席说我们有两杆子,一个是枪杆子,一个是笔杆子。实际上笔杆子在很大程度上讲的就是传播,包括新闻和出版的传播。在瑞金1931年就有苏维埃出版局,当时,红军用扁担挑着印刷机,这对中国革命胜利实际上是起到了鼓舞人心、凝聚人心的作用。在新时代,笔杆子仍然是非常重要的,十八大以来,总书记特别重视媒体和传播,在多次讲话中指出,这是关系到党和国家的治国理政、定国安邦的极其重要的工作。2021年是人民教育出版社成立70周年,总书记专门给人民教育出版社的老同志写了一封信表示感谢,高度评价人民教育出版社在培根铸魂、教书育人方面的重要作用。2021年是人民出版社成立100周年,总书记也发了贺信,而且也是高度评价,说人民出版社100年来,出版了一大批马克思主义的经典著作,还有党和国家的重要文献,为推动马克思主义中国化、时代化,传播党的创新理论做出了重要的贡献,同时也提出了殷切希望。教材是培养人才的基础,所以在进入新时代以后,在媒体传播多种矛盾交织的背景下,在弘扬主旋律,培养好的新闻工作者和培养一批爱党、爱国,能够弘扬真善美的新闻出版人才方面,教材建设是极其重要的。

第二点,中国新闻学和中国出版学科教材建设具有鲜明的政治性。马克思主义关于经济基础决定上层建筑、社会存在决定社会意识的论断是被社会实践检验的科学真理。从这个角度来看,我们的新闻学和出版学科教材建设都属于上层建筑的范畴。在这个范畴中,又是意识形态属性很强的领域,它既是社会存在、经济基础的反映,又要能动地为经济基础和社会存在服务。特别是要为中国特色社会主义制度服务,在这个制度下,我们的国体和政体是同西方国家不同的,所以我觉得这是需要牢牢把握的一条重要原则,在教材建设上要体现中国特色社会主义制度的制度性安排,要以习近平新时代中国特色社会主义的思想为指导,特别是要以新闻传播包括出版方面的重要思想为根本的遵循,把这样的思想贯彻到教材编写中。同时,我们要贯彻以人民为中心、人民至上的理念,传播先进的思想、科学的思想,弘扬真善美,鞭笞假恶丑,还要以事实为根据,要充分考虑到新闻和出版的社会效果,提升社会的凝聚力和向心力。我觉得这是我们教材编写的一个出发点,实际上我觉得也是我们在教材编写过程中的检验标准。

第三点,新闻学或者出版学科的教材建设要注重科学性。新闻学、出版学科在中国的历史都非常悠久,特别是出版,有上千年的历史,我们的教材编写也需要吸收人类,特别是中国上千年出版传播方面的出版理论和实践,尤其是新中国成立以来的出版理论和实践。同时,还要注重探索在新时代,新闻学和出版学科应该遵循的规则和规律。

具体来说,需要对历史上现存的新闻学和出版学科的教材进行客观分析和理论梳理,要做一个梳理概括。另外,对教材的框架和逻辑体系进行设置,我觉得这也是一个非常重要的方面,因为在新中国成立以后,我们的很多教材基本上用的是苏联的那种模式,这种模式有很大的优越性,但是也有不足之处,它比较空泛,特别抽象。另外一个就是层层递进的关系,能够把历史和当前的逻辑关系说清楚,这是教材编写需要注意的非常重要的问题。

还有就是对新闻学和出版学科的基本规律,特别是对它涉及的重要的概念和范畴进行理论的概括和界定,这一点也非常重要。由于知识的快速增长和发展,现在新概念层出不穷,我们在新闻学和出版学科的很多书里边会看到,有的书不能体现时代的精神和要求,有的书不严谨,概念的内涵是什么、外延是什么、相互之间的关系是什么,经不起推敲。我觉得这个也是教材建设需要研究的很重要的问题。

比如说出版的概念。有人认为出版就是复制,把内容由一份复制为多份,但出版过程中的选择、编辑加工就反映不出来,这里边涉及的问题还是比较多的。特别是新媒体产生以后,比如数字出版、网络出版等,我觉得对这些概念进行界定也是一个重要的问题,它需要有科学的界定,需要有概念的稳定性。另外,教材建设还应该有一定的前瞻性,需要吸收现存的学术成果,但又要防止偏颇,要在总结学术成果的基础上再往前走。

第四点,在新技术条件下,特别是数字技术、互联网和新媒体快速发展的背景下,教材的适用性要求在提高,因此,教材建设的难度实际上是很大的,特别是意识形态属性十分强的新闻学与出版学科。教材建设需要与时俱进,也需要适应时代的发展,不能把由新技术带来的这一部分具有新闻与出版属性的内容置于新闻学与出版学科之外,仅以传统新闻出版媒介为对象。一方面应当把新媒体传播包括社交媒体、自媒体等,纳入新闻学和出版学的学科教材建设范围。另一方面,教材建设应该发挥不同介质的功能和作用。有介质的媒体包括纸介质,还有其他的声光磁电,现在互联网里面是无介质的,把这些手段运用起来,教材以纸介质为主,辅以其他介质,使其共存共融,定会相得益彰,大大提高教材的吸引力和学生对教材的理解力。

第五点,重视著作权。以往我们讲到出版、讲到新闻学科的时候,很少讲到著作权的问题,我觉得著作权的问题实际上也是一个绕不开的问题。习近平总书记在 2021 年 12 月 14 日中国文联十一大、中国作协十大开幕式上的讲话中特别讲到作品。他说作品是衡量一个时代文艺的标准,也是衡量作家的标准。实际上,无论是新闻作品还是出版传播的作品,有一些属于职务作品,特别是新闻作品里面大多数是职务作品。这些作品是新闻机构的资源性内容,是无形资产,怎样保护好、运用好,对媒体传播来说愈来愈重要。我们在教材建设中,应当有一个宽阔的视野,把这方面内容写在里面。新闻学与出版学科教材建设中普遍存在的作品版权问题,也是当前的热点问题,值得在中国新闻学教材建设过程中加以重视。

杨保军简介

杨保军，教育部“长江学者奖励计划”特聘教授，享受国务院政府特殊津贴，中国人民大学二级教授、博士生导师，中国人民大学“杰出学者支持计划”特聘教授，中国人民大学新闻学院学术委员会主任。《国际新闻界》副主编，教育部重点研究基地中国人民大学新闻与社会发展研究中心学术委员会委员，“马工程”课题、国家社科基金重大课题首席专家。曾入选教育部“新世纪优秀人才支持计划”，两次出任中国人民大学新闻学院副院长，长期担任新闻学院史论教研部主任。

代表著作有“新闻十论”：《新闻事实论》《新闻价值论》《新闻真实论》《新闻活动论》《新闻精神论》《新闻本体论》《新闻道德论》《新闻观念论》《新闻主体论》《新闻规律论》。

“全国百篇优秀博士学位论文奖”获得者，第四届、第五届、第六届、第八届中国高校人文社会科学研究优秀成果奖三等奖、二等奖、三等奖、一等奖获得者，中国大学出版社图书奖首届优秀教材奖一等奖获得者，第七届吴玉章人文社会科学优秀奖获得者，北京市第十六届哲学社会科学优秀成果奖二等奖获得者。

中国新闻学教材建设无疑是一件极为重要的事情,是国家层面上具有战略意义的大事,对中国新闻教育领域更是具有直接的、长远的意义,对中国新闻实践领域会带来不可低估的作用,对中国新闻与世界新闻在各个层面、各个维度上的交流自然也会形成广泛的影响。这方面大家已经谈了很多了,我就不多言了,下面提几点建议,供复旦大学高校新闻学国家教材建设重点研究基地设计总体教材建设方案时参考。

一、中国新闻学教材建设要把握好两个大前提

建设好中国新闻学教材,可能需要考虑很多前提条件,但就认识上来说,需要把握住两个重要前提。

第一,全面准确认识当代中国新闻学的性质,这关系到我们要建设一种什么样的新闻学教材,关系到我们要建设一种什么样的新闻学。我认为当代中国新闻学是现代性的新闻学,是当代马克思主义性质的新闻学,是社会主义性质特别是中国特色社会主义性质的新闻学,是以中国新闻特别是当代中国新闻为核心对象的新闻学,是根源中国传统、基于当下现实、面向未来的新闻学。中国新闻学教材需要在这样的新闻学定性上去谋划教材建设,以保证中国新闻学教材的中国性和时代性这两大最重要的特征。

第二,中国新闻学教材建设要以当代中国新闻学三大体系建设为总体目标,或者说要为当代中国新闻学的学科体系、学术体系、话语体系的建设与完善服务。其实,教材体系建设既以三大体系建设为前提,同时也是三大体系建设的基本内容。教材建设本身体现着学科的内容、学术的水平和话语的特征。中国新闻教材体系建设好了,不仅是对新闻学三大体系建设的贡献,也是对整个中国哲学社会科学三大体系建设的贡献。

二、中国新闻学教材建设关键是抓住教材本身

建设什么样的中国新闻学教材,如何建设中国新闻学教材,当然是中国新闻学教材建设的本体问题、核心问题,对此,我提以下几点建议。

其一,从宏观层面或长期发展战略层面谋划教材体系建设。教材建设必须是体系性的,它不是单一层次、单一范围的事情,更不是建设几本主要教材的事情。尽管体系化建设不可能一蹴而就,但要做好这件大事、要事,就得有预先的总体性谋划、系统性设想。中国新闻学教材建设要考虑本、硕(包括学术硕士和专业硕士)、博不同层次,特别是本、硕两个基本层次(博士是否需要固定教材,是个有争议的问题,教材建设可以暂时不做考虑),可以先从本科教材建设着手。

其二,教材体系主要有四大板块:新闻史教材、新闻理论教材、新闻实务教材、跨学科教材。每一板块内应该包括哪些具体教材,要根据教学实践、新闻实践和未来发展需要来确定。中国新闻教材系列如何命名,也是一个不小的问题,可以专题讨论,征求大家的意见。

其三,教材的内容定位。这是一个根本问题,是落实到具体层面上的问题,也是一个十分复杂的问题,需要具体问题具体对待,需要根据不同的教材展开专门的研究。但总体原则至少应该有这么几条:要有明确的理论指导性(教材的立场、方法问题),要反映和体现当代中国性,要有总体的学术共识性(教材不是专著),要充分保证时代意义上的内容完整性,要有世界眼光和包容性,要有适度的前沿性。

其四,教材的呈现方式。不同教材尽管各有自身的定位与特点,但在教材内容的呈现方式上,总体上应该适应时代要求,以方便教师、方便学生使用为总体原则。需要注意的是,处理不同教材的呈现形式时,要严谨规范,避免花里胡哨的形式泛滥。纸质化与电子化的关系是核心,不可偏向某一方面。需要特别注意的是,在大家越来越重视电子化呈现方式的时候,千万

不要忽视纸质方式的基础性甚或根本性作用。

其五,教材内容的具体结构。作为成体系的教材,在内容结构上,应该有一定形式上的要求,特别是一个板块范围内的教材要有相对比较一致的内容结构。比如新闻理论类的教材须至少在提要、正文、阅读推荐、课后练习等方面有基本一致的结构。

三、中国新闻学教材编写的实现方式

中国新闻学教材建设最终要落实到教材的编写上,这是关键的关键。教材编写涉及方方面面,是个巨大的系统工程,至少要做好以下几个方面的重点工作。

一是要有强有力的组织管理、协调机构。复旦大学高校新闻学国家教材建设重点研究基地应该当仁不让地承担起这个任务。

二是全面调研结束后,复旦大学高校新闻学国家教材建设重点研究基地要尽快形成比较完整的总体工作方案,并再次征求大家的意见和建议。

三是总体工作方案确立后,以委托方式、招标方式或其他方式组建相关教材编写团队(团队人员如何组成,要尊重委托的或招标确定的负责人的意见),尽早展开教材编写工作。既然是决定要做的事,那就要抓紧时间,尽早进入实施状态。

四是做好资金保障工作,中国新闻学教材建设显然是一个宏大的工程,必须拥有人力、物力、财力各方面的保障。态度端正、观念重视代替不了物力、财力的支持,因而必须提前并持续做好物力、财力方面的工作。

四、中国新闻学教材建设需要处理好几个关系

中国新闻学教材建设不是从零开始的工作,而是在大量不同类型教材存在前提下的工作,因而还需要处理好一系列的关系,主要是以下几个。

第一,中国新闻学教材与“马工程”教材之间的关系。“马工程”教材

也是体系化的、系列化的教材，已经建设了近20年，产生了一大批具有一定影响的教材，现在开始建设的中国新闻学教材体系与它是什么关系，需要一开始就弄清楚。

第二，教材最终是提供给老师和学生的，但现在各个新闻院系特别是比较大的新闻院系都有自己的教材，有的已经形成了具有广泛影响的系列教材，中国新闻学教材如何处理与这些教材之间的关系，也是非常实际的问题。就是说，得预先考虑教材的推广与使用问题。

第三，在宏大全球化背景下，还得考虑中国教材与外国教材特别是西方教材之间的关系。中国新闻学教材要真正形成中国风格、中国气派，当然要有中国内容、中国智慧，但如何使我们的教材形成世界影响，也是一个必须要考虑的重要问题。中国新闻学教材，也可以翻译成其他语言，进入国际新闻教育领域。我们需要自信，但也要赢得他信，如果在某种程度上能够形成共信，那也是很好的事情。

姚曦简介

姚曦，武汉大学新闻与传播学院教授、博士生导师，《新闻与传播评论》主编，中国广告教育研究会副会长兼秘书长，中国广告与传媒发展史研究会副会长，中国公共关系学会副会长，中国广告学术委员会副主任，湖北省广告学术委员会主任。主要研究领域为广告与传媒经济、品牌传播、公共关系。主编了数字营销传播系列教材（6本）、高等教育广告学系列教材（10本），在《新闻与传播研究》《新闻大学》《现代传播》等重要学术期刊上发表学术论文60余篇，多篇文章被《中国社会科学文摘》《新华文摘》《人大报刊复印资料》转载。对中国广告产业发展、数字营销传播、品牌传播、公益广告、中国广告公司经营管理体系建构等领域进行了系统的理论探讨。

一、教材建设进入新时代

我们之所以讨论中国新闻学教材建设是因为如下几个原因。首先，革命性的技术不断迭代更新，主导着社会的转型与发展。当数字化技术成为社会运行和人们日常生活与存在的底层技术，数字化转型就成了整个社会变化发展的必然趋势。其次是行业的变革，实践发生了转变，行业的边界和业态也发生了极大的变化，原来的概念和研究范式正面临着挑战，整个知识体系、结构进入了关键的解构与重构期。数字技术形塑着新闻传播的实践形态，在这个过程中也转换了我们“知觉”新闻传播的方式，我们对于新闻传播的认识视野与路径也随之发生改变。再次，作为知识的载体，新闻传播学教材建设是人才培养体系的重要组成部分，它框定了人才培养体系的基本知识结构。新媒介和新传播对新闻传播人才培养提出了新要求，需要编写出适应新闻传播行业人才培养新要求的教材。我们的学生正目睹和经历着新闻传播行业的巨大变革，原有教材知识体系的阐释力在面临新的传播实践时颇有些捉襟见肘，组建新的知识体系方能助力学生建构新媒体时代的新闻传播知识与能力。最后，在旧有的知识体系被瓦解与消减、新的知识体系逐渐形成的过程中，教材建设承载着建构新的学科知识体系的使命。很多学者已经开始尝试用跨学科思维建构新的知识范式，在反思中解蔽与寻找新的问题域，发现数字化时代新闻传播实践的变革中呈现出来的新研究脉络，这些研究成果皆需要教材去承载。从数字社会的发展、行业的变革、新闻传播人才培养以及新学科知识体系建构四个维度观之，教材建设已经进入一个新时代，肩负着重大的责任与使命。

二、数字广告教材建设的必要性与可能性

就广告学教材的建设而言，尽管我们国家的广告教育起步比较晚，但

是经过近40年的发展，已经形成了相对成熟和完善的教材体系，构建了与之相对应的广告学知识版图。广告学教材的建设在新闻传播学领域做得比较好，如厦门大学出版社出版的系列教材、中国传媒大学出版社出版的系列教材、武汉大学出版社出版的珞珈广告丛书，以及北京大学出版社、西安交通大学出版社、华中科技大学出版社、中南大学出版社、高等教育出版社组织出版的系列教材，各出版社出版的广告学教材深耕不同细分领域，从译介国外广告学理论到根植于国内广告学发展中的本土化问题，亦有对广告公司案例的总结与分析等，基本上做到了中国与西方、理论与实践、传统与新兴的兼顾，形成了成熟、系统的广告学系列教材体系。

随着新时代来临，旧有的知识体系消解，现有的学科体系、话语体系、理论成果已不足以支撑整个广告学的学科建设、学术研究，特别是新时期广告人才培养的现实需求，编写与组织新的广告学教材、构建新的广告学知识体系已经成为一种必然趋势。

从行业实践层面来讲，尽管数字广告行业实践的发展处在不断迭代的变化当中，经过沉淀已经形成了相对稳定的发展路径，可以清晰地认识其发展的基本脉络。有人说“生活之树常青，理论都是灰色的”，意思是理论与知识常来源于实践，丰富的行业实践一直是广告学理论创造与创新的活水。无论是从行业实践出发用理论修正与建构的判别范式，抑或是以回应与解决广告行业问题为目的的生成范式，丰富的行业实践材料为数字广告教材建设提供了分析观察数字广告的依据、问题域以及经验源。

从学术研究与积累来看，2010年以来，大量以行业发展变化为研究对象的研究成果不断涌现，已经有了相对形成共识的基本性知识概念体系。如关于数字媒介的发展与认识、关于数字营销传播发展的认识、关于广告公司业务模式与商业模式的重构、关于智能品牌传播的内容生产与传播方式、关于计算广告的研究与认识等,使我们更加清晰地感应到正在发生的新的数字广告神经脉动以及广告学知识、广告生态场域的巨变。此外,将研究目光延伸至其他学科,跨学科的研究范式开始形成,如基于认知心理学、认知神经科学的数字广告传播效果研究,基于修辞学的品牌修辞研究,基于计算机科学的计算广告研究,运用欧洲深厚的思想资源丰富和拓展了批判广告学的研究领域与视角,突破了既有研究理论框架进行跨学科对话,形成了理论、方法、路径层面的借鉴,在广告实践与理论知识的碰撞中帮助我们开启窥测当下数字广告发展的新视野、新空间,这是完善广告学科知识体系的一大突破。由此观之,在学界的共同努力下,新的知识概念体系逐步形成了大体的共识,新的知识框架已经初显雏形,建构性的体系和条件已经基本成熟,所以新的教材体系建构正处于一种呼之欲出的状态。

三、数字广告教材建设应遵循的思路

在技术变革、新文科建设的背景下,需从把握广告本质入手,寻求数字广告实践、知识体系与结构变革的基本规律,在此基础上构建新的数字广告教材体系。首先需讨论技术与广告之间的相互影响,这成为构建广告学知识体系的基本出发点。当下的新的变化可以概括为:第一,不变的本质;第二,跃升的能力。这个本质是我们对于广告本质的认识,广告从它的产生到今后的发展,实际上就是用传播的手段推进由生产到消费的转换,这是广告存在的价值与意义所在,从广告产生到现在,不管今后其存在形态怎样变化,这个本质是不会改变的。广告从产生以来,一直需要实现的就是深度互动、精准传播和品效合一,这是广告与生俱来的追求。现在不管用什么手段和方式进行变革,实际上要解决的也是这三方面的问题。从行业来讲,它的业务模式和各种商业模式的建构也是围绕这几个方面进行的。在技术加持下,广告解决这三个方面问题的能力在飞跃提升,不管是基于大数据带来的精准传播问题还是智能技术驱动的创意传播营销一体化的问题，广告市场的各个主体，如广告主、广告公司、广告媒体、用户，各自都沿着技术可供性的方向进行变革和发展，所以新的知识体系的构建、教材的建设要围绕广告的本质认识和广告的追求进行。

在广告教育领域，各位老师都在进行各自的探索。2010年左右，中国建筑工业出版社出版了第一套数字营销传播的系列教材；最近由丁俊杰老师领衔，我们和东方出版社合作出版了数字广告的系列教材。武汉大学的周茂君教授主持出版了一套关于数字营销的系列教材。在广告教育这一领域，学者们已经开始进行系统的努力。

当然目前广告学教材建设尚存在不足，诸如广告学研究方法类的教材一直是广告学教材建设的薄弱之处。技术加持下的广告实践的发展在提速，而学界对于经典数字广告案例的收集、分析与总结和最新的业界实践存在不小的时间间隔。数字广告技术类的教材基本没有，这些都是在数字广告教材建设中需要解决的问题。

四、数字广告教材建设的基本构想

新时期数字广告教材建设应立足于新的传播实践，在系统化总结原来教材问题的基础上，对其进行具有针对性的修正和完善，补齐短板。同时与时俱进，推陈出新，把数字化广告研究的新成果融入教材的编写。且要平衡好国内与国外、学界与业界、经典与前沿的复杂关系。具体而言，教材建设应包括两大部分。第一，基础理论建构部分。具体包括数字广告概论、数字广告技术基础、数字广告研究方法、数字与互联网广告史、数字广告批判、计算广告学等。第二，业务部分。涉及数字广告策划与创意、数字广告创意与表现、数字广告经营与管理、数字广告产业、数字品牌传播与管理、数字媒体广告经营等方面的教材。

综上，第一，目前数字广告教材建设条件已经成熟；第二，大概的知识体系正在逐步成熟和完善;第三,在广告教育领域,各个学校已经做了相应的探索和实践,已经出版或正在组织出版一系列的教材。未来的任务就是在科学、系统的指导思想下,有重点、有组织、有规划地稳步推进数字广告教材的编写工作,建构数字传播时代中国特色的广告学教材体系。

叶明睿简介

叶明睿，中国传媒大学电视学院教授、博士生导师，视听传播系系主任。澳大利亚南澳大学传播学博士、国家突发事件舆情应对研究中心研究员、北京市委宣传部突发应急专家库成员、《中国新闻传播研究》特约编辑、中国高校影视学会网络视听学会理事。主要研究方向为媒介用户研究、信息与社会发展、突发舆情应急研究、媒介内容生产。著有 *Utility Drives Adoption: Understanding Internet Accessibility in Rural China*（Peter Lang Press 2019 年 4 月出版），《新媒体 4.0》（译著，人民日报出版社 2019 年 3 月出版），《媒介素养导论》（译著，中国传媒大学出版社 2020 年出版）。

在教材建设过程中需要考虑学科发展和日常教学工作中的四个现实需要和现实特点。第一,“中国新闻学”强调的是本土的基于国情的,不管是理论还是实践建设,这肯定是一个大前提。当然国情在发生变化,国内和国外环境在发生变化,教材也要不断更新,对于既有教材,也就是存量教材而言,更新和修订很重要。第二,技术和媒介环境的快速迭代,对教材的写作与出版构成了挑战。从学校到出版社都会组织老师写教材,但是这面临一个问题:教材写就之后一经出版,一些业界的观念,以及出现的新技术就已经发生了变化,一些知识在一定程度上马上就变成了需要更新的旧知识。第三,伴随着国家开始对高等职业教育、海外输出等的强调,对教材建设需要有更多立体化的建设考量。第四,目前基于中国互联网实践已经形成了很多宝贵的中国经验,在当下有能力也有必要向外输出,所以中国经验的对外输出也构成了教材编纂的一个考虑维度。因此,教材建设要思考国情本土化、技术迭代、高等教育本身的变化和互联网形成的中国经验这四个方面。

在教材建设方式和步骤方面,需要注重以下五点。第一,从总体上讲,教材需要做一些分类建设,要强调精准化,因材施教是非常有必要的。过去的教材和高等教育强调精英化,但今天教育发生了多元变革。因此,除了既有的固化知识和一定的成体系的理论外,在实践层面还需要有现实针对性,从实践类型、学历层次或培养层次对教材进行一些区分。同时,近日国务院学位委员会进一步明确了职业本科教育的定位,对于这样一个教育层次,或许我们在教材体系的建设上也应该有针对性的照顾和考虑。本科生和研究生的教材用于职业学士学位的职业化培养肯定没法很好满足他们的需要。所以,教材需要分类施策、分类建设,而不是直接把给研究生和本科生的教材用于更偏应用型的职业本科教育当中。第二,电子教材的开发。今天的学生到课堂上上课,已经没有几个不带笔记本电脑或平板电脑的了,他们的学习习惯已经发生了改变。对应学生的需要,教材在形态上也需要改变,绝不是简单的纸质形态转换成数字格式,还需要考虑新技术对接新型的教学需要,同时需要体现为在线和离线两个版本相结合的形式,从而更好地对接新媒体相关课程,以及那些强调应用型的实践操作课程教学的需要。同时,我们的教材还需要对接学生操作和学生实际使用情况,今天学生在课堂上学习的知识和技能,需要在课堂上就能直观感受到,或者直接操作起来,这就涉及目前很多高校正在着力打造的智慧课堂,所以教材也需要很好地对应智慧课堂的使用。此外,数字化教材在极大程度上能够弥补纸质教材的很多弊端和不足,能够更好地满足眼下及未来的教学需要,比方说慕课、线上线下混合教学及虚拟仿真实验等。现在大多数纸质教材没办法很好地跟上新型教学形态的需要,基本还停留在纸质层面上,很难跟基于新兴科技形成的教学模式对接起来,基本处于脱节的状态。第三,教育形式的改变。现在高等教育正在从过去的精英化教育向大众化普及,这是未来趋势,也是国家在不断推进的方向。当高等教育开始大众化的时候,出现了很多慕课、微专业等课程和专业建设形式,这些教学方式基本都呈现出一种教学内容碎片化的特征性趋势。面对高等教育在知识传递过程中的碎片化,教材是不是要与之相适应?当越来越多的人通过不同渠道来完成高等教育的时候,教材是不是还一定要把过去的知识提供给所有类型的学生?这也是一个要去考虑的方面。第四,就教材写作而言,教师投入教材写作的积极性也是一个现实的问题。就我所了解的很多高校来看,现有的激励机制不能有效保证高校教师有足够意愿投身于教材写作,目前的高校评价体系中普遍对此并没有提供足够的支撑。换句话说,老师们在职称评定与职级升迁过程中会有一个务实的考虑,教材写作在科研贡献度的计算中权重过低,甚至不被看作科研工作量,投入与回报严重失衡;另一种情况就是团队化教材建设对于参与成员缺乏有效吸引,教材无法体现为个人学术成果,甚至不被署名,处于学术积累期和事业成长期的青年教师不愿积极投身当中,从而给教材建设,尤其是强调实务和技能的课程教材建设带来问题。第五,教材建设需要有延续性。国外学校基本选择再版或第四、第五版的教材,但是国内很少能找到这样的教材,出到第二版就已经非常不错了,出到第三版的更是屈指可数。教材修订再版不被算作成果,这就给优质经典教材的出现带来了现实的障碍。

关于教材建设名单的推荐,首先,新闻传播学科的教学缺乏宏观层面、意识形态高度的教材。现在很强调具体的理论、方法课程教材的建设。但是从现实角度考虑,学生最缺的还是对于他所从事的职业的一个清晰的、整体的认识,缺所谓的业务敏感性和政治敏锐性。这几年高校也开始开设马新观、新闻职业道德、传媒法律法规等课程,但是很多学生觉得这就是一门政治课,跟学校公共课里的思政课没有区别。现实的问题在于,我们学生接触到的专业教材更多的是在授业,能传道且传授有高度的、有宏观认知的专业教材不够,于是学生在面对新闻事件时,看待问题缺乏深度和高度,在关键事件的报道中站位不清,违反新闻职业操守,容易人云亦云,出现新闻投机主义等不良职业倾向。新闻从业人员其实需要从社会层面、从国家立场的层面去看待问题。具体到一条新闻从什么角度来报道,一条评论从什么立场来写,一个片子用什么样的叙事方式来剪辑,一条国际新闻编译的时候要怎么转换叙述立场,这都需要有意识层面的教材和课程体系来做支撑。其次,国际传播可以在教材建设上再做细分,现在更侧重于强调国内人才的培养,所以要编写一些教材来加强对外国际传播人才培养力度。国外没有国际传播的课或专业,现在开始有全球传播,但教材基本上是记者自传或记者职业生涯的传记,真正讲国际新闻和国际传播的教材,仍多数集中在跨文化研究这个领域内。现在急需真正写给国际新闻与传播专业学生的教材。另外,从国际传播角度来讲,要着眼海外培训。海外培训也是配合国家战略发展需要的。在拉丁美洲、非洲、南亚等地区,今天国内热衷讲的新媒体对他们来说还有点早,广播电视是当下和中短期的将来他们更感兴趣的领域。对他们来讲,解决眼下现实问题的还是传统广播电视的制作,所以需要有这些教材来配合我们海外影响力的提升及中国经验的输出。因此,当下我们也需要考虑是否有必要组织一些专业教师,用英文完成一套基础类的实践型教材。最后,针对国家开始大力推广的职业本科的学士学位,专业教材建设也应该提上日程。如果未来的职业本科涉及新闻传播相关领域,教材建设应该有一些前瞻性的着眼和布局。

尹韵公简介

尹韵公，湖南师范大学新闻与传播学院院长，教授、博士生导师，国家哲学社会科学专家咨询委员会委员，国家“万人计划”哲学社会科学领军人才首批入选者，中央文宣系统文化名家暨“四个一批”人才工程首批入选者，新闻出版系统领军人才工程首批入选者，国家社科规划办新闻学科组评审召集人，国务院学位办新闻学科评议组原召集人和成员，中央“马工程”首席专家，北大、清华、人大等50余所高校兼职教授和客座研究员。历任中国社会科学院新闻所副所长兼党委副书记、所长兼党委书记、所长（正局级），中国社会科学院中国特色社会主义理论体系研究中心主任（正局级）。

我想谈三个看法：第一个，我们正处于习近平中国特色社会主义新时代，我们的新闻学教材一定要有时代的底色，这个时代的底色就是习近平中国特色社会主义新时代。不仅要从国家层面来讲，还要从社会发展的层面来讲。从国家的层面来讲，我们面临百年未有之大变局，这对我们编写教材肯定会有影响。第二个，技术层面。中国新闻学教材从技术层面来讲是信息化时代的产物。第三个，全球视野。百年未有之大变局对于我们编写教材肯定会有深刻的影响。按照过去的看法，这个变局往往是一个经济原因，或者是一个政治原因，甚至是一个军事原因引起的大变局，比如说欧洲历史上 1870 年的普法战争。

我们的学科发展进入了新时代。中国共产党经过了百年历程，有两位领袖对我们新闻学影响很深，一个是毛泽东，一个是习近平。当然，他们还是有区别的，毛泽东的新闻视角是在纸媒时代，习近平的传播思想主要是在互联网时代。应该说他们是相互衔接、赓续发展的，虽然他们有区别，但是我想他们的根本精髓是一样的，比如说党管媒体、党的领导，不管是在纸媒时代还是在今天，它是一以贯之的，这个是不能变的。技术层面会变一些，理论的有些东西会变一些，但是这个根本精髓是不能变的。

虽然现在是互联网时代，但我们的新闻学产生于纸媒时代，电视媒体出来以后就产生了大众传播，传播学发展得很快。今天我们这个互联网时代的有些新闻学、传播学的理论恐怕已经不适应时代的发展，所以我们一定要对传播学和新闻学的有些理论进行一些梳理。比如新闻学的定义，它是产生于纸媒时代的，但是在今天互联网时代，恐怕内涵方面要进行修改才能符合时代的发展。

比如说我们在纸媒时代就讲群众路线，但是现在的群众路线可能和以前的群众路线不一样，现在我们更多讲的是网上群众路线。网上群众路线怎么走和纸媒时代的群众路线怎么走肯定是不一样的，所以我们要把新时代的新要求反映在教材中。再比如说国际传播能力，国际传播能力是我们今天提出来的，小平时代强调的是韬光养晦，韬光养晦就是把自己的事情干好，外面的事情不要管。那个时候也不可能提出国际传播能力建设问题，因为我们那个时候还很弱，我们要尽量把我们自己的事情做好，外面的事情我们就尽量少管或者不管，所以小平同志说要有所作为，实际上当时我们有所作为的事情不是太多。但是到了习近平时代，国际传播能力建设是个摆在我们面前的很大的问题。2021 年的"5·31"讲话，包括六中全会的决议都提出了国际传播能力建设问题，因为国际传播能力建设在今天是"刚需"。

关于编教材哪些是最缺的、哪些要改，我觉得首先要在史论教材上下功夫，因为史论是我们新闻学、传播学，甚至是以后可能提出的网络学的基础，我们首先要把基础的东西做好。比如说外国新闻史，因为今天中国对世界了解得更多了，我们对外国的新闻机构、理念和思维，包括它的一些传播手段了解得更多了，所以我们要按照今天了解的世界来编写外国新闻史。改革开放对学科发展是有很大帮助的，它帮助我们更好地了解世界，在了解世界的同时，我们也了解了我们自己有哪些不足、有哪些需要改正的，还有哪些需要坚持的。另外，我们还提出了"人类命运共同体"等理念，这些理念可以帮助我们把国际传播能力体现得更好。

新闻学这个学科比较敏感，政治性很强，所以我们要把十九届六中全会的精神反映到我们的教材里面去。因为我们的新闻学是党的新闻学，新闻史在一定程度上可以说是党的新闻史。比如我们国家改革开放 40 多年来发展得很好，大家也感受到改革开放 40 多年来发展的成果，我们可以说，在这 40 多年当中，新闻学、传播学业界付出了很多的努力，没有业界的付出，改革开放不可能有今天的成果。我们中国人创造了人类文明新形态，新闻学、传播学应该怎样去描绘和体现这个思想？比如新闻学在推动人类文明新形态的过程中,业界为新闻实践做出了哪些贡献?我们应该怎么把这些大量的新闻实践抽象出来,形成新表述、新判断,反映到我们的教材里面去?

十九届六中全会指出,“中国大踏步赶上了时代”,这句话很有震撼力,这些思想都是可以反映在我们的教材里面的。十九届六中全会的一些表述是可以作为新闻学的基本点来说的,虽然我们不能原封不动地搬过来,但是可以把它的精神和思想反映在我们的教材里面。

总之,中国新闻学教材要有两个特点:第一个是前沿性、时代性、民族性。前沿性就是说体现新闻学最前沿的科学理论和研究领域,时代性就是说反映当前的时代特征,民族性就是中国特色。第二个是说服力、引导力、科学力。说服力就是我们的教材写出来要让大家信;引导力就是我们怎么去引导学生正确地认识我们国家的国情和我们过去走过来的这一段路以及今后怎么走;科学力就是我们一定要讲究实在,理论彻底才能说服人,理论彻底才有真理的光芒,如果我们没有真理的光芒,没有科学力,学生也不会相信,所以我觉得我们的老师要有正确的科学力。我觉得我们这个时代可能是个产生新思想,产生伟大思想和伟大作品、伟大思想家的时代,我希望在我们的70后、80后、90后里面,能有一个由中国丰富的实践堆出来的真正的伟大的思想家和伟大的哲学家,能够写出伟大的作品,写出反映我们这个时代、体现我们这个时代,同时还要前瞻性地开创我们未来前景的哲学社会科学的论著出来。

余清楚简介

余清楚，现任厦门大学新闻学传播学院院长、教授，人民日报社高级编辑，北京市政协委员，中国书法家协会会员。曾任人民网总编辑、人民日报社福建分社社长、中国报协副会长兼秘书长、人民日报社报刊管理部主任、人民日报社驻江西记者站站长。长期从事新闻采访编辑、媒体管理、网站营销及新媒体研究，是2012年度国家社科基金项目“社交网络信息扩散机理与舆论引导机制研究”负责人，中央网信办“传统媒体和新媒体融合发展研究”（2016年）、“媒体融合效果评价体系研究”（2017年）、“中央重点新闻网站媒体融合效果评价工作”（2018年）项目负责人，主编了2017年、2018年《移动互联网蓝皮书》，担任2019年国家社科基金重大项目“人类命运共同体视域下中国国家形象在西方主流媒体的百年传播研究”首席主持人。在网络传播领域有丰富的实践经验，在移动互联网方面有扎实的理论积累，擅长通讯、人物报道，尤其评论在业界有广泛影响，推出人民网“三评”，成为著名网评品牌。

近年来的相关代表作有《习近平新闻思想的鲜明特色》《新时代带给新闻人的新要求与新机遇》《步入平稳发展期的中国移动互联网》等。主要研究方向为新媒体传播、舆情研究和网络治理等，在国内学术刊物发表有关网络舆情、马克思主义新闻观等方面的论文40余篇，在《人民日报》发表各种文章900余篇。曾获得“中国新闻奖”特别奖1项及“中国新闻奖”一等奖1项、二等奖多项。

各位同仁下午好，很高兴今天能与各位共谋我国新闻学教材建设之发展。当下，经济全球化、信息数字化和智能化等浪潮为新闻学科的转型提供了机遇，但也让学科建设面临“百年未有之大变局”，尤其对处于民族复兴、话语建设之关键时刻的中国而言，新闻学科的发展蓝图既需从经典中汲取精华，也要立足中国实践，从而构建具有中国特色的马克思主义新闻观和新闻话语体系。其中，教材建设是学科建设的基础性工作，也是指引未来学科走向繁荣的根本所在。近年来，党和国家都高度重视新闻学教材建设，但在我国新闻学科教材体系建设的实践过程中，困难与挑战并存。今天我想简要谈谈当下新闻学教材建设存在的问题和新闻学教材建设的意义及方法，与各位交流和讨论。

首先，从大局来看，新闻学教材建设事关党和国家主流意识形态、马克思主义新闻观的构建与运作，在应对信息化、经济全球化发展带来的挑战时，具有强基铸魂的重要功能。但从现有教材的使用来看，我国新闻学科教材的发展存在一定的“西化”倾向，从新闻理论到新闻实践常以西方新闻专业主义为“范本”，而有关马克思主义新闻观的研究与教学却停留于表面，缺乏系统化、体系化。诚然，西方新闻学理论建设、学科范式和学科体系较我国更为成熟，并在国际新闻学术话语上占据主导地位，其体系化、规范化发展路径对我国新闻学教材的建设具有良好的借鉴意义。但从根本上而言，中西方在意识形态、学科立足点等方面存在根本差异，这些差异往往通过教材的叙事方式、案例选择等，潜移默化地影响读者的思维方式和观念意识。因此，从这个意义上说，教材建设的一个重要方面便是对西方精品教材的甄别和译介，在选择、翻译和使用全球传播前沿新闻理论与实践案例的同时，也需慎重。

其次，从新闻传播学科思维层面来看，新闻学教材建设有着承上启下的关键作用,即承经典与理论之现实,启创新与实践之未来。由此,新闻学教材建设的重要目标之一应在于培养未来新闻人才的创新实践思维。信息技术以及移动通信技术的发展推动了新闻学实践和应用的转型与延伸,这在为新闻学教育和学科发展提供丰富素材的同时,也凸显了现有教材在思维培养方面存在的形式单一、思维固化的问题。新的媒介形式和传播方式呼唤新的实践思维和学科思维,尤其在数字技术和智能技术高速发展的今天,短视频、音视频平台等新兴新闻媒介已经成为新闻生产和监管单位关注的重要渠道,其衍生的推荐算法和流量经济都是网络时代的新闻人必须了解和掌握的互联网内容。这一现实也敦促我们在新闻学教材建设中,在陈述被反复证明的既定事实和被学科认定的经典的同时,需要关照学生创新思维训练和拓展。尤其在新闻场景日益多样化、报道方式多元化的今天,如何引导学生主动探索数字时代新闻传播规律、培养网络时代的新闻传播思维、创新新闻传播实践方式,是当下教材建设和学科发展必须坚持和思考的重要问题。

再次,教材建设的根本需要回归内容。新闻学教材建设是巩固和铸就学科范式,构建中国特色新闻学建设的基石。范式是新闻学科发展过程中被积累和认定的经典范例,也是特定时期内学术共同体交流的基础。现有教材对新闻学科部分元问题和范式的呈现有所欠缺,尤其是从学术研究视角对范式和研究方法的阐述仍有不足。另外,部分教材建设存在内容陈旧、与现实脱节的问题。比如,现在仍有不少学校和老师使用2010年左右,甚至20世纪末出版的新闻学教材。虽然其中诸多教材是影响了一代又一代新闻从业者和学者的经典著作,但部分教材更新不及时甚至停止了更新,导致其中的理论、数据和案例逐渐落后于现实需要,其教育意义便打了折扣。另外,过往教材在形式和装帧设计方面往往较为保守和教条,二维平面和简单图文排列的叙事方式对激发学生的学习热情和积极性缺乏吸引力。由此,新闻学教材建设的推进,对进一步深度阐述新闻学科范式、夯实新闻学科理论根基、提升新闻学科研究方法训练、追踪现代新闻实践具有重要意义。

最后，从形式层面来看，当下新闻学教材同质化现象突出，许多教材存在极大的相似性。这其中部分原因在于过去鼓励高校老师自编教材，很多优秀的老师和学科实力强劲的高校为此倾注了大量心血，出版了许多优质的教材，但由于缺少必要的整体统筹和规划，不可避免地导致了教材同质化、内容雷同等问题。这一方面是对编写人员精力的消耗，另一方面也是对教育资源的一种浪费。因此，新闻学教材建设在教材建设体系化、系统化方面具有重要意义。新闻学教材建设的推进可将现有资源进行汇总和统筹，进而有规划地对已有教材的出版进行调配，合理配置编写资源，对教材质量进行把关。而对新增的教材则可在统筹教材体系发展方向，审核必要性、创新性等基础上进行增补，以进一步充实新闻学教材体系。

新闻学教材建设对新闻学学科的传承和发展具有重要意义，深入思考教材建设的必要性和意义有助于从整体上把握教材建设的方向和重心。归根结底，从流程上看，新闻学教材建设首先需立足于国情、学生需求和行业需要，在把握意识形态的前提下，以培养学生对学科和行业兴趣为出发点，对教材体系建设和内容建设进行长远规划。其中尤其需要关注的是，在内容建设层面，需在汲取现有宝贵经验和经典素材的同时，结合现代新闻传播实践和前沿技术特征，引导学生对现实案例进行深挖和反思，从而鼓励和培养学生养成创新性思维。

我主要推荐两本教材。第一本便是中国新闻学教材中的经典之作——李良荣教授最新编撰的《新闻学概论（第七版）》。该教材在发行的短短20年间，进行了6次更新，因此该教材在知识体系、内容时效性方面优点分外突出。另外，该书正是在中国新闻语境之下编写的，且多年来也积累了丰富经验，因此该教材对中国新闻学教育而言具有较高的使用价值，对其他教材的编写也具有一定的借鉴意义。第二本是一本方法论的书——戴元光教授编撰的《传播学研究理论与方法（第二版）》。从某种意义上来看，研究方法是对研究范式的学习和巩固，对了解和认识新闻学科具有重要意义。该书内容全面，包含质化研究方法和量化研究方法，同时结合了充分的案例，可以作为初入新闻学研究之门的同学的必要的基础课。

曾祥敏简介

曾祥敏，中国传媒大学电视学院党委书记、教授、博士生导师，入选 2020 年度全国广播电视和网络视听行业领军人才工程，入选教育部“新世纪优秀人才支持计划”；国家级一流课程“电视采访报道”负责人，国家级优秀教学团队“广播电视新闻学”核心成员。先后被评为北京市青年教学名师、北京市“师德先锋”、北京市教学名师。担任中国记协新媒体专业委员会副主任委员，北京市记协理事，北京市突发事件应急委员会专家，《中国新闻传播研究》副主编，“中国新闻奖”“长江韬奋奖”评委，中国广播影视大奖评委。荣获国家级教育教学成果一等奖 1 次、国家级教育教学成果二等奖 1 次。

中国新闻学教材建设是当务之急,必须重新梳理教材体系和中国特色新闻学教材理论话语体系。

第一,从教材建设的组成部分来说,按照理论和应用的角度,教材的历史、理论和方法(或实务)是贯穿在教材体系当中的。教材体系由新闻传播学理论基础、新闻传播学的历史和新闻采编的具体技能与方法三部分组成。在这一点上,各个新闻院校的侧重点不太一样,中国传媒大学可能更注重技能与方法,但是在未来的发展过程中,尤其是在媒体融合发展的过程当中,传统的一些以媒体介质为重点,或者是以某一个方向为主的教材以及教学的建设会发生很大改变。总体而言,从理论和应用的角度上来说,史、论、法这三大块是教材建设的三大部分。

第二,从题材和领域角度,应该考虑三个方面。一是应重点考虑国家和行业的迫切需求。要理解“百年未有之大变局”的现实背景,建构中国话语、中国理论,就要从国家和行业的迫切需求出发去考虑。二是要立足于新文科建设背景。教育部提出来的新文科建设要适应学科和行业的发展,也就是要求理工科和文科、社会科学和人文科学的交叉发展。三是还要充分考量当下大学教育从精英教育向大众化教育,进而向普及化教育的发展趋势。作为高校,尤其是很多引领性的新闻院校在教材的编写上也要关注大学教育从精英化向大众化、普及化发展的趋势。所以,从题材和领域角度,应考虑国家和行业的迫切需求、新文科建设、大学教育的发展趋势这三方面。

第三,有几大块内容是亟须建设的。第一类,数字转型,即数字新闻转型,包括融合新闻转型、融合新闻理论转向,以及新闻伦理和道德在新时期数字化时代下的转向等内容。这是技术赋能的时代背景下教材建设亟须重视的一类内容。第二类,国际新闻传播类内容。习近平总书记在讲话当中,对于加强国际传播能力的建设，以及中国对外话语体系和叙事体系的建设，提出了最新的要求，所以我们也在探讨国际传播、国际新闻，包括重点国家的国别研究这一类教材的编写。第三类，学科交叉的相关内容。要考虑学科交叉，尤其是计算机和新闻传播学的交叉，包括数据新闻学、计算传播和智能传播等领域。所以，从题材和领域的考虑，这三大类内容是当前中国新闻学教材建设亟须补充和重点解决的。

从建设角度来说，正如近年来，尤其是十八大之后，党中央积极践行的“用中国理论阐释中国实践，用中国实践升华中国理论”，中国新闻学教材建设应当做到理论紧密结合实践。众所周知，新闻学是一门应用性很强的学科，所以从传统新闻学到数字新闻学，或者融合新闻学的发展过程中，实践是非常重要的。实践出真知，实践是检验真理的唯一标准，从这个角度来说，中国新闻学教材建设一定是需要理论紧密结合实践的，而且是在教材不断的修订当中，实现从实践中来到实践中去的。在教材建设的过程中，新时期中国新闻学的建设路径是从实践创新到经验的总结，然后再到规律的梳理，再到理念的提炼和创新，理论再回到实践中去验证的过程。现在的教材一定要在我国国际传播、媒体融合等现实发展的实践中，去不断地总结经验，提炼出规律，进而提炼出理念，形成中国的理论创新。

其中，中国特色的媒体融合转型，中国特色的互联网传播、网络治理，中国特色的新闻理论建构，这三个方面就建立在不断实践的基础之上。第一方面是中国特色的媒体融合转型，它跟西方的媒介融合就存在差异，两者在叫法上就不太一样，西方更多的是指媒体介质，而我国从 2014 年上升到国家战略的媒体融合本身就是媒体组织的创新。所以，中国的媒体融合是完全具有中国特色的。在这个过程当中，所谓拓展新闻和媒体的边界，包括新闻加政务、加服务、加商务，媒介的社会化治理，突发风险社会的治理，这都是中国特色媒体融合要关注的。在教材的建设当中，要从实践中去提炼经验和规律。第二方面就是中国特色的互联网传播的实践，包括网络的治理实践。第三方面是中国特色的新闻理论的建构。这三个方面都是从实践到经验,到规律,再到理论拓展上的突破。

同时,在这个过程中,要处理好这几组关系。第一组关系就是理论建构和实践应用的关系。在媒体的转型过程中,很多业界专家都认为,新闻理论和学科的发展跟业界已经出现脱节,尤其是很多学生到了业界之后会发现,不要说去引领互联网的发展了,就是用所学理论去解释新的现象可能都会力不从心,所以在这个时候理论和实践的关系要把握。第二组关系是技术发展和实践应用的关系。没有任何一个时代比今天更需要技术赋能传媒和传播,所以从这个角度上而言,技术发展和实践应用的关系需要考虑。第三组关系是中国特色、中国话语,与国际经验、西方理论和西方话语之间的关系。确实,西方在新闻传播领域的知识生产和理论的积累是非常深厚的,在话语创新和概念创新上是源源不断的,从目前学术论文动辄西方的理论、西方的提法这一现象中也能凸显其影响。所以,中国新闻学如何处理好中国特色与西方在互联网的创新概念的关系?比如说,信息茧房、温室效应等,这些都是西方的话语和概念,所以在这个过程当中,如何既借鉴西方的知识生产,又能够基于中国特色、中国经验、中国理论的根基,这个问题在教材建设中尤其需要关注。

就具体推荐的书单而言,有这样几个方面:

第一个就是新闻理论类教材,这是当下急需的,尤其是中国本土的新闻学理论建构类教材。其中,第一方面肯定是加强马克思主义新闻观的理论建构,它是中国新闻学的基础。第二方面是中西的新闻理论比较,尤其是中美新闻话语的比较。今天,很多学生对很多概念的中西差别和关联,仍然不太清楚,所以中西新闻理论比较是非常重要的。第三方面是数字新闻理论或者融合新闻理论。第四方面是数字新闻伦理与道德。这是在新闻理论的层面需要关注的要点。

第二个就是国际传播类教材,这也是现在急需的。现在有五所高校开设了国际传播的本科专业，习总书记的“5·31”讲话之后，预计未来几年，一大批高校将会开设国际传播本科专业，未来相关专业的建设对教材的需求将会不断上升。重点教材则包括：第一，国际新闻编译；第二，跨文化的传播理论；第三，国际新闻采编；第四，国际传播的概论；第五，重点国家的国别传播研究，尤其是美国、英国、法国等重点国家。所以，从这个角度上来说，国际传播要培养讲好故事的能工巧匠，同样也要培养具有战略思维的理论人才，未来对这一方面的教材有很大的需求。

第三个就是数字新闻学、融合新闻学、融合新闻报道类教材，这是向媒体融合和全媒体方向迈进的一些比较重要的教材。

最后还有一类教材是急需的，那就是方便各个高校使用的实训教材。一是全媒体采编，包括新媒体写作、新媒体短视频的创作，以及各种技术应用的相关教材；二是国际新闻采编实务；三是新媒体技术应用与实务。中国传媒大学原来有一门课讲广播电视节目制作，现在这门课有点像全媒体制作的实训课。

综上，我们要对新闻理论、国际传播、媒体融合和全媒体、实训这四类教材给予高度重视。

张殿元简介

张殿元,中国人民大学新闻学博士,复旦大学新闻与传播学博士后,日本早稻田大学访问学者。现为复旦大学新闻学院教授、博士生导师。复旦大学国家文化创新研究中心秘书长,中国新闻史学会公共关系学分会常务理事、广告与传媒发展史分会常务理事,中国广告协会学术委员会常务理事,上海市广告协会副会长,上海市公益广告发展研究中心副主任,中国电视艺术家协会广告艺术委员会副会长。主要从事广告批判、数字营销和新媒体文化研究。著有《中国报业传媒体制创新》《广告视觉文化批判》《广告传播政治经济学批判》《无形的广告:消费主义、文化宰制和权力关系》等,在《新闻与传播研究》《现代传播》《国际新闻界》《新闻大学》等核心刊物上发表论文 70 余篇。

教材是学科和专业建设的基础设施，它奠定了高等教育人才培养的底层逻辑。在与意识形态密切相关的新闻传播学领域，如何编写和选择教材，也关乎国家的思想走向和思维结构。当今世界，大国博弈已经波及教育领域，西方近现代以来累积的诸多思想成果仍旧是人类宝贵的精神财富，但在“文明的冲突”似乎不可避免的当下，哲学社会科学开始跳出过往的象牙塔，变成意识形态争夺的锋线前沿。随着气候变化、公共卫生、地缘政治、网络治理和生物多样性等全球性问题的日益加剧，基于西方政治、经济、文化和社会思想理论的解决方案已经效益递减，东方智慧、中华文化、中国道路则另辟蹊径，让世界看到了希望。在如今的全球思想界，东西方的力量仍处失衡状态，中国的知识界也仍存“唯西方”论的现象。在“百年未有之大变局”到来之时，我们要把握历史机遇，对西方理论、思想进行创造性转化，开创中国特色的哲学社会科学理论话语体系。“千里之行始于足下”，党和政府从战略高度出发，将教材建设纳入国家事权，顶层设计，统筹安排。作为一线的教师，我也希望能够提供一些关于新闻传播学科（特别是广告专业）的教材建设的一点想法。

第一，教材是生产而非消费意义上的文本。教材教育固然是我们人才培养的传统，在相当长的历史时期，教材成为教师授课、学生学习、学业考核的蓝本、标杆和遵循，是消费意义上的文本。随着新媒体时代的来临，教育环境的改变，以教师和教材为主的传统教育，开始向以学生和学习为主过渡，重新理解教材成为教育和教学改革的关键。教材已经不是过去那种纯粹静态的、消费意义上的客体，它已经变成费斯克所说的生产者式文本。教材使用过程会形成一种召唤结构，教材意义和价值生成离不开用户的共创。网络时代，教材使用者的回馈将成为优化教材的重要路径。德里达说，“文本之外，别无他物”，如果专业知识也是由语言文本规约的，那文本的边界就决定了知识的范畴，反对教材定于一尊，多编教材，编好教材，整合学界、业界以及其他学科的力量共同参与编写教材，就不但可行而且十分必要了。

第二，教材的溢出效应和责任对等。把教材看成教学体系的组成部分时，我们可能会陷入认知上的一个误区，即教材的使用对象和影响范围仅限于课堂和学生。过去象牙塔模式的教育是存在这种状况的，教材是教育和教学的重要抓手，一定程度上框定了专业知识的边界，同时也限定了教材的使用范畴，这一切都是工业时代社会分工对专业的需求所致。如今，社会进入以数字技术为基础的第四次工业革命时代，网络新经济打破了传统的知识和职业分工，专业边界日益模糊，专业对口已成明日黄花。行业的跨界“打劫”和学界的交叉融合已经成为常态。一本好教材有可能破壁和出圈，在知识普及和素质培养方面产生明显的溢出效应，就像当下高校名师网络教学视频的社会影响力早已走出课堂和校园，在广泛的社会大众中发挥着公共教育和专业传播的功能。因此，教材就不仅仅要对在校的学生负责，还要对整个社会负责，出版的教材不仅要在知识上确保科学、准确，还要顾及教材中有意无意渗透的价值观、历史观和国际观等。特别是当今大国博弈开始波及教育领域时，教材的编写应体现国家意志、本土意识和内部意义。

第三，教材编写迎来数字时代新机遇。包括新闻传播学在内的很多社会科学，是由西方奠基的，理论版图是由西方绘制的，使用的教材充斥西方的名字和名词概念被认为再正常不过。很长一段时间，我们按照这个地图来寻找学科前行之路。而数字时代和网络时代的到来改变了这一切，新闻传播学科的起跑线再次被拉平，甚至在数字传播实践的某些领域，中国已经走在了世界的最前沿。传统媒体时代的新闻传播的实务和理论都需要重新书写，新闻传播学教材的编写迎来了一个难得的机遇。如果说在传统媒体时代，教材内容一定程度上是西体中用，那新媒体时代可以编写中体西用的教材。要抓住时代给我们的契机，把本土专家原创性理论凝练到教材中，比如广告学领域，陈刚老师的“创意传播管理”、段淳林老师的“IBC”（整合品牌传播）等，以平等姿态与西方开展对话、沟通和交流，扩大中国学者及其学术话语的影响力，树立中国的理论自信。

第四，教材编写应该遵循“顶天立地”原则。所谓“顶天”，即教材的编写工作，一定要遵照国家主管部门（教育部教材局）制定的指导思想和整体部署，充分体现教材是社会主义核心价值观的重要载体；所谓“立地”，就是要满足教材使用者的需要，体现教材对专业领域知识描述的全面性、准确性和科学性，对学科前沿概念、模型和理论的触及和介绍，对数字时代专业领域实践材料的关注和编织。教材编写者首先要考虑基层的需求。相声表演艺术家侯耀文生前曾说过，“寓教于乐，如果人们都不乐了，你教育谁”。同样的道理，如果教材的使用者对其中的专业知识内容不认同，那教材的思政功能也就无法发挥了。教材编写者在处理“顶天”和“立地”的关系时，可以考虑老子所说的“人法地，地法天”，人生观、世界观和价值观统摄专业知识编撰，教材编写主体在满足使用者对知识的需求的同时，回应国家对思想政治和中国特色的内在要求。老子接着说，“天法道，道法自然”，也就是说，无论知识还是思政，都要遵循人才培养和成长的基本规律，遵循教育的基本规律。

第五，教材建设需要一种文化氛围。要创造一种社会重视教育、高校重视教学、老师重视教材的文化氛围。今天高校里面的青年教师背负的职称评聘压力大，他们不会把太多精力用在编写教材上，这可能是普遍存在的问题。要形成教材编写的文化氛围，考虑通过年终考核、职称评聘等机制设计，让老师积极参与教材编写。近日，中国人民大学新闻学院召开了祝贺郭庆光老师编写的《传播学教程》荣获国家级教材奖的研讨会，国内众多学界同行参与，该教材发行量累计逾 150 万册，影响力已经超出新闻传播学科。这种仪式感很强的庆祝活动，对学校形成重视教材编写的良好氛围具有重要的助推作用。

张国良简介

张国良，上海交通大学特聘教授、博士生导师，全球传播研究院院长。复旦大学新闻系（本科）、复旦大学历史系（硕博连读）毕业，历史学博士（复旦大学、日本早稻田大学联合培养）。

曾任复旦大学新闻学院副院长、复旦大学信息与传播研究中心（教育部传播学重点研究基地）主任、日本东京大学客座研究员、香港中文大学客座教授、上海交通大学媒体与设计学院院长。

获得教育部“跨世纪优秀人才”、国务院“有突出贡献专家”、中国改革开放30年十大传媒思想人物、全国优秀博士论文提名导师奖、上海优秀博士论文导师奖、范敬宜新闻传播教育奖良师奖、上海社科优秀成果奖、上海育才奖、中国新闻奖优秀论文奖、中国图书“金钥匙”奖等荣誉。

教材规划是一件大事、好事，具体来说，可以在三个方面发挥积极功能。

一是有利于完善学科体系。从源流关系看，固然，教材是流，学科是源，教材体系来自学科体系、反映学科体系，但反过来，教材体系也能优化学科体系、改善学科体系，也就是说，可以发现学科体系的弱点乃至盲点，从而加以改进。

就新闻学而言，一般来说，可分为理论新闻学、历史新闻学、应用新闻学、边缘新闻学四个板块。经过几十年的发展，理论新闻学板块积累较多。历史新闻学板块也比较厚实，但有一个问题，就是偏重中国新闻史，而相对忽略外国新闻史，可适当加强。目前，综合的外国新闻史仅有寥寥两三本，国别新闻史更少，原来只有翻译的美国新闻史、英国新闻史，最近刚出了德国新闻史、法国新闻史，但俄罗斯、印度、北欧、南美、东南亚、中东等国家和地区还是空白。至于应用新闻学板块，积累也比较多，但随着新媒体的兴起，前沿性还需要加强，如计算新闻学、数据新闻学、智能新闻学等，可加以拓展。最后是边缘新闻学板块，有些领域起步较早，如新闻心理学、新闻伦理学、新闻法学，它们的任务是如何与时俱进，还有些领域尚未开发，如新闻社会学、新闻人类学、新闻文学等。

就传播学而言，也可分为理论传播学、历史传播学、应用传播学、边缘传播学四个板块。与新闻学类似，一般意义上的理论传播学板块，积累比较多了。不同于新闻学的是，传播学的历史板块无法笼统研究，只能依托于具体传播内容（如新闻）或具体传播手段（如报纸）来展开，故事实上处于悬空状态。至于应用传播学、边缘传播学板块，都很热闹，其中，有很多领域与新闻学重合，如传播社会学、传播心理学与新闻社会学、新闻心理学就是高度重合、相互兼容的；还有一个类似的概念是媒介，即媒介社会学、媒介心理学,因此,其教材建设可以一并考虑,统筹规划。

另外,还有一种现象值得讨论,就是有些应用或边缘领域,虽然热门、重要,但单独开设课程略显薄弱,则不妨与相近领域结合,如政治传播与舆论传播、健康传播与科学传播、计算传播与智能传播、国际传播与跨文化传播,而相应教材的编写,既可分开,也可合并。

二是有利于促进科学研究。教材与研究之间也是一种密切的互动关系,有两种情况。第一种情况是教材的薄弱环节同时反映了研究的薄弱环节,如上面提到的新闻社会学,或称传播社会学、媒介社会学,研究本身不多,也就难以转化为教材,尽管已有一些学者在这一领域取得不错的成果,有了一些积累,但总的来说,还不够丰富、扎实。第二种情况是研究成果其实已经很多,但未能充分体现到教材中,也就是说,有待通过教材形式将研究成果系统化、学理化、教学化,如健康传播学的成果已有很多,也出了书,但数量很少,仅有两本,而一个领域的基础性教材要形成良性竞争,至少应有三五本吧。可见,无论哪种情况,教材对研究的促进作用都是显著的。

三是有利于推动课程建设。无疑,这两者的关系最为直接,无课程就无教材存在的意义和价值,无教材则难以驾驭和传承课程,因此,不多展开论述,只提一个建议:可对现有的课程体系与教材体系进行一次总的梳理、对照和盘点,由此发现哪些课程缺教材、哪些教材缺课程,从而,有的放矢地加强薄弱环节、填补空白地带。必须强调的是,这里起主导作用的是课程,而非教材,就是说,首先,我们根据社会发展需求和学科建设要求,制定人才培养方案;其次,在此基础上,设置必要课程;再次,规划相应教材;最后,付诸教学实践。而教学实践的效果若能有效地反馈到最初的培养方案中,就会形成一个生生不息的良性运行的人才培养系统。在这个过程中,整个学界,或者说,全体师生都是可以有所作为的。

张红军简介

张红军，南京大学教授、博士生导师，新闻传播学院执行院长，紫金传媒智库执行主任。兼任全国新闻与传播专业学位研究生教学指导委员会委员、中国新闻史学会常务理事、中国高校影视学会广播专业委员会主任委员、江苏省电视艺术家协会副会长等。曾任中央电视台记者、江苏省委宣传部文艺处处长。主要研究方向为文化研究、影视传播、广播电视学。先后出版专著及教材多部，在《新闻与传播研究》《现代传播》等期刊上发表学术论文 70 余篇。主持的科研项目主要有：国家社科基金重点项目“全媒体传播体系构建与发展路径研究”（20AXW005）、国家社科基金项目“媒介融合背景下中国电视剧的跨屏传播研究”（14BXW018）、国家广播电影电视总局部级重点社科研究项目“影视纪录片产业链及产业政策研究”（GD09019）等。

一、中国新闻学教材建设的必要性和紧迫性

近年来，国家越来越重视教材建设。应当说，教育部教材局、复旦大学高校新闻学教材建设国家重点研究基地等都做了大量工作，也取得了不少成绩。但是，相较于整个国家对人才培养的要求，我们的教材建设还有很多不足，这些不足主要体现在四个方面。

（一）自主性创新不足

这里的中国新闻学教材，我认为是一个广义概念，它包含了新闻传播学的整个一级学科所有的相关教材。毫无疑问，中国新闻学和西方的新闻学从价值理念上是不同的。我们是马克思主义新闻观指导下的新闻学。2016年5月，习总书记在哲学社会科学工作座谈会上的讲话中明确提出“打造具有中国特色和普遍意义的学科体系”，这其中就包括新闻学。而目前我们的新闻学教材中，从新闻理论到新闻业务，再到传播学理论，受西方新闻思想的影响比较大，自主性的理论创新，特别是马克思主义新闻观指导下的新闻传播创新，还明显不足。所以，在马克思主义新闻观的指导之下，中国新闻传播教材的创新还处于一个亟待加强的状态。

（二）编写规范性不够

前几天在中国人民大学举办的《传播学教程》建设经验座谈会上，郭庆光老师说了他对教材编写的一些看法，我非常认同。他提到，一本教材是给没有看过的人、没有入门的人看的。这就需要有一个负责的态度，就是要把成熟的理论而非自己个人的观点融进教材。

教材不是论著，更不是随笔。这些年的教材，包括马克思主义新闻观指导下编写的教材在内，缺少规范，有不少都存在郭老师所说的这种情况。比

如,概念界定五花八门、立场视角多种多样等。不少学生在学习的时候会产生很多疑问。我们在教学过程中也经常跟同学们说,不同学派、不同学者的观点不同是很正常的,我们需要独立思考、兼容并蓄,但是这指的是前沿理论研究而非教材。教材应当是比较成熟的、有定论的知识体系。

(三)教材修订不及时

教材修订不及时的核心问题在于很多教材老化,跟不上时代的发展。现在整个传媒格局发生了重大变化,甚至是结构性的变化,但是很多新闻传播学的教材是很多年前出版的,尽管有第二版、第三版,但实际上修订是不足的,甚至有一些已经严重落后于当下新闻行业的发展现状。至今,我们有不少教材还是按照媒体形态来划分的,比如广播电视学,随着互联网的普及,广播电视这个概念的外延在扩大,但是符合时代发展需要的相关教材却不太多,比较难找。我们的教材,特别是业务教材的修订工作,应当是非常紧迫的任务。

(四)出版形式单一

在数字化时代,教材出版的形式比较单一,数字形态出版的教材较为少见,或者说主流的教材缺乏数字化意识。当然,纸质教材不可或缺,但是数字化、电子化、立体化,以及带有完整数据库等的教材应该跟上。现在学生来上课,几乎每个人都拿一台笔记本电脑或平板,复习方式也很少有手写的了,他们都直接拍照片或者是在电脑上录入,有的时候包括一些教材在内的书籍,都是电子书。新闻传播学科尤其应该引领潮流,要丰富出版形式。

二、中国新闻学教材建设的方法路径

(一)要强化顶层设计,确定和组织编写核心教材

核心教材一定要在顶层设计之下完成,实际上,建设什么样的教材体

系、核心教材传授什么内容,都应该从国家事权角度来考虑。关于这个问题,中宣部和教育部前几年出台的《关于卓越新闻人才培育计划》也有所涉及:需要培养造就一大批适应媒体深度融合发展,同时能够讲好中国故事、传播中国声音的后备人才。从这个角度来说,核心教材的编写必须有顶层设计,教材研究基地开这个大规模的研讨会,这本身就是一项重要举措。

具体来看,应该根据新闻传播学科目录,先整理出核心教材的框架大纲,然后集中编写。高等教育出版社出版的《实践中的马克思主义新闻观——新闻报道经典案例评析(第二辑)》,采用的是集中遴选专家、集中讨论书稿、集中编写的方式。这种方式特别适合于中国新闻传播学核心教材的编写。

(二)规范课程标准,分层次拓展各类教材

当核心教材建设好以后,需要制定一个级差式的课程标准。比方说,教学研究型、研究型大学可能在人才培养上的定位有所差异,每所学校的新闻传播学科在培养方案的整体定位和目标上应有所不同,以体现各所学校的特色。所以在规范课程标准的时候,首先需要分层分级进行,除了核心教材之外,要拓展和细化各级各类教材的品种,目的就是提升教材使用的适配度,要适应不同类型高校的人才培养需求。前一段时间,我参加了南京一所民办大学申请新专业的评审会,当时我就感觉到他们的定位和特色其实跟综合性大学是不一样的,他们需要的教材,特别是核心教材之外的那一类教材,也是不同的。所以,国家应该出台一些相应的课程标准,分级分类拓展细化教材品种。

三、要加强理论创新,回应时代需求

一方面,要加强理论性教材的学理性建设。现在有不少理论性教材,特

别是传播理论方面的教材，存在着学理性不足的问题。另一方面，要加强应用型、实践类教材的时效性，以适应传媒发展的实际需要。

要做好这一点，有两个方面的问题需要解决。

一是对新闻传播学教师的评价指标要做出调整，要改变“重研究而轻教学”的评价导向。很多人都有共识，一本优秀的教材对中国新闻传播学的贡献完全不亚于一本学术著作，比如郭庆光老师的那本《传播学教程》。毕竟立德树人是大学最本质、最核心的任务。很多高校对教师的评价指标是以科研为主的——论文写得好不好、发表的刊物级别怎么样，这些都成为评价一个教师优劣的核心指标。我想，这一点恰恰是国家提出破除“五唯”的目的和初衷。当然，这可能需要一个过程，因为它是一项系统工程。

二是要建立理论性教材和应用型教材的评价指标。没有一个科学的评价体系，就不可能有好的教材建设。应当汇集管理部门、专家、一线教师、学生和出版社的意见，制定科学务实的质量判断标准。

四、深化社校合作，建设课程教学的智能服务平台

只有通过高校和出版社的深度合作，才能改变目前教材出版形式单一化的问题，尤其是新媒体实务类的课程，应当尽可能地开发数字化、立体化的新形态教材，包括数字教材、视频、课件、案例库、实训项目、习题、研究文献等。

就目前我所观察到的情况来看，现在有一些老师正在进行相关的探索，但更多的是一种自发的行为，是出于对新技术的认同和对人才培养的责任心。如何将少数老师自发的行为提升到政策鼓励和激励的层面，是我们应当关注和解决的问题。这种激励绝不仅仅是经费，而应当是一个完整的激励体系。所以用什么样的方法去激励激发教师们（尤其是年轻教师们）把更多精力投到新型教材的建设当中来，也是一个亟待解决的问题。

张洪忠简介

张洪忠，北京师范大学新闻传播学院教授、执行院长，北京师范大学新闻媒体传播研究中心主任，美国印第安纳大学、中国香港城市大学访问学者。研究方向是传播效果测量、智能传播、传媒公信力等。在 SSCI 刊物和 CSSCI 等各类中英文学术刊物发表多篇学术论文，出版《资本影响下的中国传媒业》等 4 本专著，参编著作近 10 本。

北京师范大学新闻传播学科的历史可以追溯到1993年创立的编辑出版学专业。本学科于1993年招收编辑出版学术硕士，2003年调整为传播学专业，同年设置传播学一级学科硕士点，招收新闻传播学硕士。2014年11月，为落实中宣部、教育部关于地方党委宣传部门与高等院校共建新闻学院的意见，北京师范大学与光明日报社合作共建新闻传播学院，2020年获得新闻传播学一级学科博士点。20多年来，培养各类新闻人才2000多人。同时在中国语言文学专业下招收文化传播方向博士，目前已招收10届。结合北师大新闻传播学院的经验，我就中国新闻学教材建设说三点。

第一，新闻传播学教育正面临转型。

一直以来，新闻传播教育被认为门槛不高，读写编评、媒体运营和新闻专业精神的培养等是留给外界的主要印象，更有甚者认为文史哲培养的本科生比新闻专业的本科生更有人文基础和发展潜力。但今天的社会已经进入信息化时代，社会各个方面都和信息传播密切相关。

一方面，我们社会的发展需要大量新闻传播人才，需要大量了解新技术和传播规律的人才。这一点从互联网公司、各类商业公司、各级政府机关的人才需要就可以看出，只要是一家组织机构，就会配备懂互联网运作的人员，互联网已经是全社会的一个基础架构。最近几年，从各高校本科生和研究生的招生也可以看出这一需求的热度。

另一方面，今天合格的新闻传播人才的培养是有门槛的，是有自己的专业特性的，和大众媒体时代有很大区别。大数据、智能传播等正在构建我们社会的信息交往方式。从技能上说，不仅仅是读写编评，还需要掌握新技术的一些发展规律，掌握一些软件应用、数据挖掘技术等信息科学的技术；从人文上说，人工智能的发展带来了很多新的伦理、法规问题，如不同统计数据显示，社交机器人的发文量已经占了三到五成的比例，信息传播领域如何发现这些问题、社会和网民如何面对这些问题等都需要新闻传播学科来回答。从行业特点来说，了解信息传播规律是需要专业训练的，不是会写文章就会传播，信息传播规律的掌握更是需要大量的专业训练的。也就是说，新闻传播学教育需要拓展新的内容来应对变化。

第二，教材应该建立在互联网发展趋势之上，满足国家发展需求。

新闻传播学教材应该把握互联网发展趋势，培养学生懂传播、会传播的能力。

一是聚焦传媒发展前沿。新闻传播学是一个开放的学科，与社会时刻保持着紧密的互动。因而，在新闻传播人才的培养上，不能沿用传统的人才培养模式，应与国际国内传媒业发展前沿结合起来，保持密切的互动，教授给学生当下最新的传播理论、研究方法与传播技能，这样才能够使学生在学术研究、专业技能与素养上保持较高的竞争力。

二是把握国际最新的学术研究动态。在知识爆炸的时代，学科知识的变化日新月异，学科理论的更新一日千里，因而不能紧守原来的一亩三分地，而应该与国际前沿动态保持密切的联系，时时更新知识。

三是掌握先进的传播技能。目前，互联网、移动互联网、物联网、AI、VR/AR、大数据等信息技术发展非常迅速，而数据新闻、VR 新闻、算法推荐等对新闻传播行业的转型起着非常重要的作用。掌握最新的信息传播技能、适应新的传播环境，对于学生来说，意味着拥有更强的竞争力。

四是学会运用先进的研究方法。学科交叉与融合的趋势使得新闻传播学的研究方法面临重大挑战，物理学、认知神经科学、大数据分析等为新闻传播学的研究提供了更多元的方法与模型，并日益受到社会各界的关注。这也使得我们的学生至少要对这些研究方法与思维方式有一定程度的掌握，并能够较为熟练地使用其中的一些技巧与方法。

由此，北师大新闻传播学院的人才培养全面贯彻党的教育方针，落实立德树人根本任务，立足学界业界发展最前沿，培养适应当代新媒介环境需要、具有马克思主义新闻观、掌握现代新闻传播理论和知识、具备新媒体创意思维能力以及媒体实践经验、能够从事多媒体专业工作的具有良好职业素养的高层次应用型人才。

最近几年,北师大新闻传播学院一直在探索新媒体转型,除了教材、师资、培养大纲之外,我们采用活动驱动方式来促进教学转型,通过活动有效地促进了学院师资观念转变,营造出新媒体氛围。

从2016年开始,我们每年举办中国VR/AR创作大赛,鼓励学生参与VR/AR作品创作,先后有来自英国、俄罗斯、美国、罗马尼亚及国内的40所院校、50多家VR软硬件单位提交作品,促进了学生的能力提升。在此基础上,建立VR创作实验室,加快产学研一体化进程。学院的活动还有:开办"VR创作工作坊",解决专业培训人才短缺问题;举办"VR沙龙"及"VR创作研讨会"等,提升学生的视野;开办有特色的VR实践活动,提升学生的动手能力,如利用暑期社会实践,组织了"见证复兴,一带一路青年行"VR专项暑期社会实践行动,学院共派出10支队伍,分别前往青海、福建、浙江景宁、阿尔山、峨眉山、贵州丹寨等地进行VR影片拍摄。我们还与北师大人工智能学院、中国电子科技集团等单位共同举办"人工智能与未来媒体创新创意大赛",与微软联合举办"人工智能与未来媒体大讲堂"等活动,有力推动了培养工作的前沿化。

第三,建设基于信息流通规律的教材体系。

简单地说,新闻传播学是一门研究信息流通规律、进行信息交流或信息传递的学科。学科教材需要建立在信息流通规律之上,才能培养懂传播的有用人才。当前,互联网是最大的信息流通渠道,信息技术的迭代升级也很快,我们当前其实很缺乏紧跟新传播技术发展的教材。这几年,在没有合适教材的情况下,虽然北师大举办了VR大赛、人工智能创新创意大赛等活动,学生眼界和能力有了很大提升,但是教材问题一直未能解决。没有教材,我们也感觉到很难进一步将课程体系化深入开展下去。怎样运用新技术、怎样理解新技术、这个技术的发展趋势是什么，这些都需要专业教材来回答，否则学生对某项技术趋势的了解会比较零碎化。

现在市面上也有很多教材，其中可能有可用的教材，但更多教材可能经不起互联网发展的考验，一两年就会随着技术的迭代而遭到淘汰，多数属于急就章。总体上，新媒体教材的成熟度不够。关于教材建设，以下几个方面的建议可供参考。

1. 教材要关注主要的信息流。如果新闻传播学科不关注信息流，或者对主要信息流关注不够，就像在沙漠上筑大坝，培养的学生很难驾驭互联网时代的传播工作。

2. 要基于技术逻辑来考虑教材。技术逻辑并不是说完全由技术导向，而是说教材要建立在信息技术发展的基础之上，包括技能培养、人文素养培养等内容。因为主要的信息传播渠道是建立在互联网技术基础之上的，而且还在不断发展。了解技术逻辑才能说清楚传播规律，才能将人文思考落到实处，这样的教材才能满足国家战略发展的需要。

3. 面向新传播技术的教材要有一定的普遍规律性，不能是一两年就过时的内容，或者两三年就缺乏解释力。北师大新闻传播学院正在编辑《智能传播教程》《互联网用户分析》《认知神经传播学导论》《媒介市场分析》《数字出版》《数字健康》等教材，希望能对教学有一定帮助。

张 昆 简 介

张昆，法学博士，博士生导师，华中科技大学学术委员会副主任、国家传播战略研究院院长，中央民族大学新闻与传播学院特聘院长。第六届、第七届国务院学位委员会新闻传播学科评议组成员，国家社会科学基金规划评审专家，原教育部新闻传播学科教学指导委员会副主任委员，原中国新闻史学会副会长，《中国新闻传播教育年鉴》编委会主任。曾任华中科技大学新闻与信息传播学院院长、武汉大学新闻学院院长。入选第二批教育部“跨世纪优秀人才培养计划”、文化名家暨“四个一批”人才工程、第三批国家“万人计划”哲学社会科学领军人才。主要研究领域为新闻传播史、政治传播学、高等教育。主持完成国家社会科学基金重大课题、国家社会科学基金项目、教育部人文社会科学研究专项课题等项目 20 多项。曾获国家级教学成果奖、教育部人文社会科学成果奖及湖北省社会科学成果奖多项。曾出版教材《简明世界新闻通史》《中外新闻传播思想史导论》《中外新闻传播史》《外国新闻传播史》，出版专著《新闻教育改革论》《三思新闻教育》《新闻传播教育导论》《大众媒介的政治社会化功能》《国家形象传播》《政治传播与历史思维》《传播观念的历史考察（第二版）》等，主编《中国新闻传播教育年鉴》6 部，发表论文、研究报告 270 余篇。

当前讨论中国新闻学教材建设正当其时。一方面，对于新闻学专业人才而言，媒介环境的快速变革对传媒人才的知识与能力提出了新的要求和挑战；另一方面，媒介社会对于公民媒介素养的要求日渐提高，新闻学教育和教材的革新成为必然。

从中国新闻学教材建设的必要性与可行性来看，传媒融合的态势使新闻生产流程及岗位设置发生了重大的变化，新的信息技术突破还使得信息传播全过程不同节点的实务操作也实现了颠覆性的变革。这必然会反馈到人才培养的环节，在课程设置、教材编撰方面要跟上业界的变化。可是，正如大家所知，新闻教育界现有教材的内容建设普遍滞后，现在通用的教材基本上是媒介分化时代的产物，或者是 20 世纪的产物。到了融合时代、全媒体时代，教材内容跟不上时代的发展。同时，既往课程多根据专业而非学科进行设置，由于专业越分越细，专业间的壁垒越来越高，其结果必然是追求小而全，课程体系谋求小而全，教材编撰也力求小而全，于是原本覆盖新闻传播一级学科知识领域的一些基础课程被人为切割，新闻传播知识体系的完整性也被人为破坏。如广告专业只注重广告，不注重新闻传播；广播电视只注重广播电视业务和历史，而不涉及报纸业务及历史；编辑出版与数字出版分离，新闻学跟国际新闻与传播分道扬镳。专业细分带来了严重的后果，主要表现在如下方面：学科视野偏狭，专业壁垒森严；忽略了专业、媒介之间的关系，以致出现了日趋内卷化趋势；历史与现实脱节；等等。这些问题累积下来，在一定程度上影响了师生的专业自信，以致“新闻无学论”沉渣泛起，新闻传播学科各专业师生的学科认同危机越来越严重。这些问题的产生都与我们的专业发展和教材建设有直接关系。

中国新闻学教材建设是一个系统工程，涉及许多因素、众多的环节，必须有一个很好的顶层设计，统筹兼顾，稳步推进。

其一，对现有的专业设置、课程设置和教材建设的现状，及其存在的问题，要有全面和精准的把握。经过梳理发现，目前中国新闻传播教育界在专业与课程设置方面，官方指导原则与各学校执行方案不完全一致，各高校尤其是重点高校在课程体系建构方面的自由裁量权比较大。到目前为止，新闻传播学一级学科下面设有 10 个本科专业，包括新闻学、广播电视学、广告学、编辑出版、传播学、网络与新媒体、数字出版、时尚传播、国际新闻与传播、会展。以新闻传播史课程为例，新闻传播学一级学科各专业基本上是根据专业而非根据一级学科设课，不是所有专业都开设新闻传播史课程，即使开设了新闻传播史的课程，各个专业的课程设计也大不相同。如新闻学专业，根据 1998 年颁布的《普通高等学校本科专业目录和专业介绍》，同时开设中国新闻事业史、外国新闻事业史两门课程；2012 年颁布的《普通高等学校本科专业目录》却规定只开设一门中外新闻史；2017 年颁布的《普通高等学校本科专业类教学质量国家标准》规定只开设中外新闻传播史。而各个学校具体开设的课程可谓五花八门，有的同时开设中国新闻史、外国新闻史，有的开设中外新闻传播史，有的同时开设世界新闻史、中国新闻史。广播电视学专业，1998 年颁布的《普通高等学校本科专业目录和专业介绍》规定开设外国广播电视事业史；2012 年颁布的《普通高等学校本科专业目录》规定开设中外新闻传播史；2017 年颁布的《普通高等学校本科专业类教学质量国家标准》规定只开设广播电视史。各个学校开设的课程也大异其趣，有的同时开设广播电视史、中外新闻传播史；有的不开设广播电视史，而是同时开设中国新闻史、外国新闻史等。广告学专业，一直只开设广告史。但各个学校开课时，在广告史之外，还增设了中外新闻传播史。传播学专业按照 2012 年颁布的《普通高等学校本科专业目录》只开设大众传播史，事实上大多数高校只开设中外新闻传播史，而没有开设大众传播史。至于其他专业，如网络与新媒体、数字出版、时尚传播，2012 年颁布的《普通高等学校本科专业目录》和 2017 年颁布的《普通高等学校本科专业类教学质量国家标准》都没有指定开设新闻传播史的课程。由此可见，新闻传播一级学科内，各专业的课程设计基本不涉及其他专业、学科，基本上是从自己的专业出发，在相当程度上打破了学科知识体系的完整性。

其二，在教材建设方式的选择上，建议由复旦大学高校新闻学国家教材建设重点研究基地的专家委员会（咨询委员会）在确认相关课程结构的基础上，确定教材主编或首席专家。专家委员都是学界资深学者，对新闻传播教育界的生态有充分了解，同时还掌握教材编撰规律，了解传媒生态和业界的人才需求，由他们在封闭环境下决定，这样能减缓由外部环境带来的压力；如果面向社会招标，大家一起上，都来申报，这当然能调动大家的积极性，但是也易浪费人力资源，同时也会给评审环节、决策环节造成舆论压力。因此，教材的主编应由复旦大学高校新闻学国家教材建设重点研究基地的专家委员会确定，再由主编组建团队。其中，基础类课程建议偏向资深年长的教授主持，实务类课程倾向由有实操经验和理论修养的中青年学者主持。

其三，教材的编纂不能定于一尊，应有多样教材并存，这有利于激发编者潜能，同时促进教材之间的良性竞争，确保教师和学生的利益，这样才能使教材臻于至善。20世纪60年代，时任中宣部副部长的周扬负责高校人文社会科学教材的编撰工作，事后他总结经验，得出一条结论，那就是文科教材不能定于一尊，同一门课应该有多本教材，至少两本。对中国哲学史的教材编撰，他当时采取统编一本，集中全国学者的力量集体编写的方法，同时又委托北京大学冯友兰教授单独编一本，这本独著的教材享有与统编教材同样的权利。周扬的这一做法，得到了当时中央的肯定。

其四，教材在内容上，既要做加法也要做减法，应有先后次序，分清轻重缓急，稳步推进。加法意味着要与时俱进，吸收学术界最新的研究成果，根据需要增加必要的新课程，或进行课程间整合，或现有课程增加新内容。减法意味着删去不必要的课程或课程内容，有些基于传统、过时技术的课程，已经失去了存在的价值，当然应该删去；至于教材中部分过时、落后的内容，则可以局部删减。涉及面广的基础课程（历史、理论、方法类课程）教材要优先立项，选择优秀的专家主持，在编写过程中则要严肃认真，精益求精。新办专业（如国际新闻与传播、网络与新媒体发展、时尚传播、会展）教材建设先要解决有无的问题，然后才是质量好坏的问题。每个新办专业至少要编纂两到三本专业核心课程教材。

其五，在教材的延伸服务方面，要树立立体教材的概念，要充分利用现在的信息技术、教育技术，突破纸质教材容量的限制，配套建设参考书、文献目录、案例、数据库、教材网站。既服务于教师，拓展教师的教学视野，也为学生的学习提供必要的便利。

最后，我还想就新闻传播史课程教材建设谈一点意见。我认为，新闻传播史的教材建设，应该从新闻传播一级学科，而不是从专业的角度来规划。万事万物皆有其历史。新闻传播学类各专业及其对应的媒介或行业不仅有其由来脉络，而且它们彼此之间也存在交叉。不能单纯地根据单一媒介或专业来开设历史课程或编撰历史课程的教材。新闻传播史的课程设置、教材编撰，应该考虑到新闻传播学类所属各专业的需要，考虑到媒介融合的发展趋势和新文科建设的需要。我建议可为新闻传播学一级学科下设的专业编撰三种历史课程教材：中国新闻传播史、外国新闻传播史、中外新闻传播史（世界新闻传播史），各学校根据自己的情况，选择使用。

新闻传播史课程教材的编撰，我以为在内容、体系建构方面也应该有所变化，基本原则是中外合璧、古今贯通、史论结合、全媒融汇。我们现在处在一个融合的、全息的传播时代，三网合一，多屏合一，一个终端可以同时接受不同介质的信息。这是当前的现实，新闻传播史教材的编撰需要从此出发，沿着这个来路往前追溯。新闻传播史教材不能满足于勾勒报纸、广播、电视、通讯社的历史，而应该尝试着把交通、邮政、电信和新闻传播融合起来。在这个方面，美国传播学者施拉姆的《人类传播史》的编写体例可供借鉴。我们不能满足于事业层面的描述，还应该在制度层面、思想观念层面去描述新闻传播的历史谱系。新闻传播活动总是在一定的制度框架内展开的，而运作新闻传播系统的又是有意识、有思想、有情感的人。所以回溯人类传播的历史，不能只看到一堆没有灵魂的事实、零散的媒介材料，只有当这些事实、材料镶嵌在当时的制度体系中，并且附着在鲜活的人物身上时，历史才是完整的、富有生命的存在。

我们知道，人类传播作为我们历史研究的主要对象，从无到有，从简单到复杂，从分散到汇流，发展到今天成为洋洋大观、无处不在的知识体系。新闻传播学科下设的每个专业都可以从历史中找到它的源头和定位，这样每个专业才能构筑其具有合法性的基础，才能深刻理解历史课程的必要性。正是在这个意义上，我认为，新闻传播史论课程的教材建设应该优先考虑。

张龙简介

张龙，中国传媒大学电视学院国际新闻与传播系系主任、教授、博士生导师。中国电视艺术家协会会员、中国摄影家协会会员、北京市广播电视局影视作品审查中心专家审委，获教育部霍英东教育基金会高校青年教师奖，入选北京市“青年拔尖人才”。

曾受国家公派前往英国剑桥大学社会学系做访问学者，其间获得剑桥大学沃福森学院客座研究员资格。目前主要研究兴趣为国际传播、影视传播、政务信息发布和播音主持艺术。

媒体从业经验丰富，曾担任中央电视台《新闻调查》栏目记者、编导多年，制作播出了《“神童”的成长》《榆社：教育之痛》等多部电视深度报道作品，参与制作 8 集高清电视纪录片《梁思成　林徽因》。

非常荣幸能够接到本次研讨会的邀请，刚才聆听了前面几位专家的发言，我深受启发，在此也向各位专家汇报一下我对中国新闻学教材建设的一点浅见。

我先谈谈对这套教材整体定位的理解。就在本周，我刚刚参加了中国传媒大学组织的教学创新大赛，通过这次大赛收获了很多新知。有一个特别大的触动是，在准备材料以及现场答辩的环节，有一项叫作“学情分析”的指标被反复问及。这让我深刻意识到，在设计一门专业课或者系列课程的时候，所有的思考要建立在对“学情”的深度分析和研判的基础之上，而教材是根据课程标准制定的教学用书，需要充分服务于课程和教学实践。从这个角度而言，中国新闻学系列教材既要保证新闻学一线教师上课使用，又要保证在教师授课过程中，学生能够通过课堂听讲和课下阅读，充分地理解并掌握相关知识点和业务技能。

所以，在设计中国新闻学教材及它所服务的课程之前，我们先要对授课对象的实际学情进行分析。学术研究不断更新，时代不断变化，新闻学教学活动的每一轮课也都在发生着变化。在此情况下，应充分关注中国新闻学教材面向的学情特点，根据学情特点来动态调整教学内容，培养学生的家国情怀和国际视野。具体而言，就是要让新闻学教材和课堂教学形成互为依托的整体，使学生通过阅读教材，系统、清晰地了解新闻学科整体及下设各门课程的知识框架，并且通过课堂教学（特别是最新案例的解读）来加深理解，同时认知本专业最前沿的发展趋势和现象。

在这样的思路下，我觉得中国新闻学教材的整体定位和规划要符合以下三个需要。

一是符合国家战略需要。新闻学教学面临的共同问题是，课件、案例等教学内容每一年甚至每轮次都需要更新。在此情况下，教材设计如何体现当前国家发展需求？比如，近年来脱贫攻坚、走基层、建党百年等主题报道的内容如何在教材中体现，教学方式如何进行相应的转变，这些都需要加以考虑。2021年，习近平总书记在考察清华大学时指出："我国高等教育要立足中华民族伟大复兴战略全局和世界百年未有之大变局，心怀'国之大者'，把握大势，敢于担当，善于作为，为服务国家富强、民族复兴、人民幸福贡献力量。"所谓"国之大者"，是指事关党和国家前途命运、事关中华民族伟大复兴、事关人民幸福安康、事关社会长治久安的大事。新闻学专业教育与"国之大者"本身具有密切的内在关联。通过新闻学专业教育，我们一方面要引导学生通过新闻作品了解"国之大者"，另一方面也要让学生掌握如何在自己的新闻实践中去报道"国之大者"。因此，中国新闻学教材设计应充分考虑对"国之大者"的体现，服务国家战略，着重对学生加强重大主题报道策划能力的培养，这也恰恰能够体现出中国新闻学的中国特色所在。

二是符合媒体融合需要。这给我们提出一个特别直接的问题，就是"移动优先"。我们此前曾就新闻学教材做过一些初步的调研，发现目前各高校面向学生开设的新闻专业课所使用的教材，尤其是新闻史论和新闻实务相关教材，主要还是以相对传统的文字报道和视听报道为主。近年虽然逐渐有融合新闻学相关的译著和教材出现，但从整体而言，融合新闻传播相关教材的建设速度还是相对滞后于媒体融合一线的拓展速度。

于是，在这种情况下，我们的中国新闻学教材就要充分考虑如何满足媒体融合发展前沿的需求。这一方面是当前学生的呼声，另一方面也是媒体一线对人才培养提出的要求。我在这里给大家讲一个真实发生的故事。几年前，我曾带研究生去某卫视新闻中心做媒体融合调研，在调研中，该卫视的一位工作人员告诉我们的学生，"一定要知道媒体工作和你们上学时学的内容是不一样的"。这句话当时给我非常大的刺激。因为这句话一方面体现出媒体业界人士对学界人士依然存在着一定程度的刻板印象,另一方面也体现出我们的人才培养存在着不能满足媒体发展需要的问题,这值得我们深入反思。刚才发言的几位老师都提到,编写中国新闻学教材需要业界人士参与策划,甚至需要业界人士联合撰写和把关。我觉得这个提议非常好,邀请业界人士参与策划、撰写和把关,有助于使中国新闻学系列教材充分满足媒体融合发展前沿的需求。

三是符合教学创新需要。近年来,我们对专业设计和课程设计都已做了很多探索。特别是经历了 2020 年春季学期疫情突发时的全线上教学后,各高校的专业教学都在不断进行调整,以适应疫情防控和教学创新的需要。目前,已经有越来越多的新闻传播专业课采用线上线下混合式教学模式。教育部高教司也从 2020 年开始指导和组织世界慕课大会,旨在将全球高校与在线教育平台团结起来,携手应对新冠疫情背景下智能互联网时代给全球教育带来的机遇与挑战,探讨前沿科技在塑造高等教育未来中的作用,共同推动世界范围内慕课与在线教育的建设、应用和共享,促进可持续发展教育目标的实现。

在这样的背景下,中国新闻学教材编写如何满足慕课与在线教育发展的需求,如何满足线上线下混合式教学发展的需求,也是教材建设过程中需要着重考虑的问题。当前,线上线下混合式教学正在推动着教学模式创新,严格按照教材框架“照本宣科”讲解的传统教学方式正在被“通过案例发掘问题”的互动式、启发式教学所取代。教材作为系统化、标准化的知识点集合,应当在梳理知识逻辑、构建知识框架方面发挥出更大的作用,使学生能够通过预习、温习教材获得清晰的知识阐释,并通过线上线下混合式教学加深对专业知识和技能的理解和掌握。

综上所述,我觉得在中国新闻学系列教材的整体定位理念层面,我们要充分考虑策划,使其符合国家战略需要、媒体融合需要,以及教学创新(特别是线上线下混合式教学)需要。

接下来，我想就中国新闻学系列教材的具体组织编写工作简要提一些个人建议。

第一，建议在教育部高等学校新闻传播学类专业教学指导委员会和高校新闻学国家教材建设重点研究基地的组织下，加强整体策划，在全国高校新闻学名师名家的指导和把关下，充分依托各高校现有的和正在组织编写的优势教材，梳理设计出当前中国新闻学下设的主要分支、流派和相关交叉学科，形成清晰的体系。

第二，优先考虑新兴学科和新建专业的生存需求。比如，2021 年 5 月 31 日，习近平总书记在主持中共中央政治局第 30 次集体学习时强调，讲好中国故事，传播好中国声音，展示真实、立体、全面的中国，是加强我国国际传播能力建设的重要任务。

在这样的大背景下，当前多所高校都在积极建设国际新闻与传播本科专业。以中国传媒大学为例，2014 年，中国传媒大学在广播电视学本科专业下开设国际新闻传播方向，2019 年，教育部批准开设国际新闻与传播本科专业，2020 年正式招生，之后几所高校也陆续开设了这个专业。这个专业一方面相对年轻，没有特别完善的、能够拿来直接使用的系列教材；另一方面，这个专业也有相当强的战略性、思政性和跨学科特征。因此，我诚挚地建议教材基地能够在中国新闻学系列教材的大框架下，整合全国优势力量，优先考虑国际新闻与传播相关教材的建设，使这样的新专业能够迅速、健康地成长起来，尽快为国家培养出一批业务过硬的国际传播青年人才，加强我国的国际传播能力建设。

第三，在教材编写过程中充分设计并体现其多媒体特征。比如，目前已出版的“马工程”新闻传播学系列教材中暂时还没有关于新闻写作的教材，但当前媒体融合发展对于学生写作能力的要求越来越高，“新闻写作”的内涵也在潜移默化中不断拓展。“新闻写作”早已不再局限于文字写作，如何为视听新闻写出漂亮的解说稿，甚至如何为网络报道写出引人入胜的文案，这些都应纳入“新闻写作”教材的视野。但由于纸质教材出版周期较长,所以可充分借助新媒体平台,打造在线视听案例库和教学慕课,发挥其更新便捷的优势,使其与纸质教材有机统一,构建起中国新闻学教材建设的新格局,逐步形成一个面向学生的立体化教材平台。

以上就是本人关于中国新闻学系列教材的整体定位和编写思路的一些不成熟的浅见。由于时间关系,很多细节来不及一一展开,恳请各位专家批评指正,谢谢大家。

张明新简介

张明新，华中科技大学新闻与信息传播学院教授、博士生导师，院长，学院学位委员会主任、教学指导委员会主任。华中科技大学重大学科平台建设专项智能媒体与传播科学研究中心负责人。主要研究方向为政治传播、国家传播战略、新媒体传播、传播学研究方法。国家“万人计划”青年拔尖人才支持计划入选者（第二批），兼任国务院学位委员会新闻传播学科评议组成员、教育部高等学校新闻传播学类专业教学指导委员会委员、国家广播电视总局媒体融合发展专家库专家、中国新闻奖评委。国家社科基金艺术学项目规划评审专家。《中国社会科学》、*Telematics and Informatics*、*Social Science Computer Review* 等海内外知名学术期刊通讯评审人。

中国新闻学教材建设的重要性和必要性，主要体现在如下三个方面：

第一，教材建设事关百年大计，对新闻传播学教材而言更是如此。教材的影响是深远的，尤其是新闻传播学的学科、学术和话语体系，正处于持续的变革、更新与迭代过程中，教材建设显得更为重要。曾经"新闻无学"的论调说明，教材当中承载的学科理论知识，以及其知识对于其他学科的辐射性、关照性可能有所欠缺。今天，虽然这一状况有所改观，但同部分学科相比，新闻传播学教材在整体上仍有较大提升空间，这凸显了中国新闻学教材建设的必要性。

第二，建设好高水平教材，是立德树人的时代需要。培养新时代的卓越新闻传播人才，为党和国家的文化建设、"文化走出去"，为进一步做好宣传思想工作和理论建设工作，教材起到至关重要的作用。教材是教学过程中的核心要素，没有好的教材，教师的水平再高，也无法做好立德树人的工作。是故，新闻传播学教材建设尤为必要。

第三，教材是中外文化交流和文明互鉴的重要载体。中国日渐走向世界舞台的中央。要向世界提供中国方案、中国智慧，要向世界民众传播好中国理论、中国话语，教材是一种重要的形式。今天我们建设的中国新闻传播学教材，今后很有可能传播到世界各国，成为其他国家参考的样板，中国的新闻传播话语、理论、思想便传播出去了，拥有了更广阔的舞台。由此，中国新闻学教材建设很有必要且非常紧迫。

在建设中国新闻学教材的过程中，方法类教材是一个很重要的组成部分，需要引起重视。

第一，在教材体系之中，"新闻传播学研究方法"相关的教材十分重要。当今各个新闻传播学院，方法类课程越来越受到重视。华中科技大学传播学专业的本科生课程中，方法类课程高达 26 个学分，接近总学分的 20%。

众所周知,全球许多知名大学的硕士和博士阶段课程,方法类课程学分占比高达三分之一以上,甚至达到一半。授人以鱼,不如授人以渔。将创造知识、发现知识的方法教授给学生,是至关重要的。缘此,梳理、组织和构建中国新闻传播实践特有的概念体系、话语体系、思想体系、学科体系,需要给予学生研究方法知识的专业训练。遗憾的是,当前新闻传播学科,对于研究方法类教材的重视程度还不够,多数教材来源于其他的专业,许多来自西方国家。譬如,艾尔·巴比的《社会研究方法》,这本社会学的教材,几乎是各学科通用的重要方法课教材,贯通本硕博层次。但显而易见,完全使用其他学科的教材,对于新闻传播专业的教学是肯定不够的。

第二,编写和打造中国新闻学方法类教材,应注重专业化、本土化和科学化。

专业化,是要从新闻传播专业的角度,建设新闻传播类的方法类教材。比如,《大数据挖掘》《数据可视化》《量化研究》《质化研究》《应用统计学》等课程,如果脱离新闻传播学的行业脉络和知识体系,就无法达到预期的教学效果。如果所用的案例来源于其他行业或场景,学生的印象就不会那么深刻。因此,只有紧贴本专业的教材,才能让学生感同身受、加深理解。

本土化,是要在教材内容方面,反映本土的实践状态、话语表达和思维方式,体现中国特色、中国气派和中国精神。如果使用另一种社会、文化和实践场景的内容和案例,学生很容易“无感”,自然无法引起他们的共鸣。更重要的是,我们没有将根植于中国社会和历史土壤中的新闻传播实践和思想脉络,完整地、成体系地、科学地呈现给学生,就无法让他们今后能用好这种工具,去研究中国的新闻传播实践,构建中国的新闻传播知识体系。

科学化,是要以高度的逻辑自洽、完善的体系建构、规范的学术表达,来表述和呈现新闻传播方法类知识的原理、脉络和技术。目前,来源于各学科的方法类教材鱼龙混杂,当然其中不乏部分新闻传播专业教师编写的教材;就整体来说,方法类教材的质量还有待提高。当务之急,是用心建设好方法类教材,提升新闻传播学科方法类知识体系建构的完整性、结构衔接的逻辑性、内容表述的严谨性。对于任何一门相对成熟的学科而言,知识体系的科学化是其内在的诉求和追求的目标。

第三,中国新闻学教材建设,要重点关注方法论方面的教材和具体的方法类教材。方法论涉及本体论、认知论、知识论等方面,体现哲学思辨的意味。学生只有学好方法论的知识,才能理解每种具体的方法和技术背后的基本逻辑和原理。在量化和质化研究方法方面,学生需要掌握一些当今很重要的具体的研究方法的知识,比如《社会调查》《应用统计学》《数据分析》《数据挖掘与可视化》等。新闻传播学研究方法的教材,至少需要五六本,且应做到全国性的标准化。对于《心理测量》等更前沿的教材,可根据不同学校的需求自行编撰。无论如何,在今天的时代条件下,新闻传播学方法类知识应该有相对完整的体系和明确的标准。

总之,中国新闻学教材建设,非常重要,非常必要,非常紧迫。在建设中国新闻学教材过程中,方法类教材作为关键性的要素,需要引起重视。建设中国新闻学方法类教材,要注重专业化、本土化和科学化。

方法类教材和中国新闻学教材之间的关系,可以概述为:方法类教材能帮助学生以更专业、更科学的眼光,深入理解中国新闻传播的实践轨迹和最新进展,发掘和创造中国特有的新闻传播概念、话语和理论,以中国特有的话语和概念表述中国的实践,将中国新闻传播的理论资源和思想智慧贡献给全世界。

张涛甫简介

张涛甫，复旦大学新闻学院院长、教授、博士生导师，复旦大学上海新媒体中心主任，复旦大学发展研究院副院长，《新闻大学》主编，上海市第十五届人大代表，教育部“长江学者”特聘教授，教育部新闻传播学类专业教学指导委员会副主任委员。著有《报纸副刊与中国知识分子的现代转型》《纪实与虚构》《表达与引导》《大时代的旁白》《中国梦的文化解析》《转型与在场》《激扬文字》等多部著作。主持国家社科重大项目、教育部人文社科项目、上海市哲学社科项目等科研项目 10 余项，获国家级教学成果奖、省部级哲学社科成果奖、上海市新闻奖等多项奖项。在中外学术期刊发表论文 300 余篇，其中数十篇被《新华文摘》《中国社会科学文摘》《人大报刊复印资料》等转载。在《人民日报》《南方周末》《环球时报》《南方都市报》《解放日报》《北京日报》《文汇报》《新京报》《中国教育报》、澎湃新闻网、上海观察、凤凰网等媒体发表专栏时评、随笔数百篇。担任多家媒体咨询专家或顾问。

新闻学教材是新闻专业教育的重要载体，新闻专业教育通过新闻学教材这种媒介将系统的专业知识输入到目标受众那里，进入他们的知识矩阵，并成为其专业知识和能力的支撑。对于新闻专业的学生而言，大学专业教育往往存在多源知识和专业信息的摄入，但这些多源异构的知识和信息在价值分布和知识排序中会出现差序结构，呈现不平衡分布特征。其中，有的知识序列处于中心或接近中心的位置，有的则处于相对边缘的位置；有的知识是相对稳固的，属于硬核知识，有的知识则是不甚牢固，甚至是松软的。

新闻专业教育往往以制度化的建制进行专业规训，在此规训过程中，学生的价值、知识、能力经过建制化的教育流程被导入预期的轨道。新闻学教材所扮演的角色，就是将新闻学专业教育所期的知识、价值以“教材”或“教科书”的形式明确下来，提供新闻专业教育的知识“地图”。进入专业教材或教科书的新闻学知识，往往被赋予了较大的知识权重，得到知识赋权。相对那些未能进入教材的专业知识而言，进入教材的知识往往拥有特定的知识权力。因有知识权力的加持，进入教材的专业知识在学生的知识接受过程中被赋予特别的关注，在其多源的知识进项中，教材中的知识常被优先内化为目标受众的“内知识”乃至“默会知识”。加之，还有课堂教学、评价、考试等建制化流程的规训，教材知识得以强化，甚至内化为布尔迪厄所说的“惯习”。

与数学、哲学、逻辑学、艺术学等学科不同，新闻学具有与生俱来的社会旨趣，强烈的入世情结和经验主义取向促使新闻学专业始终保持与现实社会的亲密关系。新闻学知识不是冷知识，不是高度抽象、小众的所谓“纯知识”，而是具有强烈实践感和经验色彩的热知识，是有价值趋向和伦理关切的知识。正因新闻学具有这种“亲社会”取向，它受到社会环境和行业环境的影响也比较直接、及时，对社会外部性的感应也很敏感。

新闻学的这种亲社会旨趣的利与不利都很明确。其利在：新闻学能显著影响社会，新闻学知识的社会效应是显性的，无论是对个人还是对组织，新闻学知识是热知识，实践感强，知识变现较快。其不利在：新闻学知识多是经验性和规范性知识，知识提纯不够，抽象度不足，硬度也不够，知识效度周期不长，且易受外部性的影响和干预。

中国新闻学属于晚近的知识门类。经过百年历程，中国新闻学完成了体系化的建构。在外力和内力的双重驱动之下，中国新闻学知识谱系形成动态的体系化建制。前文述及，中国新闻学因具有先天性的“亲社会”旨趣，对于外部性变化是易感的，社会环境巨变刺激新闻学知识的迭代更新，因此，新闻学须顺应外部性变化，对其知识谱系进行扩容和结构化调整。

当前，中国新闻知识建设进入了新时代。新闻学教材作为新闻学知识地图，需要因应时代要求，对外部性巨变作出感应。这外部性巨变包括以下三个层面：

其一，当代中国巨变。当代中国走出一条社会主义现代化发展之路，而且这条道路是在深度介入世界发展的过程中走出来的。中国发展既不拒绝人类现代化进程中的有益成果，善于学习先进文明的智慧和技术成果，同时，也不失自己的独立立场和主体性，不去迎合乃至屈从西方发达国家所声言的普世价值和制度模式，中国坚持独立自主，走中国特色社会主义道路。在这个过程中，中国创造了奇迹，刷新了人类现代化的历史。中国的独特道路，全方位地体现在中国国家与社会的深刻变革上，与此同时，也体现在中国独特的传媒制度和传媒发展逻辑上，内嵌于中国社会系统的传播系统作为因变量发生了巨大变化，传媒生态出现了结构性的转型。

其二，新传播技术革命。新传播技术革命的与众不同之处在于：元技术与人类社会及人类个体的互动作用发生了前所未有的变化。与以往技术往往局限于某个领域不同，元技术的社会影响具有广域性，它对社会的作用超越一时一地和某种单一的范域；同时，元技术对人类个体的影响也更为深远,它在很大程度上改变了人类看世界和与世界互动的方式。数字技术激发个体脱嵌在数字空间进行全新的“再社会化”。作为社会结构中的关键变量,新传播技术成为连接社会主体和社会场景的不可或缺的力量。借此,人的社会实践获得了空前的活性,社会主体可以脱嵌于现实社会的硬约束,摆脱身体与现实社会的依附性,进入其所欲的交往场域,拓展交往范域,追求新的社会实践可能性。由此,社会的组织性和结构化开始解构,整个社会系统因元技术影响,其既有结构和逻辑的有效性大幅度稀释,社会系统开始新一轮的系统调适,孕育新的结构和系统逻辑。

其三,新闻传播学知识格局变化。中国新闻学始终处于动态的知识扩容进程中,从知识来源看,中国新闻学的知识来源主要有三个。一是外来的新闻学知识输入。在中国新闻学知识库存中,外来新闻学知识占据了较大比重,其中主流新闻学的核心知识概念、理论框架和实践规范有相当比例来自外域。近 40 年来,外来新闻学知识大量进入,丰富了中国新闻学知识内涵,改变了中国新闻学的知识结构,这些异构性新闻知识的进入,使得中国新闻学的知识库存日渐丰富起来。二是新闻学之外的其他学科知识的涌入。其中传播学、社会学、政治学等领域知识的涌入最为突出。此前,新闻学的知识范域比较小,知识库容不大,但随着新闻学的社会关切面扩大,原先有限的新闻学知识显得捉襟见肘,于是,新闻学就从传播学、社会学、政治学等近缘学科寻求支援,传播学和社会学的知识、理论、方法开始大量进入新闻学知识库。三是来自传媒业界的一线经验提炼。生动踊跃的传媒实践是新闻学知识的源头活水,源源不断地向新闻学界输入鲜活的经验。巨变的传媒业给新闻学知识界注入大量的新鲜经验,这些经验经由业界的初加工乃至深加工后,提炼成知识结晶体,丰富了中国新闻学知识的来源。

基于上述背景,中国新闻学教材建设需要考虑多变量的关涉,兼顾多方面的诉求。笔者认为,中国新闻学教材建设需要兼顾三个维度的平衡,在多维变量中求解出最大值,努力获得最大的赢面。

首先,中国新闻学教材建设须考虑国家意志和意识形态性。新闻学知识从来都不是知识纯净物,不是价值“零度”的。前文论及,新闻学知识具有显豁的“亲社会”旨趣,这就要求新闻学知识与其所关切的社会语境密切关联。对于中国新闻学知识而言,更是如此。中国社会的独特性以及中国社会与新闻实践的强关联突出表现在中国新闻实践的强意识形态性。新闻业需要国家意志和执政党意志。中国新闻业的意识形态性不是仪式性的,而是实质性的。从理念到制度,再到操作流程和组织文化,意识形态几乎全方位渗透在新闻实践中。中国新闻学教材作为中国新闻学知识地图,不可能不与意识形态性深度关联。须将国家意志和主流意识形态要求体现在教材建设中,且通过系统化的知识逻辑,将国家意识形态和意识形态要求内化为知识体系。

其次,中国新闻学教材建设须强调专业性,尊重专业之道。新闻学的专业性首先表现在新闻实践的专业性。新闻业之所以成为社会系统不可或缺的子系统,在于其承担了不可替代的社会功能,在长期的职业化过程中,新闻业形成了具有较高专业壁垒的职业共同体。新闻业与其他职业一样,有较高的专业门槛,其知识、能力、价值、伦理、规范,具有鲜明的排他性。中国新闻业更是如此。新闻学知识是新闻业实践经验的智力成果,是有专业壁垒的,体现专业规律。新闻学教材建设必须尊重新闻学的专业之道和专业规律,将新闻学的专业性知识组织起来,形成逻辑自洽的知识体系。以这些知识为基,开展新闻专业教育,方能培养出专业化的新闻人才。

最后,中国新闻学教材建设须恪守教育规律。新闻学教材建设不同于新闻学理论研究。新闻学理论研究强调知识创新,希求 0 到 1 的突破。新闻学教材中的知识并没有这么高的要求,不希求从无到有的突破和创新,只是为学生提供系统、完整的知识导图。新闻学教材是新闻专业教育的知识依据,其编写和使用除了要尊重专业规律之外,还要遵循新闻教育规律。当今,中国新闻教育面临全新的挑战,多源异构知识的竞争给新闻专业教育带来了很多困难。新闻学教材建设须充分关注全媒体时代新闻学子的知识语境的深刻变化,教材生产要在海量的知识中,进行知识分拣、提纯、组织、排序,形成结构化知识,以教材的形态形成物质化的载体。然后,通过专业教育流程,再将这些知识进行精准传播,转为目标受众的知识内存。新闻学教材建设不能单向度考虑传者的意志和旨趣,还应充分尊重目标受众的接受偏好,进行靶向式知识传播,方可达到预期的效果。

张晓锋简介

张晓锋，1973 年 3 月生，江苏江阴人，中共党员，博士，二级教授，博士生导师。现任南京师范大学新闻与传播学院院长。国家社科基金重大项目首席专家、江苏省“333 工程”中青年领军人才、江苏省“青蓝工程”中青年学术带头人、江苏省“青蓝工程”优秀教学团队带头人。兼任中国新闻史学会常务理事、党报党刊研究会副会长、台湾与东南亚新闻传播史研究会副会长、江苏省科教影视协会理事长、江苏省传媒艺术研究会副会长、中国（江苏）广播电视媒体融合发展创新研究中心副理事长、江苏省记协常务理事兼新媒体专委会副主任、网络空间国际治理研究基地（东南大学）学术委员等。

现有教材建构起系统的理论知识体系，是整个学科发展的中坚力量，也是具有传承意义的文化资源。建设中国新闻学教材需要关注两个维度：其一是教师，教师是教材的直接使用者，教师传授知识的依据就是已出版的纸质教材，或者电子化教材；其二是学生，教材是学生获得系统知识的重要工具。因此，教材编纂某种意义上既需要兼顾教师的使用，也要注重对学生知识、理论和实践体系的完整建构。

教材建设首要考虑的一个问题就是教材指向的特色，教材编纂的目的就是为了让学生更好地成长、成才。培养卓越的新闻传播人才，这一过程不仅是“因材施教”的问题，还有“因势利导”和“因地制宜”的问题，即教材建设需要同国家战略、行业发展态势，以及中国特色相结合。在宏观方针指导方面，习近平总书记特别强调意识形态的极端重要性，中国新闻学教材编纂必须有国家立场、民族意识，以及社会责任的传承，因此，在新教材的编纂中要结合和考虑课程思政的特色。目前，一些高校，如华师大、南师大等，已经出版了相关专业的课程思政教材。现实环境对教材编纂提出了宏观的指导性意见，既要立足中国大地，因地制宜；同时还要考察行业发展态势，例如移动化、智能化和全媒体的特色，因势利导。

针对中国新闻学教材的编纂工作，我认为应该有以下三个方面的要求：

第一，新闻传播学教材需要理论性和实践性并重。新闻传播学的理论体系具备完整、科学、规范、准确的学科体系、知识体系、学术体系、话语体系，如何更加精准地将其呈现到教材之中，从而实现其传承，是中国新闻学教材建设首先要考虑的问题。同时，新闻传播学具有较强的应用性特征，必须结合新闻传播技术变革、产业变革和业务变化，不断进行生产流程的再造与重构。因此，在中国新闻学教材编纂过程中既要坚持科学理论的引领，也要关照实践的变革，将理论跟实践贯通，即理论和实践相互支撑、协同并进。

第二,新闻传播学教材需要继承性和创造性结合。就逻辑体系而言,教材编纂不仅需要充分借鉴中外新闻传播学的理论成果,吸取精华、剔除糟粕,把丰富的实践经验进行理论化的提炼与提升,还应该顺应时代变革,跟踪学科前沿发展动态,以此突出新闻传播行业的发展性,明确经验和理论在未来行业发展中的适用性,从而进行创造性建构。特别要关注新方法的应用,例如中国新闻奖中的前沿探索,以此解决目前教材体系、教学体系存在的滞后性问题。因此,中国新闻学教材编纂要体现继承性和创造性的相互结合。

第三,新闻传播学教材需要严谨性和亲和性贯通。严谨性是指学术规范和学术体例,教材应有严格的编纂格式,应该出台一个教材编纂指南,这对于教材使用,特别是不同层次的卓越新闻传播人才的培养都具有指导性意义。亲和性是指教材和学生的使用行为高度结合,利用全息传播,将互联网思维引入教学,增强教材的数字化、沉浸式体验,根据不同专业和教材的个性化特征,深入浅出地呈现知识体系,这在学生接受知识的过程中,甚至是接受知识后的再创造过程中,都能够起到铺垫作用。

教材修订的过程是教材升级迭代的过程。中国新闻学教材的修订也需要注意如下三个方面:

第一,教材修订应做到删繁就简,不断优化教材结构。如果想要将教材简洁性和理论通用性相互匹配,并做到与时俱进,在教材中融入新理念、新手段和新方法,那么,首先需要做到结构优化和体系重构。

第二,教材修订应做到汰旧立新,不断更新知识体系。一方面,经典理论需要保留,另一方面,前沿性、前瞻性的行业变化、技术变革也需要转换成科学的理论内容。因为教材编纂具有理论知识传承的功能,知识传承的过程同样是不断更新迭代、不断进行再创造、不断进行再重构的过程。

第三,教材修订应做到添砖加瓦,不断拓展延伸模块。一方面,教材修订需要强化马克思主义新闻观,将家国、民族、社会责任等内容作为课程思政模块融入教材体系;另一方面,教材还应为学生提供自学探究模块,以此支持不同层次的人才培养,特别是具备创新型素养的人才培养。具体而言,包括如何让知识模块具有延展性、丰富性,如何对其进行分类分层的系统知识介绍,这些都是教材区别于专著的关键所在。这不仅有助于学生拓宽视野,更重要的是能够让学生通过现有教材进行新知识的再创造。

张志强简介

张志强，南京大学出版研究院常务副院长，南京大学信息管理学院出版科学系系主任、教授、博士生导师。兼任全国出版专业学位研究生教育指导委员会副主任委员等。美国哈佛大学博士后。从事出版理论与历史等方面的研究，已出版《20世纪中国的出版研究》《中国出版业发展报告：新千年来的中国出版业》等著译作20余部，在国内外重要刊物上发表学术论文200余篇。国家社科基金重大项目首席专家，主持国家社科基金重大与重点项目、江苏省社科基金重大项目等省部级项目20余项。曾获宝钢教师奖、第三届中国出版政府奖（优秀出版人物奖）、第12届中国图书奖、国家“百千万人才工程”国家级人选暨有突出贡献中青年专家、国务院特殊津贴获得者等荣誉。

中国新闻学教材建设意义重大,表现在两个方面。第一,它服务于国家战略。我们正面临百年未有之大变局,面临中华民族的伟大复兴,因此,我们强调文化自信,强调在学科体系、学术体系、话语体系方面体现中国特色、中国风格、中国气派,如果没有优秀的教材来做支撑,就不可能把人类优秀文明传承下去。尤其是我国要在 2035 年建成文化强国的远景目标,更是对教材建设提出了更高的要求。新闻学教材涉及对信息社会的全面介入、准确报道,对社会各层面的舆论监督与正能量的广泛传播,在国家未来发展中起着重要的作用。因此,我们的新闻学教材建设服务于国家战略。第二,它服务于学科建设。新闻学的历史虽然不长,但已经在学科之林中站稳脚跟,成为众多学科之一。2021 年 12 月 17 日,中央全面深化改革委员会第二十三次会议审议通过了《关于深入推进世界一流大学和一流学科建设的若干意见》,提出"办好世界一流大学和一流学科,必须扎根中国大地,办出中国特色","要牢牢抓住人才培养这个关键"。毫无疑问,教材是人才培养的关键因素之一。没有好的教材,肯定不能培育出好的人才,也无法建成世界一流高校和一流学科。同样,新闻学没有好的教材,也无法建成世界一流的新闻学。

接下来重点谈一谈出版专业的教材建设现状。出版专业的教材建设任务艰巨。任务艰巨主要表现在以下几个方面。第一是学科建设压力比较大。从 2019 年开始,国家开始进行学科目录的调整,以前是每十年一次,今后每五年一次。2020 年和 2021 年,大家都做了很多努力,希望能够把出版学的学科问题解决掉。虽然在旧的学科目录中,有了出版硕士专业学位,但科学学位问题一直没有解决。这次颁布的《关于对〈博士、硕士学位授予和人才培养学科专业目录〉及其管理办法征求意见的函》(学位办便字 20211202 号)中,将专业学位和学术学位摆在同等重要地位,将专业学位按其主要知识基础统一归类到各学科门类下，与一级学科并列，允许出版专业招收出版博士专业学位，但还是没有把出版学作为科学学位列进去。目前，本科专业目录里有编辑出版学专业；硕士层面，在专业硕士层面有出版硕士专业学位，但没有科学硕士；博士层面，4所大学利用自己一级学科授予权优势自设了博士专业，但属于自设，属于地方粮票。这一次的目录征求意见中，出版专业博士这个问题解决了，但是科学学位问题依然没有解决。科学学位是为专业学位提供理论资源的，两者是并行不悖的关系。国家现在进行学科专业的评估，也是科学学位和专业学位同时进行的，这两块都成为学科建设中重要的组成部分。2035年建成文化强国的远景目标，如果没有高质量的出版做支撑，可能也会是空中楼阁。目前全国大概有60所学校开设编辑出版学本科专业。全国各校设立的出版学方向的科学硕士点，大约有30个。出版硕士专业学位点经过四次审批，目前已经有了33个，基本已遍布全国。北京大学、中国传媒大学、武汉大学还有南京大学利用一级学科优势自行设立出版学博士点。设立出版学博士点的学校还包括中国人民大学、北京师范大学、浙江大学、南开大学、复旦大学、中国科学院大学等。总体来看，全国设立出版学博士点的高校比较少，因此学科建设和教材建设压力比较大。第二是现有出版类教材的出版力量比较分散。当年新闻出版署主抓了出版专业统编教材，由辽宁教育出版社出版，后改成辽海出版社出版，这套教材当时在全国影响很大。之所以影响大，是因为当时参加教材编写的都是一流的专家学者，他们有理论素养，有实践经验，因此保证了教材的质量。后来中国新闻出版研究院也编过出版专业的教材。各个学校也都编过教材，但是都没有形成比较好的规模效应。在“十一五”“十二五”和“十三五”教育部的教材建设规划里面，都没有独立的出版学教材，也就是说出版学教材没有列入国家规划，这不仅降低了这个学科的学术声望，也对学科建设产生了不利影响。

接下来谈谈我对中国新闻学教材建设的拙见。

首先，一套好的教材应该是理论、实践、历史三者的融合。也就是说，一套好的教材要全面涵盖上述内容，既要有理论，又要有实践，这个实践包括实务、技术等，还要有行业史，它是三者的有机融合。理论必须强调前沿，要涵盖最新的研究进展。实践要强调案例教学，因为新闻学是与实务工作密切相关的。行业史要强调挖掘背后的规律。这样的话，教材才能有生命力。

其次，一套好的教材也应该是常识和探索的结合。因为教材一定要介绍有定论的知识，教材里所传递的内容都应该是学界公认的，是有定论的。但这并不代表教材不能有探索性的内容。这些探索性的内容，应该是面向未来的。由于未来的不可知性，只能是一些探索。两者要做到有机结合。现在我们处于数字时代，大数据、人工智能、区块链等技术在新闻出版中都得到了广泛应用，这也将极大地影响新闻出版的未来，但有些影响是不可测的。这些相关的内容也要反映到教材里面，否则这个教材就不能适应数字时代的变化。

再次，教材建设过程中，本科生和研究生的教材要有区分和结合。教材要区分好读者对象。也就是说，我们的教材到底是面向本科生，还是面向研究生。因为这是两个不同的层次，但这两个层次之间又有关联。因此，本科生和研究生的教材既要有区分，又要有一定的连贯性。区分教材的层次性便于学生的学习和高校对教材的选用。现在新闻出版专业既有本科生，也有研究生。虽然有的人认为新闻出版教育应该在研究生层面展开，不应该在本科生层面展开，但我们要考虑中国的特色。在我国，研究生教育还没有得到充分的发展。如果没有一个好的本科教育来支撑，研究生教育的生源等都会受到影响。国外的本科阶段是博雅教育（liberal arts education），重在拓宽学生的知识面，培养学生的人格；研究生阶段是专业教育或行业教育（professional education），为将来的职业发展提高知识水平和技能。国外一些大学把面向行业的教育放在研究生阶段开展。但我们现在还没有发展到这一步，高校里教研室的设立、院系的师资、教师的行政拨款与岗位设置都跟本科教育连在一起,所以如果仅开展研究生教育,可能会导致研究生教育也发展不好。我们要根据中国的国情来合理规划新闻出版的本科生和研究生教育。

最后,要注意纸质教材与数字教材的结合。以前大家使用的都是纸质教材。纸质教材具有直观性,数字教材便于检索,且可以利用现代技术呈现知识点之间的关联等。它们各有优势,两者不可偏废。从目前的情况看,比较好的教材应该是以纸质教材为主,在这个基础上打造比较好的数字教材。同时,要与慕课等相结合,做成开放性课堂,让社会更多人能享受大学的知识成果。

赵淑萍简介

赵淑萍，中国传媒大学电视学院教授，电视学院学术委员会主任。曾担任中国新闻教育学会理事、中国广播电视学会节目主持人学术研究委员会学术委员等社会职务。主要著作有《电视采访与写作》《电视新闻节目主持艺术》《新闻权威与个人魅力——美国新闻节目主持人成功之路》《美国电视纵横——美国电视全方位透视》《电视节目主持》《电视采访学》。具有近40年的教学实践经验，参与并主持多项国家级及社会服务研究课题，2013年获北京市优秀教师荣誉称号。

我重点谈一谈新闻学教材的编写。现在对于中国新闻学教材，每所高校都在自己做自己的功课，每门课的老师也都在做自己的功课，每一个历史阶段或者每一个发展阶段，每所学校都会有一些新的任务，所以写教材在过去是教师自己的事情。比如说，我自己过去写教材都是因为我教这门课，所以写教材就变成了专业教学的任务，再往后就变成了学科建设的任务。

如今，中国各高校新闻学下设的专业特别多，教材也不少，但我个人感觉，各所学校都自成一体，比如人大、复旦、中国传媒大学，还有一些其他的高校，教材都是自成体系的。每个学校都推出了很多套教材。在这个基础上，我们今天要编教材，就需要很认真地去思考教材的定位。我们教材建设现在面临的问题是什么？总的来说，我感觉因为出版社的教材发行得很好，所以它们对教材的出版还是比较重视的，经常来约老师写教材，很多老师都是受到出版社的邀请才开始写作的。因此，也确实存在着专业课教材写作不成体系的问题。这套教材在起步阶段应该非常清晰地把定位、目标和远景想好，前期、中期、后期应该是什么样的，以及应该重点打造什么样的教材。

新闻学教材无非三大部分，即史、论、应用这三个大部分。我认为每个部分应该是成龙配套的。比如说，我们现在新闻史的这套教材应该有自己的体例。我看过的有关新闻史的教材中，美国新闻史写得比较好，还有就是美国广播电视史，它们把理论、实践、人物、事件都写得非常透彻。当你阅读这些新闻史教材的时候，就会对整个新闻的历史了解得非常清楚，它们会激发你学习的兴趣，你看了这个事件之后，回过头会进一步想了解这个事件。另外，教材还把理论和史实结合起来了。比如，客观报道到底是怎么来的，它会把实践和理论结合起来阐述。因此，我觉得新闻史教材的编写应该史论结合，因为写史要有历史观，要着眼于新闻实践、事件、人物。

今天,我们要编写的这套教材如果涉及重大新闻事件,应该有一些配套的辅助教材。我个人印象比较深刻的是《中外优秀新闻作品选》,里面有曾获得普利策新闻奖的关于二战的报道,这些报道对于理解这一段时间的历史是非常有益的。所以我觉得新闻史教材应该有一些辅助教材来阐释它里面各个历史阶段所发生的历史新闻事件,这些新闻事件对整个新闻史具有推动作用。新闻史也好,新闻理论也好,都应该来自实践。

在新闻理论教材的建设上,也要有一些成龙配套的辅助教材。比如,因为新闻理论会涉及很多人的著述,这套教材应该对一些有代表性的学者的著作、理论观点进行配套的释读。前段时间,中国传媒大学进行有关文献的考试,我问一些同学,你们看了这么多书,你们理解了吗?有的同学说有些书理解了,有些书他们是囫囵吞枣地阅读的,他们看不懂,包括新闻史的一些早期的书,包括一些理论。为什么?因为他们都没有看过那个时候的电视节目,也没有看过那个时候的新闻报道,理解起来会很吃力。所以我觉得新闻理论这套教材,特别是在理论的学术观点和代表作的阐述方面应该有配套辅助教材。我在复旦大学进修,王中先生带着我们一个小组,包括报纸的记者、大学的老师等,每周开一次研讨会,讨论社会需要论等,就是新闻是怎么产生的,是阶级斗争需要,还是社会需要?这个讨论给我的印象特别深刻。在新闻理论的教材建设上,对代表性的观点以及学者的著作应该有一些解读,有一些时代背景的交代有助于教学。

接下来就是应用。应用层面的教材其实很多,因为应用特别广泛,采访、写作,像电视有摄影、编辑,还有一些更细分的课程。应用方面的教材往往是跟着课程走,就是开什么课可能就会有相应的教材。但是从全国范围来看,每所高校都编自己的教材,它会带来一个问题,那就是我们很多的同学毕业于不同学校,你发现他们考研究生的时候,每所学校教的内容是不一样的,学生的专业能力也是不一样的。有的学校的学生专业能力很强,我们觉得可能他们的课上得很好,也有的学校的学生专业知识比较混乱,我们就会问他们,你在本科的时候都学了哪些课,这些课是怎么讲的。你就会发现还是不同的,学校间真的有很大的差别。所以我觉得应用层面的教材应该有一些范本,一定要结合实际。现在有一些教材还是脱离实际的,应该有重大新闻报道的案例范本的辅助教材。

最后一点,对于新的内容的体现和对西方新闻学的理解与认知,怎样体现在我们这个教材里边?我觉得这需要时间来讨论。今天,新媒体发展得特别快,改革开放这些年引进了很多教材,需要我们来重新梳理,需要非常清醒地去认识西方新闻学的一些观点,研究怎样才能够放到我们这套教材里边来。

赵振祥简介

赵振祥，教授，现任厦门理工学院副校长。曾任厦门大学新闻传播学院副院长，兼任教育部高等学校教学指导委员会新闻传播学类专业教学指导委员会委员、中国新闻史学会副会长。主要从事文化传播领域的研究，出版《媒体关系管理——理论与实战》《唐前新闻传播史论》《传播与保密》等多部著作，先后主持“一带一路背景下大众传媒的时尚建构与时尚传播研究”等多项国家社科基金课题和福建省社科重大课题，在权威刊物发表《时尚之义涵与时尚传播的多维诠释》等多篇论文。

今天主要谈谈时尚传播专业的教材建设。

2020 年 2 月，教育部公布的《普通高等学校本科专业目录（2020 年版）》将近年来高校新设的时尚传播专业（专业代码 050308T）纳入新闻传播学专业大类。

从目前情况看，北京服装学院、东华大学（原中国纺织大学）等都建起了时尚传播学院或时尚传播专业（方向），它们都依托服装专业，这是因为时尚最早起源于服饰，而且至今服饰时尚仍然是时尚界最基本、最广泛的生活时尚表达。服装时尚传播也成为时尚传播主要的实践着力点。从目前一些学者对时尚传播专业的定位看，一种是狭义的专业定位："时尚传播主要服务于服装和服饰等领域，其核心是品牌形象构建。时尚传播是为了实现商业目的而进行的视觉的艺术化传播。"该定位主要聚焦于时尚产品（如服装、服饰、生活日用品）的商业推广，及相关品牌的形象塑造，最终产生商业价值。一种是广义的专业定位，即时尚传播基于服饰等生活用品，但最终指向的是生活方式、思想文化观念的继承和批判。针对这一情况，今天主要谈三个问题。

一、要充分理解时尚传播专业归入新闻传播学科的原因

时尚与传播关联密切。一是时尚传播与媒介技术进步关联密切，像谷登堡印刷术与时尚杂志的关系，电影、电视、互联网对时尚风潮的推动都是例证。二是时尚即传播。没有不为传播的时尚，时尚为传播而生，坠地即走，它需要在传播中获取能量，在传播中增殖，时尚兴于传播也最终死于传播。三是媒介是社会感知时尚的皮肤。"无传播，不时尚"，所有的时尚都需要在媒体的聚光灯下得到放大。反过来，"无时尚，难传播"这一命题也同样成立。所有的生活用品、生活方式和思想文化，只要搭上时尚传播的快车，它就会不胫而走，无远弗届。理解了这些，我们就应该有意识地让时尚

传播专业教材烙印上新闻传播学科的专业底色。

二、要充分理解时尚传播专业的纵深

时尚起源于服装服饰,也是时尚传播的一个重要的实践上的着力点。但是,如果把时尚仅限于服饰时尚领域来进行理论研究和人才培养,那就矮化了时尚传播,也没有理解把时尚传播归入新闻传播学科的目的。

一是时尚传播涉及的领域非常广泛。除了服饰时尚,还有时尚体育。除了生活用品,还有生活方式和思想文化。

二是时尚的影响非常广泛。时尚以生活品用的个体审美为出发点,但它一旦形成时尚潮流,它就具有了社会动员的巨大能量。时尚潮流往往以整合文化群落、统合思想文化意识为己任,目标是形成富有裹胁性的思想文化风潮,最终形成有影响力的思想文化运动乃至政治革新运动,成为社会变革的强力推进器。考察时尚传播历史可知,时尚风潮要么演变成为一场移风易俗运动,要么演变成为一场文化革新运动,甚至演变成为一场政治革命运动。

三、要充分认识目前我国时尚传播从学界到业界存在的不足

一是理论建构不够高。对时尚的讨论基本停留在形而下层面,或借用西方学者的时尚传播理论,如西美尔等。我们在自创理论方面比较弱,其中一个很重要的原因是缺少更多有哲学、社会学背景的学者参与其中。

二是社会拓展不够广。除了服饰时尚之外,我们的很多领域还没有时尚觉醒意识,例如我们的建筑。

三是文化意识不够强。我们很多人还没有意识到时尚风潮是文化传播的重要推力,也是形成文化主动接受的有效推力。以近些年迅速升温的时尚体育为例,时尚体育已经成为文化传播的重要载体。时尚体育传

播不仅把时尚、健康的理念贯穿到了运动服饰中去，还贯穿到了运动支持性环境、可穿戴设备和运动项目中去。这方面做得最经典的，就是美国的 NBA，很多球星，场上是球星，场下就是时尚达人，如勒布朗・詹姆斯、吉米・巴特勒、德拉蒙德・格林、德温・韦德等 NBA 顶级球星往往拥有自己的时尚造型师。他们讲究精致、潮流的时尚穿着，把球员通道、赛后发布会当成自己的时尚秀场，还经常参加各类时尚周、走红毯仪式，出现在 *Esquire* 和 *GQ* 这样的时尚杂志和 HypeBeast 这样的时尚网站上，克里斯・保罗还曾和时尚男装品牌 Five Four 签约合作。他们把美国文化时尚化，并推向全世界。这些成功经验都非常值得我们借鉴。

我们国家体育界近些年也开始向时尚体育进军。2018 年初，“李宁”以“天人合一”“太极虎鹤”等中国风格时尚设计登上纽约时装周，将最原汁原味的“中国”展现在世界眼前，在世界范围内掀起一股“国潮”风。李宁作为第一个登上国际秀场的中国运动品牌，以饱含中国哲学思想的“悟道”为主题，通过极具特色的“天人合一”“太极虎鹤”“红黄配色”“汉字”等中国元素惊艳世界，迅速引爆社交媒体。大秀结束仅一分钟，诸多产品便宣告售罄，甚至出现高价求购却一物难求的现象。通过打造国潮“中国李宁”品牌，贴上了独特标签，李宁从 2017 年的 88 亿元的营收，增长至 2019 年的 139 亿元。

时尚风潮对于文化传播起到巨大的推动作用：一是传递文化符号，二是形塑文化轮廓，三是凝聚文化精神，四是拓展文化认同。随着中国综合国力的强盛，尤其是经济、科技实力的上升，中国文化的影响力正在迅速上升，中国在走向世界舞台中央的同时，来自中国的时尚风潮也会如约而至，中国将拥有定义时尚、策动和引领时尚潮流的机会和能力，世界也会越来越感受到来自中国的时尚文化的魅力。在这种新的历史机遇期，我们应该顺势而上，积极作为，系统推出富有新时代中国特色的国际文化传播理论，全面而系统地阐释传播富有新时代中国特色的国际文化传播理念，让中国文化搭上时尚传播的快车。正如习总书记所说,“这是一个需要理论而且一定能够产生理论的时代,这是一个需要思想而且一定能够产生思想的时代”。培养中国的时尚传播人才,讲好中国的时尚故事,让中国文化搭上时尚传播的快车,这也是构建富有新时代中国特色的国际文化传播体系的需要,我们有这个责任,也正逢其时。

赵子忠简介

赵子忠，中国传媒大学新媒体研究院院长，教授、博士生导师，白杨学者，美国哥伦比亚大学访问教授，美国麻省理工学院访问教授。人民日报智慧媒体研究院专家、人民网学术委员会委员、央视网“人工智能”专家、“中国联通 5G 应用创新联盟”专家委员会专家、中国社会科学院新媒体研究中心特聘研究员、字节跳动战略委员会顾问。

中国新闻学有着长期的建设经验，当年我们学习新闻学的时候，体系清楚，方法论完善，后来我们从事了新媒体的科研和教学工作，有了一些思考，现在分享给大家。

我们原来学的新闻学，我觉得就是报纸杂志新闻学。我当时上学考试的时候都有一个大题，要写一篇社论，20 分。因为我们是中国传媒大学，后来我们还专门有广播电视新闻学，而且分成了广播新闻和电视新闻，这些体系是比较清晰的，我们的老师给我们搭建了非常好的理论体系和学习体系。

后来，随着互联网的出现，新兴媒体迅速发展，这 20 年我们的教材一直面对新媒体发展的挑战。因为网站、手机端、社交媒体、电商平台、短视频、直播等新业态都对我们的新闻传播造成了非常大的影响。比如客户端 APP 这样的模式，从 2008 年发展到现在，已经十几年了，到现在还没有一个理论成型的教材，但另一边大部分的新闻资讯都来自客户端这样的渠道。

举个例子，要建设中国新闻学，我们需要面对一个非常重要的领域，就是媒体融合。媒体融合从 2014 年开始，我参与了大多数媒体机构的媒体融合工作。一共有四个阶段：第一个阶段，就是客户端阶段，或者称为“两微一端”阶段；第二个阶段，云平台和大数据阶段，主要是解决后台问题；第三个阶段，就是短视频和直播阶段，主要是内容业态的变化；第四个阶段，就是人工智能媒体、5G 发展阶段。这些新媒体成果大量出现，怎样把这些内容讲给学生听？从讲给学生听到变成教材，这中间有很多需要探讨的地方。

第一，新媒体教材的编写本身具有探索性，理论体系不太稳定。我们做过的很多和新媒体相关的知识体系，本身从实际上还存在探索性、研究性，大量的媒体机构还在对相关的理论进行探索,这些探索从开始到比较成形大约需要五年。这五年里存在一个问题,就是要不要给学生讲,要不要把现在看到的情况、理论整理下来,写成教材?这些理论在几年之内很难成为四梁八柱,很难达到结构稳定、体系清楚、概念清晰,这个问题在网络新媒体领域的教材中就是常态。

新媒体学科的前沿,基本是具有研究探索性的,客户端、短视频、智能媒体、5G 是前沿,怎样让学生迅速了解前沿,形成一个体系?是先做一个体系,还是等着十年以后,再来总结它?这是经常面临的一个困惑。一种看法是赶快抓住,把它整理成一个基本的体系。这与以前的教材不一样,以往很多教材上的知识是板上钉钉的。但现在教材上的知识很多要和学生一起探索,今年这样说,明年怎么说不知道,这是一个问题。

第二,编写新媒体教材的时候,原有传统的一些基础理论要做调整。网络新媒体由于媒体性质的变化,有很多非常基础性的概念需要重新定义。比如,我曾做了一个研究,研究"什么叫作新闻"。哲学和理论上的新闻是能够很快地归纳出来的,但是到了实闻实践里,特别是新兴媒体和互联网上的这些内容,哪些算是新闻?以前的新闻都是和载体密切相关的,新闻学就是报纸的新闻学,后来多了一门广播新闻学。现在的新闻有哪些?除了时政新闻,体育新闻算不算新闻?在整个网络里垂类非常多,甚至个人、自媒体的影响力都非常巨大,经过新媒体的赋权,每个人都能够做新闻传达,而且这种新闻传达的实时性,改变了以前一定需要新闻记者去报道才能看到新闻的模式,现在是网络用户形成传授一体的模式。他既是传者,也是授者。在这种情况下,新闻从时效性和快速反应、数量上来讲,整个发生了变化。现在看到的任何一个新闻事件,多的有几十万个帖子、几百万张照片,单纯靠记者是不可能的。所以有些基础的概念和模式,也需要在教材中调整。

第三,在前沿研究转化成教材时,要加入很多跨界的理论体系。如人工智能或者5G,技术上有很多的认识,政府有一些独特的要求,资本方面也有很多想法,产业方面也有很多的概念,这些都需要建构跨界的研究体系。

这几年,新闻学或者传播学的很多人喜欢跑到哲学系、社会学系的图书馆查文献。这样做当然有一定的道理,但是也应该读新闻学和传播学的文献、理论,抓住研究的主线。

第四,新媒体教材编写中,存在教材整理的滞后性问题。对于新媒体教材而言,还存在一个教材和实践脱节的问题。新媒体的业态发展速度很快,与很多的学科不太一样,一个业态从创立到成熟也就4—5年,像微信、抖音短视频这样的业态甚至只需要一年时间,如果我们按照原先缓慢发展的业态去研究,就会出现脱节的问题。新媒体领域的互联网公司、主流媒体的融合平台,做了很多的尝试,也开展了很多的实践,提出了很多概念诉求和理论诉求,现在学界的理论是滞后的,教材更是滞后的。按照我原来的理解,做一本教材,弄一个四梁八柱,没有五年、十年的积累不可能太成熟。业界已经做了四五年,学界还没有赶上。

第五,新媒体教材的迭代问题。新媒体发展本身具有创新性,在创新性中,存在一个新媒体特有的现象——迭代。这种行业发展的特殊现象,就造成了新媒体教材需要迭代。比如4G网络代替了3G之后,3G很多的业务应用就消失了,出现了很多新应用,我们的教材很难适应这么一个断崖式的变化。我们怎么解释这些应用消失了?我们怎么解释这么一两年出现的新应用?五年一次迭代,很多主线在后面串不起来,很多概念就消失了,很多新概念产生了,这个是新媒体教材最大的挑战。

关于怎样把新媒体的前沿变化有效地变成教材,我有两个建议:

一是网络新媒体教材的更新速度一定要快。每年更新,不更新学生看不到往后的发展,现在如果不更新,等学生四年以后毕业,更不知道如何应对网络新媒体的变化,所以要快。

二是要加大案例化、研究型教材建设力度。把新媒体前沿这部分的内容及时整理好,尽量案例化,尽量把它理论化,尽快讲给学生,但是要告诉学生,这只是一个探索发展的过程,对这个问题要认真考虑。从前些年的发展规律来看,网络新媒体领域大约就是五年一个变化周期,对于这样的变化周期,比较好的方法还是及时整理,及时和学生交流,即使是新媒体方向失败的案例,对学生也有很大的帮助,看到一个行业怎样从重启到衰退很重要。

郑 涵 简 介

郑涵，复旦大学文艺学博士，上海大学新闻传播学院教授、博士生导师、校学术委员会委员、院学术委员会主任、新闻传播学科带头人、新闻传播学科博士后流动站站长，国务院学位委员会、教育部、人力资源和社会保障部全国新闻与传播专业学位研究生教育指导委员会第二届委员会委员，中国致公党中央委员会教育委员会委员。曾担任上海社科院助理研究员，上海市人民政府文化经济与管理调研小组成员，上海大学影视学院新闻系系主任、副院长，中国致公党上海市委委员，上海市学位办第五届学科评议组成员，新闻史学会传播学分会副会长等。参与筹建上海大学上海电影学院、上海大学上海温哥华电影学院、上海大学新闻传播学院。

中国社会步入了“新百年”的伟大历史发展进程，传媒行业20多年来经历了深刻的历史变迁，新闻学教材建设面临着新挑战与新任务，厘清新闻学学术史，顺应现实发展，有利于切实稳健地推进新闻学教材建设。

第一点，教材系列中，专业读本系列缺漏严重，亟待加强。

教材建设要适应课程教学实际，教材建设在深层次上属于课程体系建设极其重要的环节。目前，新闻学教材主要包括概论、案例、技能训练等类型，对应的专业课程主要是理论与专业实务两类课程：理论类课程分为通识课程与研讨课程，通识课程一般采取学生大课形式；专业实务类课程，分成基础阶与高阶两类课程，高阶专业实务教学基于探索性与实验性的研讨与实践。无论基础阶专业实务课程，还是高阶专业实务课程，两者皆以专业实务能力培养为主，配之以探索性与实验性的理论研究与专业反思文献。无论是理论类课程，还是专业实务类课程，理论实践融合是其共同特征，理论类课程则构成专业实务类课程的基础知识。

整体而言，无论是新闻学理论类教材，还是专业实务类教材，深度皆不够，缺乏可以帮助学生开展理论与专业实务反思的经典与前沿系统文献。专业实务类课程缺少实验性与探索性的教学文献，而应该以研讨课为主的理论类课程实际上往往以通识类大课为主，概论成为主干教材，这与其他学术积淀深厚的文学、历史、哲学、语言学等学科以经典与前沿学术文献（论文、专著、作品等）为主开展教学的做法迥然有别，与国际新闻学教学主流惯例差距明显。就此而言，目前，新闻学教材与新闻学科课程体系之间的不适应性十分明显。

概论、案例、技能训练类教材主要是梳理与陈述专业领域的主要成果与行之有效的经验与方法，如果增加大量理论反思与辨证探讨，则很可能成为一家之言，而非经典成果简明教材。例如，新闻学概论主要是全面陈述新闻学的基本理论和方法，讲得太深，既不现实，也不符合概论类教材的写作要求，纪录片创作概论一类的专业实务教材的情况亦然。因此，弥补概论、案例、技能实训类教材在此方面的显著缺陷，依据国际国内教材编撰惯例，主要不是在理论探讨与学术辩证深度上下功夫的问题，而是亟待增设一个教材类别，即读本系列。

读本以经典文献或作品及其研究文献为主，辅之以前沿文献或作品及其研究文献，作为学术与专业训练工具，其价值远超概论类教材。在亲历经典与前沿文献或作品及其研究文献过程中，聚焦于发现问题与解决问题能力的培养，在厘清传统、关注前沿的实际过程中理解与发现真理，掌握专业实务技能，提升专业实务创新素养，学会推陈出新，而非通过概论这类经典与前沿成果简述进行学习与反思。就专业实务课程而言，相应的读本可以为师生进行专业实务反思性与实验性探索提供有效工具。实际上，读本教学传承了雅斯贝尔斯所谓人类"轴心时代"的伟大文明，诸如中国春秋战国与古希腊古罗马的辩证思维，成为古往今来学习、研究、创作之主要法则。读本系列构成了现代大学教育研讨课这一主导课程类型的主干教学材料。

与其他学科一样，新闻学科，无论是理论类课程，还是专业实务类课程，皆应该以研讨课为主，通识类大课为辅。就教材而言，研讨课以读本为主，辅之以概论类教材；通识类大课则以概论类教材为主，辅之以读本，概论主要是发挥专业"地图"导引作用。

当下新闻教学，满堂灌输比较严重，通识类大课比例过高，此一现象相当大程度上与读本系列教材匮乏有关。另外，教育界有所谓填鸭式与启发式教学之辩，后者之优于前者，显而易见：循循善诱，启人心智。然而，启发式教学往往预设了定论这一窠臼，学生有可能成为"瓮中之鳖"，容易先入为主。启发式教学，中小学实用度高些，大学则应以研讨课为主，而读本则是研讨课教学的基础教材。

由此而论，新闻学教材读本系列亟待加强。国际国内经验表明，概论类教材一般作为学生自读材料，而课堂主要训练工具，一般是读本。读本是在不断更新的，因此，新闻学教材建设除了概论类、案例类和技能训练类之外，还应该有一个系列——读本系列。

完善新闻学概论、案例、技能训练、读本四大系列的教材体系，研讨课主导的课程体系就能够持续深化，大学新闻教育与业界既各司其位，又彼此融合，有利于业界专业人员进入大学开展进修、研究、教学、实验、交流等，大学人才培养也更适应业界客观需要。与此同时，产学才有可能进行深度融合。

第二点，数字媒介飞速发展的历史条件下，新闻学教材面临历史延续与转型创新。

随着媒介技术的快速演变、网络社会的崛起，媒介不仅渗透到社会生活方方面面，而且嵌入各行各业，导致媒介部门普遍内生于社会主要行业。因此，当今社会就业结构转型，除主流传媒以外，许多行业逐步形成了新兴传媒专业人员，而且这类新兴传媒专业人员所涉及的行业林林总总，与主流传媒专业人员、在线业余涉足媒介活动的普通民众一起构成当今社会基本特征之一。相关统计往往忽视当代社会传媒领域的深刻历史变迁，以为传媒就业人口在持续萎缩，实际情况恰恰相反。

新闻学教材建设必须顺应当代社会传媒领域的结构转型，促进新闻学教材建设创新发展。

以往，新闻学教材主要满足主流传媒人才培养需要，而现在的学生毕业后入职主流新闻单位的不多。当今，新闻传播格局发生了深刻改变，随着整个社会媒介化演进，新闻传播已经渗透到各行各业，诸如银行、证券公司、医院以及各类企事业机构，新兴媒体部门层出不穷。这是新闻学教材建设面临的新情况、新挑战、新机遇，有必要深入调研各行各业新兴传媒部门及其专业人员的需求与职业要求，以便充实与创新新闻学教材。

对于新兴传媒专业人员而言，公共关系这类沟通技术当然必不可少。但是，新闻传播专业的政治原则、职业伦理、法律法规，以及采写编评业务能力依然是至关重要的基础素养与专业技能。如何协调新闻传播专业的优良传统与商业沟通知识和技能训练,是当今新闻学教材不得不关注的重要创新方面。就新闻学教材法律法规方面而言,有必要充实知识产权等内容。

总体而言,整个新闻传播行业已经发生了结构转型,新闻学教材滞后于现实,很大程度上仍然停留在主流传媒传统教育层面上。要顺应现实重大变迁,迫在眉睫的任务是,既继承新闻学教材的优良传统,又与时俱进地创新新闻学教材体系。

第三点,纸质教材与在线教材彼此配合,相得益彰。

当今社会,流动性、集成性、可搜索性成为基本特征,教材撰写亦然。以往,教材是纸质的。教材编成后,数年,乃至数十年一成不变,这已经很难适应当今社会发展。随着新闻传播媒介向社会渗透,传统新闻学教材已无法适应,此种情况愈趋严重,很多传媒机构质疑教材的实用性与有效性。因此,新闻学教材需要适应不断流动变化的社会需求,既有纸质教材,也有在线教材。在线教材不断根据各类传媒机构及其专业人员的新情况与新需求进行更新,类似维基百科。

当今各类传媒机构及其专业人员不仅变动大、需求复杂,而且所需要的知识、信息、技能极其广泛,传统教材根本无法适应。因此,新闻学在线教材不仅要随时更新,而且要提升内容的集成性,增加搜索等功能。为此,在撰写新闻学教材时有必要开展跨学科合作。

最后,就新闻史教材而言,现有教材积淀深厚。但是,最近几十年,除了通史类研究外,很多专题类研究发展很快。有必要把一些博士论文、硕士论文,还有专家的专题类新闻史研究成果,纳入新闻史教材。目前,新闻史教材总体上与一些专题研究仍存在着明显脱节。

支庭荣简介

支庭荣，暨南大学新闻与传播学院教授、博士生导师、院长。2007至2009年在北京大学从事博士后研究，2014至2015年在美国宾夕法尼亚大学传播学院任访问学者。先后入选教育部"新世纪优秀人才支持计划"、"广东特支计划"宣传思想文化领军人才。系国家社科基金重大项目"互联网群体传播的特点、机制与理论研究"首席专家、教育部"马克思主义理论研究和建设工程"重点教材《西方传播学理论评析》编写专家，主要从事马克思主义新闻观、媒体融合研究。获教育部高校人文社科成果二等奖和三等奖、教育部高校优秀教材二等奖、广东省哲学社科一等奖和二等奖、国家级教学成果二等奖、广东省教学成果一等奖和二等奖、中共广东省委教育工委"优秀共产党员"等荣誉。

中国新闻学教材建设需着眼于走向全球、走向世界。

第一,中国新闻学教材的世界地位。教材建设不仅要在国内取得影响力,也要将教材推向世界,比如中国特色新闻学,包括马克思主义新闻观,它在很大程度上立足于马克思主义理论,同时与中国的新闻实践相结合。这样的理论和实践元素在西方国家,有一定的反响,但非常有限。如何把中国新闻学教材的主流思想理论体系推向世界?首先是硬输入,就是把中国的东西向世界其他国家进行传播,也就是在讲好中国故事的同时,也讲好理论故事,简单来说,就是将教材翻译成英文或其他语种进行传播。

第二,关于去西方化的思考。全世界一百多个国家和地区,可以考虑推出适用于世界范围的,或者站在全球视野下的一本或几本,或一个系列的教材,以求得全世界新闻传播学科的最大公约数。

第三,从话语竞争角度出发,比较中国新闻学与西方新闻学。西方学者编写了《比较媒介体制》等有影响力的著作,我们可以编写《世界媒介体制》或者《世界传媒体制比较》这样的教材,这是对中国的理论和实践、西方的理论和实践,以及其他发展中国家的新闻学理论和思潮的梳理进行的一个正面回应。同时,从实证角度比较中国的新闻实践和西方的新闻实践,并且从理论论证的角度进行比较和阐述,这体现出中国理论的自信心和说服力,也有利于将中国新闻学推向世界。推向世界不是自说自话,而是跟西方的新闻理论进行正面的理论较量或者比较,这个比较着眼于逻辑论证。

最后,推动中国新闻学以及新闻学教材走向世界的建议。教材建设不仅是中国已有的知识体系、教材体系的重建,而且会带来世界范围内的影响,包括能够推动中国新闻学教材多语种系列的出版。因此,面向国内学生的教材作为主系列,同时配套世界版,世界版不一定对应主系列,可以一本或者几本,或者一个系列,推向更多的国家和地区,以扩大中国新闻理论界的影响力,助推中国提高国际话语权、占领国际舆论制高点。

周葆华简介

周葆华，复旦大学新闻学院副院长，教授、博士生导师，新媒体传播专业硕士项目主任。教育部首批青年长江学者，国家“万人计划”青年拔尖人才。主要研究兴趣为新媒体传播、受众与传播效果、计算与智能传播、舆论研究等。国家社科基金重大项目首席专家。曾获教育部人文社科优秀成果二等奖、上海市哲学社科优秀成果一等奖等 10 多项奖励。主持的“数据分析与信息可视化”课程获评上海市一流课程、重点课程等。获评 2020 年复旦大学本科生“我心目中的好老师”。

国家提出“中国新闻学”建设理念，具有很高的战略定位。我想重点谈三对关系：教材建设与学科发展的关系、教学建设与教学发展的关系、经典教材与新媒体教材的关系。

第一，教材建设与学科发展的关系。

教材建设与学科发展相辅相成、相互促进。中国新闻学教材应当要反映中国新闻传播学学术发展的成果，它既是一种呈现和彰显，也需要学科和学术发展的滋养和滋润。如果没有学术的发展和创新，很难产生真正好的教材。

以往的大众传播时代，不管是国际的政治经济局势、传播产业的发展还是相应的思想资源和知识基础，都使得新闻传播学的思想、理论和概念大多来自西方。中国新闻学的教材建设应当要伴随着中国新闻传播学科和学术的发展而共同发展，并且把它呈现出来。这里有一个重要的背景和机遇——新媒体。新媒体不仅仅是一个子领域，更是一个整体性的思维。当下，进入数字时代，整个新闻传播学的体系面临重塑和再造。在这样一个背景下，中国和西方相当程度上处于同一起跑线，中间甚至具有一定的优势，这种优势很大程度上体现于中国经验——非常丰富的数字实践、数字生活与数字存在，这与大众传播时代不同。

但是，我们不能简单认为中国经验就是中国新闻学，简单认为中国越发展，中国的地位越来越重要，中国的新媒体发展越蓬勃，所以就有了“中国新闻学”。中国经验转化为中国的理论和概念不是喊口号就可以完成的，需要非常扎实的学术努力，需要遵循学术的规律。换句话说，在这个过程当中，经验和理论、中国与西方、中国与世界不是对立的关系。举大众传播时代的例子，传统新闻传播学中的核心概念，比如说最传统的议程设置和两级传播等，都诞生于美国一个非常小的地方，譬如议程设置理论的“教堂山”。

为什么它不叫作“教堂山新闻学”？很重要的一点，是这些理论和概念试图解释和回应更具普遍意义的经验现实。这一点值得参考。

因此，“中国新闻学”应该有更高的追求。不仅仅是理解为和西方不同，为不同而不同，还应当理解为西方原有的理论和概念不仅不足以解释中国的经验现实（因此不能拿西方理论套中国经验），甚至也不足以解释西方自身的现实（需要范式创新）。要基于数字时代的传播经验，包括中国经验和世界经验，兼具中国视角和国际视野。换句话说，“中国新闻学”是不是只能研究中国的现实？未必。它应该对人类传播的整体知识创造做出贡献。将来，好的中国新闻学教材可以推广到世界，使中国学者对世界新闻传播做出贡献。

据此，“中国新闻学”需要注意以下四个方面：（1）教材的知识和思想的关系。教材写知识很容易，但一本好教材，需要有贯通碎片化知识的思想。（2）传承和创新的关系。在数字时代，怎样处理大众传播时代的理论遗产，教材能不能有新的书写逻辑和书写方式，这是传承与创新的问题。（3）系统与探索的问题。教材有教材的知识规则，它是相对公认的、体系化的知识，前沿的东西要不要点到？我认为应当点到，但是应当提供能够对社会各个职业甚至是社会公众进行言说的体系化知识。（4）质量为先，所有的工作应当始终坚持学术的质量。

第二，教材建设与教学发展的关系。

教材和研究不同，教材应当紧密围绕教学。中国新闻学的教材建设，应当重视与教学过程的充分衔接。教材看上去是一个“文本”，但是文本背后是教学的“实践”，教材的文本建设不应当脱离教学的实践过程，变成抽离、抽象的存在。有的教材为什么广受好评，有的则使用度不高？同学们说，有的教材只是考研的时候才用，乏味，缺乏思想的火花，也没有对知识的洞察。教材如果只是文本，则缺乏与教学实践的鲜活连接。过去大家重视科研，现在重视教学，但“重视”似乎只体现在“写文本”上，文本和实践存在断裂。

教材、教学的文本必须和课程的建设、教学团队的建设、师资的建设紧密地联系在一起，应当始终服务于人才培养，是人才培养的重要因素。

因此，教材必须基于教学过程当中的系统化经验整理，而不是闭门造车的知识处理；应当基于教学，有相应的课程支持，注重学生的接收，满足实际教学的需要，进而在教学中得到检验。如果从学生需求出发，打通教学实践，教材写作就有对话感，对知识点的书写，就有逻辑的支撑，使学生不但“知其然”，而且“知其所以然”。例如，书写传播学理论，除了概述知识，还需要厘清知识背后的基础性预设（社会背景与问题意识、理论预设、方法预设等），使得理论成为有机的知识，而非抽离、断裂的知识。如果教材不能够回归教学的实践，它就是一个空洞的文本，这个文本的产出太容易了，但是没有价值。教材文本一旦遴选建设以后，还应当围绕使用、评价，及其教学作用的发挥，对于教学过程、教学创新的推动，对于课程建设的推动等进行研讨和总结，这样才能更好地推动教材的更新迭代。

第三，经典教材与新媒体教材的关系。

现有的教材在经典部分，特别是新闻史、新闻理论、传播理论、新闻传播实务方面积累较好，这是基于很多老一辈老师长期的学术努力和积累，他们提供了很好的基础，总体上相对成熟。现在面临着要不要转型的问题，怎样处理数字时代的问题，写作的逻辑要不要有新的转换？这是值得探讨的问题。

与此同时，新媒体教材应当大力建设，这是现在非常稀缺的，不好写。理想可以是高远的，行动应该是务实的，先有一些教材出来，大家再共同讨论，有助于出现更好的版本。如果我们带着教材和学科发展相互促进、深度嵌入教学实践过程这两个基本点，它一定是动态发展的。新媒体教材要充分与学科、学术发展互动，充分体现新闻传播学的学术发展前沿。

具体教材方面，建议分为三个部分：第一，新媒体（数字媒体）理论和概论，不仅是与“传统媒体”相对应的“新媒体”，还要从社会基础技术架构的数字媒介逻辑角度来理解;第二,数字叙事类,如媒体融合、数据新闻与信息可视化、视音频生产等;第三,计算传播、智能传播、大数据舆论等。这三个体系都服务于本科生的知识、能力培养。现在学生的就业从小传播到大传播,面向整个社会沟通行业,大量的学生去互联网行业,从数字新闻业到数字传播业,从做融媒体记者到做产品经理,这里面本科同学的需求很大,这些基本能力的培养,需求非常旺盛,确实需要好教材的出现。无论是媒体融合还是数据能力,都应该逐步通过教材、教学推动去提高,数据、技术方面的教材有,但和新闻传播结合得不够紧密,这方面中国学者大有可为。

最后总结一下:中国新闻学建设需要考量教材建设与学科发展、教材建设与教学发展、经典教材与新媒体教材三组关系。建设方式可以采取遴选和招标两种方式进行,滚动式建设,在教学的实践当中,在学术的发展当中越建越好。中国新闻学教材建设不应该是符号式的,一定要和新闻传播学科的发展融合起来,这样才能真正让学生受益。

周蔚华简介

周蔚华，现任中国人民大学新闻学院二级教授、博士生导师，《新闻春秋》杂志主编，国家社科基金重大项目“当代中国图书出版史”首席专家。兼任中国社会治理研究会副会长、中国新闻史学会编辑出版研究委员会副主任、韬奋基金会专家委员会委员等社会职务。曾任中国人民大学出版社总编辑，中国社会报社社长、党委书记、总编辑等职务。曾获得第十届韬奋出版奖、百名有突出贡献的新闻出版专业人才、首届全国新闻出版行业领军人才等奖项或荣誉。曾在各类报刊发表论文 100 余篇，被《新华文摘》《中国出版年鉴》《中国编辑研究》《人大报刊复印资料》等重要媒体全文转载近 50 篇，所出版的著作和论文多次被翻译成英文、韩文、越南文等，承担国家社科基金重大项目、国家社科基金重点项目、教育部重大项目等各类重要科研项目近 20 项。

我主要就中国出版学教材建设的必要性,可行性,建设方式、步骤和出版工作三个方面提出个人想法。

第一个方面,中国出版学教材建设的必要性。

近期,方汉奇先生主编的《中国新闻传播史》荣获首届全国教材建设奖一等奖、郭庆光教授所著的《传播学教程》荣获二等奖,为分享建设经验,中国人民大学新闻学院举办了两场教材建设线上研讨会。在讨论过程中,大家越来越感觉到教材的重要性。《传播学教程》在新闻传播学科具有显著的影响力及较高的引用率,这本教材在传播学领域具有重要基础地位。它的影响力远远超过学界的大多数研究论文或学术专著。教材建设是学科建设、人才培养的一个极其重要的方面。具体而言,必要性主要表现在:

其一,中国出版学教材建设是国家文化建设层面的需要。文化是民族之魂,文化自信是四个自信的重要内容,而文化自信源于整个社会尤其是知识群体有正确的理论指导和核心价值观。教材建设对于在大学生群体中确立马克思主义的指导地位、弘扬社会主义核心价值观、让主流意识形态占领高校阵地具有重要意义。不仅如此,教材的价值导向和知识系统会对大学生以及将来从事出版及相关工作的从业者起到特殊作用,潜移默化地影响他们的认知及行为方式。一本高质量的教材可能会让他们终身受益,而一本低质量的教材有可能贻害无穷。

其二,中国特色哲学社会科学体系中不能没有出版学。一方面,出版和中华文明、中国的文化传承具有高度关联性;另一方面,出版学的建设却远远滞后于出版实践的发展。长期以来,我们对出版学科建设重视不够,对出版学科的学科定位较为忽视。如“马工程”教材建设没有出版学相关学科的教材规划,这说明出版学学科建设没有受到应有的关注,也说明出版学科建设及相关教材出版和科学研究的影响力有待提高。此次中国新闻学教材建设整体规划中组织大家研讨出版学学科建设和教材建设,对出版学科而言是非常好的机会,意义重大,正当其时。

其三,出版学教材建设也是出版学学科建设的需要。当前在高校出版学教学中,出版学教材五花八门、良莠不齐,基本各学院都在使用自编教材,这既不利于教材建设的整体水平的提高,也对出版专业人才培养产生不利影响。因此现在通过国家层面、通过复旦大学高校新闻学国家教材建设重点研究基地牵头来加强中国出版学教材建设工作,这不仅是出版学科建设的需要,也有助于推进出版专业人才培养及出版产业发展。

第二个方面,中国出版学教材建设的可行性。当前,中国特色出版学教材建设迎来了良好的历史机遇,完全具备了可行性,这是因为:

其一,中国特色出版学有较好的专业基础。在20世纪90年代,那时出版学研究起步不久,出版学的学科体系、学术体系、知识体系都处于起步探索阶段,因此所编写出版的教材大家感觉不太好用,存在理论自洽性不足、与教学实践脱节等各方面的问题。在新闻出版署的规划教材中还将出版与编辑严格区分,变成两个独立的体系。这些年来,出版学科及一些主要领域的基础性研究取得巨大进展,出版学教材建设已具有更为扎实的学理基础和专业基础。

其二,近30年来,各相关高校有了较长时间段和较为丰富的出版学专业教学经验和教学实践,60多所学校开设出版学专业,通过各种方式,从不同的特色和优势出发进行了教学建设和教学改革探索,这也为国家层面的高质量出版专业教材建设奠定了基础。

其三,出版学科已形成政、教、产、学、研密切合作的良好局面,以此为基础能够紧密结合中国出版实践,以解决中国现实问题为导向,进行出版学教材建设,能够体现中国立场、中国理论、中国实践和中国话语,突出中国特色和中国风格。这也正是习近平总书记和党中央对于新时代教材建设的新要求。

其四,前期已出版大量出版学相关教材,尤其是过去新闻出版总署规划了编辑学和出版学的系列教材,在教材的组织和编写方面已有成功经验,也积累了一些教训,在编辑出版学教材使用过程中,部分教材编写仍较不成熟。这些都从正反两个方面为下一步的中国特色的出版学教材建设提供了借鉴和参考。

第三个方面,中国出版学教材建设的方式、步骤和出版工作。近期梳理了新中国成立以来的马克思主义政治理论课课程建设,通过对六轮马克思主义理论课课程改革和教材建设的研究,我们发现了诸多值得中国出版学教材建设借鉴的经验。

其一,突出统一性。无论是马克思主义政治理论教材还是出版学教材,皆具有较强的意识形态属性,因此要加强顶层设计,一体规划、逐步推进,将教材建设提升到党和国家层面进行统一组织、统一规划、统一管理。现在实际已在这么做。

其二,突出导向性。出版学教材应突出正确的政治导向和价值导向,推进马克思主义中国化的最新理论成果,即习近平新时代中国特色社会主义思想进教材、进课堂,使之入耳、入脑、入心。在出版学教材建设中,要将出版为人民服务、为社会主义服务的"二为"方向,学术上贯彻"百花齐放、百家争鸣"的"双百"方针,贯彻党性和人民性的统一,坚持社会效益第一基础上的"两个效益"统一等等中国特色出版基本理论贯彻到教材的编写内容之中。

其三,突出实践性。出版学科具有实践导向,要着眼于解决出版实践中遇到的现实问题和难题,及时总结出版实践中形成的经验,使之上升到理论高度,同时又要将这些理论用于指导实践,从实践中来,到实践中去,为出版实践提供有力的理论支撑,避免过去有些教材内容"空对空"的情况。

其四,突出科学性。出版学是一门科学,因此要考虑其知识体系、逻辑体系、课程体系、教学体系等,考虑知识点的分布,不同课程之间的知识点要相互协调配合。

其五，突出统筹性。一是统筹出版学科和相邻学科。出版学如何与传播学、新闻学有机协调？从横向上考虑如何在课程规划层面统筹出版学与传播学等相邻学科的关系。二是要统筹出版学自身的课程内容，如理论与实务、内容生产与技术应用、历史与现实等等；统筹各种教学资源，如教学大纲、教材、数据库、案例库等。

其六，突出时代性。应在教材中较充分反映时代特点，及时反映新媒体、新技术的变化和发展趋势，与时俱进地调整课程及教材的内容和表现形态、表现方式等。

具体到中国出版学教材建设，我认为可以参照“马工程”教材建设经验，并从现在出版专业资格考试教材中借鉴经验。具体有以下六方面：

1. 关于教材建设的领导和组织

建议成立由中宣部、教育部和“马工程”咨询委员会以及相关机构组成的教材建设领导小组，将由管理部门和专家共同构成的教材审定委员会作为出版学教材建设的领导机构。

2. 关于课程设立与教材大纲编写

第一，要组建政、学、产、研结合，以教学单位和实践一线专家为主的教材编写委员会。在课程大纲设计上，要明确核心课程，即哪几门课是必需的。

第二，在此基础上编出核心课程教学大纲。要根据核心课程的教学大纲编写相应的核心教材。

3. 教材的编写、审定与出版

第一，通过公开招标确定首席专家和教材的编写组成员。编写组成员既要有高校的一线专家，也要吸纳相关部门领导和出版行业一线专家，广泛吸纳各方面人才，形成合力。

第二，必修课和选修课结合。除核心课程外，要根据不同学校的特点设置一些选修课，将一些重要的选修课程纳入规划。

第三，既要有共性也要有特性，应充分考虑各学校的特性。

第四，教材编写完成后，应报教材编写领导小组和教材审定委员会审定，列入“马工程”教材统一出版。

至于出版学课程设置，建议至少包括以下这几门核心课：《出版学概论》《编辑学概论》《数字出版概论》《中外出版史》《出版经营管理》《出版政策法规与职业伦理》《生产制作与艺术设计》《版权法与版权贸易》《阅读与受众研究》等。

总之，中国出版学教材建设既是中国特色哲学社会科学“三大体系”建设的有机组成部分，也是广义的中国新闻学教材建设的有机组成部分，这项工作意义重大、刻不容缓、任务艰巨、影响深远。作为一名长期从事出版理论研究、有长期出版实践经验的一线老师，我希望能够为盼望已久的中国出版学教材建设尽一份绵薄之力，积极参与到这个伟大工程中去。如有幸参与其中，我将尽最大努力高质量完成所承担的教材编写工作。

周勇简介

周勇，传播学博士，现任中国人民大学新闻学院执行院长，教授、博士生导师，教育部青年长江学者。入选教育部“新世纪优秀人才支持计划”，国家广电总局“全国广播电视和网络视听行业领军人才”，宝钢教育基金优秀教师。

兼任中国高等教育学会新闻学与传播学专业委员会理事长、中国记协常务理事、“国家广播电视总局媒体融合发展专家库”首批专家。

主要研究方向为新闻理论与实务、视听传播与新媒体。出版专著、教材多部，在核心期刊发表论文数十篇，主持国家社科基金重大专项等多项国家和省部级科研项目。

中国新闻学教材建设需立足新闻传播学科专业发展和教材建设的历史，在其中找寻建设经验。新闻传播学科的教材建设历史可以分为四个阶段：一是建国初的拓荒期，新闻传播学科要通过学习苏联、翻译苏联教材来建立学科主干与门类；二是改革开放初的学科大发展时期，教材建设实现规范化，新闻学、广播电视学、广告学、传播学以及一些作为学科骨干的二级学科均建立起教材体系；三是 21 世纪初的新闻传播事业大发展时期，教材建设的种类、数量大幅度增加，教材建设向二级学科方向下沉；四是当下，出于新媒体结构改变下学科转型升级的需要和国家实现治理体系、治理能力现代化对新闻传播学科的需要，亟待建设新的中国新闻学教材。

中国新闻学教材建设需要把握三个“有”：一是有核心内容，所建设教材要寻求最大公约数，体现出新闻传播学科最重要的基本知识体系、概念逻辑，打造具有指导性的、能够普遍应用的教材；二是有最新成果，相关教材要体现学科内部对于当下学科发展的基本知识体系、概念、逻辑的认知，体现有权威性认同的最新成果；三是有可持续性，在教材体例架构的设计上要具有可延展性，能够不断进行再版与更新，教材编写团队要具有权威性与稳定性，实现教材编写的代际传承，而这种传承性也可以作为教材评估指标纳入考察范围内。

教材建设工作应该遵循“重大、急迫、基本、前沿”四个原则。一是要建设能够承载学科转型升级和国家建设需要的、能够承担四梁八柱功能的教材，这类教材以基础史论类为先。而在这类教材建设的过程中，中国新闻传播史的专家和编写团队相对稳定，已存在优秀的队伍结构，因此可在原有构架的基础之上，以新编的形式对最新的动态进行更新和补充，强化对于中国共产党新闻事业本身的梳理并提升其比重，较快地出成果。外国新闻传播史在师资和研究团队的数量和质量方面相对薄弱，则可以使用媒介史的写法，横向囊括各国，纵向贯通古今。二是当下迫切需要建设学科新兴的、急需发展的一些领域的教材，顺应国家社会发展的需要与学科自身发展的逻辑，如国际传播、舆论与国家治理等。加强国际传播能力建设需要将人才培养作为基础支撑，教材则是人才培养的基础保障。舆论与国家治理也是国家社会发展急需的，与国家治理体系和治理能力现代化密切相关，是国家层面对于新闻传播学科的召唤。舆论学是不是要有所建设？这个问题值得深入思考。三是考虑建设能够对学科整体起基础性支撑作用的特色门类的教材，如视听传播领域的教材。四是建议规划一两本统括学科前沿特色领域的教材，目前交叉学科、学科前沿的内容还比较新，大规模的教材建设目前可能还很难，因此可以考虑规划 1—2 本具有前沿性知识的教材，集纳计算传播、大数据、人工智能等领域的相关知识。

朱春阳简介

朱春阳，复旦大学新闻学院教授、博士生导师，复旦大学媒介管理研究所所长，媒介管理学学科带头人。先后入选复旦大学“卓识”杰出人才、教育部青年长江学者、中宣部“文化名家暨四个一批”人才、国家“万人计划”哲学社会科学领军人才等。目前兼任中国新闻史学会传媒经济与管理学会副会长、公共关系学会副会长。主讲课程为媒介经营管理、政府公共传播等。

这个时代和之前相比,因为互联网技术的普及,人们获取知识的便利性大大提高了,在一些基础性的知识获取方面,学生与教师之间的差距日益缩小。在这样的新知识流动网络中,教材创新需要如何启动呢?我的一些思考如下:

一是教材编写的起点是什么?我经常问自己一个问题,有了百度百科之后,大学教师在今天的价值是什么?依托百度百科的关键词搜索,学生几乎可以回答教师的一切课堂问题。在这样的新环境下,大学教师的意义是什么?教材的意义是什么?其实,回答这些问题,我们首先需要的是回应这样一个问题:我们什么时候才会用到百度?答案是当我们有了悬而未决的问题时才会用到百度,百度可以转化为我们通往知识的桥梁,但前提就是,当我们站在桥梁的前面时,要有提出问题的能力。如果无法提出问题,即使中国知网、百度百科摆在我们面前,这些知识仓库也无法和我们发生关联。

从这一点来讲,在今天基础性的知识或者常识性的知识通过百度百科可以解决,那么教材应该解决什么层次的问题?如果只有培养学生提问题的能力、发现问题的能力,才能够建立他和知识、数据库之间的关系,那么是否也应该把培养学生提问题、发现问题的能力作为我们编写教材的起点?

二是今天的教材应该如何定位,是知识的提供者还是知识城堡的看门人?近两年有关教学的讨论中,与以往最大的不同有以下两点:第一,原来是以教为中心,现在是以学为中心。在以学为中心的情况下,出现了在线、混合式的教学方案,这样的一种教学方案当中,课堂教学如果和教材保持高度一致,仅仅把教材上的内容重新过一遍,对学生来说可能还是不够的。第二,与国内教材相比,国外的教材存在一些显著的不同。这个不同主要体现在,教材阅读者希望通过教材知道一个知识点所有的内容,但翻译过来的教材里面仅仅给了关于这个知识点的一些问题和结论,对于理论本身的描述以及演化介绍得相对简略。这个时候我们会发现国内的教材非常好,所涵盖的内容非常全面。一书在手,别无他求,只要好好背诵,就能记住知识了。

于是进一步发问:为什么国外教材编成这个样子,而国内的教材编成那个样子?仔细研读发现,国外的教材每一章都有大量的文献,如果你不能基于阅读文献、课堂讨论来看教材,这个教材对你来说意义不是特别大,国外教材强调了一点,那就是不能脱离知识的相关文献传授知识。而国内教材在编写的时候,编写教材的人替学生看文献、整理文献,做好了之后端上来"请您用餐"。这样的教材编写思路在小学、初中、高中一直如此,如果在大学还是一直如此,那么大学和高中有什么区别,大学课堂和高中课堂有什么区别?很显然,我们可以看到,在今天很多大学课堂实际上与高中课堂没有差异。

这样的结果就是,很多绩点刷得非常高的学生,在研究生阶段做研究的时候常常因为缺乏问题意识、缺乏讨论问题的基本逻辑思维而一筹莫展,难以取得学术进展。在课堂上,教师依然把学生当作知识被动的接受者,而不是通过教材,通过课堂开启知识发现之旅。而如果能够基于课堂开启知识的发现之旅,相信通过师生讨论,学生的问题意识会得到提升,也会获得讨论问题的基本专业逻辑思维。

这其实还涉及了如何认识教材和实践的关系问题。在教材建设中,我们常常要求要快,要跟得上时代的要求,这是有一定道理的。但通过对经典教材的考察来看,每一本经典教材的出现都有一个周期,且这个周期常常不止一两年,这也表明教材的更新会跟不上新知识出现的速度。知识的生产和沉淀可能需要一定的时间,但是对于尚未确定的知识,我们如何和教材形成一种互动关系?从这一点来看,作为大学课程的教材,国内教材大包大揽的内容还是太多了,把学生当成一个完全不用思考,不用参与讨论,只需要去背、去记、去掌握的群体,这实际上和以学为中心的理念,即强调课堂的讨论、互动,最终形成对知识的理解把握,可能还是有一些偏差的。

就此进一步发问,今天我们在大学课堂教学的时候如何对待教材?教材在课堂当中究竟扮演什么角色?是终极知识提供者的角色,还是仅仅是知识城堡的看门人角色?最终在这个知识堡垒当中,我们带着学生能够获得什么样的知识?个人认为,教材应该仅仅是一个入口,它既不是知识的终极提供者,也不可能成为能力的终极提供者。

三是中国新闻学教材如何建设才能“更中国”?如果过于强调中国而忽视国际经验,中国的经验反而可能是一种问题。倘若西方对于中国新闻业角色的描述是“喜鹊”,我们对于西方新闻业的描述是“乌鸦”,二者相遇的话,如何在一起对话?例如,关于建设新闻学的讨论就表现出对话的分歧。西方建设新闻学的提出是西方新闻业自我的纠偏,它之前过于强调在负面新闻领域的发现,我国建设新闻学的提出则是希望以一种积极的姿态投入社会发展当中。如果我们考虑新闻学的时候,忽略了西方新闻学的“乌鸦”传统,单纯放大建设新闻学的意义,可能是有问题的。在对话当中,才更能体现中国性或者说是新闻学的中国特色。

后　记

2020年,教育部正式授牌由复旦大学牵头建设高校新闻学国家教材建设重点研究基地。基地自成立以来,始终坚持“聚集全国智慧,打造开放平台”的工作思路,力求通过细致、深入、广泛的调研工作,为全国新闻学教材建设凝聚最广泛的共识、整合最优秀的力量、盘活多方面的资源。

为了建设好中国特色新闻传播学教材,基地在2021年年底连续组织了多场涵盖新闻传播学类各专业、老中青新闻传播学界与业界专家的学术研讨会。此次会议在中国特色新闻传播学教材建设的紧迫性、必要性、可行性上,形成了较广泛的共识,也为中国特色新闻传播学教材的内涵、建设步骤、建设原则与形式提供了可资借鉴的真知灼见。各位专家的发言最终结集成册,在此,特向支持本次会议和促成本书结集出版的各位领导和专家表示诚挚的谢意。

衷心感谢各位专家在百忙之中为中国特色新闻传播学教材建设献计献策。一些因各种原因未能到会的专家,如北京大学的程曼丽教授、复旦大学的李良荣教授、中国人民大学的郭庆光教授和彭兰教授,仍以书面形式为中国特色新闻传播学教材建设发表精彩观点,在此一并表示感谢。我们也感谢那些已经决定参会,但因临时有更重要的事务无法脱身的专家们,他们同样对中国特色新闻传播学教材建设表达了关心和关注,如武汉大学的罗以澄教授、浙江大学的邵培仁教授、北京电影学院的胡智锋教授、中国人民大学的蔡雯教授、复旦大学的陆晔教授、深圳大学的常江教授等。

教育部高等学校新闻传播学类专业教学指导委员会、国务院学位委员会新闻传播学学科评议组、中国高等教育学会新闻传播专业委员会、中国新闻史学会等专业组织对本次调研工作进行了大力支持和帮助,与高校新闻学国家教材建设重点研究基地一起打造了"新闻传播学教材建设国家队"。复旦大学校领导、复旦大学教务处和复旦大学新闻学院为本次会议的顺利召开提供了重要的指导和保障。感谢各单位、各机构及领导、同仁的耐心指导、默默付出与鼎力支持。

本次调研的成功,只是新时代中国特色新闻传播学教材建设的第一步。构建"具有中国特色,兼具世界普遍意义"的中国特色新闻传播学教材体系任重而道远,我们一起勠力同心。

高校新闻学国家教材建设重点研究基地

2023 年 1 月